Jerzy Konikowski/Uwe Bekemann

Italienische Partie – richtig gespielt

Joachim Beyer Verlag

ISBN 978-3-940417-16-9

1. Auflage 2013

Ein Imprint des Schachverlag Ullrich, Zur Wallfahrtskirche 5, 97483 Eltmann

Zeichenerklärung

!	ein sehr guter Zug
!!	ein ausgezeichneter Zug
?	ein schwacher Zug
??	ein grober Fehler
!?	ein beachtenswerter Zug
?!	ein Zug von zweifelhaftem Wert
+−	Weiß hat entscheidenden Vorteil
−+	Schwarz hat entscheidenden Vorteil
±	Weiß steht besser
∓	Schwarz steht besser
⩲	Weiß steht etwas besser
⩱	Schwarz steht etwas besser
=	ausgeglichen
∞	unklar, mit beiderseitigen Chancen
$\overline{\overline{\infty}}$	mit Kompensation für den materiellen Nachteil
↑	mit Initiative
→	mit Angriff
⇄	mit Gegenspiel
Δ	mit der Idee
⌓	besser ist
x	schlagen
+	schach
#	matt

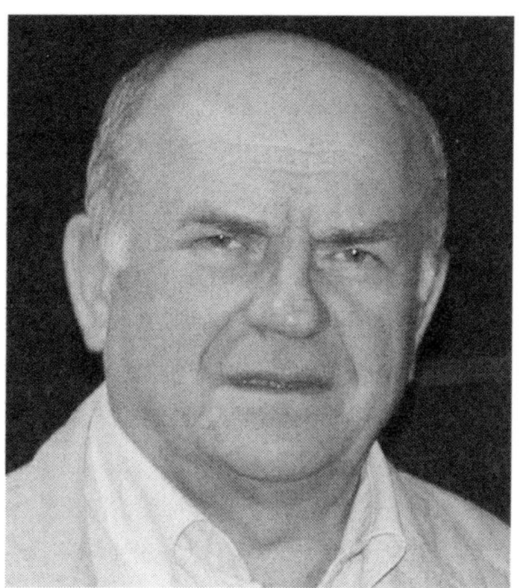
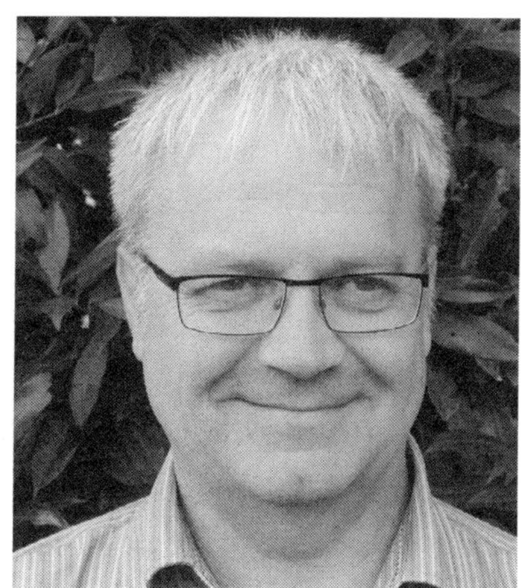

Vorwort

buon giorno - wir möchten Sie gerne stilecht in italienischer Sprache zu unserem Buch über die Theorie der Italienischen Partie begrüßen, liebe Leserinnen und Leser. Aber seien Sie unbesorgt - diesem sprachlichen Ausflug folgen nur noch wenige weitere, gleich im Anschluss und in den einzelnen Kapiteln ...

Die Italienische Partie, eingeleitet über die Anfangszüge 1. e2−e4 e7−e5 2. Sg1−f3 Sb8−c6 3. Lf1−c4 Lf8−c5, zählt zu den ältesten Schacheröffnungen überhaupt. Sie lässt sich bis in Quellen aus dem 15. Jahrhundert zurückverfolgen (Göttinger Handschrift und Buch von Luis Ramirez Lucena).

Etwas mehr zu ihrer Geschichte finden Sie in unserer Einführung, hier wollen wir es bei diesem kurzen Blick in die Vergangenheit bewenden lassen.

Die Eröffnung wird auch als „giuoco piano“ bezeichnet, was aus dem Italienischen kommt und so viel wie „ruhiges Spiel“ bedeutet. Beim Studium unseres Buches werden Sie sehen, dass auch ein ruhiges Spiel in wahre Explosionen auf dem Schachbrett führen kann und es nichts mit Langeweile zu tun hat.

Wir stellen Ihnen ein Repertoire vor, das wir aus der Sicht von Schwarz geformt haben. Es soll den Nachziehenden bestmöglich auf die Entscheidungen vorbereiten, die er auf alle wichtigen Züge von Weiß zu treffen hat. Gleichwohl richten sich unsere Analysen und Kommentare auch an den Spieler mit Weiß, denn natürlich sind wir mit dem hohen Anspruch der Objektivität an unsere Aufgabe gegangen. Im Rahmen unserer Stoffauswahl findet auch er die Züge und Varianten im Buch, die wir für ihn als die besten ansehen.

Diese Linie lässt sich sehr anschaulich über das Bild einer Reise durch Italien veranschaulichen. Stellen Sie sich bitte mal vor, dass eine Person eine Tour durch das Land plant und eine weitere Person mitfährt. Der Planer sucht die Ziele Pisa, Venedig, Rom und Pompeji aus. Er möchte Kulturgüter besichtigen und lässt sich davon leiten, welche ihm von seinem Reiseführer empfohlen werden. Auf der Reise wird er die aus seiner Warte besten Plätze des Landes kennen lernen. Vielleicht hätte die Begleitperson gerne auch Florenz besucht. Daraus wird aber nichts, weil der Ort nicht auf der Routenempfehlung des Reiseführers liegt und der Planer ihn deshalb außen vor lässt.

Wenn es später um Pisa, Venedig, Rom und Pompeji geht, kann auch unser imaginärer Begleiter mitreden, nicht nur der Reiseplaner, auch wenn er sein Lieblingsziel Florenz nicht gesehen hat.

Unser Buch über die Italienische Partie entspricht dem, was in den vorstehenden Zeilen der Reiseführer ist. Es leitet Schwarz durch die Theorielandschaft und sucht dabei die für ihn besten Plätze aus. Diese lernt dabei auch Weiß kennen - mit den besten Empfehlungen auch für ihn.

Und ob es dann frei nach Giorgio Scerbanenco heißt „Venedig sehen und sterben“, entscheiden beide Spieler selbst im Duell auf dem Brett.

Mit diesen Worten geben wir unser Buch in Ihre Hände. Dabei hoffen wir, dass es Ihnen zu den Erfolgen verhelfen wird, die Sie sich wünschen. Gleichermaßen hoffen wir, dass Ihnen die Lektüre und die intensive Arbeit mit dem Werk ebenso viel Spaß und Freude bereiten mögen, wie wir beim Analysieren, Bewerten und Schreiben gehabt haben!

arrivederci - aber nur für den Moment, denn wir treffen uns in den folgenden Kapiteln wieder!

Jerzy Konikowski & Uwe Bekemann

Einführung

1.e4 e5 2.♘f3 ♘c6 3.♗c4

Dieser Entwicklungszug des Läufers ist sehr alt und praktisch seit den Kindheitstagen des Schachspiels bekannt. Seine Beliebtheit unter den Spielern ist ungebrochen, auch wenn ihm 3.♗b5 den Rang abgelaufen hat. Die Argumente für den Läuferzug nach c4 liegen deutlich auf der Hand: Weiß postiert seine Figur auf einem zentralen und aktiven Feld, von dem aus sie auf der Diagonale a2-g8 sehr wirksam am Spiel teilnehmen kann. Der Läufer nimmt den empfindlichen Punkt f7 im Lager des Gegners aufs Korn und steht bereit, jederzeit an einem Angriff auf den schwarzen König teilzunehmen.

3...♗c5

Dies ist eine gleichermaßen populäre wie historische Antwort des Nachziehenden. Er verhindert d2-d4 und greift seinerseits den gegnerischen empfindlichen Punkt in Königsnähe an, also f2. Diese Entwicklung haben schon Ende des 16. und Anfang des 17. Jahrhunderts italienische Spieler analysiert. So ist die Eröffnung denn auch zu ihrem Namen „Italienische Partie" gekommen. Sie ist nach wie vor ein häufiger Gast auf der Turnierbühne, die Schar ihrer Anhänger ist groß.

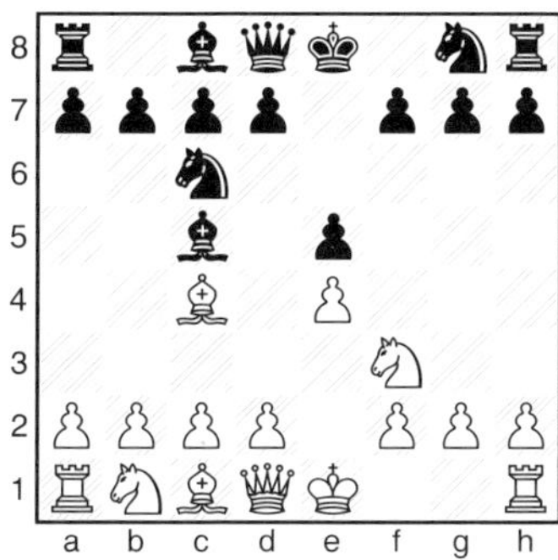

4.c3

Der in der Turnierpraxis zumeist gespielte Zug. Auch ist er der Favorit der Theorie. Weiß will d2-d4 durchsetzen, um sich damit eine Überlegenheit im Zentrum zu verschaffen. Wir untersuchen auch andere Pläne für Weiß:

I. 4.0-0 (siehe **Kapitel 1**).

II. 4.d3 (siehe **Kapitel 2**).

III. 4.♘c3 (siehe **Kapitel 3**).

IV. 4.d4 (siehe **Kapitel 4**).

V. 4.h3 ♘f6 5.d3 (5.c3 ♘xe4! 6.♖f1 0-0 7.d3 ♘d6 8.♗b3 h6 9.a3 ♖e8 10.♘bd2 e4-+ Melgarejo Ventura-Huaranca Espinoza, Tingo Maria 2012) 5...h6 6.0-0 d6 7.♗e3 ♗xe3 8.fxe3 ♗e6 9.♗b3 ♕d7 10.♕d2 0-0-0 11.♗xe6 ♕xe6 12.a4 g5 13.♘e1 g4 14.hxg4 ♘xg4 15.♘f3 ♖hg8 16.♖e1 h5 17.b4 f5 18.b5 ♘e7 19.a5 fxe4 20.dxe4 d5 mit einem klaren schwarzen Vorteil, Truong-Vo, Vietnam 2012.

VI. 4.a3 ♘f6 (Es geht auch 4...d6, was unter Zugumstellung zur Hauptvariante führen kann.) 5.♘c3 a6 6.h3 d6 7.d3 ♘d4 8.♘xd4 ♗xd4 9.♘e2 ♗a7 10.♗g5 c6 11.♗b3 h6 12.♗e3 b5 13.♗xa7 ♖xa7 14.0-0 ♕b6 15.♕d2 0-0 16.♕e3 ♕xe3 17.fxe3 ♗e6 18.♗xe6 fxe6 19.c3 ♖af7 20.♖f3 d5 mit ausgezeichnetem Spiel für Schwarz, Szalay–Szakasics, Ungarn 2012.

VII. 4.♗b3 ♘f6 (4...d6 5.0-0 ♗g4 6.d3 h6 7.♘c3 ♘d4∓ Fellah–Andreasson, Istanbul 2012) 5.d3 d6 6.c3 ♕e7 7.0-0 ♗g4. Der Nachziehende kann nun lang oder kurz rochieren, jeweils mit guten Perspektiven.

„Und was ist mit 4.b4!?"

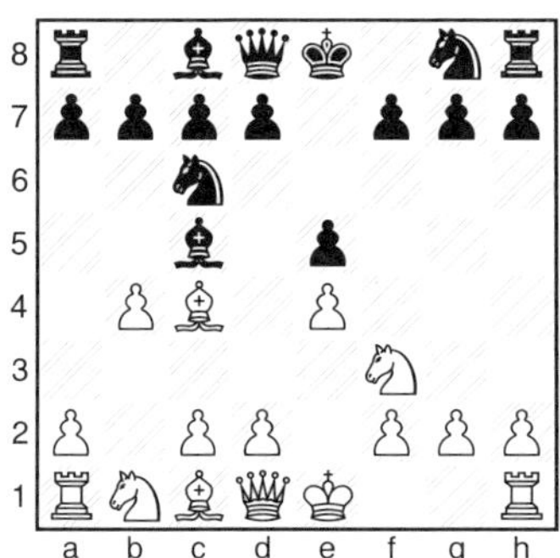

werden Sie vielleicht fragen. Diese interessante Idee geht auf den englischen Schachmeister und Schiffskapitän William Davis Evans (1790-1872) zurück. Weiß ist zu einem Bauernopfer bereit, um unter Tempogewinn das Zentrum mit d2-d4 zu besetzen. Das Evans–Gambit, wie die mit 4.b4 eingeleitete Zugfolge nach seinem Erfinder benannt worden ist, ist eine selbstständige Eröffnung und wird aus diesem Grund in unserem Buch nicht erörtert. Wir möchten Sie an dieser Stelle aber nicht im Regen stehen lassen und zeigen Ihnen deshalb einen kurzen Weg zum Ausgleich. Diesen können Sie beschreiten, wenn Sie mit dem Gambit konfrontiert werden und bis dahin kein Spezialwerk dazu studiert haben. Also ... 4...♗xb4 (Der Rückzug nach b6 4...♗b6 kann unter Zugumstellung zu den Varianten führen, die wir im **Kapitel 6** behandeln.) 5.c3 ♗a5 (5...♗c5!? oder 5...♗e7!? sind spielbare Alternativen) 6.d4 d6 7.♕b3 ♕d7 8.dxe5 ♗b6! (8...dxe5 9.0-0 ist zu gefährlich für Schwarz) 9.♗b5 (9.♘bd2 ♘a5 10.♕c2 ♘xc4 11.♘xc4 d5 12.♗g5 h6 13.♗h4 g5 14.♘xb6 axb6 15.♗g3 dxe4 16.♕xe4 ♘e7=) 9...a6 10.♗a4 ♗c5 11.exd6 (11.c4 ♘ge7 12.0-0 0-0=) 11...b5 12.♕d5 ♗xd6 13.♗b3 ♘f6 14.♕d3 0-0 und Schwarz sollte nun seine Kräfte nach dem Schema ♖f8-e8, ♗c8-b7, ♖a8-d8 postieren, er kommt zu hervorragendem Spiel.

4...♘f6

Dies ist die natürlichste und auch beste Antwort. Schwarz entwickelt seinen Springer und nimmt sofort den Bauern auf e4 unter Beschuss. Seine Strategie ist auf ein schnelles Gegenspiel ausgerichtet.

5.d4

Der Anziehende besetzt konsequent das Zentrum. Diese Fortsetzung gilt als die beste Wahl. Es geht hier auch 5.d3. Es kommt dann über eine Zugumstellung eine Position auf das Brett, die wir im **Kapitel 2** (nach 4.d3) analysiert haben. Andere Alternativen sind:

I. 5.0-0 (siehe **Kapitel 5**).

II. 5.b4 (siehe **Kapitel 6**).

5...exd4

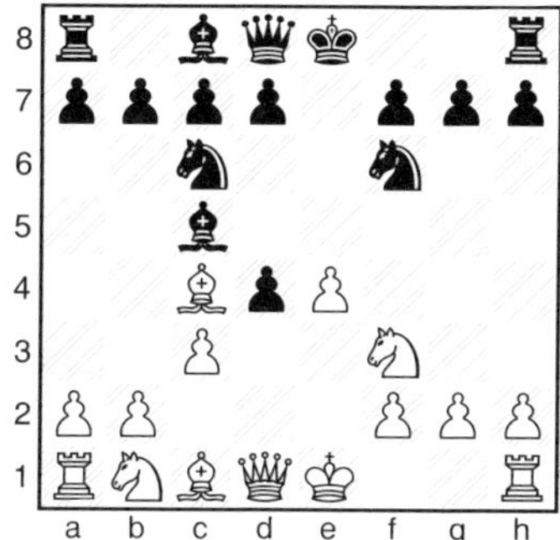

6.cxd4

Die am häufigsten gewählte und auch beste Fortsetzung. Zu beachten sind aber auch mehrere Alternativen:

I. 6.0-0 (siehe **Kapitel 7**).

II. 6.e5 (siehe **Kapitel 8**).

III. 6.b4 ♗b6

A) 7.b5 ♘a5

A1) 8.e5 ♘xc4 9.exf6 (9.♕e2 d3 10.♕xd3 ♘xe5 11.♘xe5 0-0-+) 9...♕xf6 10.0-0 0-0 11.cxd4 d5-+.

A2) 8.♗d3 d5 (8...dxc3!? 9.♘xc3 d6 10.0-0 ♗e6 ist auch spielbar) 9.e5 ♘e4 10.cxd4 0-0 11.0-0 ♗g4 mit schwarzem Vorteil.

B) 7.e5

B1) 7...d5 8.exf6 dxc4 9.b5 0-0! 10.bxc6 ♖e8+ 11.♔f1 d3! 12.fxg7 (Nach 12.cxb7 ♗xb7 13.♗e3 ♕xf6 14.♗xb6 axb6 15.♘bd2 ♗xf3 16.♘xf3 ♕xc3 hat Schwarz ausreichenden Ersatz für die hingegebene Figur.) 12...♖e2 13.♗e3 ♗xe3 14.fxe3 ♕e7! 15.♕c1 (15.♘d4 ♕f6+ 16.♘f3 ♗h3 und der Nachziehende gewinnt) 15...♗h3! 16.♖g1 (16.gxh3 ♕e6-+) 16...♕e4 17.♘bd2 ♕g4 18.♘e1 ♕h4 0-1 Fay–Thomson, Fernpartie 1997.

B2) 7...♘e4 8.b5 (8.cxd4 d5!) 8...♘e7 9.cxd4 d5 10.♗b3 a6 11.♕d3 ♗f5 und Schwarz hat sich schon in dieser frühen Partiephase ein Übergewicht verschafft, Jehsert–Meincke, Fernpartie 2008.

IV. 6.♗g5 h6

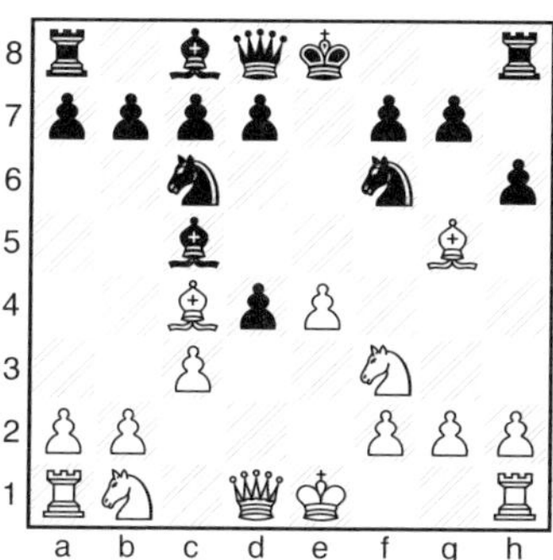

A) 7.♗xf6 ♕xf6 8.e5 ♘xe5 (8...♕f4!? ist es wert, ernsthaft in Erwägung gezogen zu werden) 9.♕e2 d5 10.cxd4 (Oder 10.♗xd5 ♗e6 11.♗xb7 ♖b8 12.♕xe5 ♕xe5+ 13.♘xe5 ♖xb7 und im Endspiel hat Schwarz mit seinem Läuferpaar die besseren Aussichten.) 10...♗xd4 11.♗b5+ (11.♘xd4 dxc4 12.♘f3 0-0-+) 11...c6 12.♘xd4 0-0! 13.♗a4 (13.0-0 cxb5 14.♘c3 a6 15.♘xd5 ♕d6 ist für Weiß keine ratsame Alternative, sein Gegner steht klar besser.) 13...♗g4 14.♕c2 (14.f3 ♖ae8 15.0-0 ♘xf3+ 16.♕xf3 ♕xd4+ 17.♕f2 ♕xa4-+)

14...♕f4 15.♘e2 (15.0-0 ♕xd4-+; 15.♕c3 ♘d3+! 16.♕xd3 ♖fe8+-+) 15...♗xe2 16.♔xe2 (16.♕xe2 ♕xa4-+) 16...♘g4 und Weiß steht komplett auf verlorenem Posten.

B) 7.♗h4 g5 8.♗g3 (8.♘xg5? hxg5 9.♗xg5 ♗e7-+) und nun ist 8...♘xe4!?∓ am einfachsten. Aber auch nach 8...d6 9.♘bd2 dxc3 10.bxc3 ♗g4 11.0-0 ♘h5 12.♔h1 ♘xg3+ 13.fxg3 ♘e5 14.♗e2 ♘xf3 15.♘xf3 ♕d7 16.♕c2 0-0-0 steht Schwarz wegen der weißen Bauernschwächen klar besser, Pomell-Rajala, Finnland 1979.

6...♗b4+

So ist es richtig. Nur mit dieser Entwicklung á tempo kommt Schwarz rechtzeitig zum Angriff auf das gegnerische Zentrum.

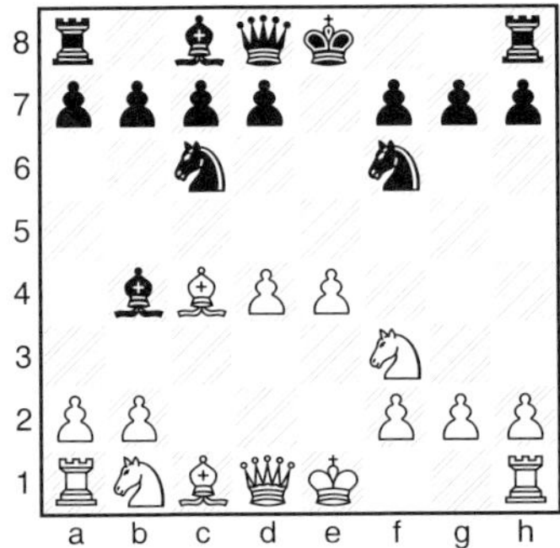

7.♘c3

Das ist die populärste Fortsetzung, die bereits im 16. Jahrhundert von Greco (1600-1634) behandelt wurde. Sie führt zu einem sehr scharfen Spiel, in dem Weiß im Kampf um die Initiative einen Bauern opfert. Eine starke Alternative ist 7.♗d2. Wir analysieren diesen Zug im **Kapitel 9**.

Andere Möglichkeiten kommen heutzutage selten auf das Brett. Ein paar Varianten dazu:

I. 7.♔f1. Diese Gambitidee stammt von Lord (1883). Aufgrund von Analysen in Krakauer Schachkreisen ist dieser Zug unter dem Namen „Krakauer Variante" bekannt geworden. Nun sollte Schwarz einfach 7...d5! spielen. Weitergehen kann es dann wie folgt: 8.exd5 ♘xd5

A) 9.♘g5 0-0!? 10.♘c3 (10.♕h5 ♗f5!) 10...♘f6 11.♗e3 ♗f5 12.♕b3 ♕e7 13.♘xf7 ♖xf7 14.♗xf7+ ♕xf7 15.d5 ♗xc3 16.dxc6 ♕xb3 (16...♗e5!? 17.♕xb7 ♖e8-+) 17.axb3 ♗d3+ 18.♔g1 ♗xb2 19.♖a2 ♗c3 20.cxb7 ♖b8 21.♖xa7 ♗e4 22.f3 ♗xb7 mit schwarzem Vorteil, A.Müller-Hirsch, Deutschland 1990.

B) 9.a3 ♗e7 10.♘c3 ♗e6 11.♕b3 ♘a5 12.♕a4+ c6 13.♗xd5 ♗xd5 14.♘xd5 ♕xd5 15.♗d2 ♘b3 16.♖e1 a5 17.♖e3 ♘xd2+ 18.♘xd2 ♕d7 19.♘f3 0-0 20.♔e2 ♗f6 21.♖d1 ♖fe8 und die schwarze Stellung ist vorzuziehen, Leoni-Powers, IECG Email 2000.

C) 9.♗d2 0-0 10.♗xb4 ♘cxb4 11.♕d2 ♗e6 12.♘a3 ♕f6 13.h4 h6 14.♔g1 c6 15.h5 ♖fe8 16.♖h4 ♗f5 17.♗xd5 ♘xd5 18.♖e1 ♖xe1+ 19.♕xe1 ♔f8 mit schwarzem Übergewicht, Brusila-Anderson, ICCF Email 2005.

D) 9.♗g5 ♕d6 (9...♗e7 10.♗xe7 ♘cxe7 wurde auch schon mit Erfolg gespielt.) 10.♘c3 ♗xc3 11.bxc3 0-0 12.♕c2 ♗e6 13.♗d3 h6 14.♗d2 ♘b6 15.♖b1 ♖ad8. Schwarz hat eine stabile Stellung eingenommen und die bessere Bauernstruktur. Er steht daher besser, Lindschoten-Dietrich, Wien 1911.

E) 9.♘c3 ♘xc3 (Stark ist auch 9...♗e6!? z.B. 10.♕d3 ♗e7 11.a3 ♕d7 12.♘g5 ♗xg5 13.♗xg5 f6 14.♗h4 0-0-0∓ Palkövi) 10.bxc3 ♗xc3 11.♗xf7+ (11.♕b3? ♗xa1 12.♗xf7+ ♔f8 13.♗a3+ ♘e7 14.♘g5 ♕xd4 15.♗h5 ♕f6-+ Palkövi) 11...♔xf7 12.♕b3+ ♗e6 13.♕xc3 ♖e8! 14.♘g5+ ♔g8 15.♕c2 g6 16.♘xe6 ♖xe6 17.♕c4 ♕f6 18.♗e3 ♖ae8 mit klarem schwarzen Vorteil, Leoni-Grazinys, IECG Email 2000.

III. 7.♘bd2

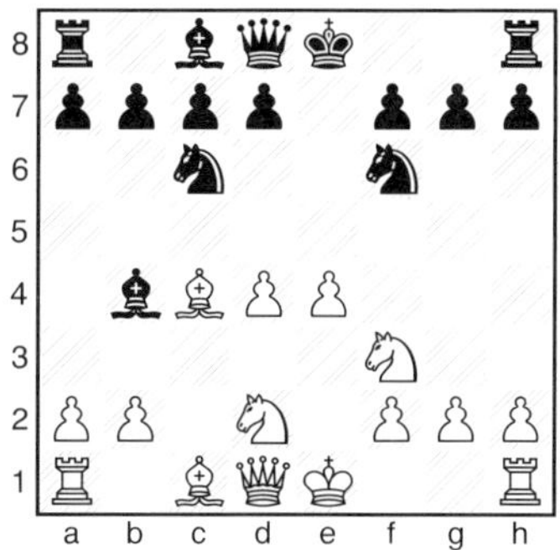

A) 7...d5 8.exd5 ♘xd5

A1) 9.a3 ♗xd2+ (Eine alternative und gut nachvollziehbare Idee liegt darin, mittels 9...♗e7!? die Spannung zu halten.) 10.♗xd2 0-0 11.0-0 ♗g4 12.h3 ♗h5 13.g4 ♗g6 14.♖e1 ♘b6 15.♗b3 ♕d6 16.♕e2 ♔h8 17.♗c3 f6 18.♘h4 ♗f7 19.♘f5 ♕d7 20.♗c2 ♖fe8 und die Waagschale der Stellungsbewertung neigt sich für keine der beiden Parteien, Stein-Hinz, Fernpartie 2006.

A2) 9.0-0 0-0 10.a3 (10.h3 ♗e6=) 10...♗e7 (10...♗xd2 11.♕xd2 ♘ce7 12.♖e1 c6 13.♕c2 ♗f5= Erwich-Van den Doel, Roosendaal 2012) 11.♖e1 ♘b6 12.♕c2 ♘xc4 13.♕xc4 ♗e6 (13...♗f6=) 14.♖xe6 fxe6 15.♕xe6+ ♔h8 16.d5 ♘b8 17.♘e5 ♕e8 18.♘e4 ♗d6 19.♘xd6 cxd6 20.♘c4 ♕xe6 21.dxe6 ♘c6 (21...♖e8!∓) 22.♗d2 ♖ae8 23.♖e1 ♘d4 24.♖e4 ♘b3 25.♗b4 ♖f6 26.♘xd6 ♖fxe6 27.♖xe6 ♖xe6 und Schwarz biegt endgültig in die Siegerstraße ein, Rotaru-Mihai, Fernpartie 2011.

B) 7...♘xe4

B1) 8.0-0 ♘xd2 9.♗xd2 ♗xd2 10.♕xd2 ♘e7 (Es geht auch sofort 10...d5!?) 11.♖ac1 d5 12.♗d3 c6 13.♖fe1 0-0 14.♕c2 ♘g6 15.h3 ♖e8 16.♖xe8+ ♕xe8 17.♖e1 ♕f8 mit Ausgleich, Fister-Gurmen, ICCF 2010.

B2) 8.d5 ♘e7 9.0-0 ♘xd2 10.♗xd2 ♗xd2 11.d6 cxd6 12.♕xd2 0-0 (12...d5 13.♗xd5 0-0 14.♗b3 d5= Ponkratov-Aleksandrov, St. Petersburg 2011) 13.♖fd1 (13.♖fe1 d5 14.♗xd5 ♘xd5 15.♕xd5 d6 16.b3 ♕c7 17.♘g5 ♕c5 18.♕d2 ♗f5 19.♖ac1 ♕b6 20.♕d5 ♗g6 21.♖e7 ♖ae8 22.♖xb7 ♕a6= Klein-Lange, Fernpartie 2010) 13...d5 14.♗xd5 d6 15.♖ac1 ♕b6 16.b3 ♗f5 17.♗c4 ♖ad8 18.♕g5 ♖fe8 19.♘d4 h6 20.♕g3 d5 21.♗b5 ♗d7 22.♗xd7 ♖xd7 23.♖d2 ♕f6 und Schwarz kommt mit einem Mehrbauern aus den Verwicklungen heraus, was ihm in Penz-Baldauf, St. Veit 2012, zum späteren Sieg reichte.

7...♘xe4

Die beste Erwiderung für den Nachziehenden. Weil andere Züge nicht wirklich infrage kommen, lassen wir sie ganz außer Acht.

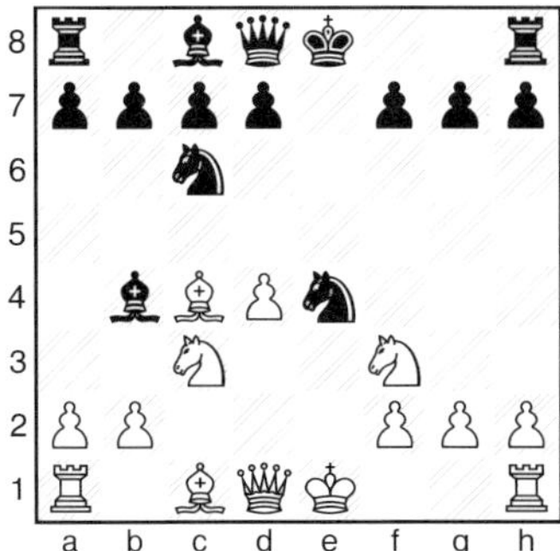

8.0-0

Es gibt keinen Ausweg: Weiß muss konsequent weiter opfern, denn ihm stehen sonst nur schwache Alternativen zur Verfügung. Diese Aussage belegen wir wie folgt:

I. 8.d5 ♘xc3 9.bxc3 ♗xc3+ 10.♗d2 ♗xd2+ (Spielbar ist auch 10...♕e7+ 11.♔f1 ♗xa1 12.♕xa1 0-0 13.dxc6 bxc6 14.h4 d5 15.♗d3 c5 mit schwarzem Vorteil.) 11.♕xd2 ♘e7 12.0-0 d6 13.♖fe1 0-0 14.♖ac1 ♗d7 15.♗d3 h6 16.♕a5 b6 17.♕a3 ♖e8 18.♕b3 c6 und Schwarz steht auf Gewinn, Galera-Ralls, IECG Email 2003.

II. 8.♕b3 0-0 9.0-0 ♗xc3 10.bxc3 ♘a5 11.♗xf7+ ♖xf7 12.♕d5 ♘xc3 13.♕xa5 ♘e2+ 14.♔h1 d6 15.♗g5 ♕f8 16.♖ae1 ♘f4 17.♗xf4 ♖xf4 18.♕b5 (18.♕xc7 ♖xf3! 19.gxf3 ♕xf3+ 20.♔g1 ♗h3-+) 18...a6 19.♕b3+ ♔h8 20.♖e3 b5 mit einem Übergewicht auf der Seite des Nachziehenden, Muniz-Bulgarini Torres, CADAP 2000.

8...♗xc3

Das Schlagen mit dem Läufer gilt als die beste Lösung für Schwarz. Die Idee mit 8...♘xc3 führt zu interessanten Verwicklungen, wir betrachten sie im **Kapitel 10**.

9.d5

Nur mit diesem Zug kann Weiß auf Vorteil hoffen. Er stammt vom dänischen Spieler J. Möller, der seine Analysen in „Tidskrift for Schack“ (1898) veröffentlicht hat. Deshalb nennt man diese Variante „Möller-Angriff“. Andere Züge sind schwach und haben keine größere Bedeutung:

I. 9.bxc3 d5 10.♗a3 (10.♗d3 0-0∓) 10...dxc4 11.♖e1 f5 (Mit Erfolg geprüft wurde auch 11...♗e6!? 12.♖xe4 ♕d5 13.♕e2 0-0-0 14.♘e5 ♖he8 15.♘xc6 ♕xc6∓ Steinitz-Lasker, Moskau 1896.) 12.d5 (Auf 12.♘d2 folgt einfach 12...♔f7 13.♘xe4 fxe4 14.♖xe4 ♕f6 15.♕e2 ♗f5 16.♕xc4+ ♔g6 und Schwarz hat eine Figur mehr.) 12...♘e7 13.♕d4 0-0 14.♕xc4 ♘d6 15.♗xd6 cxd6 16.♘d4 ♗d7 17.♘e6 ♗xe6 18.dxe6 ♖c8 19.♕d4 ♕c7 (19...♕b6!?) 20.♕xa7 ♕xc3 21.♕xb7 ♖c7 22.♕b6 ♖fc8 23.h3 ♕c5 24.♕b3 d5 und Schwarz sicherte sich bald den vollen Zähler, Wurm-Rezek, Fernpartie 2005.

II. 9.♕b3 ♘xd4 (Es geht auch 9...♘a5!? 10.♕a4 ♘xc4 11.♕xc4 d5 12.♕a4+ c6 13.bxc3 0-0∓.) 10.♕d1 (10.♘xd4 ♗xd4 11.♗xf7+ ♔f8-+; 10.♘xd4 ♗xd4 11.♗xf7+ ♔f8 12.♗e3 ♗xe3 13.fxe3 ♘f6 14.♗h5 ♕e7-+) 10...♘xf3+ (10...d5!? ist eine Prüfung wert.) 11.♕xf3 d5 12.bxc3 0-0. Schwarz behauptet seinen Materialvorteil.

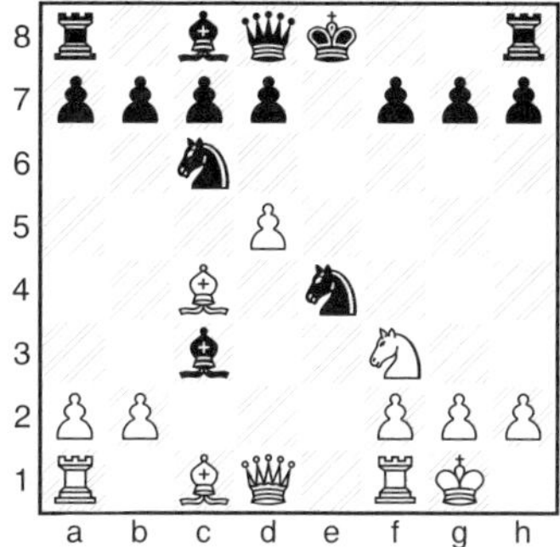

9...♗f6

Der Zug mit dem Läufer ist die bekannteste Fortsetzung und wird auch am häufigsten gespielt. Zu beachten ist aber auch die Alternative 9...♘e5, die wir im **Kapitel 11** behandeln.

10.♖e1

Keine Gefahr für Schwarz heraufbeschwören kann 10.dxc6 bxc6 mit drei bekannten Fortsetzungen:

A) 11.♕e2 d5 12.♘d2 (12.♖b1 0-0 13.♗d3 ♘c5 14.b3 ♖e8 15.♕c2 ♘xd3 16.♕xd3 g6 17.♗a3 ♗f5 0-1 De Booy-Becker, IECG Email 1999) 12...♗f5 13.f3 ♗d4+ 14.♔h1 dxc4 15.fxe4 ♗e6 16.♘xc4 0-0 17.♖d1 c5 18.♗e3 ♕f6 mit schwarzem Übergewicht.

B) 11.♕b3 d5 12.♗d3 ♘c5 13.♖e1+ ♗e6 14.♕c2 ♘xd3 15.♕xd3 0-0 und der Nachziehende steht überlegen, Sipowicz-Orlov, IECG Email 2005.

C) 11.♖e1 d5 (11...0-0 12.♖xe4 d5 13.♖e2 dxc4 14.♕c2 ♕d3 15.♗g5 ♗f5 16.♕xd3 cxd3 17.♖d2 ♗xg5 18.♘xg5 ♖fe8-+ Lipsits-L.Fischer, ICCF 2007) 12.♗d3 0-0 13.♕c2 (13.♗xe4 dxe4 14.♘d2 ♗f5 mit schwarzem Vorteil) 13...♖e8 14.♗f4 ♖b8 15.♖ab1 c5 16.♗xe4 dxe4 17.♖xe4 ♖xe4 18.♕xe4 ♖xb2 19.♖xb2 ♗xb2 20.h3 ♗f6 21.♗xc7 ♕d7 und Schwarz hat einen Mehrbauern auf der hohen Kante.

10...♘e7

Dies ist die am tiefsten untersuchte Fortsetzung. Beachtung verdient auch 10...0-0!? Wir besprechen die daraus resultierenden Möglichkeiten im **Kapitel 12**.

11.♖xe4 d6

Hier trifft man auch auf die 11...0-0. Unter Zugumstellung entstehen dabei Varianten, die wir im **Kapitel 12** analysieren.

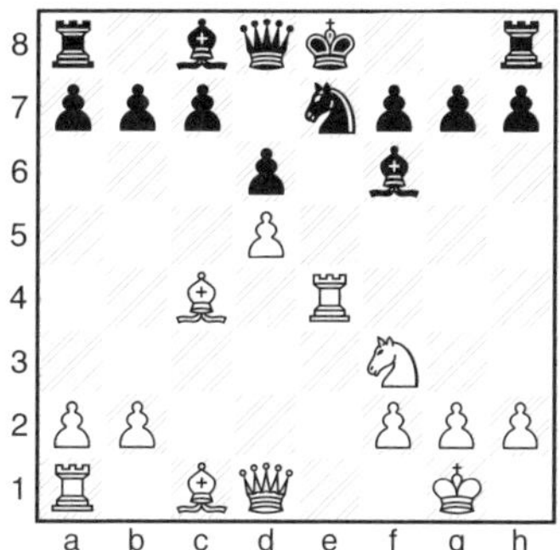

12.♗g5

Die Nummer 1 an dieser Stelle. Der Läuferzug verfolgt das Ziel, den wichtigen Verteidiger des Springers e7 zu tauschen. Ein aggressiver Bajonett-Angriff liegt hier in 12.g4!? Auch ihm widmen wir uns im **Kapitel 12**.

12...♗xg5 13.♘xg5 h6

Um den Springer aus dessen aktiver Position zu verjagen. Allerdings geht auch 13...0-0, was wir im **Kapitel 13** zum Gegenstand unserer Betrachtungen machen.

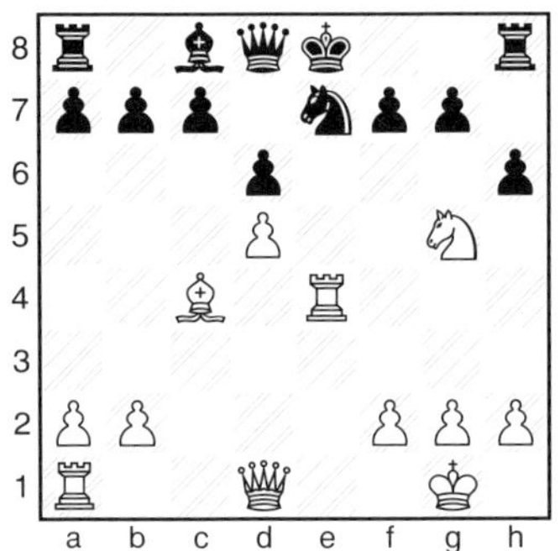

14.♕e2

Die beste Wahl für den Anziehenden, nur mit diesem Zug kann er um Vorteil kämpfen. Andere Erwiderungen sind gefahrlos für Schwarz. Ein paar Beispiele dazu:

I. 14.♘xf7 ♔xf7 15.♕f3+ ♘f5

A) 16.♖e6 g6 (Kurz war der Weg in der Partie Kesaris-Kokolias, Korinthia 2012, als Schwarz über die Folge 16...♔g8 17.♕xf5 ♗xe6 18.dxe6 ♕e7 19.♖d1 ♖d8 20.♗e2 ♖f8 21.♕d5 g6 22.♕xb7 ♕xe6 23.♗f3 ♕e7 24.♖c1 ♖h7 25.♕xa7 ♖xf3 0-1.) 17.g4 ♗xe6 18.dxe6+ ♔g7 19.gxf5 ♕g5+ 20.♔h1 ♕xf5 21.♕xb7 ♕c5 zu einem entscheidenden Vorteil kam.

B) 16.g4 ♖f8 17.gxf5 ♔g8 18.♗f1 ♗xf5 19.♖c4 ♕f6 20.♕c3 (20.♖xc7 ♕xb2 21.♖ac1 ♖f6-+) 20...♕xc3 21.♖xc3 ♖f7. Der Nachziehende steht deutlich besser. Er hat einen Bauern mehr und die weiße Bauernstruktur ist löchrig wie sprichwörtlich der schweizer Käse, Berna-Paesschesoone, ICCF 2012.

II. 14.♗b5+ ♗d7 15.♕e2 ♗xb5 16.♕xb5+ ♕d7

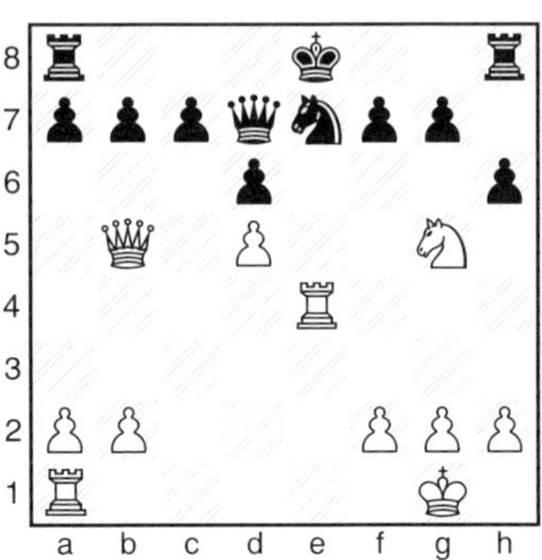

A) 17.♕e2 ♔f8

A1) 18.♘xf7 ♔xf7 19.♖e1 ♘g8 20.♕h5+ (20.♖e6 ♔f8 21.♕g4 ♕f7 22.♕b4 b6 23.♕b5 ♘f6 24.f4 ♔g8 25.♕c6 ♖f8 26.f5 ♕h5 27.♖f1 ♖f7 28.♕c4 ♔h7 29.h3 ♖hf8-+ Dieta-Krawczyk, ICCF 1997) 20...♔f8 21.♕f3+ ♘f6 22.♖e6 ♕f7 23.♕f5 ♔g8 24.g4 ♖f8 25.♖e7 ♖e8 26.♖7e6 g6 27.♕d3 ♔g7 28.♖1e3 ♖hf8 und Weiß ist ohne Ersatz für das verlorene Material. Schwarz kann die Partie aus einer Gewinnstellung heraus fortsetzen, Lipiniks Hasenfuss-Flor Trejo, ICCF 2005.

A2) 18.♘f3 ♘xd5 19.♖e1 g6 (19...c6 20.♘d4 g6∓ Weiss-Walter, Fernpartie 2004) 20.b4 c6 21.b5 ♔g7 22.♕b2+ ♔h7 23.♖d1 ♖he8 24.♖h4 f6 25.bxc6 bxc6 26.♕d2 h5 27.h3 ♔g7 28.♕c2 ♖ab8 und Schwarz behauptet seinen Materialvorteil, Drude-Klapp, Fernpartie 2009.

B) 17.♕d3 hxg5 18.♖ae1 0-0 19.♖xe7 ♖fe8∓ Wolf-Lane, Fernpartie 1968-71.

C) 17.♕xb7 0-0

C1) 18.♖c4 ♖fb8 19.♕xc7 ♕xc7 20.♖xc7 ♘xd5 21.♖d7 hxg5 22.♖xd6 ♘f6-+.

C2) 18.♖ae1 ♖ab8 (18...♘g6 19.♘f3 ♖fb8 20.♕a6 ♖xb2 21.♘d4 ♘e5 22.h3 ♖b4 23.♘c6 ♖xe4 24.♖xe4 ♘xc6 25.dxc6 ♕d8 26.♕b7 ♖b8 27.♕xa7 ♖b1+ 28.♔h2 d5 29.♖d4 ♕d6+ 30.f4 ♕xc6∓ Van der Meer-Pott, Lechenicher SchachServer 2006) 19.♕xa7 ♘xd5 20.♘f3 (20.♕d4 ♕f5 21.♘f3 ♖b4 22.♘h4 ♕g5-+ Mathias-Winkelmann, Fernpartie 2003) 20...♖xb2 21.♕d4 ♖b5 22.a4 ♖a5 23.♕d2 ♖fa8 mit schwarzem Vorteil, Mathias-Akdag, ICCF 2007.

C3) 18.♖c1 hxg5 19.♖xc7 ♖ac8 20.♖ec4 ♖xc7 21.♖xc7 ♖c8-+ Dunn-Halliday, ICCF 2012.

III. 14.♕h5 0-0 15.♖ae1

A) 15...♘f5 16.♘f3 (16.♘xf7 ♕f6 17.g4 ♘h4-+) 16...g6 17.♕h3 h5 18.♘d2 (18.g3 ♗d7 19.♕g2 ♕f6 20.h3 ♖ae8-+ Flachsbart-Pesztericz, Eger 1995) 18...c5 19.♕c3 a6 20.♗d3 ♘d4 21.♖4e3 b5 22.♘b3 ♕f6 mit klarem Übergewicht für Schwarz, Pott-Burk, IECG Email 2001.

B) 15...♘g6 16.♘e6 fxe6 17.♕xg6 e5 18.♖xe5 dxe5 19.d6+ ♔h8 20.♗d3 ♗f5 21.♗xf5 ♖xf5 22.♕xf5 cxd6 23.♖d1 ♕e7 24.g3 ♖d8 und Schwarz bleibt ein Mehrbauer, Alessandrini-Bhandarkar, Fernpartie 2007.

IV. 14.♘f3 0-0

A) 15.♕e2 ♘g6 16.♖e1 ♗d7 (16...♗f5 17.♖e3 ♕f6) 17.♕d2 ♕f6 18.♕c1 ♖ac8 19.b3 c6 20.♕d1 c5 21.h3 ♗f5 22.♖4e3 ♗d7 23.♕c1 ♖ce8 24.♕a3 a6 25.♕c1 ♖xe3 26.♖xe3 ♖e8. Bei genauem Spiel wird dem Nachziehenden der Sieg nicht mehr zu nehmen sein, Fesselier-Pfreundt, Oberhof 2012.

B) 15.♖c1 c5 16.dxc6 bxc6 17.♖e1 ♗b7 (Zu beachten ist 17...c5!?∓.) 18.♕d3 und nun hätte Schwarz in der Partie Everett-Weiss, Fernpartie 2004, 18...c5!? spielen sollen, z.B. 19.♖cd1 d5 20.♕e3 ♕b6 21.♕xe7 dxc4. Die besseren Aussichten hätte er dann für sich reklamieren dürfen.

14...hxg5 15.♖e1

Weiß muss konsequent den Springer auf e7 unter Druck setzen. Nichts bringt 15.♗b5+ c6! 16.dxc6 (16.♖e1 ♗e6 17.dxe6 f6 18.♗d3 d5 19.♖g4 ♕d6 20.g3 0-0-0 21.♕e3 d4 22.♕d2 ♕d5 23.b3 c5 24.♗e4 ♕d6 25.♗g2 ♘d5 26.♖ge4 ♖de8 27.♖c1 ♔b8 28.a3 ♕b6-+ Sleidinger-Simini, Fernpartie 1984) 16...♔f8! 17.♖e1 ♗e6 18.cxb7 ♖b8 19.♗a6 d5 (19...♖h4 20.♖e3 ♕b6-+ Bottlik) 20.♖e5 (20.♖xe6 fxe6 21.♕xe6 ♖h6-+) 20...♘c6 21.♖e3 ♕d6 22.g3 ♘b4 und Schwarz steht auf Gewinn.

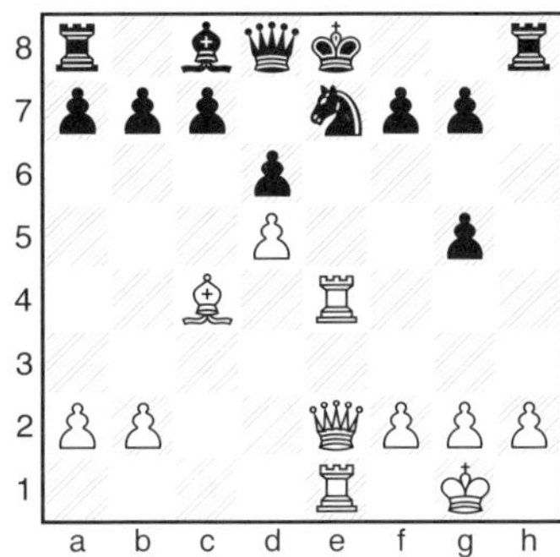

15...♗e6!

Der einzig richtige Zug: Schwarz versperrt endgültig die e-Linie.

16.dxe6 f6 17.♖e3

Der weiße Turm will nach h3. Der Anziehende verfolgt den Plan des Turmtausches, um seiner Dame den Weg nach h5 zu ermöglichen und damit in die schwarze Stellung einzudringen. Vor dem Hintergrund dieses Planes gilt 17.♖e3 als die beste Wahl für Weiß. Es gibt auch Alternativen, die aber nicht zu empfehlen sind:

I. 17.♗b3

A) 17...c6 18.♕d3 (18.h3 ♕b6 19.♕d2 0-0-0∓ Sorroche Lupion-Costa, Fernpartie 1994) 18...♕c7 19.♖4e3 g4 20.♖g3 d5 21.h3 gxh3 22.♖xh3 0-0-0 und Schwarz steht besser, Kverndal-Ruiz Vidal, Fernpartie 1989.

B) 17...d5 18.♖b4 (18.♖e3 c6 19.♕d3 ♕d6 20.♖h3 0-0-0 21.a3 ♖xh3 22.♕xh3 ♕f4 23.♕e3 ♕xe3 24.♖xe3 ♔c7-+ Scholz-Schulz, Fernpartie 1990; oder 18.♖d4 ♕d6 19.♕b5+ c6 20.♕xb7 ♕xh2+ 21.♔f1 ♕b8 22.♕xb8+ ♖xb8-+ Huy-Galuschka, Fernpartie 2012.) 18...♖b8 19.♗a4+ c6 20.♕e3 ♕d6 (20...b5!? 21.♗c2 ♕d6 22.♕xa7 ♖d8∓) 21.♕xa7 ♕xh2+ 22.♔f1 ♕d6 23.♖e3 (23.♖xb7 Es verliert 23...♖xb7 24.♕xb7 ♖h1+ 25.♔e2 ♕xe6+ usw.) 23...0-0 mit klarem Vorteil für Schwarz, Aalto-Pahta, Fernpartie 1977.

II. 17.♖g4 d5 18.♗d3 ♕d6

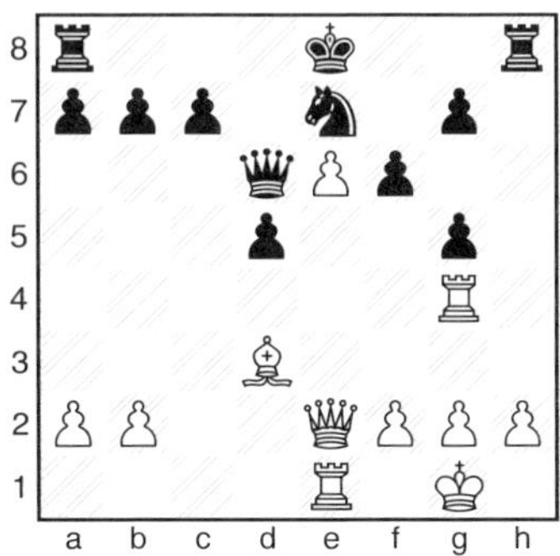

A) 19.h3 0-0-0 20.♖a4 (20.♗b5 ♔b8 21.b4 d4 22.♕b2 ♘g6 23.♗d7 ♘f4 24.e7 ♕xd7 25.exd8♕+ ♖xd8 26.♕d2 d3 27.♔f1 ♕c6 28.♖g3 b6-+ Glaser-Delavekouras, ICCF Email 2002) 20...♔b8 21.♕d2 ♘c6 22.♗f5 ♘e5 23.♕a5 a6 und die schwarze Stellung ist klar vorzuziehen, Hanison-Van Leeuwen, Email 2001.

B) 19.g3 0-0-0 20.♖a4 ♔b8 21.♕e3 d4 22.♕f3 ♕c6 23.♕d1 f5. Auf der Suche nach Kompensation für den Minusbauern wird Weiß nicht fündig, Molzahn-Mamitsch, Fernpartie 1988.

III. 17.f4

A) 17...f5 18.♖d4 gxf4 (Schwächer ist 18...g4 wegen 19.♖ed1 ♘c6 20.♗b5 ♕f6 21.♕c4 und Schwarz hat sich in Schwierigkeiten gebracht.) 19.♖xf4 c6∓.

B) 17...d5 18.♖d4 ♕d6 (18...c6!?) 19.♗xd5 c6! (Nach 19...♘xd5 20.♕d3 c6 21.♕g6+ ♔d8 22.♕xg7 hätte Weiß Initiative für die Figur.) 20.♗xc6+ ♕xc6 21.♖c4 ♕b6+ 22.♔h1 gxf4 23.♕g4 (Auf 23.♖xf4 geht wohl 23...0-0-0!)

23...♕f2 24.♖ec1 ♕g3 25.♕xf4 ♖xh2+ 0-1 Theofel-Tack, IECC Email 1997.

IV. 17.♗d3 d5

A) 18.♖e3 ♕d6 19.g3 (Auf 19.h3 folgt ebenfalls 19...0-0-0!) 19...0-0-0 20.♗b5 ♖h3 (20...c6!? geht auch) 21.♗d7+ ♔b8 22.♔g2 ♖dh8 23.♖h1 d4 24.♖b3 c5 25.♕e4 b6 26.♗b5 f5 27.♕e2 ♕d5+ 28.f3 ♕d6 und Schwarz steht klar besser, Nilssen-Gool, Fernpartie ICCF 2010.

B) 18.♖b4 ♕d6 19.♕d2 ♕xh2+ 20.♔f1 0-0-0 21.♕e3 ♔b8 22.♗a6 b6 23.♕f3 ♕d6-+ Kotsokolos-Bardis, Petroupoli 2012.

V. 17.♖d4 c6

A) 18.♗d3 d5 19.♕c2 ♕b6 (19...♕d6!? ist auch spielbar) 20.♗g6+ ♔d8 21.♖ed1 ♔c7 22.a3 c5 23.♗f7 ♖ad8 24.b4 c4 25.h3 ♔b8. Schwarz hat einen Mehrbauern und steht besser, zumal er einen guten Plan hat. Er will ♕b6-c7-e5 nebst f6-f5 folgen lassen, Vega Palma-Hernandez Molina, Fernpartie 2004.

B) 18.b4 d5 (Der Nachziehende kann auch 18...♕c7!? spielen, z.B. 19.h3 0-0-0 20.a4 d5 nebst f6-f5.) 19.♗d3 ♕d6 20.g3 0-0-0 21.a4 ♖h6 22.♔g2 ♖dh8 23.♖h1 f5 mit schwarzem Angriff.

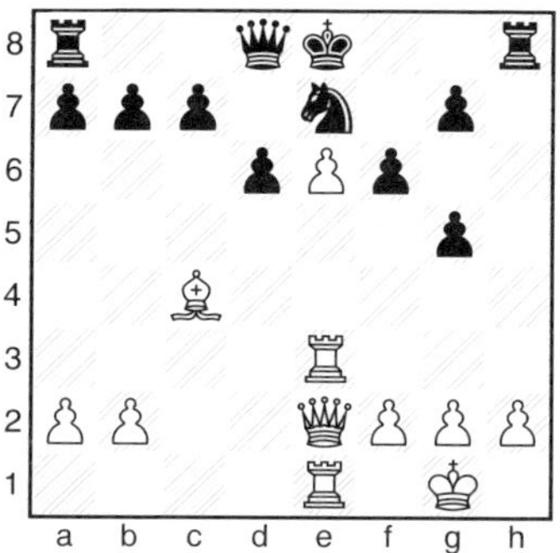

Das Diagramm zeigt die kritische Stellung des Möller-Angriffs. Schwarz steht nun vor der Wahl zwischen 17...c6 (Wir analysieren diese Alternative im **Kapitel 14**) und 17...♔f8, von uns im **Kapitel 15** besprochen.

Zusammenfassung: Wir haben einen Überblick über die Kapitel und Abspiele unseres Buches vorangestellt, um Ihnen einerseits zu zeigen, mit welchem Material Sie darin rechnen dürfen, und andererseits Orientierung zu geben. Sie finden in den folgenden Teilen viele Analysen, die weltweit von Theoretikern zur Weiterentwicklung der Italienischen Partie beigetragen worden sind, und natürlich auch unsere. Aber auch die Einfälle aus der Praxis haben wir zusammengetragen, seien sie erfolgreich gewesen oder als Fehlgriff erkannt worden. Das vorgestellte Material soll Ihnen helfen, die strategischen und taktischen Pläne in der Italienischen Partie kennen zu lernen und zu verstehen.

Wir haben in 15 Kapiteln versucht, so objektiv wie möglich die behandelten Varianten darzustellen. Natürlich kann man nicht ausschließen, dass es vereinzelt in Analysen zu Fehlern kommt, denn diese liegen in der Natur des Schachspiels. Deshalb raten wir Ihnen, alle Analysen kritisch und gründlich unter die Lupe zu nehmen.

Wir haben in vielen Varianten verschiedene Pläne für Schwarz vorgeschlagen, um Ihnen die Möglichkeit zu geben, die besten für sich auszuwählen. So können Sie also nach Ihrem Geschmack und gut informiert über die zu erwartenden Folgen Ihre Wahl treffen.

Im **Kapitel 16** haben wir 40 kommentierte Partien für Sie vorbereitet, die Ihnen vermitteln sollen, mit welchen strategischen und taktischen Nuancen die Italienische Partie verbunden ist.

Kapitel 1
Fortsetzung 4.0-0

1.e4 e5 2.♘f3 ♘c6 3.♗c4 ♗c5 4.0-0

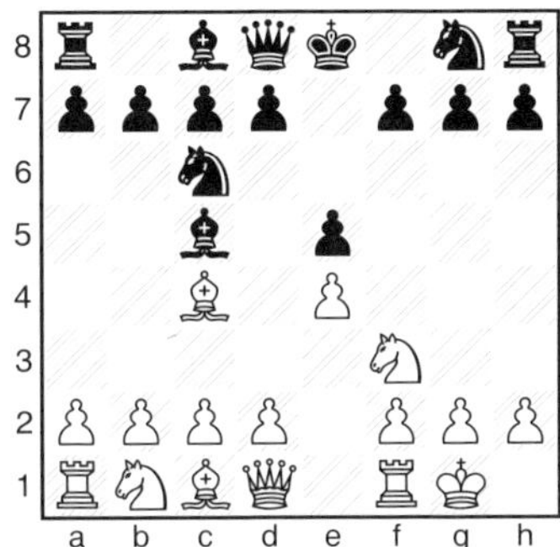

Bevor Weiß überhaupt in irgendeiner Weise aktiv wird, bringt er seinen König in Sicherheit. Schwarz stehen daraufhin zwei gute Fortsetzungen zur Verfügung:

4...♘f6 (siehe **Abspiel 1**) und 4...d6 (siehe **Abspiel 2**).

Abspiel 1
Fortsetzung 4...♘f6

1.e4 e5 2.♘f3 ♘c6 3.♗c4 ♗c5

So wie Romulus und Remus der Sage nach im Jahre 753 v. Chr. die Stadt Rom gegründet haben, sind es nun die beiden Läufer, die im 3. Zug die Italienische Partie auf dem Brett eingeleitet haben. Ob das Spiel allerdings sagenhafte Entwicklungen nehmen wird, haben nun die beiden Spieler in der Hand, jeder für sich selbst.

4.0-0 ♘f6

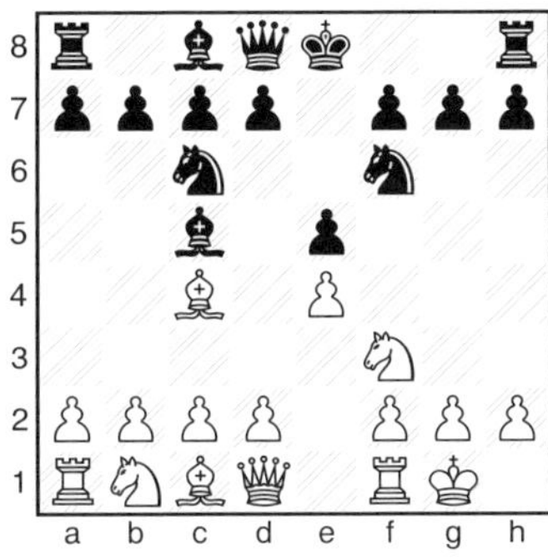

5.d4

Diese scharfe Gambitvariante war schon im Jahre 1853 bekannt. Sie gilt auch heute noch als die beste Möglichkeit für Weiß. Versuche, auf anderen Wegen zu einem Vorteil zu kommen, gab es aber schon reichlich. Werfen wir mal einen Blick auf das, was dabei herausgekommen ist:

I. 5.b4 ♗xb4 6.d4 exd4

A) 7.e5 ♘g4 (Wahrscheinlich ist auch 7...d5!? möglich.) 8.a3 (8.♗d5 ♘cxe5 9.♘xe5 ♘xe5 10.♕xd4 ♕e7∓) 8...♗e7 9.♖e1 d6 10.exd6 cxd6 (10...♕xd6!? 11.h3 ♘f6 12.a4 0-0 13.♗a3 ♕d8 14.♗xe7 ♘xe7 15.♕xd4 ♕xd4 16.♘xd4 ♘f5∓) 11.♗g5 ♘ge5 12.♗xe7 ♕xe7 und Schwarz bleibt materiell im Vorteil.

B) 7.c3 ♗e7 8.e5 ♘e4 9.♘xd4 ♘xe5 10.♘f5 ♗f6 11.♗d5 ♘c5 12.f4 ♘c6 13.♕g4 ♔f8 14.♕h5 g6 15.♕h6+ ♔g8

16.♘g3 ♘e7 und Weiß hat keinen Ersatz für das geopferte Material, Neretljak-Blomstrom, Lund 2010.

II. 5.d3 d6

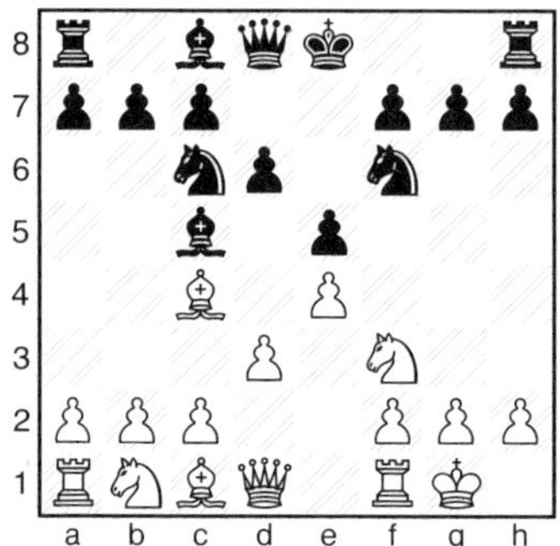

A) 6.c3 a6 (Hier kann der Nachziehende auch zunächst zu 6...0-0!? greifen.) 7.♗b3 0-0 8.♘bd2 ♗a7 9.♖e1 ♗e6 10.♘f1 ♗xb3 11.axb3 d5 12.♗g5 dxe4 13.dxe4 ♕xd1 14.♖axd1 ♘g4 15.♗h4 f6 16.h3 ♘h6 17.♘e3 ♗xe3 18.♖xe3 ♖fd8 19.♖ed3 ♖xd3 20.♖xd3 ♘f7 21.♘e1 (21.♖d7 ♖c8!) 21...♖d8∓ Nithander-Velicka, Pardubice 2010.

B) 6.♗e3 ♗g4 (6...♗b6 7.♘c3 ♗e6 dürfte gleichwertig sein.) 7.♘bd2 ♗b6 8.c3 ♕e7 9.b4 0-0 10.♖e1 h6 11.♘f1 ♖ad8 12.h3 ♗e6 13.♗b3 ♕d7 14.a4 ♘e7 15.a5 ♗xe3 16.♖xe3 ♘g6 17.♘3h2 d5 mit aktivem schwarzen Spiel, Vakhania-Sheremet, Batumi 2010.

III. 5.♖e1 0-0

A) 6.d3 d6 7.c3 a6 (Auch 7...♗b6 8.♘bd2 ♘e7 9.♘f1 ♘g6 10.♘g3 c6 ist gebräuchlich.) 8.♗b3 h6 9.h3 ♗a7 10.♘bd2 ♖e8 11.♘f1 ♗e6 12.♘g3 d5 und Schwarz hat keine Probleme, Abrahamyan-Galojan, Khanty-Mansiysk 2010.

B) 6.c3 ♘xe4 7.d4 exd4 8.cxd4 ♗b4 9.♗xf7+ ♖xf7 10.♖xe4 d5 11.♖f4 ♗f5 und Schwarz steht ausgezeichnet, Leong-Yee Soon Wei, Bandar Seri Begawan 2010.

IV. 5.♘c3

A) 5...d6 6.d3 (Nach 6.h3 ♗e6 7.♗b3 h6 8.d3 ♕d7 hat Schwarz die Wahl, lang oder kurz zu rochieren, jeweils mit guten Chancen, Lakshmi-Meenu, Kochi 2011.) 6...a6 7.♗e3 ♗g4 8.♔h1 ♗a7 9.a3 0-0 10.♕d2 ♗xf3 11.gxf3 ♘h5 12.♖g1 ♕f6 13.♕e2 ♘d4 14.♗xd4 ♗xd4 15.♘d5 ♕d8 nebst c7-c6 und ausgezeichnetem schwarzen Spiel, Schwarz-Anderssen, Wien 1873.

B) 5...0-0 6.d3 d6 7.h3 h6 8.♘a4 ♗b6 9.c3 ♖e8 10.♗b3 ♗e6 11.♗c2 d5 und Schwarz hat das Spiel ausgeglichen, Malaniuk-Short, Jerewan 1984.

V. 5.c3

A) 5...d6 6.d3 (6.d4 exd4 7.cxd4 ♗b6 8.♘c3 ♗g4=) 6...0-0 7.♘bd2 a6 8.♗b3 ♗a7 9.h3 ♖e8 10.♖e1 h6 11.♘f1 ♗e6 12.♘g3 d5 und Schwarz kommt problemlos zu gutem Spiel.

B) 5...♘xe4 6.d4 exd4 7.cxd4 d5 8.dxc5 dxc4 9.♕e2 (9.♕c2 ♕d3! 10.♕xd3 cxd3 11.♖e1 f5 12.♘bd2 0-0 13.♘xe4 fxe4 14.♖xe4 ♗f5 15.♖e3 ♘b4 16.♘d4 ♖ad8 0-1 Tjiptadi-Pott, Fernpartie 2008) 9...♕d3! 10.♖e1 f5 11.♘c3 0-0 12.♘xe4 fxe4 13.♕xe4 ♗f5 und der Nachziehende diktiert bei besserer Stellung das Geschehen.

5...♗xd4!

Nur so verschafft sich Schwarz eine Option auf gutes Spiel.

6.♘xd4 ♘xd4

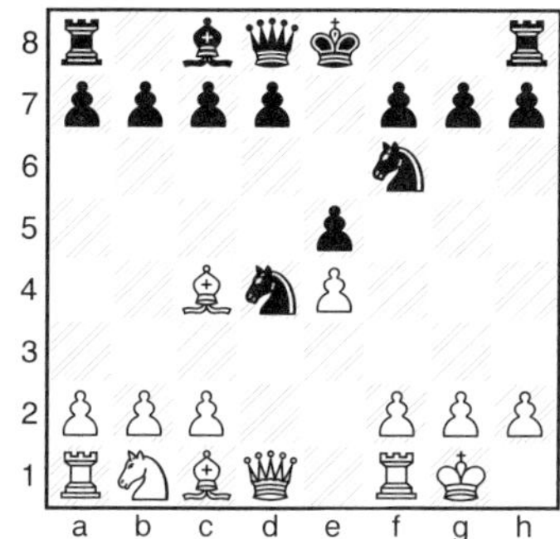

7.f4

Weiß verstärkt den Druck auf der f-Linie und auch auf den schwachen Bauern auf f7. Andere weiße Züge muss Schwarz nicht fürchten:

I. 7.♗g5

A) 7...d6 8.f4 ♗g4 9.♗xf6 (9.♕d3 ♗e2-+) 9...♗xd1 10.♗xd8 ♖xd8 11.♖xd1 (Schlechter ist 11.fxe5 ♗h5 12.♘a3 dxe5 13.c3 ♘c6 14.♗b5 f6 15.♘c4 ♗e2 16.♘d6+ ♖xd6 17.♗xe2 ♖d2 mit klarem schwarzen Übergewicht, Duman-Citak, Konya 2012.) 11...♘xc2 12.♘c3 ♘xa1 13.♖xa1 exf4 14.♘d5 c6 15.♘xf4 0-0 und wir stimmen Honfi zu, der Schwarz leicht im Vorteil sieht.

B) 7...h6 8.♗h4 ♕e7 (Schwach ist 8...g5? wegen 9.f4! mit starkem Angriff.) 9.♘c3 (9.f4? ♕c5 10.♗xf7+ ♔xf7 11.♗xf6 gxf6 12.fxe5 ♕xe5 13.♘c3 c6 14.♕d2 d6 15.♖ad1 ♘b5 16.♘e2 ♗g4 17.a4 ♘c7 18.♖de1 ♘e6-+ Lopez Silva-Hess, Chanty-Mansiysk 2010) 9...g5 10.♗g3 d6 11.f4 c6 12.fxe5 dxe5 13.♖f2 ♖f8 14.♕d3 ♘g4 15.♖d2 f5 mit schwarzem Übergewicht, Noble-Graham, Fernpartie 2010.

II. 7.♘c3 d6 8.♗g5 c6 9.f4 ♕e7 10.fxe5 dxe5

A) 11.♖f2 ♗e6 12.♗xe6 ♘xe6 (12...♕xe6!? kommt infrage) 13.♗xf6 gxf6 14.♕d2 ♖g8 15.♖af1 ♖g6 16.♔h1 ♖d8 17.♕e3 ♕c5 18.♕h3 ♘g5∓ Sukandar-Harika, Zaozhuang 2012.

B) 11.♗d3 ♗d7 12.♕d2 0-0-0 13.♘e2 ♘e6 14.♗e3 b6 15.♘g3 ♘c7 16.a4 ♘g4 17.♘f5 ♗xf5 18.♖xf5 ♘xe3 19.♕xe3 f6 20.a5 ♕b4 21.♖ff1 ♔b8 22.axb6 ♕xb6 und nach dem folgenden Damentausch erfreute sich Schwarz in der Fernpartie Macko-Racko, 1998, der besseren Endspielstellung.

III. 7.♗e3 ♘c6 8.♘c3

A) 8...0-0 9.f4 exf4 10.♗xf4 ♕e7 11.♕d3 ♘e5 12.♕d4 d6 13.♘d5 ♘xd5 14.♗xd5 ♔h8 (14...c6!? 15.♗b3 c5 16.♕c3 ♘g6 17.♗g3 ♗e6∓) 15.♖ad1 f6 16.a4 ♖d8 17.♖d2 a5∓ Harlekijn-Dehaybe, Fernpartie 2007.

B) 8...d6 9.♗g5 h6 10.♗xf6 ♕xf6 11.♘d5 ♕d8 12.f4 exf4 13.♖xf4 ♘e5 14.♕d4 c6 15.♘e3 ♕b6 16.♖d1 ♕xd4 17.♖xd4 ♔e7 18.g3 g6 19.♔g2 ♗e6∓ Hendriks-Taner, Fernpartie 2007.

7...d6 8.fxe5

In einer Fernpartie Woldmo-Antal, gespielt im Jahr 2012, erreichte Schwarz über 8.c3 ♗g4 9.♕d2 ♗e6 10.♗d3 ♘c6 11.f5 ♗d7 12.♕g5 ♖g8 13.b4 ♕e7 14.b5 ♘a5 15.♘d2 d5 ein ausgezeichetes Spiel und fuhr später dann auch folgerichtig den vollen Punkt ein.

8...dxe5 9.♗g5

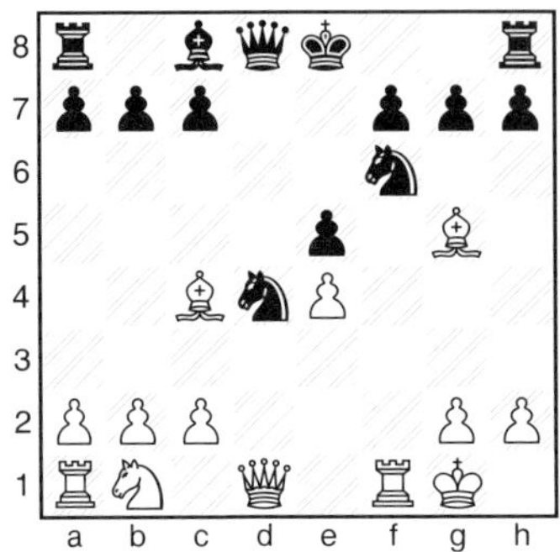

9...♕e7!

Ohne Zweifel das Beste. Andere Züge, die Schwarz kein gutes Spiel versprechen, erlauben wir uns hier außen vor zu lassen.

10.c3

Weiß will damit den zentral postierten Springer aus seiner aktiven Stellung verjagen. Es gibt allerdings Alternativen:

I. 10.♘a3

A) Zu 10...c6 siehe **Partie Nr. 1**, Videnova–Sofranov, Plovdiv 2012.

B) 10...♗e6 11.♗xf6 (11.c3 behandeln wir in der **Partie Nr. 2**, Hübner–Pruijssers, Rogaska Slatina 2011.) 11...gxf6 12.c3 ♘c6 13.♔h1 ♖g8 14.♖f2 (14.♕f3 ♖g6 15.♗d5 0-0-0 16.♘c4 ♕e8 17.♘e3 ♘e7∓ Timmermans–Pedersen, Dieren 2010) 14...♖g6 15.♕d3 ♖d8 16.♕e2 a6 17.♘c2 ♗xc4 18.♕xc4 ♕e6∓ Pap–Postny, Rethymno 2010.

C) 10...♖g8 11.♔h1 (Auf 11.♕d3 kann Schwarz 11...♗d7 ziehen, mit Vorbereitung der langen Rochade, oder 11.c3 ♘e6 12.♗e3 ♗d7 mit dem Plan 0-0-0 usw.) 11...♗d7 12.♕d2 0-0-0 13.♕f2 ♗e6 14.c3 ♘c6 15.♗xf6 gxf6 16.♕xf6 ♕xf6 17.♖xf6 ♗xc4 18.♘xc4 ♖g4 19.♖xf7 ♖xe4 20.♘a3 ♖e2 21.♖xh7 ♖xb2 22.h4 ♖g8 23.♖d1 ♖xa2 mit dem besseren Endspiel für Schwarz, Thavandiran–Schreiner, Athen 2012.

II. 10.♘d2

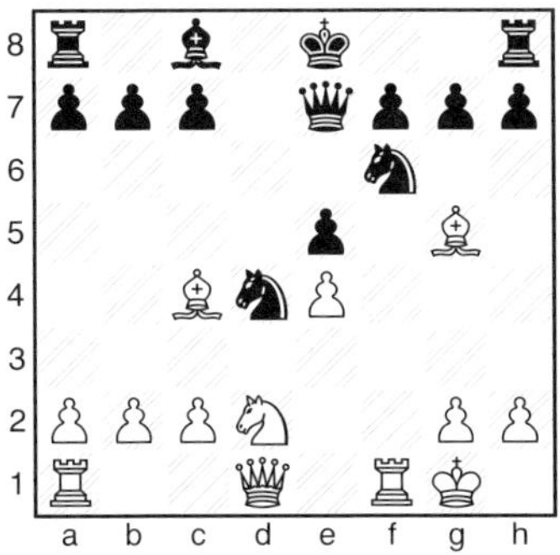

A) 10...♗e6 11.♗d3 (11.c3 ♗xc4 12.♗xf6 gxf6 13.♘xc4 ♘e6 14.♘e3 ♕c5∞) 11...0-0-0 12.c3 ♘c6 13.♕e2 ♔b8 14.♗b5 ♗d7 (14...a6!? ist eine Prüfung wert. In der Folge 15.♗xc6 ♕c5+ 16.♔h1 ♕xc6 17.♗xf6 gxf6 18.♖xf6 ♖hg8 kommt Schwarz zu einer soliden Stellung bei materiellem Vorteil. Er steht besser.) 15.b4 h6 16.♗h4 g5 17.♗f2 und nun war für Schwarz in der Partie Bulgakov–Mukhutdinov, Ufa 2011, das Schlagen mit 17...♘xb4 die Alternative der Wahl, verbunden mit etwa gleichen Chancen.

B) 10...♗d7 11.♘b3 (Oder 11.c3 ♘e6 12.♗xf6 gxf6 13.♕f3 ♘f4 14.g3 ♘h3+ 15.♔g2 ♘g5 16.♕xf6 ♕xf6 17.♖xf6 ♖d8 mit der Drohung ♗d7-h3+.)

11...♘e6 12.♗xf6 gxf6 13.♗xe6 ♗xe6 14.♕d2 ♖g8 15.♕e3 b6 16.♖ad1 ♖d8∓ Haas–Delport, Fernpartie 2005.

III. 10.♖f2

A) 10...♗d7 11.♘c3 0-0-0 12.♕d3 c6 13.♖af1 b5 (13...♖hf8 14.♘e2 ♘xe2+ 15.♕xe2 ♕c5 16.♗e3 ♕a5∞ Hobert–Kunz, Fernpartie 2008) 14.♗b3 ♕c5 15.♗xf6 gxf6 16.♗xf7 ♖hf8 17.♗h5 ♗e6 18.♕e3 ♔b7 19.a4 b4 20.♘d1 ♗c4∓ Gagliardi–Glaser, Fernpartie 2009.

B) 10...♕c5 11.♗xf6 gxf6 12.♘a3 (12.♕d3 b5 13.♗d5 c6 14.c3 ♘e6 15.♗xe6 ♗xe6 16.b4 ♕b6 17.♘d2 ♖d8 18.♕e2 a5∓ Claridge–Lueddeckens, ICCF Email 2006) 12...♘e6 13.♕e1 ♘f4 14.♔h1 ♗g4 15.♖d2 ♔e7 16.b4 ♕b6 und Schwarz blieb ein Mehrbauer, verbunden mit guten Perspektiven, Windhausen–Zitzmann, Fernpartie 2006.

10...♘e6

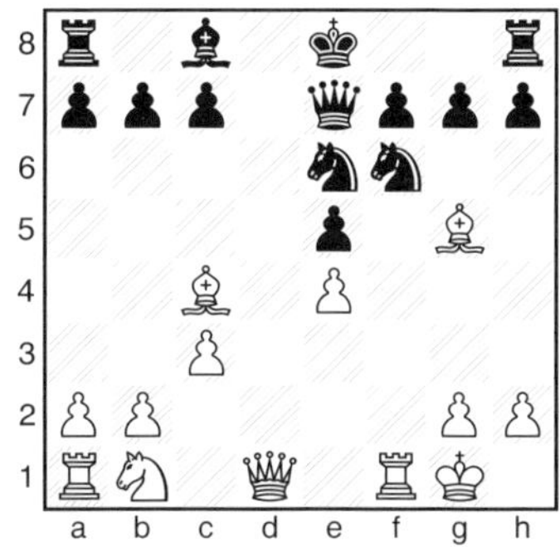

11.♗xf6

Auch nach 11.♗xe6 ♗xe6 ist die Lage von Weiß nicht einfach:

A) 12.♔h1 ♕d7 13.♕f3 (13.♕e2 0-0-0 14.♗xf6 gxf6 15.♘a3 ♕d2-+ Zelcic–Georgadze, San Sebastian 1991) 13...0-0-0 14.♘a3 ♕d3 15.♗xf6 ♕xf3 16.♖xf3 gxf6 17.♖f2 (17.♖xf6 ♖d2 18.b3 ♖e2-+) 17...♖d3 18.♖e2 ♖hd8 19.♔g1 ♖d1+ 20.♖xd1 ♖xd1+ 21.♔f2 ♗xa2 und das Endspiel ist für Schwarz gewonnen, Finnbogadottir–Papp, Istanbul 2012.

B) 12.♖f2 ♕d7 13.♘d2 ♘g4 14.♖e2 f6 15.♗h4 0-0-0 16.h3 ♘h6 17.♗f2 ♗c4 und Schwarz hatte in der Partie, Almazam–Khademalsharieh, Istanbul 2012, die Weichen auf Sieg gestellt, den er sich letztlich dann auch nicht mehr nehmen ließ.

11...gxf6

Der richtige Weg. Nicht so stark ist 11...♕c5+ 12.♔h1 ♕xc4 13.♗xe5 ♕xe4 14.♗xc7 0-0 15.♗g3 (Die Erwiderung 15.♘d2 besprechen wir in der **Partie Nr. 3**, Bonafede–D'Amore, Siena 2010.) 15...b6 16.♘d2 ♕c6 17.♕f3 ♗b7 18.♕xc6 ♗xc6 19.♘f3 ♖ad8 20.♘e5 ♗b7 21.♖fd1 ♘c5 22.♘c4 ♘e4 23.♘d6 ♗c6 24.♘xe4 ♗xe4 25.♔g1 und Weiß hat Ausgleich erreicht, Collins–Gyimesi, Tromso 2010.

12.♘a3 ♖g8 13.♔h1 ♗d7

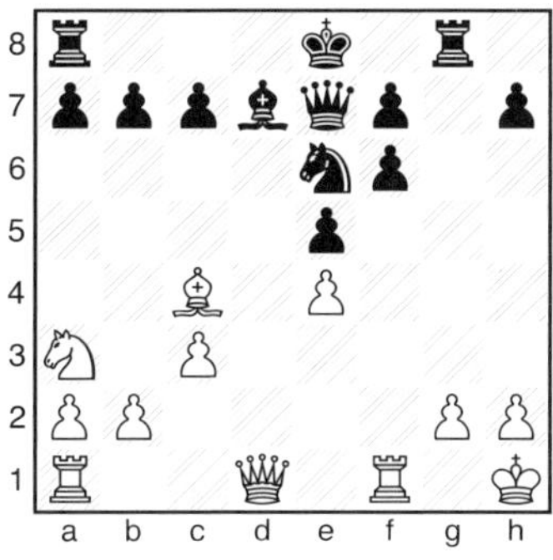

14.♕f3

Die Dame verstärkt den Druck in der f-Linie und macht den Weg für den Turm frei. Andere Versuche:

I. 14.♘c2 0-0-0 15.♘e3 ♗c6 16.♗d5 ♕c5 17.♕e1 ♘f4 18.b4 ♕b6 19.c4 ♗xd5 20.exd5 (20.♘xd5 ♘xd5 21.exd5 ♕d4 22.♖xf6 ♕xc4 23.♖xf7 ♕xd5 24.♖f2 ♖g4∓) 20...♔b8 21.a4 ♕d4 22.a5 ♕e4 und Schwarz ist im Vorteil, Mijovic-Zimina, Novi Sad 2009.

II. 14.♕e1 0-0-0 (Besser ist 14...♖g6!? um auf 15.♕f2 mit 15...♘c5! zu reagieren.) 15.♕f2 ♔b8 16.♕xf6 ♕xf6 17.♖xf6 ♗c6 18.♗d5 ♗xd5 19.exd5 ♖xd5 20.♖xf7 ♖d2∓ Belsak-Blazeka, Iasi 2011.

14...♖g6 15.♘c2

15.♕f2 ♗c6 16.♖ae1 b6 17.♗b5 ♗xb5 18.♘xb5 ♘f4 19.♕c2 ♘xg2 20.♖e2 ♘f4-+ Buzeti-Vasiliadis, Rogaska Slatina 2011.

15...0-0-0 16.♘e3 ♔b8 17.♖ad1 ♘g5 18.♘d5 ♕c5 19.♕e2 ♗e6 und in dieser komplizierten Stellung, die von den entgegengesetzen Rochaden gekennzeichnet ist, hat Schwarz gute Perspektiven, die in der Praxis hinsichtlich ihrer konkreten Wege zum Erfolg ausgelotet werden sollten.

Zusammenfassung: Die Variante ist spielbar für Schwarz, aber nur nach 5...♗xd4!, wie unsere Analyse zeigt. Wir empfehlen Ihnen, sich die Beispielpartien 1-3 anzuschauen. Diese veranschaulichen, wie diese scharfe Variante generell behandelt werden kann.

Abspiel 2
Fortsetzung 4...d6

1.e4 e5 2.♘f3 ♘c6 3.♗c4 ♗c5 4.0-0 d6

Mit dem einfachen Schritt des Damenbauern kann Schwarz den scharfen Verwicklungen, die wir im Abspiel gezeigt haben, entgehen.

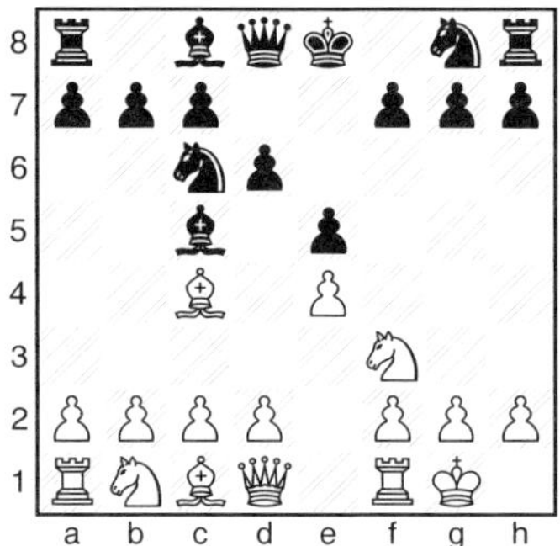

5.c3

Ein Standardzug: Weiß will ein starkes Bauernzentrum errichten. Natürlich muss er nicht so verfahren, er kann auch anderen Ideen folgen. Hierzu ein paar Alternativen:

I. 5.d3 ♘f6 (Spielbar ist auch 5...h6!? 6.c3 ♘f6 usw.)

A) 6.c3

A1) 6...0-0 7.♗g5 (Oder 7.b4 ♗b6 8.a4 und nun kann Schwarz 8...a5 oder 8...a6 spielen, mit beiderseitigen Chancen.) 7...h6 8.♗h4 g5 9.♗g3 ♗g4 10.♘bd2 (Über die Zugfolge 10.h3 ♗h5 11.b4 ♗b6 12.a4 a6 13.a5 ♗a7 14.♘bd2 ♗g6 15.h4 ♘h5 kommt Schwarz zu guten Angriffsmöglichkeiten am Königsflügel, Tobella Torras-Sollars, ICCF Email 2007.) 10...♘h5 11.b4 ♗b6 12.a4 a5 13.b5 ♘xg3 14.hxg3 ♘e7 15.♕b3 ♗c8 16.♕a2 ♘g6 17.♖fe1 g4 18.♘h2 h5 19.♘df1 h4 mit schwarzer Initiative, Richards-Dimanoudis, ICCF Email 2008.

A2) 6...a6 7.♗b3 ♗a7 8.♘bd2 0-0 9.h3 h6 10.♖e1 ♖e8 (In der Variante nach 10...♗e6 11.♘f1 d5 12.exd5 ♘xd5 steht Schwarz sehr aktiv.) 11.♘f1 ♗e6 12.♘g3 d5 13.♕e2 ♕d7 14.♘h2 ♖ad8 15.♗c2 ♘e7 16.♘h5 ♘xh5 17.♕xh5 ♘g6 mit guten Perspektiven auf dem Habenkonto des Nachziehenden, Abrahamyan-Turova, Jermuk 2011.

B) 6.h3

B1) 6...h6 7.♘c3 (7.♗e3 ♗b6 8.c3 0-0 9.♘bd2 ♘e7 10.♖e1 ♘g6 11.♕c2 ♗e6 12.♗b3 ♘h5 13.d4 ♘hf4 und Schwarz hat keine Probleme, Walica-Cervenka, Orlova 2011) 7...0-0 8.♗e3 ♗b6 9.♘d5 ♗e6 10.c3 ♗xd5 11.♗xd5 ♘xd5 12.exd5 ♘e7 13.c4 ♘f5 14.♗xb6 axb6 und Schwarz kann mit dem bisher Erreichten sehr zufrieden sein, seine Stellung ist solide und eröffnet mehrere Möglichkeiten auf ein weiteres aktives Vorgehen, Tomala-Novak, Orlova 2011.

B2) 6...a6 7.♘c3 h6 8.♘e2 0-0 9.♘g3 ♘a5 10.a3 ♘xc4 11.dxc4 a5 12.b3 ♗e6 13.♕d3 ♘d7 14.♗b2 ♖e8 15.♗c3 ♕f6 und Schwarz können gute Gegenchancen attestiert werden, Guliyeva-Mamedjarova, Tbilisi 2011.

II. 5.h3

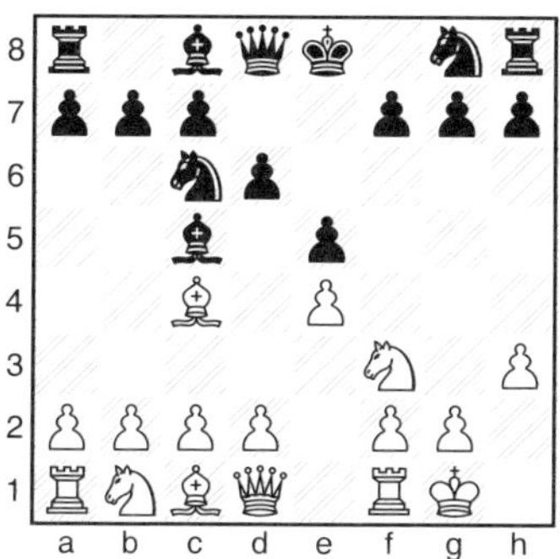

A) 5...h6 6.c3 (6.d3 ♘f6 7.♘c3 0-0 8.♘a4 ♗b6 9.c3 ♖e8 10.♗b3 ♗e6 11.♗c2 d5=) 6...♘f6 7.d3 0-0 8.♖e1 ♖e8= Jumba-Byun, Chanty-Mansiysk 2010.

B) 5...♘f6

B1) 6.♘c3 ♗e6 (Eine gute Wahl ist auch 6...0-0!?, um sich erst danach zu einem konkreten Spielplan entscheiden zu müssen.) 7.♗b5 ♗d7 8.d3 h6 9.a3 ♕e7 und Schwarz hat nun die Möglichkeit, kurz wie auch lang zu rochieren, jeweils verbunden mit guten Perspektiven.

B2) 6.♖e1 0-0 7.c3 ♗b6 8.a4 (8.♗b3 h6 9.♘a3 ♗e6 10.♗xe6 fxe6 11.♘c4 ♘d7 12.d3 ♕e7∞ Ponkratow-Morosewitsch, Taganrog 2011) 8...a6 9.b4 ♘e7 10.d4 ♘g6 und beide Kontrahenten setzen die Hoffnungen auf ihr Spiel auf je einer Seite, Larsen-Jensen, Borup 2010.

III. 5.♖e1 ♕f6

A) 6.d3 ♗b6 7.c3 ♘ge7 (Zu beachten ist 7...h6!? mit dem Plan ♘g8-e7, g7-g5, ♘e7-g6 und aktivem Spiel am Königsflügel.) 8.♗g5 ♕g6 9.♗e3 ♗xe3

10.♖xe3 0-0 11.d4 ♕f6 12.♕b3 ♘g6 13.♘a3 a6 14.♖d1 ♖b8 15.♗d5 ♘ce7 16.dxe5 dxe5 mit sehr gutem Spiel für Schwarz, Stephan–Galkowski, ICCF Email 2002.

B) 6.c3 ♗g4 7.d3 (7.d4? ♗xf3 8.♕xf3 ♕xf3 9.gxf3 exd4 10.b4 ♗b6 11.b5 ♘e5 12.♘a3 ♘xf3+ 0-1 Odonkor–Garcia Ruiz, ICCF Email 2006) 7...♗xf3 (Vielleicht ist 7...♘ge7!? sogar noch besser, auch um die Spannung zu erhalten.) 8.♕xf3 ♕xf3 9.gxf3 ♘f6 mit Ausgleich.

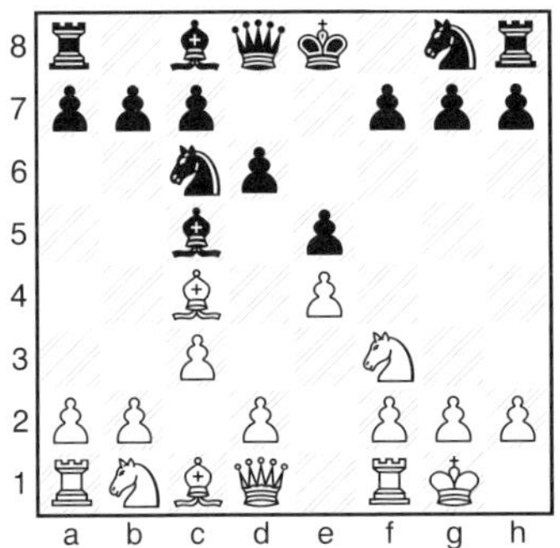

5...♘f6

Dieser natürliche Zug soll die Entwicklung schnell voranbringen. Es entfaltet sich dann ein Spiel mit etwa gleichen Chancen. Mehr Schärfe hat 5...♕f6!?

A) 6.d3

A1) 6...♗g4 7.♘bd2 ♘ge7 8.b4 ♗b6 9.a4 a6 10.h3 h5!? 11.♕b3 g5 12.♗xf7+ ♕xf7 13.♕xf7+ ♔xf7 14.♘xg5+? (Notwendig war 14.hxg4 hxg4 15.♘xg5+ ♔g6 16.♘c4 ♗a7 mit einem dynamischen Gleichgewicht.) 14...♔g6 15.♘df3 ♗xf3 16.♘xf3 ♖af8 mit schwarzem Vorteil, McNaughton–Combe, Abedeen 1939.

A2) 6...h6 7.♘bd2 ♘ge7 8.h3 g5 9.♘h2 (9.b4 ♗b6 10.a4 a5 11.b5 ♘d8∞) 9...♘g6 10.♕f3 ♘f4 11.♘b3 ♗b6 12.♘g4 ♕g6 13.g3 h5 14.♘f6+ ♕xf6 15.gxf4 g4! 16.♕g3 h4 17.♕g2 exf4 18.d4 (18.hxg4 h3-+) 18...f3 19.♕h2 gxh3 20.♔h1 ♖g8 21.♖g1 ♖g2 und Schwarz steht auf Gewinn, Cathcart–Martins, Maringa 2011.

B) 6.b4 ♗b6 7.a4

B1) 7...a6 8.a5 ♗a7 9.b5 (Infrage kommt auch 9.d3!? nebst ♗c1-e3!) 9...axb5 10.♗xb5 ♘ge7 11.d4 exd4 12.♗g5 (12.cxd4 ♗g4 13.a6 0-0 14.axb7 ♖ab8 15.e5 dxe5 16.dxe5 ♕e6∞) 12...♕g6 13.cxd4 0-0 14.d5 f6= Dressel–Grabner, ICCF Email 2006.

B2) 7...a5 8.b5 ♘d8 9.d4 (9.h3 ♕g6∞) 9...♗g4 10.dxe5 dxe5 11.♗g5 ♕xg5 12.♘xg5 ♗xd1 13.♖xd1 ♘f6 14.♖a2 (14.♖e1 ♘d7 15.♘d2 ♔e7 16.♘gf3 f6 17.♗b3 ♘c5 18.♗c2 ♘f7 19.♘c4 ♖hd8= Rebord–Monier, LADAC Email 2006) 14...0-0 15.♘f3 ♘xe4 16.♘xe5 ♘e6 17.♖e2 ♘4c5 18.♖a2 ♖fd8 19.♗d5 ♔f8 mit gutem Spiel für Schwarz, Williams–Powell, IECC Email 2003.

6.d4

Aktiv und logisch. Andere Fortsetzungen bringen Weiß auf der Suche nach Vorteil nicht viel ein. Hierzu ein paar Varianten, die dieses Urteil bestätigen:

I. 6.♕e2 0-0 7.♖d1 ♗g4 8.h3 ♗h5 9.d3 h6 10.♘bd2 ♖e8 11.♘f1 d5 12.♗b3 a5 13.a4 ♗g6 14.♘g3 ♗b6 15.♗d2 ♗h7 16.♖e1 ♕d6 mit etwa gleichen

Chancen, Ishoha–Shukuraliev, Guangzhou 2010.

II. 6.♖e1 0-0 7.♗b3 h6 8.h3 ♖e8 9.d3 a6 10.♘bd2 ♗e6 11.♘c4 (11.♘f1 d5 12.♗d2 ♕d7 13.♘3h2 dxe4 14.dxe4 ♗xb3 15.axb3 ♖ad8∓ Fressinet–Melkumyan, Bastia 2011) 11...♗a7 12.♗e3 b5 13.♘cd2 ♗xe3 14.♖xe3 d5 15.♖e1 ♕d6 16.exd5 ♗xd5 17.♘e4 ♗xe4 18.dxe4 ♕c5= Degraeve–Tkachiew, Paris 1997.

III. 6.b4 ♗b6 7.a4 a6 8.a5 ♗a7 9.♕b3 0-0 10.♘g5 ♕e7 11.d3 ♘d8 12.♔h1 ♘e6 und Schwarz hat keine Probleme, Yahiaoui–Yahiaoui, Algier 2012.

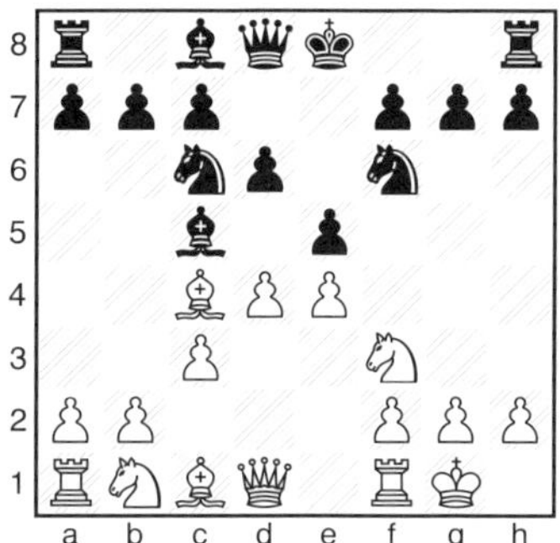

6...♗b6

Nach diesem Zug ist eine kritische Stellung dieser Variante erreicht. Schwarz hält die Kampfesspannung im Zentrum. Weiter zu untersuchen ist 6...exd4 7.cxd4 ♗b6 und nun gibt es gleich vier wichtige alternative Fortsetzungen:

A) 8.d5 ♘e5 9.♘xe5 dxe5 10.♘c3 h6 (10...0-0 11.♕d3 a6 12.♗e3 ♕d6 13.♖ac1 ♗d7 14.♗b3 ♘g4 15.♗xb6 ♕xb6 16.♗a4 ♘f6 17.♗xd7 ♘xd7 18.♘a4 ♕d6 19.♕c2 ♖ac8 20.♘c5 ♘xc5 21.♕xc5 b6 22.♕c4± Balvanyos–Csetneki, Budapest 2012) 11.♕e2 0-0 12.♗e3 ♗xe3 13.♕xe3 ♕e7 14.♖ac1 ♗d7 (14...a6!? Palkövi) 15.♗b5 a6 16.♗xd7 ♕xd7 17.b3 ♕d6 18.♘a4± Gyimesi–Acs, Ungarn 1996.

B) 8.♖e1 0-0 9.♗g5 (9.h3!? ♘xe4 10.♖xe4 d5 11.♗xd5 ♕xd5 12.♘c3 ♕d8∞) 9...♗g4 10.d5 ♗xf3 11.gxf3 ♘e5 12.♗e2 h6 13.♗h4 g5 14.♗g3 ♘g6 15.♘c3 ♘h5 16.♗f1 ♕f6 17.♗h3 ♘hf4 18.♗f5 ♔g7 und Schwarz steht aktiv, Marino–Nolasco, Rio Claro 2012.

C) 8.♗g5 h6 9.♗xf6 (9.♗h4 g5 10.♗g3 ♗g4=) 9...♕xf6 10.e5 dxe5 11.dxe5 ♕f4 12.♗d5 0-0 13.♗xc6 bxc6 14.♘bd2 ♗e6 15.♕c2 ♗d5 16.♖ac1 ♖ae8 17.♖fe1 ♖e6 mit der Idee ♖e6-g6 und Angriffsmöglichkeiten am Königsflügel, Dolezal–Tomanek, Ostrava 2012.

D) 8.♘c3

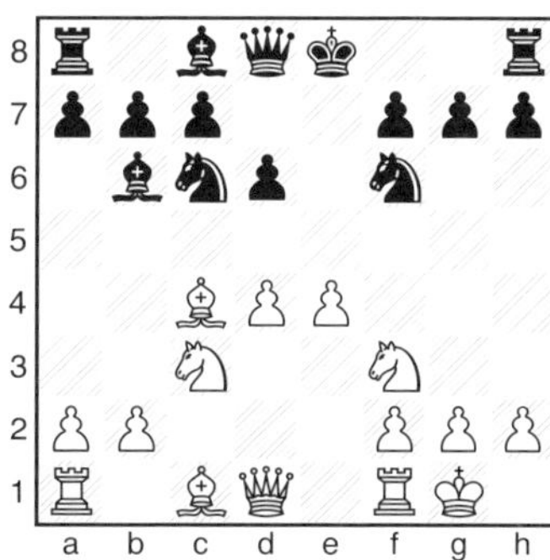

D1) 8...0-0 9.h3 (9.♗b3 ♗g4 10.♗e3 ♕d7 11.♗a4 d5⇄ Palkövi. Oder 9.♕d3 ♗g4 10.♗e3 ♗xf3 11.gxf3 ♕d7 12.♔g2 ♖ad8 13.♖ad1 d5 mit Gegenspiel, Chernikow–Lukacs, Ungarn 1988.) 9...♘xe4! 10.♘xe4 d5 11.♗xd5 (11.♗g5 ♕d7 12.♗xd5 ♕xd5 13.♘c3 ♕f5 14.d5 ♘d4 15.♘xd4 ♕xg5 16.♘f3 ♕f6 17.♘a4 ♗d7 18.♘xb6 axb6∞ Baranyai–Tompa, Ungarn 2012) 11...♕xd5 12.♘c3 ♕d6 13.d5 ♘e7⇄ Pesztericz–Lukacs, Zalakaros 1976.

D2) 8...♗g4 9.h3 (Die Fortsetzung 9.♗e3 besprechen wir in der **Partie Nr. 4**, Shuck–Balaz, Lechenicher SchachServer 2007.) 9...♗xf3 10.gxf3 0-0 (Nach 10...♘xd4! oder 10...♗xd4! hätte Weiß wohl keinen Ersatz für den Bauern.) 11.♗e3 ♘e7 12.♔h2 ♘g6 13.♖g1 ♘h5 14.♖g4 ♘f6 15.♖g2 ♘h5 16.♕d2 ♗a5? (⌓16...♘h4!) 17.♖ag1 (⌓17.♖g5!) 17...♗xc3 18.bxc3 (⌓18.♕xc3!) und nun war für Schwarz in der Partie Maiorov–Hauk, playchess.com INT 2012, die Fortsetzung mit 18...♘h4! die beste Wahl, verbunden mit deutlich erkennbar guten Perspektiven.

7.dxe5

Es ist ungefährlich für Schwarz, wenn der Anziehende die Schlagspannung aufrecht erhält.

I. 7.♖e1

A) 7...♗g4 8.d5 ♘e7 9.♗d3 (9.h3 ♗h5 10.♘bd2 0-0 11.♘f1 ♗g6 12.♘g3 ♘h5 13.♘xh5 ♗xh5 14.g4 ♗g6= Zahn–Dapprich, playchess.com INT 2012) 9...♘g6 10.h3 ♗d7 11.c4 ♘h5 12.♗g5 ♕c8 13.♗e3 ♘hf4 14.♗f1 0-0 15.♘c3 f5 mit Gegenspiel, Rudd–Longson, Brighton 2012.

B) 7...0-0 8.h3 h6 9.a4 a6 10.d5 ♘e7 11.♘bd2 ♘g6 12.♘f1 c6 13.♗e3 cxd5 14.exd5 ♗d7 15.♗b3 ♖c8 16.♘g3 ♗xe3 17.♖xe3 ♘f4 18.♘e2 ♘6h5 mit aktivem schwarzen Spiel am Königsflügel, Paikidze–Lahno, Moskau 2010.

II. 7.a4

A) 7...a5 8.♕d3 0-0 9.♗g5 h6 10.♗h4 exd4 11.cxd4 g5 12.e5 (12.♗g3 ♘b4 13.♕e2 ♖e8 14.e5 ♘h5∓) 12...d5 13.♗b3 ♘b4 14.♕d1 gxh4 15.exf6 ♕xf6 16.♘c3 ♗e6∓ Holzke–Lahno, Essen 2011. Dem Nachziehenden eröffnen sich mehrere Möglichkeiten, sein Spiel aktiv zu entwickeln. Ins Auge sticht zwar auch seine ramponierte Bauernstellung am Königsflügel, die seinen Monarchen etwas entblößt dastehen lässt, aber Weiß kann auf absehbare Zeit kein Kapital daraus schlagen. Und immerhin hat er einen Bauern mehr und auch noch das Läuferpaar.

B) 7...a6 8.dxe5 ♘xe5 9.♘xe5 dxe5 10.♕b3 (10.♕xd8+ ♔xd8 11.♗xf7 ♖f8 12.♗c4 ♘xe4 13.♗e3 ♗xe3 14.fxe3 ♖xf1+ 15.♔xf1 ♔e7∓) 10...♕e7 11.a5 ♗a7 12.♗g5 0-0 13.♘a3 h6 14.♗xf6 ♕xf6 15.♘c2 ♕g6 16.♖fe1 ♔h8∞ Casella–Amanov, Los Angeles 2012. Zurzeit neutralisieren sich die beiderseitigen Kräfte noch.

7...♘xe5

Es geht auch 7...dxe5 8.♕xd8+ ♘xd8

A) 9.♗g5 h6 10.♗xf6 (10.♗h4 g5 11.♗g3 ♘xe4 12.♗xe5 0-0=) 10...gxf6 11.♘bd2 ♘c6 12.♗d5 ♘e7 13.♘c4 ♘g6 14.♖fd1 ♔e7 15.♘e3 ♗xe3 16.fxe3 c6 17.♗b3 f5= Astaschin–Izbosarow, Saratow 2012.

B) 9.♘bd2 0-0 10.♘xe5 ♖e8 11.♘df3 ♘xe4 12.♗d3 ♘d6 13.♘c4 ♘xc4

14.♗xc4 h6 15.♗f4 ♗e6 16.♖fe1 ♔f8= Druska–Bednar, Banska Stiavnica 2012.

8.♘xe5 dxe5 9.♕xd8+ ♔xd8

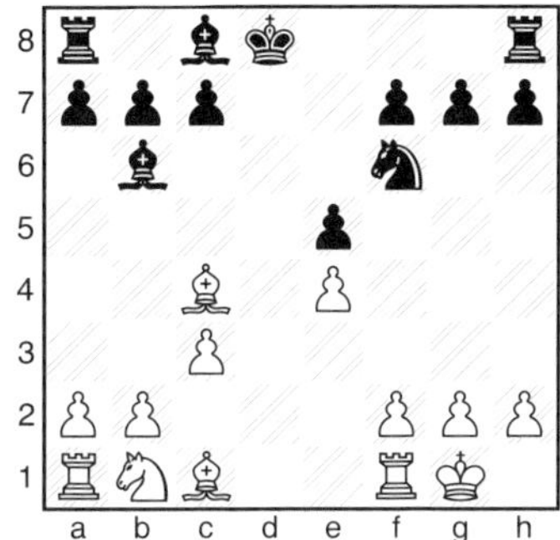

10.♘d2

Zwei andere Versuche:

I. 10.♗g5 ♔e7 11.♘d2 h6 12.♗h4 ♗e6 13.♗xe6 ♔xe6 14.♗xf6 ♔xf6 15.♘c4 ♔e6 16.♖fd1 ♖hd8 17.♘xb6 axb6 mit Ausgleich, Beljakow–Aleksandrow, Khanty-Mansiysk 2011. Der in der Brettmitte verbliebene schwarze König, der sich inzwischen sogar schon Richtung Zentrum nach vorne gestohlen hat, kann ggf. früher als sein Widerpart eine wichtige Rolle im Endspiel übernehmen.

II. 10.♗xf7 ♖f8 11.♗b3 ♘xe4 12.♗e3 ♗xe3 13.fxe3 ♖xf1+ 14.♔xf1 ♔e7 15.♗d5 ♘f6 16.c4 c6 17.♗f3 ♗e6 und das schon vor dem 20. Zug erreichte Endspiel ist ausgeglichen, Mathiopoulos–Makropoulou, Athen 1997.

10...♔e7 11.b3

Oder 11.h3 ♖d8 12.♖e1 ♗e6 13.♗xe6 ♔xe6 14.♘c4 ♗c5 15.a4 ♖d3 16.♗g5 h6 17.♗xf6 ♔xf6 18.♖ed1 ♖ad8 19.♖xd3 ♖xd3 20.♔f1 ♔e6 21.♔e2 ♖d8= Torre–Mannion, Chanty-Mansiysk 2010.

11...♗c5 12.♘f3 ♘xe4 13.♘xe5 ♗e6 14.♗xe6 ♔xe6

Im Duell Rumyantsev–Ledezma Alvarez, ICCF 2010, geschah 14...fxe6 15.♘d3 ♗b6 16.♗a3+ ♔f6 17.c4 ♖ad8 18.♖ad1 ♘c3 19.♗b2 ♗d4 20.♗xc3 ♗xc3 21.♘c5 ♗b4 22.♘xb7 ♖b8 23.a3 ♗xa3 24.♖a1 ♖xb7 25.♖xa3 ♖hb8 26.g3 ♖xb3 27.♖xa7 mit Remis.

15.♘d3 ♗b6 16.♖e1 f5 17.♗e3 ♖hd8 18.♖ad1 ♔f6 und Schwarz steht etwas aktiver, aber objektiv betrachtet ist die erreichte Stellung ausgeglichen, Thorhallsson–Gustafsson, Reykjavik 2011.

Zusammenfassung: In dieser Variante erreicht Schwarz ohne Probleme Ausgleich. Mehr Ehrgeiz beweist 5...♕f6!?, womit der Nachziehende unterstreicht, dass er sich nicht mit nur ausgeglichenen Chancen zufrieden geben will. Hier ergibt sich sowohl Raum als auch Bedarf auf weitere Untersuchungen.

Kapitel 2
Fortsetzung 4.d3

1.e4 e5 2.♘f3 ♘c6 3.♗c4 ♗c5 4.d3

Ein bescheidener Zug, mit dem Weiß zu erkennen gibt, dass er seine Bestrebungen, in Vorteil zu kommen, eher auf das Mittelspiel verlegen will.

4...♘f6

Die Hauptfortsetzung – Schwarz entwickelt seinen Königsspringer und möchte damit rasch seine Entwicklung voranbringen. Es geht auch 4...d6, was normalerweise unter Zugumstellung zur Hauptvariante führt.

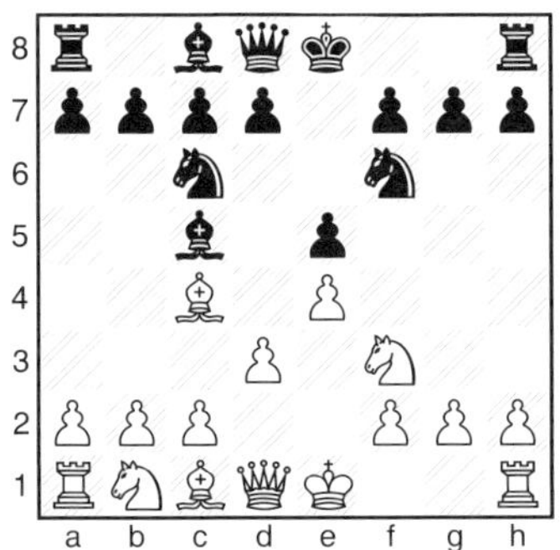

5.c3

Weiß nimmt das Feld d4 unter Kontrolle und bereitet den gelegentlichen Vorstoß d3-d4 vor. Der Springerzug 5.♘c3 ist auch möglich ist. Er führt aber unter Zugumstellung zu Varianten, die wir im **Kapitel 3** (4.♘c3) behandeln. Weiß ist allerdings nicht auf diese kleine Auswahl beschränkt, so sind etliche Versuche auf anderen Wegen bekannt. Ein paar Varianten hierzu:

I. 5.0-0. Die Rochade sieht natürlich aus, steht aber auch für ein weiter verhaltenes Vorgehen des Anziehenden. 5...0-0. Schwarz tut es seinem Kontrahenten gleich. Weiß kann nun auf verschiedene Weise reagieren, ein ihn sicher in Vorteil bringender Weg ist aber nicht zu erkennen.

A) 6.h3 h6 7.♘bd2 a6 8.c3 ♗a7 9.♖e1 ♖e8 10.♗b3 ♘h5 11.♘f1 ♕f6 12.♘e3 ♗xe3 13.♗xe3 ♘f4 14.g3 ♘xd3 15.♘g5 ♘xb2 16.♕d2 hxg5 17.♗xg5 ♕g6 18.h4 d5 19.♕xb2 dxe4 20.♗d5 ♖b8 21.♗xe4 ♗f5∓ Tsydypow-Romanow, Wladiwostok 2012.

B) 6.♘bd2 d6 (6...a6 7.c3 d6 ist auch möglich) 7.c3 ♗b6 8.♗b3 ♗e6 9.♘c4 h6 10.a4 ♖e8 11.♖e1 ♗c5 12.a5 ♘g4 13.♘e3 ♗xe3 mit Remis, Movsesian-Morosewitch, Sarajevo 2008.

C) 6.♗b3 h6 7.♘bd2 d6 8.c3 ♗e6 (Über die lange Variante 8...♗b6 9.♘c4 ♘e7 10.♖e1 ♘g6 11.h3 ♘h7 12.d4 ♕f6 13.a4 c6 14.♘xb6 axb6 15.♗e3 b5 16.♕e2 bxa4 17.♗xa4 ♘g5 18.♘xg5 hxg5 19.♕d2 ♘f4 20.f3 ♗e6 bekam Schwarz gute Perspektiven in Antoniewski-Hjartarson, Reykjavik 2012.) 9.h3 d5 10.exd5 ♗xd5 11.♖e1 ♖e8 mit dem Plan ♕d8-d7, ♖a8-d8 und gutem Spiel für Schwarz, Serefidou-Santos, Maribor 2012.

II. 5.♗g5 d6 6.h3

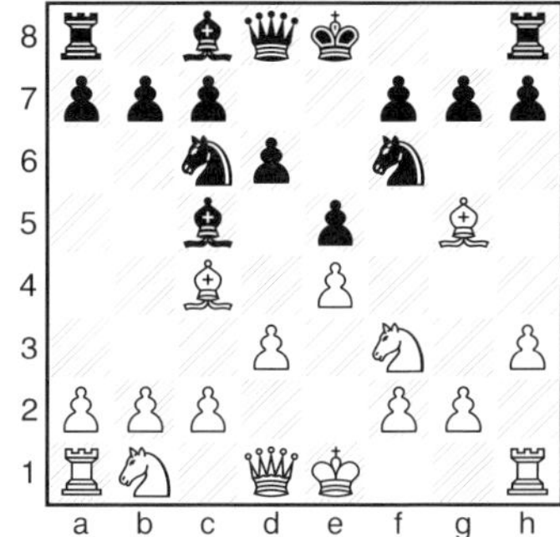

A) 6...♗e6 7.♗b3 (7.♗xe6 fxe6 ist natürlich gut für Schwarz) 7...h6 8.♗h4 g5 9.♗g3 ♘h5 10.♗xe6 fxe6 11.♗h2 ♘f4 12.♗xf4 gxf4 13.c3 ♕f6 14.b4 ♗b6 15.♘bd2 ♖g8 und der Vorteil auf der Seite des Nachziehenden ist deutlich erkennbar. Er hat eine kräftige Initiative am Königsflügel erlangt, die er für seine Angriffsbemühungen nutzt, Lim–Erdem, Istanbul 2012.

B) 6...h6 7.♗h4 ♗e6 8.♘bd2 (Auf 8.♗b3 folgt ebenfalls 8...g5 9.♗g3 ♘h5 usw.) 8...g5 9.♗g3 ♘h5 10.♗h2 ♘f4 11.♗xf4 gxf4 12.c3 ♖g8 und Schwarz steht ausgezeichnet.

III. 5.♗e3

A) 5...♗xe3 6.fxe3 d6 (Zu prüfen ist 6...0-0!?, um sich erst danach zu entscheiden, ob d7-d6 oder sogar d7-d5 auf das Brett kommen soll.) 7.0-0 (7.♘c3 ♘a5 8.♗b3 ♗g4 9.h3 ♗xf3 10.♕xf3 ♘xb3 11.axb3 c6 12.0-0 0-0 13.♘e2 ♘d7 14.♘g3 g6 15.♕g4 ♔h8 16.♖f2 ♕e7 17.♖af1 ♖ae8 18.h4 mit weißer Initiative am Königsflügel, Weng–Brendel, Deutschland 2012) 7...♗e6 8.♗xe6 fxe6 9.♘c3 0-0 10.d4 ♕e7 11.♕d2 a6 12.a3 mit Remis, Anand–Aronian, Moskau 2009.

B) 5...♗b6!? (Diese Fortsetzung erscheint uns als logischer, denn Schwarz öffnet dem Weißen nicht die f-Linie.) 6.c3 (Die elastische Fortsetzung 6.0-0 besprechen wir in der **Partie Nr. 5**, Sergejew–Razumichin, Fernpartie 2002.) 6...d5 7.exd5 ♘xd5 8.♗xb6 axb6 9.0-0 0-0 10.♕e2 ♗g4 11.♕e4 ♘f6 12.♕e3 ♕d6 13.♘bd2 ♘d5 14.♗xd5 ♕xd5 15.♕e4 ♗xf3 16.♘xf3 ♖ad8 17.♖fe1 ♖fe8 18.♕xd5 ♖xd5 19.♖ad1 ♖ed8 und wegen der weißen Schwäche auf d3 steht Schwarz besser, Giersing–Englund, Nordic Congress 1901.

IV. 5.♗b3 d6 6.h3 0-0 7.♘bd2 a6 8.c3 ♗a7 9.♘f1 d5 10.♕e2 ♗e6

A) 11.♘g3

A1) 11...♕d7 12.0-0 dxe4 13.dxe4 ♗xb3 14.axb3 h6 15.♖d1 (15.♗e3 ♗xe3 16.♕xe3 ♖ad8∓) 15...♕e6 16.b4 ♖ad8=.

A2) 11...dxe4 12.dxe4 ♗xb3 13.axb3 ♕d7 14.0-0 ♖ad8 15.♗g5 ♕e6 16.b4 h6 17.♗xf6 ♕xf6 18.♖ad1 g6 mit ausgeglichener Stellung.

B) 11.♗c2 b5 (Schwarz kann hier auch 11...h6 spielen, um die weißen Leichtfiguren nicht nach g5 zu lassen. Die interessante **Partie Nr. 6**, Skytte–Matthiesen, Dänemark 2012, veranschaulicht, wie es daraufhin auf dem Brett weitergehen kann.) 12.♗g5 h6 13.♗h4 dxe4 14.♗xf6 exf3 15.♕xf3 ♕xf6 16.♕xc6 ♕xf2+ 17.♔d1 ♖ad8 18.♕f3 ♕h4 19.g3 ♕g5 20.♖h2 ♗d5 21.♕g4 ♕xg4+ 22.hxg4 ♗f3+

23.♔d2 e4 und Schwarz ist entscheidend im Vorteil, Harper–S.Hansen, Istanbul 2012.

V. 5.h3

A) 5...h6 6.a3 a6 7.c3 d5 8.exd5 ♘xd5 9.♗a2 ♗e6 10.0-0 0-0 11.♕e2 ♗d6 12.b4 ♖e8 13.c4 ♘f4 14.♗xf4 exf4 15.♕d2 ♘e5 16.♘xe5 ♗xe5 17.♘c3 ♗xh3! 18.f3 (18.gxh3 ♕h4 19.f3 ♗xc3 20.♕xc3 ♖e2-+) 18...♗d4+ 19.♔h1 ♗xc3 20.♕xc3 ♗xg2+! In der Fernpartie Szaszak–Racz, ICCF 2009, gab sich Weiß geschlagen. Er sah 21.♔xg2 ♕g5+ 22.♔h1 ♕h4+ 23.♔g1 ♖e2 auf sich zukommen, verbunden mit einem nicht zu verhindernden Matt.

B) 5...d6 6.0-0 h6 7.♘bd2 a6 8.c3 0-0 9.♖e1 ♗e6 10.♗xe6 fxe6 11.♘f1 ♕e8 12.♗e3 ♗xe3 13.♘xe3 ♕f7 14.♕d2 ♘h5 15.♖ad1 ♘f4 und die schwarze Stellung ist klar vorzuziehen, De Carvalho–Proudian, Mogi das Cruzes 2012.

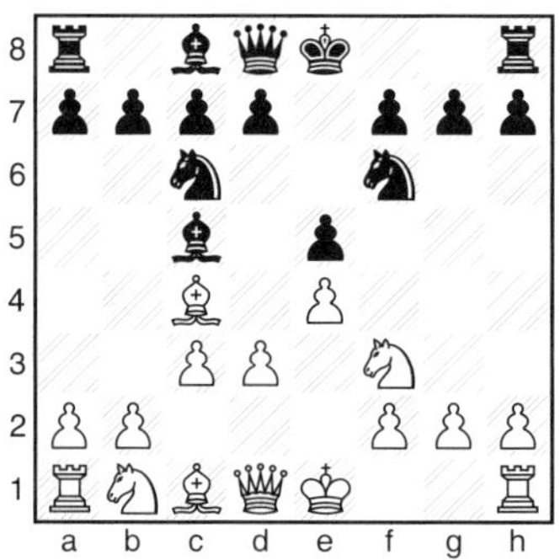

In dieser kritischen Partiephase stehen Schwarz zwei gut spielbare Fortsetzungen zur Verfügung:

5...d6 (siehe **Abspiel 1**) und 5...a6 (siehe **Abspiel 2**). Es geht auch 5...0-0 worauf das Spiel zumeist unter Zugumstellung in die Hauptvariante führt.

Abspiel 1
Fortsetzung 5...d6

1.e4 e5 2.♘f3 ♘c6 3.♗c4 ♗c5 4.d3 ♘f6 5.c3 d6

Die populärste und auch natürlich anmutende Erwiderung in dieser Stellung. Möglich ist aber auch 5...a6. Diese Alternative analysieren wir im **Abspiel 2**. Beide Fortsetzungen sind sehr eng miteinander verbunden und häufig entstehen unter Zugumstellung in beiden Abspielen gleiche Stellungen.

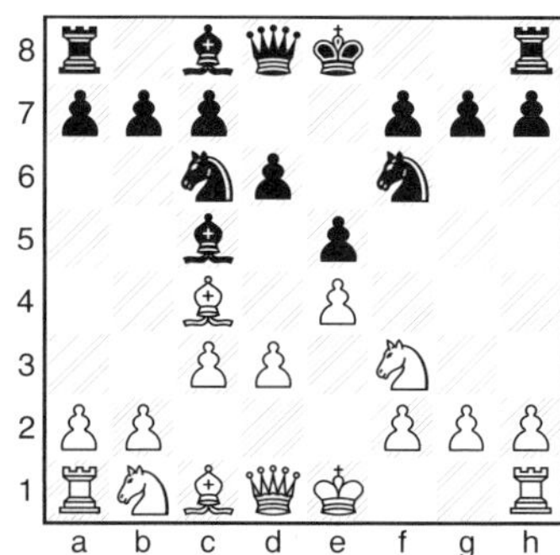

6.0-0

Die Königssicherheit ist zweifellos wichtig. Es gibt hier aber auch andere Versuche für Weiß:

I. 6.♗g5 h6 (Oder auch 6...0-0 7.h3 ♗e6.) 7.♗h4 g5 8.♗g3 a6 9.♘bd2 g4

10.♘h4 ♘h5 11.0-0 ♕f6 12.b4 ♗a7 mit beiderseitigen Chancen.

II. 6.a4 a5 7.♗g5 h6 8.♗h4 g5 9.♗g3 g4 10.♘h4 ♘h5 11.♘d2 0-0 12.0-0 ♕g5 13.♔h1 ♘f4∞.

III. 6.d4 exd4 (6...♗b6!?) 7.cxd4 ♗b4+ 8.♘bd2 (Auf 8.♗d2 kann auch 8...♘xe4! folgen.) 8...♘xe4 9.0-0 ♗xd2 10.♗xd2 0-0 11.♖e1 d5 12.♗d3 ♖e8 13.♕c2 ♗f5 mit ausgezeichnetem Spiel für Schwarz, Mrla-Dejanovic, Valpovo 2012.

IV. 6.♘bd2 a6 (6...0-0!? 7.♗b3 ♕e7= Zamit-Panagiotakos, Anogia 2012) 7.0-0 0-0 8.♗b3 ♗a7 9.h3

A) 9...♘e7 10.♖e1 ♘g6 11.♘f1 ♗e6 (Hier hat Schwarz auch die Option, mittels 11...♘h5!? Kampfeshandlungen am Königsflügel anzuzetteln. Die **Partie Nr. 7**, Coraretti-Kaufman, Philadelphia 2012, beleuchtet, wohin das Spiel daraufhin führen kann.) 12.♘3h2 (12.♘g3 h6 13.d4 ♖e8 14.♗c2 c6 15.♗e3 ♕c7 16.♕d2 ♖ad8 17.♘f5 exd4 18.cxd4 d5∓) 12...h6 13.♗e3 ♗xe3 14.fxe3 d5 mit gutem Spiel für Schwarz, Atlas-Mons, Österreich 2012.

B) 9...♖e8 10.♖e1 h6 11.♘f1 ♗e6 (Bereitet d6-d5 vor.) 12.♘g3 (Ob 12.♗e3 den Anziehenden glücklicher machen kann, muss noch weiter geprüft werden. In der Folge 12...♗xe3 13.♘xe3 ♕d7 14.♘h4 ♖ad8 15.♘hf5 ♘e7 16.♘xe7+ ♖xe7 17.♗xe6 ♖xe6 18.♘g4 d5 19.♘xf6+ ♖xf6 20.d4 ♖g6 kam Schwarz zu einem attraktiven weil aktivem Spiel, Kornejew-Kasimdshanow, Melilla 2011.) 12...♕d7 (12...d5 13.♕e2 ♕d7 14.♗e3 ♗xe3 15.♕xe3 dxe4 16.dxe4 ♗xb3 17.axb3 ♖ad8= Roganovic-Lekic, Cetinje 2010) 13.a4 ♖ad8 14.a5 d5 15.exd5 ♗xd5 16.♗a4 ♗xf3 17.♕xf3 ♕xd3 18.♗xc6 bxc6 19.♗e3 e4 20.♕f5 ♗xe3 21.♖xe3 ♕c2-+ Bologan-Mamedyarov, Astana 2012.

V. 6.♗b3

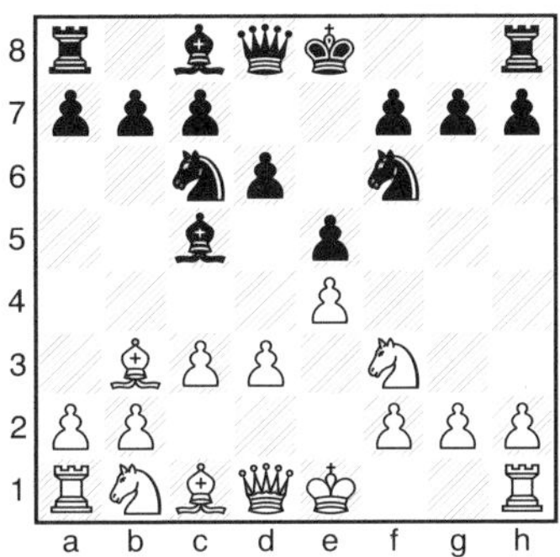

A) 6...h6 7.♘bd2 (7.0-0 0-0 8.♘bd2 a6 9.♖e1 ♗a7 10.h3 ♘h5 11.♘f1 ♕f6 12.♗e3 ♘f4 13.♘g3 g5 14.♘h2 ♕g6 15.♘g4 h5 16.♗xf4 hxg4 17.♗e3 gxh3 18.gxh3 ♗xh3∓ Mostertman-Turov, Dieren 2011.) 7...0-0 8.h3 a6 9.♘f1 d5 10.♕e2 ♗e6 11.♘g3 ♖e8 12.0-0 ♗f8 13.♖e1 g6 14.♘h2 ♗g7 15.♘hf1 ♕d7 und Schwarz hat die Eröffnungsphase gut überstanden. Der Pegel der Stellungsbewertung schlägt für keine der beiden Seiten aus, die Chancen stehen gleich, Popovic-Lukovic, Belgrad 2012.

B) 6...0-0 7.h3 h6 (Eine starke Alternative ist 7...♘e7. Werfen Sie mal einen Blick in die **Partie Nr. 8**, Kazhgaleyev-Carlsen, Astana 2012.) 8.♘bd2 ♗e6 9.♘f1 d5 10.♕e2 ♖e8 und Schwarz steht einfach gut.

C) 6...a6 7.h3 (7.♘bd2 0-0 8.h3 ♗a7 9.♘f1 d5=) 7...♗a7 8.♘bd2 (8.0-0 0-0 9.♘bd2 h6 10.♖e1 ♗e6= Semrl-Sabajew, Fernpartie 2009) 8...h6 9.♘f1 ♗e6 10.♘g3 ♕d7 11.♕e2 0-0-0 12.♗c2 d5 mit aktivem Spiel für Schwarz, Young-Moradiabadi, Los Angeles 2012.

VI. 6.b4 führt unter Zugumstellungen zu Stellungen, die wir im **Kapitel 6** analysieren.

6...0-0

Damit schließt Schwarz seine Entwicklung fast schon ab.

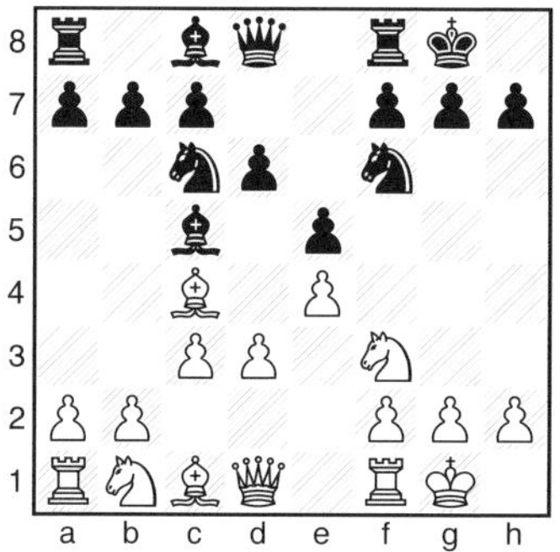

7.♗b3

Prophylaktisch gespielt, vor allem gegenüber a7-a6 und ♘c6-a5 mit Abtausch des wichtigen Läufers. Diese Fortsetzung ist heutzutage der häufigste Gast auf der Turnierbühne. Aber nehmen wir uns mal die Zeit, um uns auch andere Pläne für Weiß anzuschauen:

I. Zu 7.h3 siehe **Partie Nr. 9**, Iwantschuk-Karjakin, Bazna Kings Medias 2011.

II. 7.b4 ♗b6 8.a4 a5 (8...a6 9.♗g5 h6 10.♗h4 g5 11.♗g3 ♘e7 12.♘bd2 ♘g6 folgt einem typischen Plan für Schwarz am Königsflügel.) 9.b5 ♘e7 10.♘bd2 ♘g6 mit dem Standardvorgehen ♘f6-h5, ♕d8-f6 und aktivem Spiel am Königsflügel.

III. 7.♖e1 a6 (7...♘e7 8.d4 ♗b6 9.♗g5 ♘g6 10.♘h4 ♖e8 11.a4 a5= Wall-Illingworth, Istanbul 2012) 8.♗b3 ♗a7 9.♗g5 h6 10.♗h4 g5 11.♗g3 ♗g4 12.h3 ♗h5 13.♘bd2 ♘d7 14.♘f1 ♕f6 15.♘1h2 ♘c5 16.♗c2 ♘e6 17.♘g4 ♗xg4 18.hxg4 ♘f4 mit zweischneidigem Spiel. Mit ♔g8-g7, ♖f8-h8 nebst h6-h5 kann der Nachziehende die Initiative auf dem Königsflügel entwickeln.

IV. 7.♗g5 h6 8.♗h4 a6 (8...g5 9.♗g3 ♘e7 10.♘bd2 ♘g6 11.♖e1 ♗b6 12.a4 a5∞) 9.♗b3 g5 10.♗g3 ♗g4 11.♘bd2 ♘h5 12.♔h1 ♕f6 13.h3 ♗d7 (In der Partie Shanava-Almasi, Mainz 2008, folgte 13...♗e6 14.d4 exd4 15.e5 ♘xg3+ 16.fxg3 ♕g6 17.cxd4 ♘xd4 18.♘xd4 ♗xd4 19.exd6 cxd6 20.♗c2 ♕g7 und Schwarz stand klar besser.) 14.♘d4 (14.d4 exd4 15.♘xd4 ♕g6∓) 14...♘f4 15.♘xc6 ♗xc6 16.♘c4 d5 17.♘xe5 ♕xe5 18.d4 ♗xd4 19.exd5 ♗xd5 20.♗xf4 ♕xf4 mit Ausgleich, Tiwjakow-Pavasovic, Plovdiv 2008.

V. 7.a4 a6 8.a5 ♗a7 9.♗e3 (9.♘bd2 ♘e7 10.♖e1 ♘g6 11.♘f1 ♖e8 12.♗b3 h6 13.♗e3 ♗e6 14.♗xa7 ♖xa7 15.♘g3 c6 16.d4 ♖a8= Gawrikow-van der Sterren, Amsterdam 1987) 9...♗xe3 (9...♘e7!? nebst ♘e7-g6 ist auch möglich) 10.fxe3 d5 11.exd5 ♘xd5 12.♕e2 ♗e6 13.♘bd2 ♕e7 mit Ausgleich.

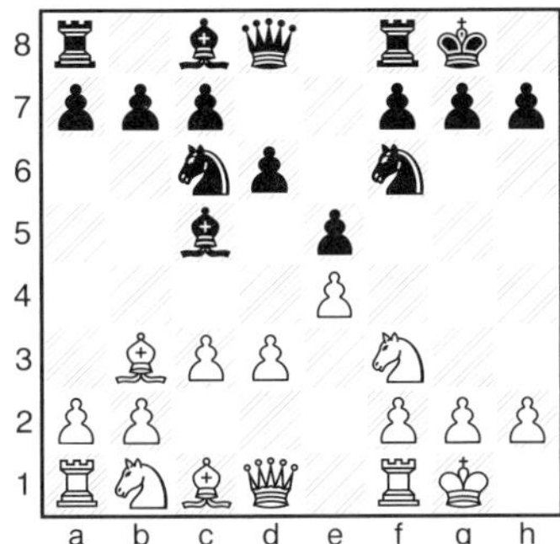

7...a6

Macht das Feld a7 für den Läufer frei, der dort sehr oft sein Plätzchen findet. In der Partie Zufic–V.Georgiev, Sibenik 2012, entschloss sich Schwarz zur Umsetzung eines anderen Plans: 7...h6 8.h3 ♗b6 9.♘bd2 ♘e7 10.♘c4 ♘g6 11.♘xb6 axb6 12.♗c2 ♕e7 13.♔h2 ♗e6 14.a3 d5 und der Nachziehende glich das Spiel problemlos aus.

8.h3 ♗a7

Es wird auch 8...h6 gespielt, z.B. 9.♗e3 ♗xe3 10.fxe3 d5 11.exd5 ♘xd5 und Schwarz hat keine Probleme, Herrera Rodriguez–Hernandez Sanchez, Santander 2012.

9.♖e1

Auf 9.♘bd2 kann 9...h6 10.♖e1 ♖e8 11.♘f1 ♗e6 12.♘g3 d5 folgen und Schwarz steht gut.

9...h6

Dieser Zug ist immer nützlich: Der gegnerische Ausfall ♗c1-g5 könnte immer wieder mal lästig sein.

10.♘bd2

Nach 10.♗e3 ♗xe3 11.♖xe3 kann Schwarz einfach 11...d5 spielen und sich Ausgleich sichern.

10...♗e6

Die Variante 10...♖e8 11.♘f1 ♗e6 12.♘g3 d5 13.exd5 ♗xd5 14.♗c2 ♕d7= ist auch zu empfehlen.

11.♘f1 d5 12.exd5 ♘xd5

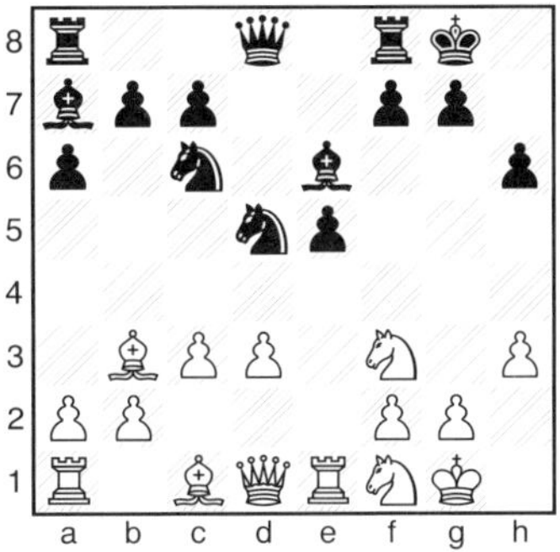

13.♘1h2

Auf 13.♘xe5 ♘xe5 14.♖xe5 würde 14...♗xf2+! folgen, verbunden mit gutem Spiel für Schwarz.

13...♕d6 14.♘g4 f6 und die Stellung des Nachziehenden ist solide und fest.

Zusammenfassung: Schwarz sollte in dieser Variante bei genauem Spiel keine Schwierigkeiten haben, sich ausgeglichene Chancen zu sichern. Unser Vorschlag, d6-d5 anzustreben, sollte die beste Unterstützung für die Umsetzung der schwarzen Pläne sein.

Abspiel 2
Fortsetzung 5...a6

1.e4 e5 2.♘f3 ♘c6 3.♗c4 ♗c5 4.d3 ♘f6 5.c3 a6

Der Bauer macht Platz für den Läufer. Diese Idee ist altbekannt und Bestandteil vieler Varianten der Italienischen Partie.

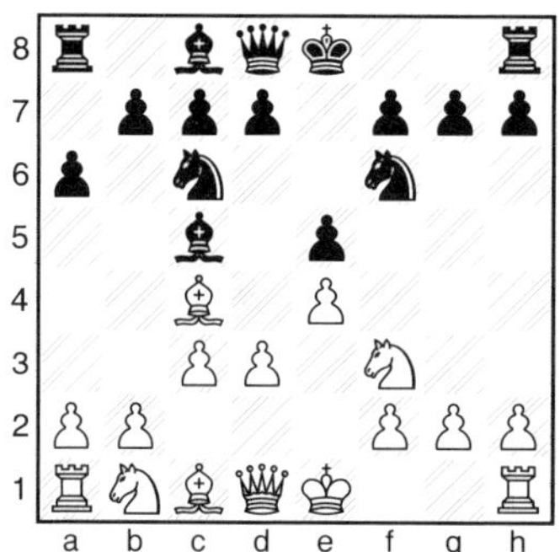

6.♗b3

Ein insoweit nützlicher Zug, als dass er nach einem eventuellen ♘c6-a5 den Abtausch des Läufers verhindert. Alternativen sind:

I. 6.0-0 ♗a7 (Auch nach 6...d6 7.♗g5 h6 8.♗e3 ♗xe3 9.fxe3 ♘a5 10.♗b3 ♘xb3 11.axb3 0-0 12.b4 c6 13.c4 ♗g4 hat Schwarz keine Eröffnungsprobleme, Jurkowitz-Schrancz, Fernpartie 2006.) 7.♘bd2 (7.♖e1 ist eine interessante Alternative. Dieser Zug wird auch in der Hauptvariante unseres Abspiels 1 gespielt: 9.♖e1. Wenn in diesem Abspiel ...d6 nachgeholt wird, muss immer auf einen möglichen Übergang ins Abspiel 1 geachtet werden. Dies wäre beispielsweise nach 7...0-0 8.h3 d6 9.♗b3 der Fall.) 7...0-0 8.♗b3 d5 9.h3 (9.exd5 ♘xd5 10.♘c4 f6=) 9...dxe4 (Es geht auch 9...♖e8!?, um die Spannung im Zentrum aufrecht zu halten, z.B. 10.♖e1 dxe4 11.dxe4 ♗e6 12.♕e2 ♕e7⇄ Skembris.) 10.dxe4 ♕e7 11.♘h2 (11.♕c2 ♘a5 12.♘c4 ♘xc4 13.♗xc4 h6 14.♖e1 ♗d7 15.♗e3 ♗xe3 16.♖xe3 ♖ad8 17.♖d1 ♗c6 18.♗d5 ♘xd5 19.exd5 ♖xd5 20.♖xd5 ♗xd5 21.♘xe5 ♕g5 22.♘f3 ♗xf3 23.♖xf3 ♖d8= Kuerten-Quattrocchi, Fernpartie 2009)

A) 11...♘d8!? (Der Springer macht sich auf den Weg zum Königsflügel.) 12.♖e1 (12.♕f3 ♘e6!) 12...♘e6 13.♘df1 h6 14.♘g3 ♘c5 15.♗c2 ♖d8 16.♕f3 a5 17.♘hf1 (17.♘f5 ♗xf5 18.exf5 e4 19.♕g3 ♘h5 20.♕g4 ♘f6 21.♕h4 ♕e5= Nevednichy) 17...♔h8 18.♕e2 ♗e6 19.♘e3 ♕d7 und nach Nevednichy ist die Stellung ausgeglichen.

B) 11...♗e6 (Gleicht ebenfalls aus.) 12.♕e2 ♖ad8 13.♘c4 (13.♕f3 ♖d7 14.♖e1 ♖fd8 15.♘df1 ♘e8 16.♘g3 f6 17.♕h5 ♕f7 18.♕xf7+ ♔xf7= Degraeve-Cruz Lopez, Frankreich 1996) 13...h6 14.♖e1 ♖fe8 15.♘f3 ♗c5 16.♘h2 b5 17.♘e3 ♗xe3 18.♗xe3 ♘a5 und Schwarz steht gut, vor allem auch inititiativ, Moreira-Pintor, Fernpartie 2005.

II. 6.♘bd2 0-0

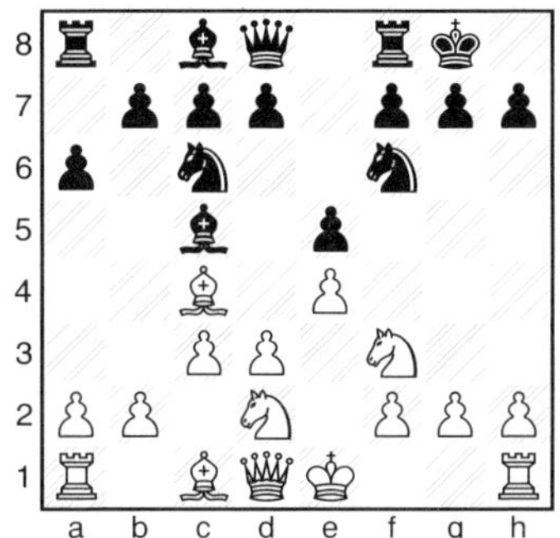

A) 7.h3 ♗a7 8.♗b3 d5 9.♕e2 (9.exd5 ♘xd5 10.♘e4 f6 11.0-0 ♗e6 12.♖e1 ♕d7 13.d4 exd4 14.cxd4 ♖ad8 15.a3 ♖fe8 16.♕d3 ♗f7= Gonzalez Vidal-Cruz Lopez Claret, La Massana 2010) 9...♖e8 (Gut ist auch 9...dxe4!? 10.dxe4 ♕e7 nebst ♗c8-e6.) 10.♘f1 ♘a5 11.♗c2 ♗d7 12.a4 c5 13.♗g5 d4 14.♘g3 h6 15.♗d2 dxc3 16.♗xc3 ♘c6 17.0-0 b5⇄ Bologan–Hübner, Deutschland 1994.

B) 7.♗b3 d6 (7...♗a7!? ist auch spielbar) 8.h3 ♗e6 9.♘f1 d5 10.♕e2 ♕d7 11.♘g3 dxe4 12.dxe4 ♗xb3 13.axb3 ♕e6 14.b4 ♗b6 15.0-0 ♘e7 16.♘h4 ♘g6 mit – in der Meisterpraxis bestätigt – guten Perspektiven für Schwarz, Bologan–Kamsky, Peking 2012.

III. 6.b4 führt zum Kapitel 6.

6...♗a7

Um zu verhindern, dass der Anziehende d3-d4 mit Tempogewinn spielen kann. Eine Alternative der Wahl ist für Schwarz hier auch 6...d6 mit einem möglichen Übergang zum **Abspiel 1**. Oder auch 6...0-0 7.♘bd2 mit – unter Zugumstellung – Übergang zur Hauptvariante.

7.♘bd2

I. 7.0-0

A) 7...d6 8.♗e3 (8.♘bd2 0-0 und weiter wie in der Hauptvariante) 8...0-0 9.♘bd2 ♖e8 10.♘g5 ♖e7 11.♗xa7 ♖xa7 12.♕f3 h6 13.♘h3 ♗e6 14.♕g3 d5 15.f4 dxe4 16.♗xe6 ♖xe6 17.♘xe4 ♘xe4 18.dxe4 ♖a8 19.♖ad1 ♖d6 20.♖xd6 ♕xd6 21.f5 f6 22.♘f2 ♖d8 mit Ausgleich, Rendle–Bartholomew, London 2012.

B) 7...0-0 8.♘bd2 d6 9.h3 (9.♘c4 h6 10.♘e3 ♗e6 11.♗c2 d5 12.exd5 ♘xd5 13.♘xd5 ♗xd5 14.♗e3 ♕f6= Zufic–Malakhow, Kroatien 2009. Oder 9.♖e1 h6 10.h3 ♗e6 11.♘f1 d5=) 9...♗e6 10.♖e1 ♗xb3 11.♕xb3 ♕d7 12.♘f1 h6 13.♗e3 ♖fe8 14.♗xa7 ♖xa7 15.♘e3 ♘e7 16.♔h2 ♘g6 mit beiderseitigen Chancen, Martin Clemente–Ostriker, Fernpartie 2007.

II. Die Alternative 7.h3 betrachten wir anhand der **Partie Nr. 10**, Kobalia–Petkov, Plovdiv 2008.

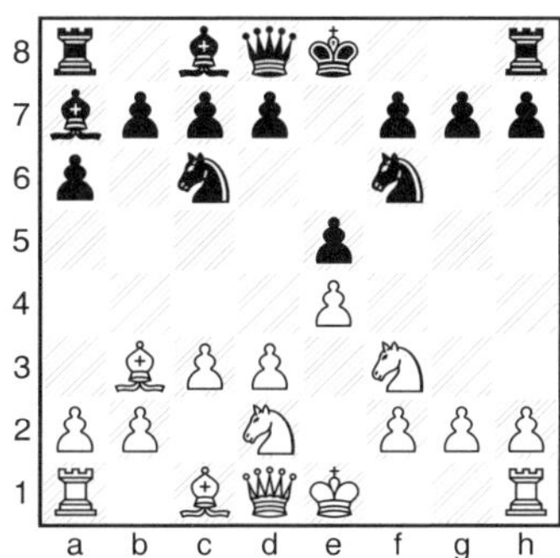

7...0-0

Im „Titanenduell" Nakamura-Carlsen, Moskau 2010, präsentierte Schwarz seinem Gegner 7...d6 und es folgte 8.h3 ♗e6 (Schwarz kann auch 8...0-0 spielen. Die daraus erwachsenden Möglichkeiten beleuchten wir in der **Partie Nr. 11**, Iordachescu-Gyimesi, Rumänien 2004.) 9.♗c2 0-0 10.0-0 d5 11.♖e1 dxe4 12.dxe4 ♕e7 13.♘f1 ♖ad8 14.♕e2 ♘e8 15.♘e3 f6 16.a4 ♕f7 17.b4 ♗xe3 18.♕xe3 ♘d6 19.♕c5 ♘b8 20.b5 b6 21.♕b4 a5 22.♕b1 ♘d7 23.♗a3 ♖fe8 24.♘d2 ♘b7 25.♘f1 ♘dc5 mit ausgezeichnetem Spiel für Schwarz, das Carlsen zum späteren Sieg ausbaute.

8.h3 d6 9.♘f1 d5! 10.♕e2 dxe4 11.dxe4 ♕e7 12.♘g3 ♗e6 13.0-0 ♖ad8 14.♗e3 ♗xb3 15.axb3 ♕e6 16.b4 ♗xe3 17.♕xe3 ♖d7 18.♖fd1 ♖fd8 19.♕e2 g6 und Schwarz steht gut. Der objektiven Einschätzung verpflichtet können wir dem Nachziehenden aber keinen Vorteil bescheinigen. Die Stellung ist ziemlich ausgeglichen, was aber kein schlechtes Ergebnis für Schwarz ist, Matijevic-Bellia, Nova Gorica 2013.

Zusammenfassung: Auch in diesem Abspiel hat Schwarz keine Probleme im Kampf um Ausgleich. Wir raten Ihnen, beide Abspiele genau zu untersuchen, da sie sehr ähnlichen Ideen folgen. Wählen Sie dann eine Spielweise für sich aus, die Ihrem Naturell besser entspricht. Bei Bedarf gibt es später einige Möglichkeiten, doch noch das Pferd zu wechseln, die Partie also in die andere Variante zu überführen.

Kapitel 3
Fortsetzung 4.♘c3

1.e4 e5 2.♘f3 ♘c6 3.♗c4 ♗c5 4.♘c3

Ein ruhiger Zug, der Weiß kein Versprechen gibt, mit einem Vorteil aus der Eröffnung zu kommen.

4...♘f6

Nun haben wir eine symmetrische Stellung auf dem Brett. Die Partiefortsetzung gilt als die beste Wahl für Schwarz. 4...d6 ist auch möglich und kann unter Zugumstellung zur Hauptvariante führen.

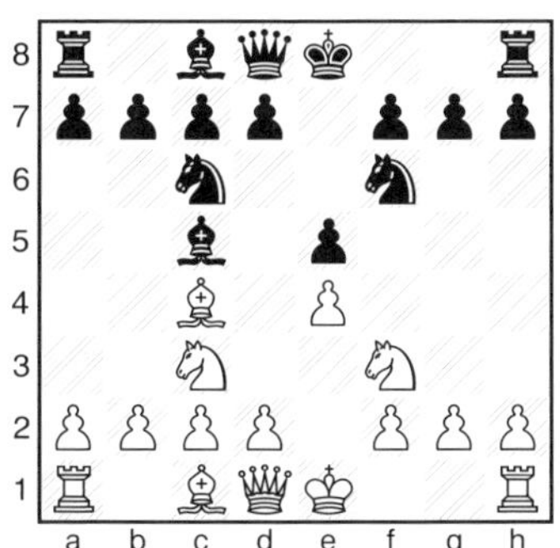

5.d3

Mit der Absicht gespielt, schnell den Damenflügel zu entwickeln. Ein Blick auf die wichtigsten Alternativen zeigt, dass diese dem Anziehenden nicht unbedingt mehr versprechen:

I. 5.0-0 0-0 6.d3 d6 7.♗e3 ♗b6 8.h3 ♗e6 9.♘d5 ♗xd5 10.♗xd5 ♘xd5 11.exd5 ♘e7 12.♗xb6 axb6 13.c4 c6 14.dxc6 bxc6 mit dem Plan ♘e7-g6, f7-f5 und aktivem Spiel am Königsflügel.

II. 5.♘g5 0-0 6.♘a4 (Nach 6.d3 d6 nebst h7-h6 und ♗c8-e6 bekommt Schwarz gutes Spiel.) 6...♗e7 7.♕f3 ♘d4 8.♕d3 b6 9.c3 ♘c6 10.♕c2 ♗b7∓ Da Silva–De Matos, Foz do Iguacu 2012.

III. 5.a3 d6 6.h3 0-0 7.0-0 ♗e6 8.♗xe6 fxe6 9.♘g5 ♕e7 10.d3 d5 11.exd5 exd5 12.♘a4 ♗b6 (12...♗d6!?) 13.♘xb6 axb6 14.♖e1 ♖ad8 15.d4 e4 16.c3 ♕d7 17.♕b3 und nun war für Schwarz in der Partie Lukacevic–Mahmutbegovic, Valpovo 2012, 17...♔h8 die aussichtsreichste Wahl, verbunden mit dem besseren Spiel.

IV. 5.h3 0-0 6.d3 a6 7.♗b3 d6 8.♗g5 h6 9.♗h4 ♗e6 10.♘d5 g5 11.♘xf6+ (11.♗g3 ♗xd5 12.♗xd5 ♘xd5 13.exd5 ♘e7 14.c4 ♘f5∓) 11...♕xf6 12.♗g3 ♕g6 13.c3 f5 und Schwarz sichert sich gute Perspektiven am Königsflügel.

V. 5.♘d5 ♘xe4

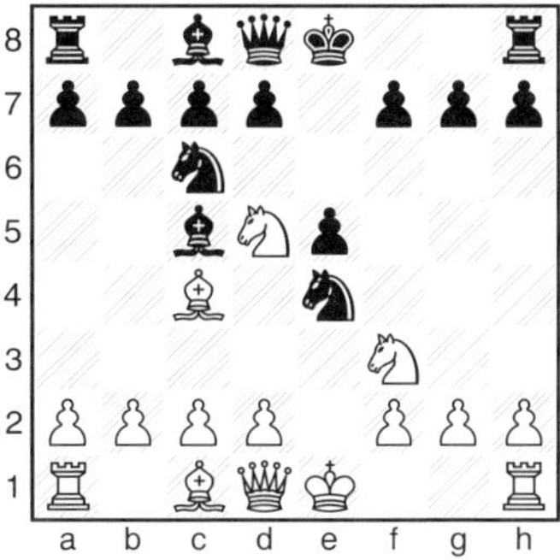

A) 6.0-0 0-0 7.d3 ♘f6 8.♗g5 (Oder 8.♗e3 ♗xe3 9.♘xe3 d6 10.♘d5 ♘xd5 11.♗xd5 ♘e7 12.♗c4 ♘g6 13.♕e2 ♗f5 mit ausgezeichnetem Spiel für Schwarz, Dos Santos–Pertile, Brusque 2000.) 8...♗e7 9.♘xe7+ ♕xe7 10.♖e1 (10.♕d2 d6 11.♖fe1 ♗e6 12.♗xe6 ♕xe6 13.d4 h6 14.♗h4 ♖fe8 15.b3 ♕f5∓ Cebasek–Panic, Tomo Zupan 1994) 10...d6 11.h3 ♗e6 12.♗b3 a5 13.c3 (13.d4 ♗xb3 14.dxe5 dxe5∓ Johansen–Gouriev, Hammerfest 2000) 13...h6 14.♗h4 g5 15.♗g3 ♗xb3 16.axb3 ♖fe8 und Schwarz kann mit seiner Stellung zufrieden sein. Sie ist solide, der weiße Läufer beißt auf Granit und immerhin hat er auch einen Bauern mehr.

B) 6.♕e2 ♘d6 7.d4 (7.♘xe5 0-0 8.♘xc6 dxc6 9.♘e3 ♘xc4 10.♕xc4 ♗d6 11.0-0 ♗e6 12.♕e2 ♕h4 13.g3 ♕f6 14.f4 ♖ae8 15.♕f2 ♗c5 16.c3 ♗c4 17.♖e1 ♗d3∓ Noble–Fernando, Lechenicher SchachServer 2008) 7...♗xd4 8.♘xd4 ♘xd4 9.♕xe5+ ♘e6 10.♗d3 0-0 11.♗e3 b6 (11...♘e8 12.0-0-0 c6 13.♘f4 d6 14.♕h5 g6 15.♕h6 ♕f6 16.♘xe6 fxe6 17.f4 ♘c7. Die Stellung ist ziemlich unklar. Weiß steht aktiver, ist weiter entwickelt und verfügt über das Läuferpaar, Schwarz steht solide mit festen Zentrumschancen bei einem Bauern in Front.) 12.0-0-0 ♗b7 und Schwarz hat einen Bauern mehr.

5...d6

Ein normaler Entwicklungszug mit dem Plan, den Läufer c8 schnell ins Spiel zu bringen. Eine vollwertige Alternative ist 5...h6!? Einige Beispiel aus der Turnierpraxis:

A) 6.0-0

A1) 6...d6 7.♗e3 (Die Fortsetzung mit 7.♘a4 analysieren wir in der **Partie Nr. 12,** Machado–Lilleeng, ICCF Email 2008.) 7...♗xe3 (7...♗b6!? ist auch möglich.) 8.fxe3 ♘a5 9.♗b3 ♘xb3 10.axb3 0-0 11.d4 ♕e7 12.dxe5 dxe5 13.♘d5 ♘xd5 14.♕xd5 (14.exd5 e4 15.♘d4 ♕g5 und Schwarz gewinnt einen Bauern.) 14...♖e8 15.♖ad1 a6 16.♖d2 ♔h7 17.♖fd1 ♖b8 18.♕c4 ♗e6 19.♕c3 f6 20.♘h4 g6 21.♖f1 ♖bd8 22.♖df2 ♖f8 und in dieser zweischneidigen Stellung hat Schwarz keine Probleme. In der Partie Fonseca–Bendana Aragon, ICCF Email 2008, sicherte sich der Nachziehende später den vollen Punkt.

A2) 6...0-0 7.b3 (Auf 7.♗e3 kann 7...♗b6 folgen.) 7...d6 8.h3 ♖e8 9.♗b2 ♗e6 10.♗xe6 ♖xe6 11.♘d5 ♖e8 12.♘h4 ♘xd5 13.exd5 ♕xh4 14.dxc6 bxc6 15.♕g4 ♕xg4 16.hxg4 ♖e6 17.♔h2 ♖ae8 18.f3 d5 19.♖ad1 e4 mit sehr gutem Spiel für Schwarz, Mahota–Jambo, Chanty-Mansiysk 2010.

B) 6.♗e3 ♗b6 (6...♗xe3 7.fxe3 d6 8.d4 0-0=) 7.♘d5 d6 8.c3 0-0 9.b4 ♘xd5 10.♗xd5 ♗e6 (Beachtung verdient auch 10...♘e7!? 11.♗b3 ♘g6 usw.) 11.♗xe6 fxe6 12.a4 ♗xe3 13.fxe3 ♘b8 14.0-0 ♘d7 15.a5 a6 16.♕b3 ♕e7 mit etwa gleichen Chancen, Elvest–Short, Nowgorod 1995.

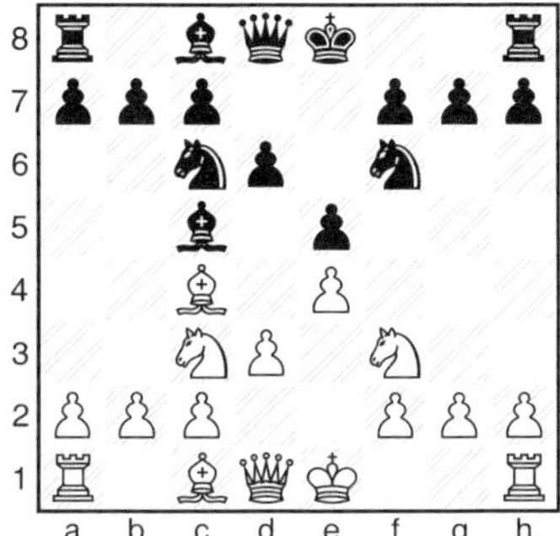

6.h3

Das ist die kritische Stellung dieser Variante. Mit diesem Zug will Weiß der Fesselung seines Springers durch ♗c8-g4 vorbeugen. Die zumeist gespielten Fortsetzungen sind hier aber 6. ♗g5 (siehe **Abspiel 1**) und 6. ♗e3 (siehe **Abspiel 2**). Doch bevor wir diese Hauptvarianten unter die Lupe nehmen, wollen wir uns andere Möglichkeiten für Weiß anschauen:

I. 6.0-0 ♗e6 (6...♗g4 wird auch gespielt, z.B. 7.♗b5 0-0 8.♗xc6 bxc6 9.h3 ♗h5 10.♗e3 ♗b6 in etwa mit Ausgleich.) 7.♗b3 h6 8.♗e3 ♗b6 9.♗xe6 fxe6 10.♘d2 0-0 11.♗xb6 axb6 und Schwarz steht gut, Martinovic-Matanovic, Valpovo 2012.

II. 6.a3 a6 (6...♗g4 7.♗e3 ♗b6 8.h3 ♗e6 9.♗xe6 fxe6 10.0-0 0-0=) 7.h3 (7.0-0 h6 8.b4 ♗a7 9.♘d5 ♘xd5 10.exd5 ♘d4 11.c3 ♘xf3+ 12.♕xf3 ♕h4 13.h3 0-0 14.♖e1 ♗d7 15.♗e3 ♗xe3 16.♖xe3 f5 mit dem Plan ♖f8-f6-g6 und aktivem Spiel am Königsflügel, Bothge-Schoen, Fernpartie 2008) 7...h6 8.♗e3 ♗xe3 9.fxe3 ♗e6 10.♘d5 ♗xd5 11.♗xd5 ♘xd5 12.exd5 ♘e7 13.e4 f5 14.♕e2 fxe4 15.dxe4 ♘g6 16.0-0-0 ♕d7 17.g3 0-0-0 und beide Seiten haben gleich gute Karten, Medina-Sihite, Jakarta 2012.

III. 6.♘a4 ♗b6

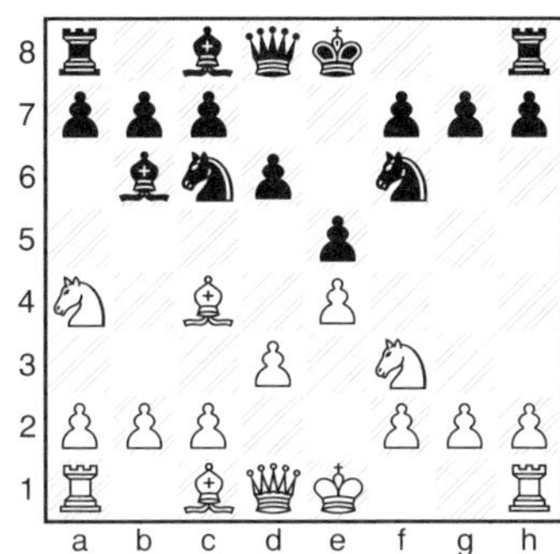

A) 7.c3 h6 (7...♗e6 8.♘xb6 axb6 9.♗xe6 fxe6 10.♕b3 d5 11.0-0 0-0 12.♕c2 ♕d6 13.♗g5 h6 14.♗xf6 ♖xf6 15.b4 ♘e7 16.a4 ♘g6 17.a5 bxa5 18.bxa5 ♖af8∓ Mironow-Schakel, Fernpartie 2010) 8.0-0 0-0 9.♘xb6 axb6 10.b4 ♕e7 11.a4 ♗e6 12.♗b3 ♗xb3 13.♕xb3 ♖fd8 14.♕c2 ♕e6 15.♖e1 ♘e7 16.♗e3 ♘g6 17.c4 ♘h5 18.♔h1 ♘hf4 19.♘g1 f5 20.f3 ♕f6 und Schwarz wird seine weiteren Chancen auf dem Königsflügel suchen, mit ordentlichen Perspektiven, Nilsson-Bendana-Aragon, Fernpartie 2008.

B) 7.0-0 0-0 8.♗g5 h6 9.♗h4 ♘a5 10.♘d2 ♗e6 11.♗xe6 fxe6 12.c3 ♕e8 13.♗g3 ♘h5 14.b4 ♘c6 15.♕g4 ♘f4 16.♗xf4 ♖xf4 17.♕h3 ♘d8 18.♘xb6 axb6 19.♕g3 b5. Die beiderseitigen Chancen können nur als in etwa gleichwertig bezeichnet werden – ein aus genereller Sicht von Schwarz bisher durchaus ordentlicher Ertrag, Jäger-Steinbrück, Fernpartie 2006.

C) 7.a3 0-0 8.0-0 ♕e7 9.♗g5 ♗e6 10.♘xb6 axb6 11.♘d2 h6 12.♗h4 ♘a5 13.♗d5 ♘c6 14.c3 g5 15.♗xe6 fxe6 (15...♕xe6!?) 16.♗g3 ♕f7 17.a4 ♕g6 mit dem Plan ♖f8-f7, ♖a8-f8 und aktivem Spiel am Königsflügel, Haug–Johansen, Fernpartie 2005.

D) 7.♘xb6 axb6 8.h3 ♗e6 9.♗xe6 fxe6 10.0-0 0-0 11.♗g5 h6 12.♗xf6 ♕xf6 13.c3 ♕g6 14.♘h4 ♕g5 15.♘f3 ♕f4 16.♕d2 b5 17.♕xf4 ♖xf4 18.a3 g5 19.♘d2 ♔g7 20.♘b3 h5 21.f3 ♖af8 22.♖ad1 ♔g6 23.♘d2 d5 und Schwarz steht ausgezeichnet, Lopez–Petrossian, Saint Affrique 2012.

6...h6

Um dem Zug ♗c1-g5 vorzubeugen.

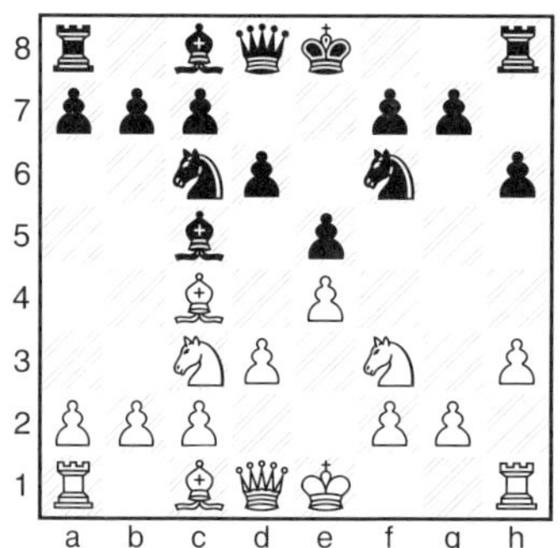

7.0-0

Im Duell Nyamahga–Amra, Maribor 2012, bekam Schwarz nach 7.a3 0-0 8.♗d2 ♗e6 9.♘d5 ♗xd5 10.♗xd5 ♘xd5 11.exd5 ♘e7 12.c4 ♘g6 13.g3 ♕f6 ein ausgezeichnetes Spiel.

7...a6

Dieser Zug wird in vielen Fällen gespielt: Es geht um die Räumung des Feldes a7 für den Läufer, damit Weiß ihn nicht über ♘c3-a5 zum Tausch zwingen kann. Es wird auch 7...♗e6 gespielt:

A) 8.♗xe6 fxe6 9.♗e3 (9.♘a4 ♗b6 10.♘xb6 axb6 11.♘h2 0-0 12.♘g4 ♕e8 13.c3 ♘h5 14.g3 ♕g6 und das Spiel begünstigt Schwarz, Dhame–Plakalovic, Plovdiv 2010.) 9...♗b6 10.♗xb6 axb6 11.a3 g5 12.♘d2 ♕e7 13.b4 h5 14.♖e1 h4 15.♘b3 ♖g8 16.♕d2 g4 17.hxg4 ♖xg4 18.♕h6 0-0-0 und die Lage von Weiß ist sehr schlecht, Frydrych–Hasinski, Ostrava 2012. Schwarz entwickelt einen starken Angriff, in dem die Schwerfiguren auf den halboffenen Linien ein hervorragendes Terrain für ihre Betätigungen finden.

B) 8.♗b3 ♕d7 9.♔h2 0-0-0 10.♗e3 ♗xe3 11.fxe3 d5 12.exd5 ♘xd5 13.♘xd5 ♗xd5 14.♗xd5 ♕xd5 15.e4 ♕c5 und Schwarz steht gut, Demirlenk–Koksal, Konya 2012. Die entgegengesetzten Rochaden versprechen einen kämpferischen Fortgang der Partie.

8.♘d5

8.a3 bringt Schwarz nicht in Gefahr, im Gegenteil. Nach 8...♗e6 (Es geht aucherst 8...0-0!?) 9.♗xe6 fxe6 10.♗e3 ♗xe3 11.fxe3 ♕e7 12.d4 0-0-0 13.d5 ♘b8 14.b4 ♘bd7 15.♘d2 g5 16.♘b3 ♖hg8 17.♕e1 g4 18.♔h2 ♖g6 19.♖g1 ♖dg8 führt der Nachziehende einen kräftigen Angriff, Kemp–Ledger, Paignton 2012.

8...♘xd5 9.♗xd5 0-0 10.c3 ♕f6 11.♕e2 ♘e7 12.♗b3 ♘g6 13.♔h1 ♔h8 14.♗e3 ♘f4 15.♗xf4 ♕xf4 16.d4 exd4 17.cxd4 ♗b6 18.♖ad1 ♗d7 und

Schwarz steht mit seinem Läuferpaar ausgezeichnet, Omerzel–Titan, Nova Gorica 2012.

Abspiel 1
Fortsetzung 6.♗g5

1.e4 e5 2.♘f3 ♘c6 3.♗c4 ♗c5 4.♘c3 ♘f6 5.d3 d6 6.♗g5

Mit der Absicht ♘c3-d5 gespielt. Einige Quellen bezeichnen diese Linie als Canal–Variante.

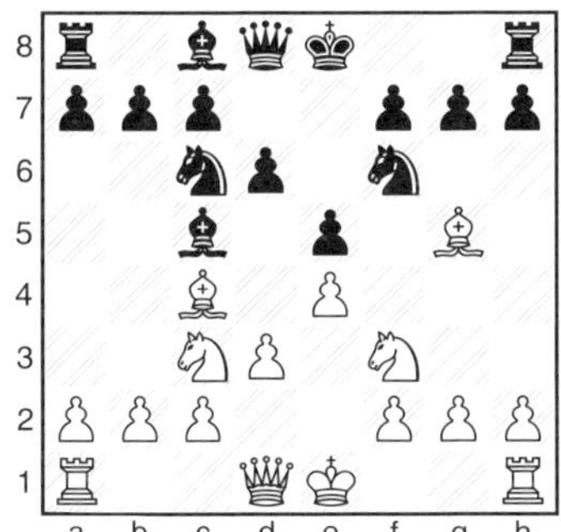

6...h6

Dies ist der Liebling des Nachziehenden, der gegnerische Läufer wird sofort zu einer Erklärung gezwungen. Beachtenswert ist aber auch 6...♘a5!? Schwarz muss dann besonders mit den beiden folgenden Alternativen als weiße Erwiderung rechnen, die ihm aber beide keine Angst einflößen können.

A) 7.♗b3 c6 (Spielbar ist 7...h6!? Anzutreffen ist auch 7...♘xb3 z.B. mit der Folge 8.axb3 ♗e6 9.0-0 ♗b6 10.♘e2 h6 11.♗e3 0-0 12.h3 ♘d7 13.d4 f5 14.exf5 ♗xf5 mit gleichen Chancen.) 8.0-0 0-0 9.♘e2 ♘xb3 10.axb3 h6 11.♗e3 ♗b6 12.♘g3 ♗e6 mit gleichem Spiel, B.Larsen–Ochsner, Esbjerg 1997.

B) 7.♗xf6 ♕xf6 8.♘d5 ♕d8 9.b4 ♘xc4 10.dxc4 (10.bxc5 c6 11.dxc4 cxd5 12.cxd5 ♕a5+ und weiter wie in der Hauptvariante) 10...c6 (10...♗b6=) 11.bxc5 cxd5 12.cxd5 (12.♕xd5 ♕a5+ 13.♔f1 ♕xc5 14.♕xc5 dxc5 15.♘xe5 ♗e6 16.♔e2 f6 17.♘d3 ♗xc4 18.♔e3 b6=) 12...♕a5+ 13.♕d2 ♕xc5 14.♖b1 0-0 15.0-0 b5 (Es geht auch 15...b6!?) 16.♖b3 a5 17.♖c3 ♕a7 18.♖c6 ♗b7 19.♖c7 (19.♖xd6? ♕c5 20.♖d7 ♗c8 21.♘xe5 f6 22.♘d3 ♕b6 23.♖e7 ♕d6-+) 19...♕b6 20.♖c3 b4 21.♖b3 f5 22.♘g5 fxe4 23.♘e6 ♖f7 24.a3 ♗a6 25.♖e1 ♗c4 26.♖bb1 h6 27.h3 ♕b5 28.♖ed1 ♖b8 mit schwarzem Vorteil, Block–Herzog, Fernpartie 2006. Der Druck des Nachziehenden auf die weiße Stellung ist enorm.

7.♗xf6

Weiß trennt sich von seinem Läuferpaar, dafür bekommt er für seinen Springer das attraktive Feld d5, das diesem eine aktive Stellung verspricht. Ein Abzug des Läufers kann Schwarz auch nicht aus der Ruhe bringen.

I. 7.♗e3 ♘d4 (7...♗b6 8.♕d2 ♗e6 9.♗b3 ♕e7 10.h3 ♗xe3 11.fxe3 0-0-0 12.♘d5 ♗xd5 13.exd5 ♘b8 14.e4 ♘bd7 und in dieser komplizierten Stellung kann keine der beiden Seiten einen Vorteil für sich reklamieren, Schlechter–Marco, Ostende 1905) 8.♗xd4 (8.h3 c6 9.♗xd4 exd4 10.♘e2 ♗b4+ 11.c3 dxc3 12.bxc3 ♗a5 13.0-0 0-0 14.♕c2 d5 15.exd5 cxd5 16.♗b3 ♗f5∓ Bratmann–Nabavi, Wiesbaden 2012) 8...exd4 9.♘e2 ♗g4 10.♘g3 d5 11.exd5 0-0 12.0-0 ♘xd5 und Schwarz hat das Spiel ausgeglichen, Luise–Alvebring, Fernpartie 2007.

II. 7.♗h4 g5 8.♗g3 ♕e7 9.♕d2 ♗d7 10.0-0-0 0-0-0 11.a3 ♘d4 12.♘xd4 ♗xd4 13.f3 ♔b8 14.♗f2 ♗xf2 15.♕xf2 ♗e6 16.♗xe6 fxe6. Die Stellung befindet sich im Gleichgewicht. In der Partie Rossolimo–Capablanca, Paris 1938, änderte sich nichts mehr daran, sie ging mit einem Remis zu Ende.

7...♕xf6 8.♘d5 ♕d8 9.c3

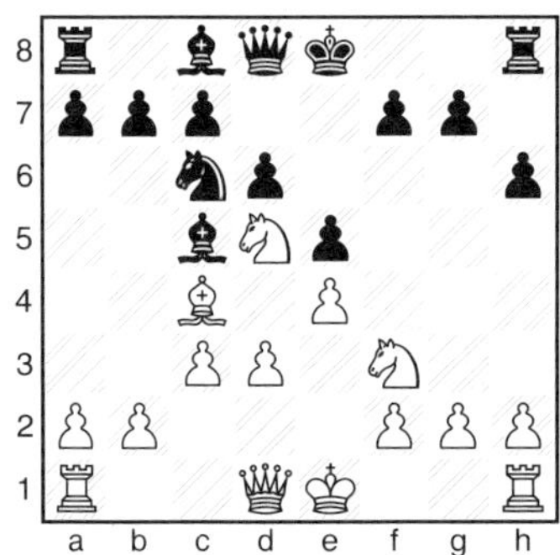

9...a6

Der Bauer räumt seinen bisherigen Platz für den Läufer. Schwarz muss nicht so spielen, er kann auch andere Ideen zu verwirklichen versuchen:

I. 9...♘e7

A) 10.♘e3 0-0 11.0-0 ♗b6 (11...♘g6 12.d4 ♗b6 13.dxe5 dxe5 14.♕xd8 ♖xd8 15.♖ad1 ♖e8 16.♖fe1 ♘f8 17.♘d5 c6 18.♘xb6 axb6= B.Larsen–L.Portisch, Rotterdam 1977) 12.d4 exd4 13.♘xd4 ♔h8 14.♕h5 ♘g6 15.♘ef5 ♕g5 mit Ausgleich, Van Elst–Joie, Condom 2012.

B) Zu 10.d4 siehe **Partie Nr. 13**, Ivanovic–K. Georgiev, Vrsac 1987.

II. 9...0-0 10.b4 (10.0-0 a6 11.d4 ♗a7 12.h3 ♖e8∞ Sermek–David, Candas 1996) 10...♗b6 11.a4 a5

A) 12.b5 ♘e7 13.♘xb6 (13.♘xe7+ ♕xe7∓) 13...cxb6 14.♕b3 ♘g6 15.h3 ♕f6 16.♕d1 ♘f4 17.♖g1 ♗e6 18.♗a2 d5 19.exd5 ♗xd5 20.♗xd5 ♘xd5 21.c4 ♘b4 22.♕e2 e4 und Schwarz steht auf Gewinn, Nevolin–Mrykhin, Krasnodar 2012. Achten Sie bitte darauf, dass der Zug des e-Bauern zum Angriff auf zwei weiße Figuren geführt hat (mit der Dame auf den Ta1 und mit dem Bauern auf den ♘f3).

B) 12.♘xb6 cxb6 13.bxa5 ♘xa5 14.♗d5 ♕c7 15.c4 ♗g4 mit Ausgleich, Ivanovic–Anand, Manila 1985.

10.d4

In der Partie Civric–Ignjatovic, Vrnjacka Banja 2012, wählte Weiß – ohne Erfolg – einen anderen Plan: 10.b4 ♗a7 11.h3 0-0 12.0-0 ♔h8 13.♘e3 ♗e6 14.♗xe6 fxe6 15.♘g4 ♕e8 16.a4 ♕h5 17.♘e3 ♖f4 18.♘h2 ♕g6 19.♔h1 ♖af8 20.♕e2 ♘e7 21.g3 ♖4f6 22.♖a2 h5 23.h4 d5 mit einem klaren Vorteil auf der Seite von Schwarz. Sein Druck auf die Königsstellung und sein sich intensivierender Angriff lösen beim Anziehenden Sorgen aus.

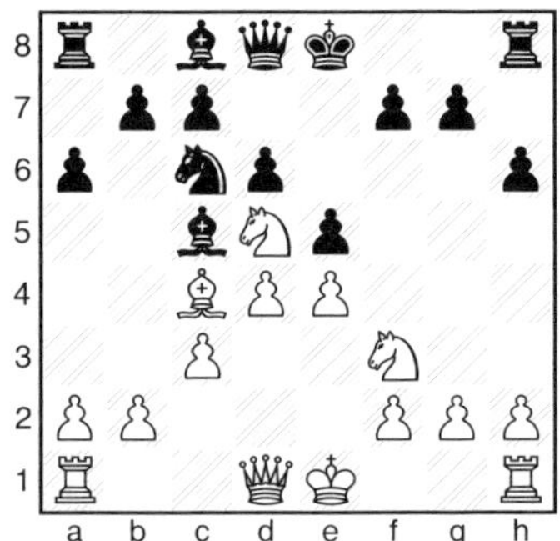

10...exd4

Dem innovativen Spieler empfehlen wir, den Zug 10...♗a7!? zum Gegenstand weiterer Forschungen zu machen. Hierzu ein paar Varianten: 11.dxe5 ♘xe5 12.♘xe5 dxe5 13.♕h5 0-0 14.♕xe5 ♖e8 15.♕f4 (15.♕xc7 ♖xe4+ 16.♔f1 ♕h4 17.♘e3 ♗e6 18.♗xe6 fxe6 19.♕xb7 ♖f8 20.g3 ♕h3+ 21.♔g1 ♗xe3 22.fxe3 ♕f5 23.♔g2 ♖h4!-+) 15...♕d6!

A) 16.♕f3 ♗e6 17.0-0-0 (17.♖d1 ♕e5 18.0-0 c6 19.♘e3 ♗xc4 20.♘xc4 ♕xe4 21.♕xe4 ♖xe4 und Schwarz steht gut.) 17...♕e5 18.♗b3 c6 19.♘e3 ♗xb3 20.axb3 ♕xe4 21.♕xe4 ♖xe4 22.♖he1 ♖ae8 23.♖d7 ♖8e7 24.♖xe7 ♖xe7 mit Remis, Belozerow-Lastin, Russland 2006.

B) 16.♕xd6 ♖xe4+ 17.♔d2 (17.♘e3 cxd6 18.♗d5 ♖e7 19.0-0-0 ♗xe3+ 20.fxe3 ♗e6 21.♗f3 ♖d8 22.b3 ♗f5 23.♖he1 ♗e4 24.♖d4 ♗xf3 25.gxf3 f5 26.c4 ♔f7 und die beiderseitigen Chancen im Endspiel können als gleichwertig bezeichnet werden.) 17...cxd6 18.♗b3 ♗d7= Ivanovic-Spasski, Bugojno 1984.

11.cxd4 ♗a7

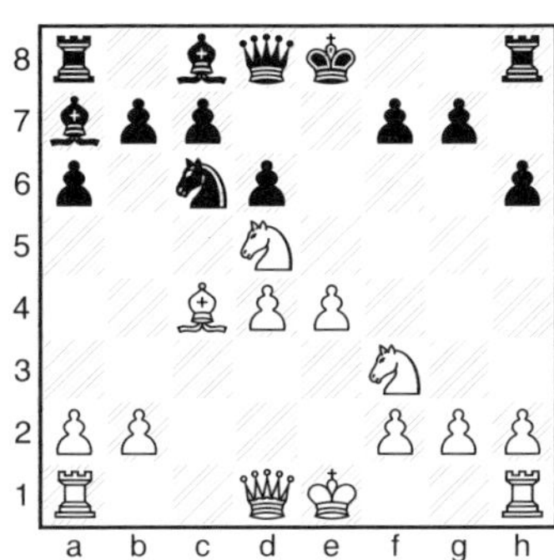

12.h3

Das beste Mittel gegen die Fesselung mittels ♗c8-g4. Zu ihr kann es nach 12.0-0 kommen. Wir widmen uns dieser Folge über die **Partie Nr. 14**, Doyle-De Baere, IECC Email 2002.

Auf 12.♖c1 sollte Schwarz 12...0-0 spielen, z.B. 13.♗xa6 (Keine Probleme hat Schwarz nach 13.0-0 wegen 13...♗g4! 14.♗xa6 ♗xf3 15.gxf3 ♘xd4 16.♗xb7 ♖b8 17.♖xc7 ♘e6 18.♖e7 ♘f4 19.♗c6 ♖xb2 20.♔h1 ♘xd5 21.♖xa7 ♘f4 22.♖b7 ♖xb7 23.♗xb7 ♕h4 24.♗c6 ♖b8 25.♗d7 ♖b2 26.♕d4 ♖e2 27.♖g1 g6 28.♖c1 ♔h7 29.♖f1 ♕g5 30.♗g4 h5 31.♕c4 d5 32.♕c7 ♕f6 33.e5 ♖xe5 0-1 Cakl-Soucha, Fernpartie 2005. Dagegen führt der Zug 13.h3 zur Hauptvariante.) 13...♘xd4 14.♘xd4 ♗xd4 15.♕xd4 c5 16.♕c4 ♖xa6 17.0-0 ♗d7 18.a3 b5 19.♕d3 ♖e8 mit etwa gleichen Chancen.

Die Finger lassen sollte Schwarz von 12...♗g4?, denn die Folge 13.♗xa6! ♘xd4 14.♗xb7 ♖b8 15.♕a4+ endet im Materialgewinn durch Weiß.

12...0-0

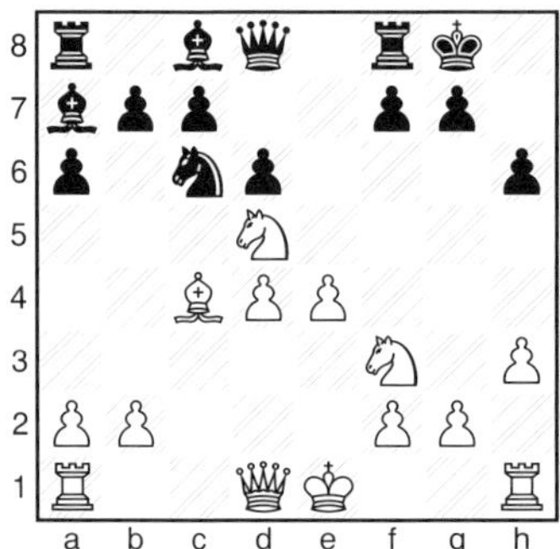

13.0-0

Nach 13.♖c1 ♖e8 14.0-0 ♖xe4 15.♗d3 ♖e8 16.♗b1 g6 17.♕d2 ♔g7 kann Schwarz mit seiner Stellung zufrieden sein, was Beispiele aus der Praxis untermauern.

A) 18.b4 ♗e6 19.♘f4 (Auf 19.♘e3 folgt ebenfalls 19...d5!) 19...d5 20.a4 ♗b6 21.a5 ♗a7 22.♖xc6 bxc6 23.♖c1 c5? (23...♕d6! 24.♘e5 ♗d7-+) 24.bxc5 c6 25.♘e5 ♖c8 26.♖c3 ♗b8 27.♖g3 und in der Partie Piscopo-Sbarra, Acqui Terme 2011, kam Weiß zu einer starken Initiave als Entschädigung für die Qualität.

B) 18.♖fe1 ♗e6 19.♘f4 ♗d7 20.♖xe8 ♕xe8 21.♖e1? (Stärker ist 21.♘d5!, was wir mit der **Partie Nr. 15**, Ivanovic-Ilincic, Jugoslawien 1986, zu beweisen versuchen.) 21...♕f8 22.♕c3 ♖e8 23.d5+ ♘e5 24.♖xe5 dxe5 25.♘xe5 ♕c5 26.♘c4+ ♕d4 27.♕g3 ♕xf2+ 28.♕xf2 ♖e1+ 29.♔h2 ♗xf2 30.♗c2 ♗b5 0-1 Bellini-Tomashevsky, Eilat 2012.

13...♘e7 14.♘xe7+

Ausgleich erreicht Schwarz nach 14.♕d2 ♘xd5 15.♗xd5 ♕f6 16.♕c3 c6 17.♗b3 ♖e8 18.♖fe1 ♗e6= Fedak-Korzh, Fernpartie 2012, oder 14.♘f4 b5 15.♗b3 c5 16.dxc5 dxc5 17.♕e2 ♕c7 18.e5 ♗f5= Nevednichy-Szabo, Baia Sprie 2012.

14...♕xe7 15.♖e1 c6

Möglich ist auch 15...♗d7, wonach es wie folgt weitergehen kann: 16.♖c1 ♖ad8 17.♗b3 c5 18.e5 (18.d5 ♕f6!∞) 18...♗f5 19.exd6 (Der weiße Versuch mit 19.e6 und dann 19...fxe6 20.g4 c4 21.gxf5 cxb3 22.♖xe6 ♕f7 23.♕xb3 d5 sollte Schwarz keine Probleme bereiten.) 19...♕xd6

A) 20.♖e5? ♕f6 21.d5 ♗b8 22.♖xf5 (22.♖e1 ♕xb2 23.♖xc5 ♗d6 24.♖c1 ♖fe8∓) 22...♕xf5 23.♖xc5 ♗d6 24.♖c3 ♖c8 25.♗c2 ♕f6 26.♕d3 g6 27.♘d2 ♗e5 28.♖xc8 ♖xc8 29.g3 ♗xb2 und der Nachziehende streicht den vollen Punkt als Ernte für seine Bemühungen ein, Ynojosa Aponte-Onischuk, Istanbul 2012.

B) 20.dxc5 ♗xc5 21.♕xd6 ♗xd6 mit gleichem Endspiel.

16.d5 b5 17.♗b3 c5 18.e5 c4 19.♗c2 ♗b7 20.♕d2 ♖ad8 21.a4 ♗c5 22.e6

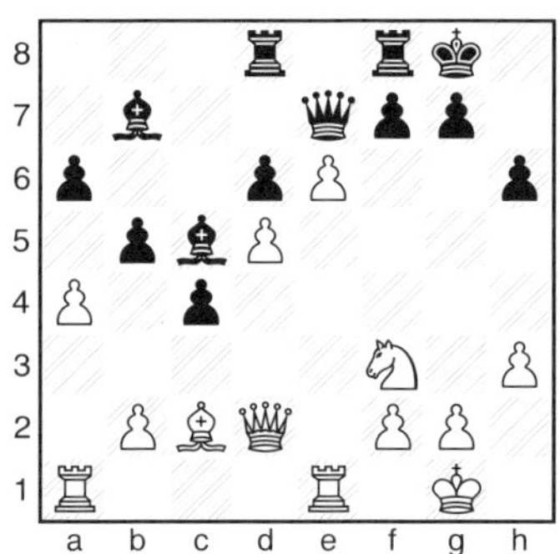

22...fxe6

Nach 22...♖de8 23.axb5 axb5 einigten sich die Kontrahenten in der Partie Cojhter–Titan, Ptuj 2012, schiedlich friedlich auf ein Remis. Die Stellung ist zwar ausgeglichen, aber etwas mehr Ehrgeiz hätten beide Seiten doch zeigen dürfen, denn für sie ist jeweils noch einiges drin.

23.♖xe6 ♕f7 24.axb5

Schwach ist 24.♖ae1? wegen 24...♕f4!

24...axb5 25.♗b1

Mit der Idee ♕d2-c2 und Mattangriff.

25...♕f4 26.♕c2 ♗xd5 27.♕h7+ ♔f7 28.♕g6+ ♔g8 und Weiß remisiert durch Dauerschach.

Zusammenfassung: Die Variante mit der Entwicklung des Läufers nach g5 stellt Schwarz nicht vor Probleme. Die Hauptvariante führt zum Ausgleich und auch die von uns vorgeschlagene Nebenvariante führt den Nachziehenden leicht in ein ausgeglichenes Spiel.

Abspiel 2
Fortsetzung 6.♗e3

1.e4 e5 2.♘f3 ♘c6 3.♗c4 ♗c5 4.♘c3 ♘f6 5.d3 d6 6.♗e3

Weiß stört sich an der Wirkung des gegnerischen Läufers auf c5 und stellt ihr den eigenen Vertreter entgegen.

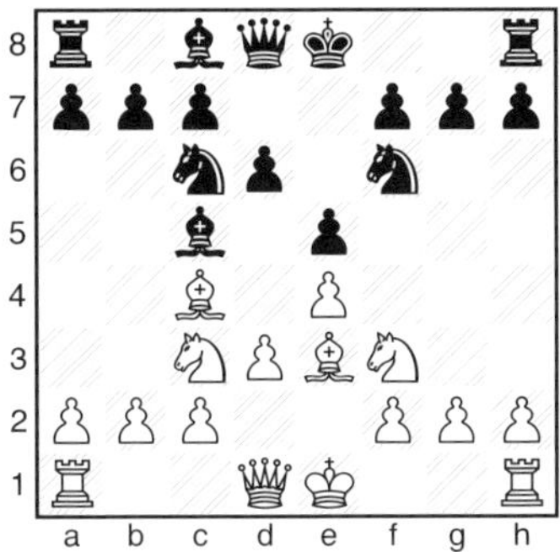

6...♗b6

Die Theorie sieht in diesem Zug die beste Wahl für Schwarz. Nach 6...♗xe3 7.fxe3 öffnet sich die f–Linie zugunsten von Weiß. Weiter kann folgen: 7...♘a5 8.♗b3

A) 8...♘xb3 9.axb3

A1) 9...♘g4 10.♕d2 f5 11.exf5 ♗xf5 12.0-0 0-0 13.h3 ♘h6 14.e4 ♗d7 15.d4 exd4 (15...♘f7 16.dxe5 dxe5 17.♖fd1 ♗c6 18.♕xd8 ♖fxd8 19.♖xd8+ ♖xd8 20.♖xa7+-) 16.♕xd4 b6 17.e5± Mieses.

A2) 9...0-0 10.0-0 ♗g4 11.h3 ♗xf3 12.♕xf3 c6 13.♖f2 ♕c7 14.♘e2 ♘d7 15.g4 g6 16.♘g3 f6 17.♖af1 mit weißer Initiative am Königsflügel, Holzhausen–Gottschall, Hannover 1926.

B) 8...c6 9.0-0 h6 10.♘e2 (10.d4 ♕c7 11.♕e1 0-0 12.♕g3 ♘xb3 13.axb3±) 10...0-0 11.h3 ♘xb3 12.axb3 ♗e6 13.♕e1 a5 14.♘c3 b5 15.♕g3 ♖e8 16.♘h4 ♔h8 17.♘f5 ♗xf5 18.♖xf5 ♕b6 19.♔h2 ♖e6 mit zweischeidigem Spiel, Werner–Genga, Fernpartie 2009.

7.♕d2

Es gibt eine Reihe an Alternativen, auf die sich ein Blick zu werfen lohnt:

I. 7.♗xb6 axb6 8.h3 0-0 9.0-0 h6 10.♘h2 ♘a5 11.♗b3 ♘xb3 12.axb3 ♖xa1 13.♕xa1 ♘h5 14.♕d1 g6 15.♔h1 c6 16.♘g4 ♔h7 17.♘h2 (Nach 17.♘e3 ♘f4 18.d4 ♕g5 hätte sich Schwarz die Initiative auf dem Königsflügel verschafft.) 17...b5 18.b4 ♕e7 19.d4 ♘f4 20.♘f3 g5 21.♘h2 ♖g8 22.f3 h5 23.dxe5 dxe5 und Schwarz führt einen kräftigen Angriff, Torres Sanchez–Jovanic, Split 2012.

II. 7.♗b3 ♗e6 8.0-0 0-0 9.h3 ♖e8 10.♗xb6 axb6 11.♘e2 h6 12.♘g3 d5 13.c3 b5. Die Stellung ist ausgeglichen, die beiderseitigen Chancen halten sich die Waage, Short–Carlsen, London 2011.

III. 7.0-0 0-0 8.♕d2 (8.a4 ♗xe3 9.fxe3 ♗e6 10.♗xe6 fxe6= Werner–De la Calle, Fernpartie 2009) 8...♗e6 9.♗b3 ♕e7 10.♗g5 h6 11.♗h4 ♘d8 12.♘e2 ♗g4 13.♘g3 ♘e6 14.h3 ♗xf3 15.♘f5 ♕d8 16.♘xh6+ ♔h7 (16...gxh6?? 17.♕xh6+-) 17.♘xf7 ♖xf7 18.♗xe6 ♗h5 19.♗xf7 ♗xf7 20.♕g5 ♕e7 21.♔h1 ♖h8 22.a4 a5 23.c3 ♔g8 24.♖ae1 c6 25.f4 ♖h5 26.♕g3 ♘xe4 27.dxe4 ♕xh4 und der schwarze Vorteil entscheidet die Partie, Chajes–Johner, Karlsbad 1911.

IV. 7.h3 ♗e6 (7...♘d4 8.0-0 ♗e6 9.♗b3 0-0 10.♘a4 ♗xb3 11.axb3 ♘e6 12.♘xb6 axb6 13.♕d2 ♕e7 14.♘g5 ♘h5 15.♘xe6 fxe6 16.d4 exd4 17.♕xd4 ♕f6 18.♕xf6 ♘xf6 19.f3 e5= Rydstrom–Pedersen, Malmö 2012) 8.♗b3 ♕e7 9.0-0 0-0-0 10.d4 ♗xb3 11.axb3 d5 12.exd5 exd4 13.♘xd4 ♘xd4 14.♗xd4 ♘xd5 15.♕g4+ ♔b8 16.♖fe1 ♕d7 17.♕xd7 ♖xd7 18.♗xb6 ♘xb6 mit vollem Ausgleich, Maroczy–Euwe, Bad Aussee 1921.

V. 7.♘d5 ♘xd5 8.♗xd5 ♗e6 9.♗b3 0-0 10.0-0 ♖e8 11.♕d2 ♕d7 12.♖ad1 ♗g4 13.♘g5 ♘d8 14.f3 ♗h5 15.♖de1 ♕e7 16.♗xb6 axb6 mit dem Plan ♔g8-h8, f7-f6 und gleichem Spiel, Bellissimo–Tanenbaum, Montreal 2010.

VI. 7.♕e2 ♗e6 8.0-0-0 ♗xe3+ 9.♕xe3 0-0 10.h3 ♖e8 11.♗xe6 fxe6 12.♖he1 ♘h5 mit gleicher Stellung, Tschigorin–Maroczy, Paris 1900.

7...♗e6

Das Beste – damit neutralisiert Schwarz die Wirkung des gegnerischen weißfeldrigen Läufers.

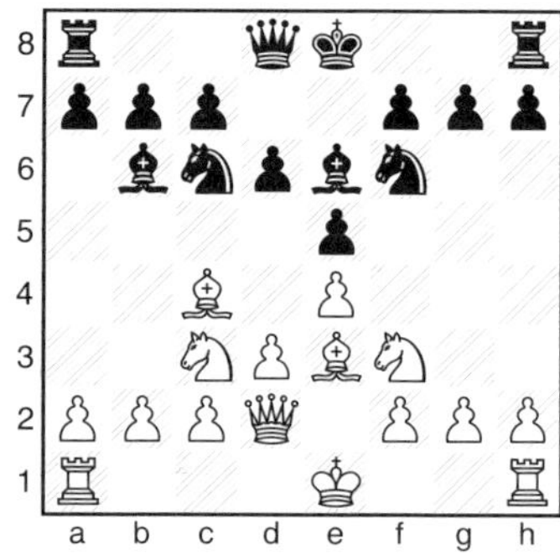

8.♗b5

Weiß weicht der gegnerischen Anrempelung aus. Er kann aber auch den Stier bei den Hörnern packen:

I. 8.♗xe6 fxe6 9.0-0-0 0-0 (Im Duell Gunsberg–Isidor, Monte Carlo 1901, bekam Schwarz nach 9...♕d7 10.d4 exd4 11.♗xd4 ♘xd4 12.♘xd4 e5 13.♘db5 0-0-0 eine vielversprechende Stellung.) 10.♗xb6 axb6 11.d4 ♖a5 12.dxe5 ♘xe5 13.♘d4 ♕e7 14.f4 ♘c6 15.♘b3 ♖aa8 16.♖hf1 b5! 17.♘xb5 ♘xe4 18.♕e3 d5 mit zweischneidigem Spiel. Die Partie endete letztlich mit einem schwarzen Sieg in McDonald–Fargac, Prag 2012. Dies muss aber nicht als Fingerzeig gewertet werden, dass der Nachziehende die besseren Chancen auf seiner Seite hat.

II. 8.♗b3 ♕d7 (8...♗a5 9.0-0 ♕e7 10.♕e2 ♗xc3 11.bxc3 0-0= Rojzman–Sokolski, UdSSR 1955) 9.♗xe6 fxe6 10.0-0-0 d5 11.exd5 exd5 12.♗g5 0-0-0 13.♖he1 ♖de8 14.♘a4 ♗a5 15.c3 d4 16.♘c5 dxc3 17.bxc3 ♕d6 18.♗xf6 ♕xc5 19.♗xg7 ♖hg8 20.♗xe5 ♘xe5 21.d4 ♕a3+ 22.♕b2 ♕xb2+ 23.♔xb2 ♘xf3-+ Gonzalez Ahumada–Castellanos, Bogota 2012. Resümierend bleibt festzuhalten, dass die Weiß offenstehenden Alternativen im 8. Zug ihm keinen Vorteil bringen. Deshalb ist 8.♗b5 der von der Theorie empfohlene Zug.

8...0-0 9.♗xc6

Nach 9.0-0-0 a6 10.♗c4 ♗a5 11.♗xe6 (11.♘g5? ♗xc4 12.dxc4 h6 13.♘h3 ♘xe4-+ Bocangel Chavez–Orejuela Chango, Bento Goncalves 2010) 11...fxe6 steht Schwarz ausgezeichnet. Deshalb will Weiß die Lage sofort klären.

9...bxc6 10.0-0

Erst die Rochade und dann erst die Festlegung auf einen weiteren Plan. Andere Versuche sind günstig für Schwarz:

I. 10.♗g5 ♗a5 11.a3 c5 12.0-0 ♖b8 13.♖fb1 c6 14.h3 ♔h8 15.♕c1 h6 16.♗e3 ♘g8 17.♘e2 f5 18.exf5 ♗xf5 19.♘h2 ♗b6 20.♘g3 ♗c8 21.♕d1 ♖b7 22.♕h5 ♖bf7 mit der Absicht ♘f6-d5-f4 und besserem Spiel für Schwarz, Mason–Tarrasch, Hastings 1895.

II. 10.d4 ♗a5 11.♕d3 c5! 12.dxc5 (12.d5 ♗xd5! 13.exd5 e4 14.♕c4 ♗xc3+ 15.bxc3 exf3 16.gxf3 ♖e8-+) 12...♕b8 13.0-0 (13.0-0-0? ♗xc3 14.bxc3 ♕b7 15.cxd6 ♘xe4 16.dxc7 ♗xa2-+) 13...♕xb2 14.♗d2 ♗xc3 15.♗xc3 ♕a3 16.cxd6 cxd6 17.♗b2 ♕xd3 18.cxd3 ♖ab8 19.♗a3 ♖b6 20.♖fb1 ♖fb8 21.♖xb6 ♖xb6 nebst ♔g8-f8-e7 und leicht besserer Stellung für Schwarz, zumal der Anziehende noch das Problem seines passiv stehenden Turms bei angegriffenem Bauern auf a2 lösen muss.

10...♘d7 11.d4 f6 12.h3 ♕e8 13.d5 cxd5 14.♘xd5 ♗xd5 15.♕xd5+ ♕f7

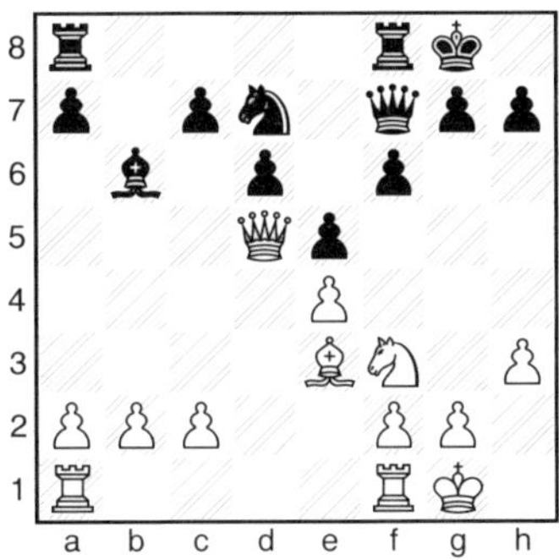

16.♕d3

Oder 16.b4 ♗xe3 17.fxe3 ♘b6 (17...♕xd5! 18.exd5 ♘b6 19.♖fd1 a5∓) 18.♕d3 a5 19.b5 a4 20.♘d2 d5 21.exd5 ♕xd5 mit schwarzem Vorteil, Bialas-Carvalho, Fernpartie 1986.

16...♗xe3 17.♕xe3 ♘c5 18.♖fe1 ♘e6 19.♔h2 f5 20.exf5 ♕xf5 21.♕e4 ♕xe4 22.♖xe4 ♘c5 23.♖e2 ♘a4 24.c4 ♖ab8 25.b3 ♘c5 mit ausgeglichenem Endspiel, Tschigorin-Atkins, Hannover 1902.

Zusammenfassung: Diese Variante ist ungefährlich für Schwarz. Es stellen sich ihm auf dem Weg, die Partie auszugleichen, keine wirklichen Hindernisse entgegen.

Kapitel 4
Fortsetzung 4.d4

1.e4 e5 2.♘f3 ♘c6 3.♗c4 ♗c5 4.d4

Mamma Mia! So wie man in Italien mit diesem Ausruf auch auf Überraschungen reagiert, kann sich Schwarz hier in der Italienischen Partie über dieses fragwürdige gegnerische Bauernopfer freuen.

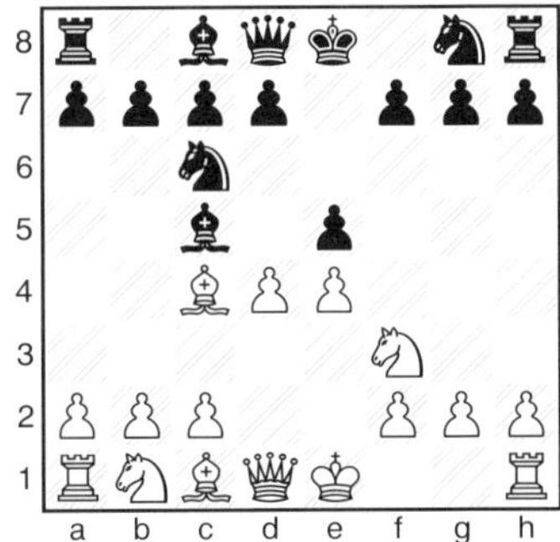

4...♗xd4!

Pronto, Schwarz greift zu, das Schlagen mit dem Läufer ist seine stärkste Antwort. 4...exd4 lässt eine Stellung aus dem Schottischen Gambit entstehen, nach 5.0-0 ♘f6 6.e5 geht das Spiel in das Zweispringerspiel im Nachzuge über (Max-Lange-Angriff). Wir werden uns mit diesen Abweichungen aus thematischen Gründen in diesem Buch nicht beschäftigen.

5.♘xd4

Der starke Läufer wird sogleich liquidiert. Die Fortsetzung 5.0-0 führt zu Stellungen, die wir im Kapitel 1 besprochen haben. Es gibt einige andere Möglichkeiten für den Anziehenden:

I. 5.c3 ♗b6

A) 6.0-0 ♘f6 (Zu beachten ist 6...h6!?, um die Fesselung des Springers zu verhindern.) 7.♗g5 h6 8.♗h4 d6 9.♕d3 ♕e7 10.♘bd2 ♗d7 11.a4 a6 und Weiß hat keinen Ersatz für den Bauern.

B) 6.♘g5 ♘h6 7.♕h5 ♕f6 8.0-0 d6 9.♔h1 ♕g6 10.♕e2 ♗e6 11.♘xe6 fxe6 12.♗b5 ♘g4 13.f3? (13.h3 ♘f6∓) 13...♘xh2! mit schwarzem Gewinn, Herrera Sosa-Santos Morales, Medellin 2010.

II. 5.♗g5

A) 5...♘f6 6.♘xd4 ♘xd4 7.c3 ♘c6 (Von 7...♘e6 sollte Schwarz Abstand nehmen, denn die Folge 8.♗xe6 fxe6 9.f4 ist problematisch für ihn.) 8.♕f3 d6 9.0-0 ♗e6 10.♘d2 h6 11.♗xf6 ♕xf6. Schwarz steht besser, Weiß hat keinen äquivalenten Ausgleich für seinen Minderbauern.

B) 5...♘ge7 6.♘xd4 ♘xd4 7.♘a3 (Auf 7.c3 kann sich der Springer nach c6 oder auch wohl nach e6 zurückziehen.) 7...d6 8.f4 ♗e6 9.0-0 ♗xc4 10.♘xc4 ♘e6 11.♗xe7 ♕xe7 12.fxe5 dxe5 13.♕d5 0-0 14.♕xe5 ♖ad8 15.♖ae1 ♖fe8 16.♘e3 ♘g5 17.♕xe7 ♖xe7 18.♖f5 h6 19.♖a5 ♖xe4 (19...a6!?) 20.♖xa7 f5 21.h4 ♘f7 22.g3 ♖de8 23.♔f2 f4 24.gxf4 ♖xf4+

25.♔g2 ♘d6 mit schwarzem Endspielvorteil, Gazen–Budzyn, Chessfriend.com 2005.

5...♘xd4

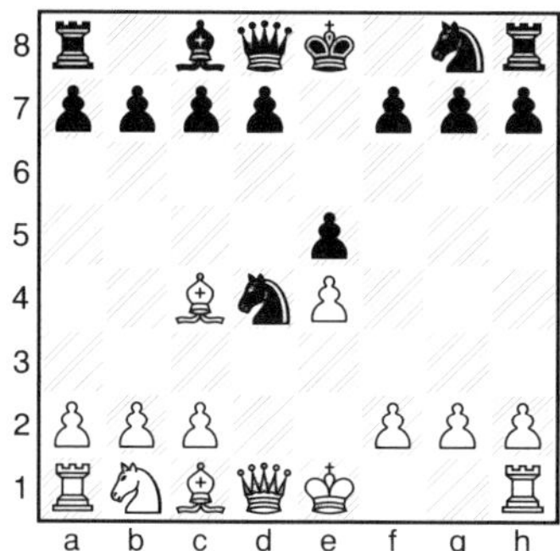

6.0-0

Andere Versuche können Schwarz nicht wirklich gefährden:

I. 6.♗e3 ♘c6 7.♕g4 (7.♘c3 d6 8.0-0 ♘f6 9.♗g5 h6 10.♗h4 g5 11.♗g3 ♗e6∓) 7...♕f6 8.♘c3 d6 (8...d5? 9.♕g3 dxc4 10.♘d5+-) 9.♕e2 ♗e6 10.♘d5 ♕d8 11.0-0-0 a6 12.h4 ♕d7 13.h5 h6 14.a3 ♘ge7. Der Nachziehende hat einen Bauern mehr, muss aber noch einige Entwicklungsprobleme meistern.

II. 6.f4 d5 (Sicher ist ebenfalls 6...d6 7.0-0 ♘f6 8.♘c3 ♗e6 oder sogar 8...c6 mit gutem Spiel für Schwarz.) 7.exd5 (7.♗xd5 ♕h4+ 8.g3 ♕h3-+) 7...♕h4+ 8.g3 ♕h3 9.♗f1 ♕f5 10.♗d3 e4 11.♗e2 ♘xe2 12.♕xe2 ♘f6. Schwarz steht freier und aktiver, auch ist er besser entwickelt. Seine Aussichten sind vorzuziehen, Fahrni–Spielmann, Baden–Baden 1914.

6...d6

6...♘f6 führt die Partie unter Zugumstellung ins Kapitel 1.

7.f4 ♗e6 8.♘a3

8.♗xe6 ♘xe6∓.

8...♘e7 9.fxe5 dxe5 10.c3 ♗xc4 11.♘xc4 ♘dc6 12.♕h5 ♘g6 13.♗g5 f6 14.♖ad1 ♕e7 15.♗e3 0-0 16.b4 ♕e6 17.♕e2 ♖fd8 18.b5 ♘ce7 19.a4 b6 mit ausgezeichnetem Spiel für Schwarz, Barthel–Grotnes, Plovdiv 2010.

Zusammenfassung: Der Versuch des Anziehenden, Schwarz mit einem Bauernopfer einen Eröffnungsvorteil abzuringen, ist für diesen nicht gefährlich. Allerdings muss Schwarz genau spielen. Die Variante zeigt eine Verbindung zum Kapitel 1.

Kapitel 5
Fortsetzung 5.0-0

1.e4 e5 2.♘f3 ♘c6 3.♗c4 ♗c5 4.c3 ♘f6 5.0-0

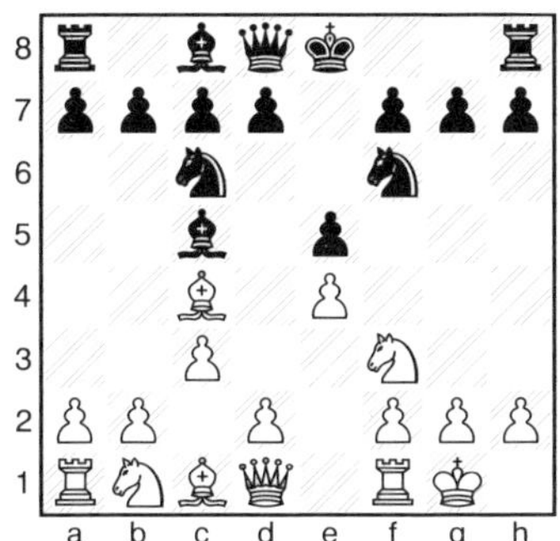

5...♘xe4

In den italienischen Städten ist „der Platz“, die Piazza, das Zentrum des gesellschaftlichen und kulturellen Lebens. Und hier in der Italienischen Partie ist das Feld e4 die Piazza für Schwarz, das Schlagen mit dem Springer folgt seinem aussichtsreichsten Plan. Er klärt die Lage im Zentrum ganz nach seiner Vorstellung. Möglich und gut ist auch die solide Fortsetzung mit 5...d6!? Sehen wir uns hierzu mal ein paar Varianten an:

A) 6.d4 exd4 7.cxd4 ♗b6

A1) 8.♗g5 h6 9.♗h4 (9.♗xf6 ♕xf6 10.e5 dxe5 11.dxe5 ♕f4 12.♗d5 0-0 13.♗xc6 bxc6 14.♘bd2 ♗e6 15.♕c2 ♗d5 16.♖ac1 ♖ae8 17.♖fe1 ♖e6 18.♘e4 f5 19.♘ed2 ♖g6 20.♔f1 ♕g4 -+ Dolezal–Tomanek, Ostrava 2012) 9...g5 10.♗g3 ♗g4 11.♗b5 ♗xf3 12.gxf3 ♔f8!? (12...0-0 ist ruhiger, muss deshalb aber nicht von vornherein schlechter sein.) 13.♗xc6 bxc6 14.♘c3 h5 15.h4 ♘d7 mit gutem Spiel für Schwarz.

A2) 8.d5 ♘e5 (8...♘e7!? ist die natürliche Alternative, die Schwarz in der **Partie Nr. 16**, Rombaldoni–Garcia Palermo, Siena 2010, einen vollen Punkte einbrachte.) 9.♘xe5 dxe5 10.♗b5+ (10.♕f3 0-0 11.♗g5 h6 12.♗h4 ♗d4 13.♘c3 g5 14.♗g3 c6 und das Spiel nimmt einen scharfen Charakter an, V.Popov–Carrettoni, Fernpartie 2010.) 10...♗d7 11.♗d3 h6 12.♘d2 0-0 nebst c7-c6 und beiderseitigen Chancen.

A3) 8.♘c3 ♗g4 9.♗e3 (9.d5 ♘e5 10.♗e2 ♗xf3 11.♗xf3 0-0 12.♗e2 ♖e8∞) 9...0-0 10.♖e1 ♘xe4 11.♘xe4 d5 12.♘eg5 (12.♗d3 dxe4 13.♗xe4 ♖e8=) 12...h6 13.♕d3 hxg5 14.♘xg5 g6 15.♗b3 ♕d6 16.♖ac1 ♔g7 17.h3 ♗f5 18.♕d1 f6 19.♘f3 ♗e4 20.♘d2 f5 21.♘xe4 (21.f3 f4! 22.♗f2 ♗f5∓) 21...fxe4 22.a3 ♖f7 und Schwarz hatte sich in der Partie Shuck–Balaz, Lechenicher SchachServer 2007, gute Angriffschancen am Königsflügel erarbeitet. In der Plannung ist ♘c6-e7-f5!

A4) 8.♖e1 0-0 9.♗g5 ♗g4 10.d5 (10.e5 ♗xf3 11.♗xf6 ♗xd1 12.♗xd8 ♖axd8 13.♖xd1 dxe5-+ Voglimacci–Devaux, Fernpartie 2012) 10...♗xf3 11.gxf3 ♘e5 12.♗e2 h6 13.♗h4 g5

14.♗g3 ♘g6 15.♘c3 ♘h5 16.♗f1 ♕f6 17.♗h3 ♘hf4. Die schwarze Angriffsmaschinerie am Königsflügel kommt auf Touren, ihre Erfolgsaussichten sind ausgezeichnet, Marino–Nolasco, Rio Claro 2012.

B) 6.d3 a6 7.♗b3

B1) 7...0-0 8.h3 (8.♘bd2 ♗a7 9.h3 h6 10.♖e1 ♗e6 11.♘f1 ♖e8 12.♘g3 d5=) 8...h6 9.♗e3 ♗xe3 10.fxe3 ♗e6 11.♗c2 d5 12.exd5 ♘xd5 und Schwarz steht gut. Er ist besser entwickelt und sein Spiel ist freier, Rathnakaran–Aleksandrow, New Delhi 2013.

B2) 7...♗a7 8.♘bd2 0-0 9.h3 h6 10.♖e1 ♖e8 (10...♘h5!? 11.♘f1 ♕f6 12.♘e3 ♘f4 ist auch möglich.) 11.♘f1 ♗e6 12.♘g3 (12.♗c2 d5!) 12...d5 13.♕e2 ♕d7 14.♗e3 ♗xe3 15.♕xe3 ♖ad8 16.♖ad1 ♕e7 17.♕e2 dxe4 18.dxe4 ♗xb3 19.axb3 ♕e6. Wir können keinen Grund erkennen, der eine der beiden Seiten für sich einen erkennbaren Vorteil reklamieren lassen könnte. Die Stellung ist in etwa ausgeglichen, Burg–Klein, Wijk aan Zee 2013.

C) 6.b4 ♗b6

C1) 7.d3 0-0 8.♗g5 (8.♘bd2 ♘e7 9.♗b3 c6 10.♘c4 ♗c7 11.♗g5 ♘g6 12.♘h4 d5 13.exd5 cxd5 14.♘e3 ♘f4∓) 8...♗g4 9.♘bd2 h6 10.♗h4 g5 11.♗g3 ♘h5 mit guten schwarzen Perspektiven auf dem Königsflügel.

C2) 7.a4 a6 8.d3 0-0 9.♗e3 d5 10.exd5 ♘xd5 11.♗g5 ♕d6 12.♘h4 ♘f4 13.♕f3 h6 14.♗xf4 exf4 15.♕e4 ♕f6 16.♘f3 ♗g4 17.d4 ♖fe8 18.♕d3 ♗f5 19.♕d1 g5 20.h3 h5 mit dem typischen Plan ♔g8-g7, ♖e8-h8, g5-g4, mit dem sich Schwarz einen starken Königsangriff verschafft, Starzec–Nemergut, Slowakei 2011.

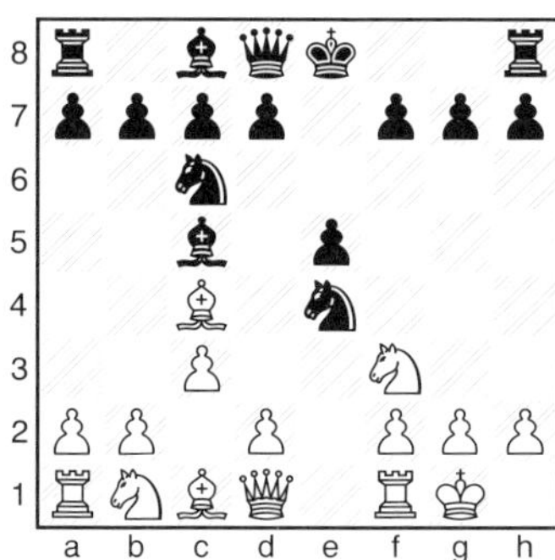

6.d4

Weiß möchte das Spiel in der Mitte öffnen, um darüber einen Königsangriff zu organisieren. Andere Züge sind:

I. 6.♗d5

A) 6...♘xf2!? 7.♖xf2 ♗xf2+ 8.♔xf2 ♘e7 9.♗b3 (9.♕b3 0-0 10.♗e4 d5 11.♗c2 e4 mit schwarzem Vorteil in der historischen Partie Albin–Winawer, Nürnberg 1896) 9...e4 (9...♘g6!? 10.♕e2 ♕e7 11.d4 exd4 12.♕xe7+ ♘xe7 13.cxd4 d5 14.♗f4 c6∞. Weiß verfügt über eine Mehrfigur und dabei auch das Läuferpaar, Schwarz über die Qualität und zwei Plusbauern, dies alles bei einem leichten zeitlichen Vorteil für den Anziehenden im dynamischen Spiel – die beiderseitigen Chancen sind nicht ganz klar zu bewerten.) 10.♘e5 (10.♘d4 c5 11.♕h5 d5 12.♗a4+ ♔f8 13.♘e2 und nun war für Schwarz in der Partie De Andrades–Holanda, Fernpartie 2000, 13...♘f5! die beste Fortsetzung, verbunden mit einem klaren Vorteil.

In der Fernpartie Tjiptadi–H.Hansen, 2008, hatte Schwarz es eilig auf dem Weg zum Sieg: 10.♘g5 d5 11.d4 h6 12.♘h3 ♗xh3 13.gxh3 0-0 14.♕h5 f5 15.♗f4 ♔h7 16.♘d2 ♘g6 17.♗e5 ♕e7 18.♖g1 ♘xe5 19.dxe5 e3+ 20.♔xe3 ♕c5+ 0-1.) 10...d5 11.d3 ♘g6 (11...♕d6!? 12.d4 f6 13.♘g4 h5 14.♘e3 f5-+) 12.d4 ♕h4+ 13.♔g1 f6!? (13...c6∓ wurde in der Partie Forgacs–Klimko, Ungarn 2012, gespielt) 14.g3 ♕h3 15.♘xg6 hxg6 16.♕c2 ♗e6 17.♕g2 ♔d7 mit schwarzem Übergewicht.

B) 6...♘f6 7.♗xc6 dxc6 8.♘xe5 ♗e6 (Im Duell Nepomniachtchi–Da Silva, Fortaleza 2012, griff der Nachziehende zu 8...0-0 9.d4 ♗d6 10.♗g5 ♗e6 11.f4 ♕c8 12.♗xf6 gxf6 13.♘d3 ♔h8 14.♘d2 ♖g8 mit kompliziertem Spiel.) 9.d4 ♗d6 10.♘d2 (10.f4 c5 11.f5 ♗d5∓ Sikiric–Kozarcanin, Sarajevo 2012) 10...♕e7 11.♘dc4 0-0-0 und in dieser scharfen Stellung mit schwarzem Läuferduo gegen weißes Springertandem hat Schwarz gute Gegenchancen. Die Partie endete später mit seinem Sieg, Danielyan–Rjabzev, Sotschi 2012.

II. 6.♕e2 d5 7.♗b5

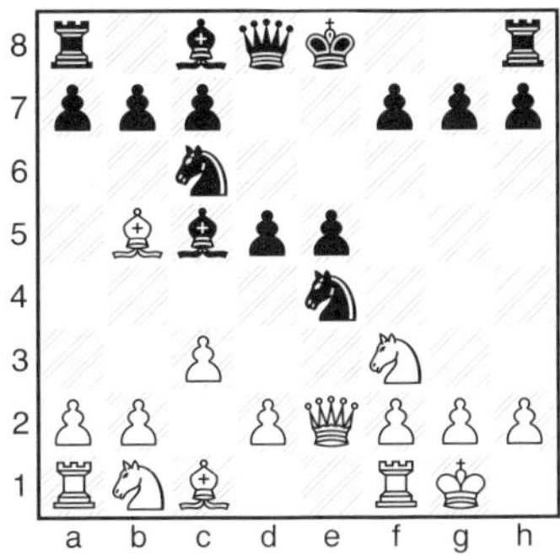

A) 7...♕e7 8.d3 (8.d4 exd4 9.cxd4 ♗d6∓) 8...♘d6 9.♗xc6+ bxc6 10.♕xe5 f6 11.♕xe7+ ♔xe7 12.♖e1+ ♔f7 13.d4 ♗b6 14.a4 a5 nebst c6-c5 und gutem Spiel für Schwarz.

B) 7...0-0 8.d3 ♘d6 9.♗xc6 bxc6 10.♘xe5 ♖e8 11.d4 (11.♘xc6 ♖xe2 12.♘xd8 ♗d7-+) 11...♗b6 12.♗e3 c5 13.♕f3 ♗b7 (13...♘f5 14.♘xf7 ♕e7 15.♘e5 cxd4 16.cxd4 c5 17.♘c3 cxd4 18.♘xd5 ♕xe5 19.♘xb6 axb6 20.♕xa8 dxe3. Die Initiative liegt auf der Seite des Nachziehenden, Galego–Luch, Porto 2012.) 14.♘d2 cxd4 15.cxd4 f6 16.♘d3 ♘e4 und Schwarz steht besser.

III. 6.d3 ♘f6

A) 7.d4 exd4 8.cxd4 (8.♖e1+ ♗e7 9.cxd4 d5 10.♗b5 0-0 11.♗xc6 bxc6 12.♕c2 ♖b8 13.♕xc6 ♗d6 mit aktivem Spiel für Schwarz) 8...d5 9.dxc5 (Oder 9.♖e1+ ♗e7 10.♗b5 0-0 und weiter wie in unseren Analysen zum 8. Zug.) 9...dxc4 10.♕xd8+ ♘xd8 11.♘a3 ♘e6 12.c6 bxc6 13.♘xc4 ♗a6 14.b3 ♗xc4 15.bxc4 0-0 16.♘e5 c5 17.f3 ♖fd8 18.♗e3 ♖d6 19.♖fe1 ♖ad8. Hier ist die d-Linie wie die Überholspur auf der Autobahn. Schwarz hat sie an sich gerissen und sich damit Aktivität gesichert, Ustimenko–Kolanek, Lechenicher SchachServer 2012.

B) 7.♗g5 0-0 8.d4 exd4 (8...d5!? ist eine Alternative, der wir ein gutes Aussehen bescheinigen möchten) 9.cxd4 d5 10.dxc5 (Oder 10.♗b5 ♗d6 11.♘c3 ♗g4 12.♗xc6 bxc6 13.♕d3 ♗xf3 14.♕xf3 ♖b8 15.b3 ♖b4 16.♖ad1 ♖e8 und Schwarz hat sich aller Eröffnungsprobleme entledigt.) 10...dxc4

11.♕xd8 ♖xd8 12.♘a3 ♗e6 13.♗xf6 gxf6 14.♖fc1 ♖d5 15.♖xc4 ♖ad8 und der Nachziehende steht ausgezeichnet.

C) 7.♗e3 ♗xe3 8.fxe3 d5 9.♗b3 (9.♗b5 ♕e7 10.d4 exd4 11.exd4 0-0 12.♖e1 ♕d6∓) 9...0-0 10.♘bd2 ♗f5 11.♕e2 ♗xd3 12.♕xd3 e4 13.♘xe4 dxe4 14.♕xd8 ♖axd8 15.♘d4 ♘e5 16.♘b5 ♖d7 17.h3 a6 18.♘d4 c5 19.♘f5 c4 20.♗c2 ♖fd8. Schwarz hält einen Bauern auf der hohen Kante, für ihn stehen die Zeichen auf Sieg, Suhr-Zielinski, Fernpartie 2012.

6...d5

Ein logischer Zug, stark ist aber auch 6...exd4!? Mit dieser Alternative werden wir uns im **Kapitel 8** (nach 6. 0-0) befassen.

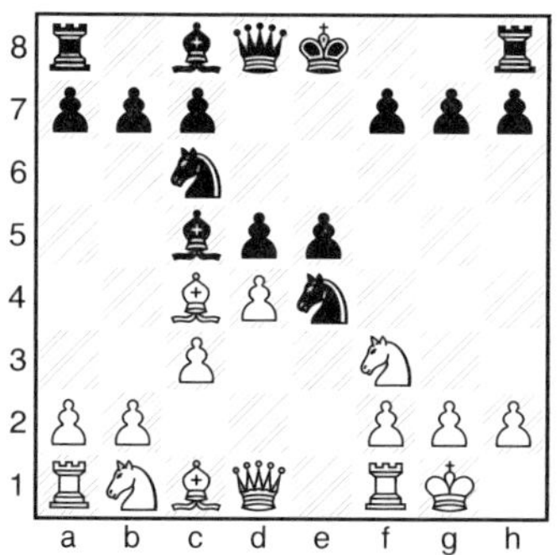

7.♗b5

Mit der Fesselung des Springers forciert Weiß den Kampf um den Punkt e5. Nach 7.♗b3 exd4 8.cxd4 (8.♘xd4 0-0 9.♗e3 ♘xd4 10.♗xd4 c6∓) 8...♗e7 9.♘c3 ♘xc3 10.bxc3 0-0 11.♗c2 ♗f6 12.♖b1 b6 13.♖e1 ♘e7 14.♘e5 ♗f5 15.♗a3 ♗xc2 16.♕xc2 ♖e8 17.♘g4 ♗g5 ist Schwarz im Vorteil, Vasylius-Velioniskis, Plunge 2012. Auch nach 7.♘xe5 ♘xe5 8.♗b3 0-0 9.f3 (9.dxe5 ♕h4 10.♗e3 ♗xe3 11.fxe3 ♕g5∓; 9.dxc5 c6 10.♕d4 ♘d7 11.♘d2 ♘dxc5 12.♘xe4 ♘xe4 13.f3 ♘d6∓) 9...♗b6 10.fxe4 dxe4 kann Schwarz mit seiner Stellung zufrieden sein.

7...exd4 8.cxd4

In der Folge von 8.♘xd4 0-0 9.♘xc6 (9.♗xc6 bxc6 10.♘xc6 ♘xf2! 11.♖xf2 ♗xf2+ 12.♔xf2 ♕f6+ 13.♔g1 ♕xc6-+) 9...bxc6 10.♗xc6 ♗a6 11.♗xa8 ♗xf1 12.♔xf1 ♕h4 13.♕f3 ♖xa8 14.♗e3 ♗xe3 15.fxe3 ♖b8 entwickelte Schwarz einen gewaltigen Angriff, Potter-Lenz, Fernpartie 2008.

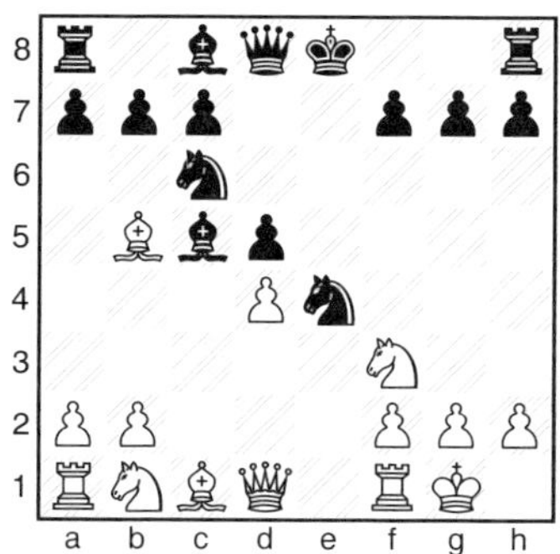

8...♗d6

Es geht auch der Läuferabzug nach 8...♗b6. Hier sind besonders zwei Fortsetzungen für Weiß bekannt:

A) 9.♕c2 ♗d7 (9...0-0!? ist eine interessante Alternative, z.B. mit der Folge 10.♗xc6 bxc6 11.♕xc6 ♗g4 12.♗e3 ♖e8 mit druckvollem schwarzen Spiel.) 10.♘c3 ♘xc3 11.bxc3 0-0 12.a4 a6 13.♗d3 h6 14.♗f4 ♖e8 15.♖fe1 ♖xe1+ 16.♖xe1 ♕f6 17.♗e5

♘xe5 18.♘xe5 ♗e8 19.♖b1 ♖b8∓ Johansen–Pintonello, Lechenicher SchachServer 2010.

B) 9.♘e5 ♗d7 10.♘xd7 ♕xd7 11.f3 ♘d6 12.♖e1+ ♔f8 13.♗xc6 ♕xc6 14.♘c3 ♘f5 15.♗e3 ♘xe3 16.♖xe3 ♕f6 17.♘e2 g6 18.a4 a5 19.♕d3 ♔g7 20.♖d1 ♖ae8 mit Vorteil für Schwarz, auch auf einem gesunden Mehrbauer fußend, Tuluoglu–Vasquez Nigro, Lechenicher SchachServer 2010.

9.♘c3

9.♘e5 verspricht Weiß nicht mehr, z.B.

A) 9...0-0!? 10.♘xc6 (10.♗xc6 bxc6 11.♘xc6 ♕e8 12.♘a5 ♗b4 13.♘b3 ♗a6-+) 10...bxc6 11.♗xc6 ♗xh2+ 12.♔xh2 ♕d6+ 13.♔g1 ♕xc6 und Schwarz bleibt materiell im Vorteil.

B) 9...♗xe5 10.dxe5 0-0 11.♗xc6 bxc6 12.f3 ♘c5 (12...♘g5!? kommt ebenfalls infrage) 13.♕c2 ♕e7 (13...♘e6!? 14.♕xc6 ♖b8 ist zu beachten) 14.♗e3 ♘d7 15.f4? (△15.♕xc6!) 15...c5 und Schwarz steht (materiell) besser, Birkestrand–Tveten, Kaunas 2012.

9...0-0 10.♖e1

10.♗xc6 ♘xc3 11.bxc3 bxc6 12.♕d3 ♕f6 13.♗g5 ♕f5 14.♕xf5 ♗xf5 15.♖fe1 ♖fe8 mit schwarzem Übergewicht, Nicolaescu–Fernando, Lechenicher SchachServer 2008. Das Läuferpaar kann dem Nachziehenden noch viel Freude bereiten und der Mehrbauer ist auch nicht zu unterschätzen.

10...♗e6 11.♘xe4

11.h3 ♘xc3 12.bxc3 h6 13.♗d3 ♕f6 14.♕c2? (△14.♖b1) 14...♗xh3! 15.♘e5 ♗e6 16.f4 ♘e7 17.♕f2 h5 18.♖e3 ♗f5-+ Suharto–Lim, Penang 2012.

11...dxe4 12.♗xc6 bxc6 13.♘g5

Nach 13.♖xe4 ♗d5 14.♖e3 ♖e8 steht Schwarz mit seinem starken Läuferpaar besser.

13...♗d5 14.♘xe4 ♗xh2+ 15.♔xh2 ♕h4+ 16.♔g1 ♗xe4 17.♗g5 ♕xg5 18.♖xe4 ♖fe8 19.♕e2 ♖xe4 20.♕xe4 ♕d5

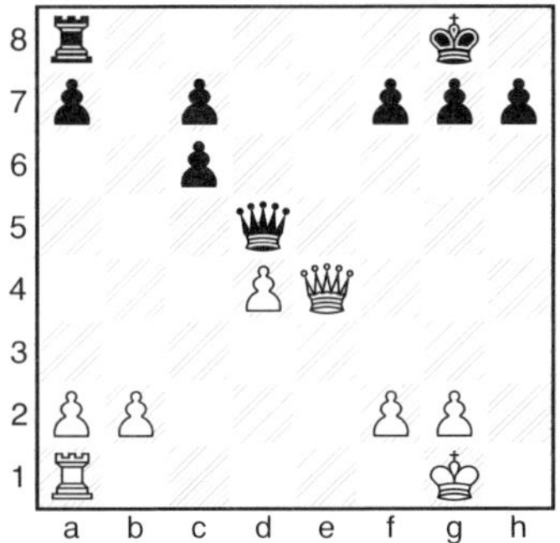

und der schwarze Mehrbauer ist bedeutungslos, das Endspiel ist in etwa ausgeglichen.

Zusammenfassung: Diese Variante stellt Schwarz vor keine Probleme, sofern er genau spielt. Anstelle von 6...d5 ist 6...exd4!? stark. Dieser Zug ist Gegenstand unseres Kapitels 8. Das vorliegende Kapitel ist generell recht eng mit Kapitel 8 verbunden.

Kapitel 6
Fortsetzung 5.b4

1.e4 e5 2.♘f3 ♘c6 3.♗c4 ♗c5 4.c3 ♘f6 5.b4

Diesen Flankenvorstoß hat in jüngster Zeit der englische Großmeister Nigel Short im Arsenal. Früher war diese Variante unter dem Namen Bird-Angriff bekannt. Diese Fortsetzung geht sehr oft in eine der Varianten über, die mit dem Bauernzug 4.d3 verbunden sind (siehe Kapitel 2). Allgemein sucht Weiß in diesem Abspiel seinen Erfolg vor allem am Damenflügel.

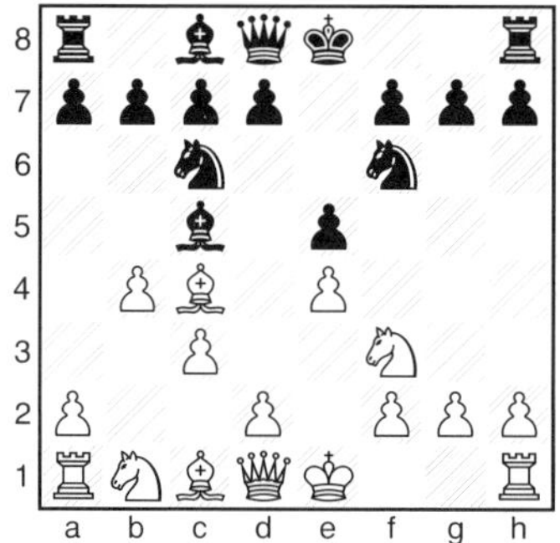

5...♗b6

Der Läufer bleibt meistens auf der Diagonale g1-a7, dies gehört zur Hauptvariante. Der Rückzug auf e7 gehört nicht zur Italienischen Partie.

6.d3

Mit der Absicht, die eigenen Truppen schnell ins Spiel zu bringen. Nach 6.♕b3 0-0 7.d3 d6 8.h3 ♕e7 9.a4 a6 10.0-0 ♗e6 11.♗e3 ♗a7 12.♗xa7 ♖xa7 13.♘bd2 ♘d7 14.a5 ♕f6 15.♖fe1 b6 16.♗d5 bxa5 17.♘g5 ♘d8 hat Schwarz keine Probleme, Vuckovic-Arnold, Oberhof 2012. Auch nach 6.a4 a6 7.0-0 (7.d3 ist nicht mehr als eine Zugumstellung zur Hauptvariante.) 7...♘xe4 8.♗d5 ♘f6 9.♗xc6 dxc6 10.a5 ♗a7 11.♘xe5 0-0 12.d4 ♘d5 13.♕f3 ♗e6 hat sich der Nachziehende sehr gut aufgebaut, Kuljabin-Nowicki, Minsk 1993.

Wir behandeln nun das weitere Spiel wie folgt:

6...d6 (siehe **Abspiel 1**) und 6...a6 (**Abspiel 2**).

Abspiel 1
Fortsetzung 6...d6

1.e4 e5 2.♘f3 ♘c6 3.♗c4 ♗c5 4.c3 ♘f6 5.b4 ♗b6 6.d3 d6

So wie die Pizza Margherita, benannt nach der gleichnamigen Königin Italiens, der Klassiker in der Pizzaria ist, so ist die Fortsetzung mit 6...d6 der Klassiker in dieser Variante. Ihr war es – im Unterschied zum Produkt aus dem Ofen – nur nicht vergönnt, der Variante seinen Namen aufzudrücken. Der symmetrische Aufzug des Damenbauern ist also die übliche Erwiderung.

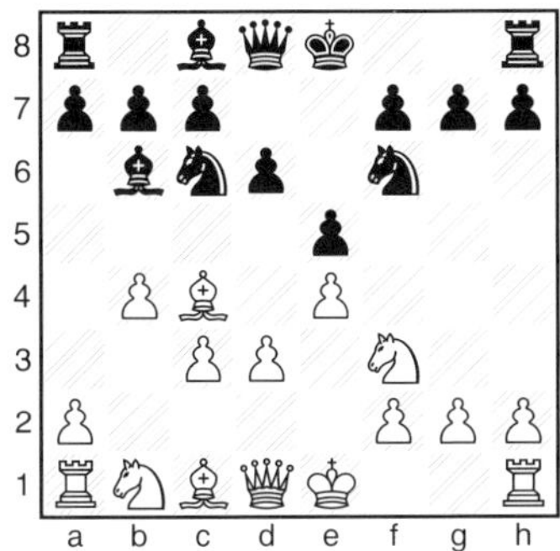

7.a4

Eine kompromisslose Reaktion, mit der Weiß seinen Gegner zu seinem folgenden Zug zwingt. Zu ruhig und deshalb harmlos ist die Rochade, z.B. 7.0-0 0-0 8.♘bd2 (8.♗b3 a5 9.b5 ♘e7 10.♘bd2 c6 11.bxc6 bxc6 12.♘c4 ♗c7 13.♗g5 ♘g6 14.♗a4 ♖a6 15.♘cd2 h6 16.♗e3 ♘g4 17.♗b3 ♔h8 18.♗c4 ♖a8 19.♕a4 ♗d7 20.♖ab1 d5! mit aktivem Spiel, Popov–Salzmann, Fernpartie 2008) 8...♘e7 9.♗b3 c6

A) 10.a4 ♘g6 11.a5 ♗c7 12.♖e1 d5 13.♘f1 h6 14.♘g3 ♗e6 15.♗e3 ♕d7 16.c4 d4 17.♗d2 b6 18.h3 ♔h7 19.axb6 axb6 20.♕e2? (Besser ist laut Salow 20.♔h2! mit der Idee ♕d1-c2 usw.) 20...♖fe8 21.♕f1 ♘f4 22.♗xf4 exf4 23.♘e2 c5 24.e5 (24.♖xa8 ♖xa8 25.♖a1 ♖xa1 26.♕xa1 ♗xh3! 27.gxh3 ♕xh3 mit schwarzer Initiative. Hier muss der Anziehende schon sehr genau spielen, wenn er nicht ruck-zuck auf Verlust stehen will.) 24...♘h5 25.♖xa8 ♖xa8 26.♖a1 ♕c6 27.bxc5 bxc5 28.♖xa8 ♕xa8 29.♘c1 g5∓ Short–Salow, Linares 1990.

B) 10.h3 ♘g6 11.♖e1 d5 12.♕c2 ♖e8 13.♘f1 a5 14.a4 ♘h5 15.♗g5 ♕d6 16.bxa5 ♗xa5 17.♖ad1 h6 18.♗c1 ♘gf4 19.♗xf4 ♘xf4∓ Ermenkow–Sagaltschik, Primorsko 1991.

C) 10.♘c4 ♗c7 11.♗g5 (11.a4 ♘g6 12.♖e1 ♖e8 13.♘e3 d5 14.exd5 cxd5 15.c4 e4! 16.dxe4 dxe4 17.♕xd8 ♖xd8 18.♘d2 ♗e5 19.♖b1 ♘f4∓ Paletta–Zielinski, IECG Email 2006) 11...♘g6 12.♘h4 (12.d4 h6 13.♗xf6 ♕xf6 14.♘e3 a5 15.d5 ♘f4∓ Gomes-Marin, Andorra 1991) 12...d5 13.exd5 cxd5 14.♘e3 ♘f4 und Schwarz steht aktiver, Dgebuadze–Hector, Deutschland 2011.

7...a5

Eine vollwertige Alternative ist 7...a6!? Es kann nun folgen:

A) 8.0-0 0-0 (Die Überführung des Springers zum Königsflügel ist auch hier möglich: 8...♘e7 9.♗b3 ♘g6 10.h3 0-0 11.♖e1 ♕e7 12.♘a3 ♔h8 13.♘c4 ♗a7 14.a5 ♘h5 15.♗g5 f6 16.♗e3 ♘hf4 17.♗xa7 ♖xa7 18.♘e3 f5 19.♘d5 ♘xd5 20.♗xd5 ♘f4 mit gutem Spiel für Schwarz, Egreteau-Wittmann, Frankreich 2011.) 9.♗b3 (Die Fortsetzung 9.♗g5 verspricht Weiß keinen Vorteil. In der **Partie Nr. 17**, Hayakawa–Cilloniz Razzeto, Fernpartie 2008, versuchen wir diese Aussage zu bestätigen.) 9...♘e7 10.a5 ♗a7 11.h3 ♘g6 12.♖e1 ♗e6 13.♗c2 d5 14.♘bd2 dxe4 15.♘xe4 ♘xe4 16.dxe4 ♕e7 17.♕e2 ♖ad8 mit dem Plan ♖d8-d7, ♖f8-d8 und gutem Spiel für Schwarz.

B) 8.♘bd2 0-0 9.0-0 ♘e7 (9...♗e6!? 10.♗xe6 fxe6 11.♘c4 ♗a7 12.♗e3 ♗xe3 13.♘xe3 ♕e8 14.a5 ♕g6 15.g3 ♖ae8 16.♖b1 d5= Jobava–Vajda, Rumänien 2011) 10.♗b3 ♘g6 (Es geht natürlich auch 10...c6!?, um nach 11.♘c4 ♗c7 zu spielen.) 11.♘c4 ♗a7 12.♗e3 ♗e6 13.♗xa7 ♖xa7 14.♖e1 ♖a8 15.♖a2 h6 16.♖d2 ♖e8 17.♘e3 d5 mit gleichem Spiel, Abramovic.

C) 8.a5 ♗a7 9.0-0 0-0 10.♘bd2 (10.♗g5 ♘e7 11.♗xf6 gxf6 12.♘bd2 ♘g6 13.d4 ♘f4 14.♖e1 ♔h8 15.♘f1 ♖g8 16.♘g3 ♗e6= Miettinen–Ruben, Fernpartie 2002) 10...♗e6 11.♗xe6 (11.♖e1 ♖e8 12.♘f1 d5=) 11...fxe6 12.♕e2 ♕e8 13.♖b1 ♕h5 14.h3 ♖f7 15.b5 axb5 16.♖xb5 g5 17.♘c4 (17.♖xb7 g4 18.♘h2 g3 19.♘hf3 ♗xf2+ 20.♔h1 ♘xa5-+) 17...♖g7 mit Initiative am Königsflügel, Kürten–Skalicky, Fernpartie 2010.

8.b5 ♘e7

Ein typisches Manöver: Der Springer wird auf g6 postiert, von wo aus er aktiv am Königsflügel mitmischen kann.

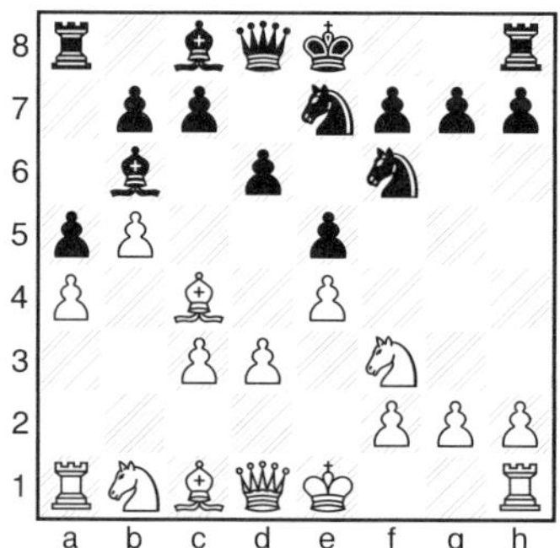

9.♘bd2

Weiß will die Entwicklung seines Damenflügels schnell vorantreiben. Dies ist aber nicht seine einzige Alternative. Gespielt wird auch

I. 9.0-0. Der Anziehende bringt zunächst seinen König ins sichere Versteck.

A) 9...0-0 10.♗g5 ♘g6 11.♘h4 (11.♘bd2 h6 12.♗e3 ♗xe3 13.fxe3 c6 14.d4 ♕e7∓) 11...♔h8 (Mit dem Ziel, nach einem gegnerischen Schlagen auf g6 mit dem f-Bauern zurückzunehmen.)

A1) 12.♕f3 h6 13.♗xf6 ♘xh4 14.♗xd8 ♘xf3+ 15.gxf3 ♖xd8 16.♔g2 (16.♗xf7? ♖f8 17.♗h5 ♗h3 18.♖d1 g6 19.♗g4 ♗xg4 20.fxg4 ♖xf2-+) 16...f5 mit ungefährem Ausgleich, Djurhuus–Wahls, Arnheim 1988.

A2) 12.♕b3 h6 13.♘xg6+ (13.♗xf7 ♘xh4 14.♗xh4 g5 15.♗g3 ♕e7 16.♗c4 h5 17.h4 ♘g4!-+ Rasuwajew) 13...fxg6 14.♗e3 ♗xe3 15.fxe3 ♘g4 16.♘d2 ♘xe3 17.♖xf8+ ♕xf8 18.♗f7 ♕e7 19.♘f1 ♕g5 mit schwarzem Übergewicht, Spasov–Rasuwajew, Burgas 1992.

A3) 12.♘xg6+ fxg6 13.♘d2 h6 14.♗e3 ♗xe3 15.fxe3 ♗d7 mit ausgeglichener Stellung.

B) 9...♘g6

B1) 10.♖e1 0-0 11.♗e3 ♗xe3 12.♖xe3 (12.fxe3!? ist wohl besser.) 12...c6 13.bxc6 bxc6 14.h3 ♘f4 15.♕e1? (In Kontrast zum Zug im Partiefragment ist hier 15.♕f1 notwendig.) 15...♗xh3! 16.gxh3 ♘xh3+ 17.♔f1 ♘f4 18.♘h2 ♘6h5 19.♘d2 d5 20.exd5 cxd5 21.♗b5 f5 22.♘df3 e4 23.♘d4 ♕h4 24.♔g1 ♖f6 25.♖g3 ♘h3+ 26.♔f1 ♖af8 27.♕e3 ♘3f4 28.♔g1 ♘xg3 29.fxg3 ♖g6 30.♘f1 ♘h5 0-1 Hardt–Broschei, Fernpartie 2012.

B2) 10.♘bd2 0-0 11.♗b3 c6 12.bxc6 bxc6 13.d4 ♖e8 14.dxe5 ♘xe5 15.♘xe5 dxe5 16.♕c2 ♕c7 17.♘c4 ♗c5 18.♗e3 ♗xe3 19.♘xe3 ♗e6 20.♗xe6 ♖xe6 21.♖ab1 (21.♖fd1!? kommt infrage) 21...♕e7. Mit der Idee, die Dame auf c5 in Stellung zu bringen. Zu beachten ist auch 21...g6!?, dessen Motivation es ist, dem weißen Springer das Feld f5 nicht zu überlassen. Eine andere Möglichkeit ist 21...h6. In der **Partie Nr. 18**, Psachis–Schussler, Lugano 1988, werfen wir Schlaglichter auf diese Alternative.) 22.♖fd1 ♕c5 23.g3 g6 mit Ausgleich.

II. 9.♕b3 0-0

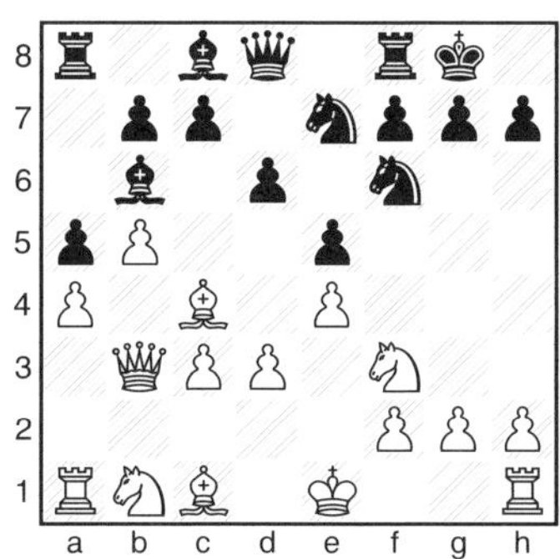

A) 10.♗g5 ♘g6

A1) 11.♘bd2 h6 12.♗e3 ♗xe3 13.fxe3 c6 14.♕a2? (Besser war 14.bxc6 bxc6 15.0-0 usw.) 14...d5 15.exd5 cxd5 16.♗b3 ♕b6-+ P.Evans–Assumpcao, Mar del Plata 2012.

A2) 11.0-0 h6 12.♘h4 hxg5 (Viel einfacher ist 12...♘xh4! 13.♗xh4 g5 14.♗g3 h5 15.h4 ♘g4 16.hxg5 ♕xg5 und Schwarz führt einen kräftigen Angriff.) 13.♘xg6 d5 14.♗xd5 ♘xd5 15.♘xf8?? (△15.♕xd5) 15...♘f4 16.♘a3 ♕xf8 17.♖ad1 ♗g4 18.♖d2 ♖d8 19.♘c4 ♖xd3 20.♖xd3 ♘xd3 21.♘xb6 cxb6 22.c4 ♗e2 23.f3 ♕c5+ 0-1 Debouver–Denys, Geraadsbergen 2012.

B) 10.0-0 ♘g6 11.♔h1 h6 12.♕c2 ♘h5 13.♗e3 ♗a7 14.♕d2 ♔h7 15.♗xa7 ♖xa7 16.d4 ♕f6 17.♘a3 ♘hf4 18.♘e1 ♖a8 19.♘ac2 ♗e6 20.d5 ♗d7 21.♘e3 ♘e7 22.♗e2 ♕g6 mit schwarzen Angriffsmöglichkeiten am Königsflügel, Alidani–Hj, Manila 2013.

9...0-0 10.0-0 ♘g6

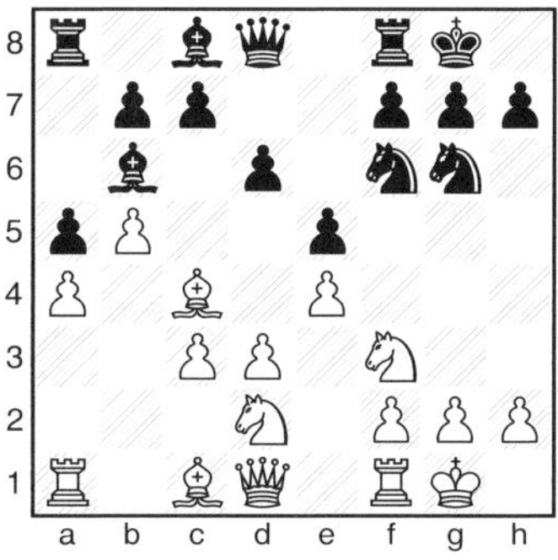

11.♗b3

Auf 11.♗a2 kann Schwarz mit 11...d5 oder auch 11...c6 reagieren. Auf 11.♗a3 empfehlen wir 11...♖e8, z.B. 12.♕b3

A) 12...♕d7 13.♖fe1 ♘f4 14.d4 ♖e7 15.g3 (15.dxe5 ♘g4 16.♘d4 dxe5 17.♗xe7 ♕xe7∓) 15...♘h3+ 16.♔g2 h6 17.♖ad1 ♘g5 18.♘xg5 hxg5 19.♗f1 ♕h3+ 20.♔g1 ♕h5 21.♕b2 ♗e6 22.♗g2 ♖ae8 23.♖c1 ♔h7 24.♘f3 ♗g4 25.♘d2 ♖h8 26.♘f1 ♔g8 27.dxe5 ♖xe5 mit ausgezeichneten Angriffschancen am Königsflügel, die

Schwarz in der Fernpartie Hietanen–Hiltunen, 2007, in den späteren Sieg entwickelte.

B) 12...♗e6 13.♗xe6 ♖xe6 14.♘c4 ♘f4 mit guten Aussichten für den Nachziehenden am Königsflügel, auf den seine Kräfte ihre Wirkung bündeln.

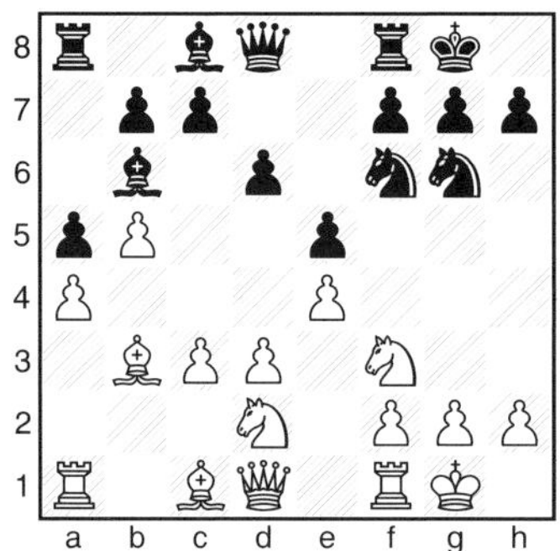

11...c6

Schwarz verfolgt das rabiate Ziel, die gegnerische Bauernkette zu zertrümmern. Dieses Motiv ist in derartigen Stellungen sehr oft anzutreffen. Ebenso typisch und nicht minder zu beachten ist hier aber auch der Gegenschlag im Zentrum mit 11...d5!? Schauen wir uns mal an, wie die Partie dann weiter Fahrt aufnehmen kann: 12.♗a3 ♖e8

A) 13.c4 dxe4 14.♘xe4 ♘xe4 15.dxe4 ♕f6 16.c5 ♗a7 17.♕d2 ♘f4 18.♕e3? (⌓18.♔h1) 18...♗h3! 19.♘e1 (19.gxh3 ♕g6+ 20.♘g5 ♕xg5+ 21.♕g3 ♘e2+ und die weiße Dame geht verloren und damit dann auch die Partie über die Wupper.) 19...♕g6 20.♕f3 ♖ad8 21.♗d5 c6 22.bxc6 bxc6 23.♗c4 ♖d4 24.♖c1 ♗g4 25.♕b3 ♖b8 26.♕a2 ♖xc4 27.♖xc4 ♗f3 28.♖c3 ♘e2+ 29.♔h1 ♘xc3-+ Thomas–Howell, Daventry 2011.

B) 13.exd5 ♘xd5 14.♘e4 h6 (Aber nicht 14...♘df4?, denn dann kontert Weiß mit 15.♘fg5! Weitergehen kann das Spiel wie folgt: 15...♗e6 16.♘xe6 ♘xe6 17.g3 ♔h8 18.♕f3 f6 19.h4 mit weißem Angriff, Ljubojevic–Kortschnoj, Brüssel 1987.) 15.c4 ♘df4 16.c5 ♗a7 17.g3 ♘h3+ 18.♔h1 ♗g4 19.♕e2 ♕d7 (19...♔h8!? mit der Idee f7-f5 wäre in der hier referenzierten Partie eine sehr starke Alternative gewesen.) 20.♕e3 ♘hf4 21.♘fd2 (21.gxf4 exf4 22.♕e2 ♘h4-+) 21...♘d5 22.♗xd5 ♕xd5 23.b6 cxb6 24.cxb6 ♗b8 25.f3 ♗h3 26.♖fb1 ♖d8 mit einer dynamischen Stellung, in der sich die beiderseitigen Chancen die Waage halten, Pessoa–Malyshev, Fernpartie 2007.

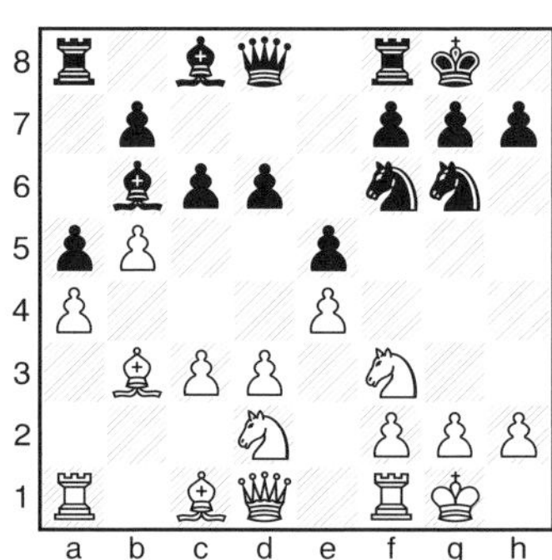

12.♘c4

Der Springer verstärkt seine Wirkung im Zentrum. Bei Gelegenheit kann er nach e3 ziehen. Weiß kann auch anders spielen:

I. 12.♗a3 ♖e8

A) 13.♘c4 ♗c7 14.♖e1 (14.♕c2 ♘f4 15.♘e3 d5 16.♖ad1 ♗d6 17.♗xd6 ♕xd6 18.♖fe1 ♗g4 19.♘xg4 ♘xg4 20.g3 ♘h3+ 21.♔g2 ♕h6 22.♖d2 ♖e6 23.♕b2 ♖f6 und Schwarz entwickelt eine starke Initiative am Königsflügel, Langheld–Harf, Fernpartie 2008. Oder 14.♘e3 d5 15.♕c2 h6∓ Dolmatow–Goldin, Irkutsk 1986.) 14...d5 15.♘e3 h6 16.exd5 cxd5 17.g3 ♗e6 18.c4 d4 19.♘f1 ♗g4 20.♘1d2 ♕d7 21.c5 ♖ad8 22.♖c1 ♕f5 23.c6 b6 24.♗c4 ♕h5 und das schwarze Spiel ist vorzuziehen. Wäre der gegnerische König menschlich, so würde er die gegen ihn gerichteten Kräfte ganz sicher und zurecht als bedrohlich empfinden, Terminali–Marek, Fernpartie 2007.

B) 13.♖e1 d5 14.exd5 cxd5 15.c4 ♘f4 16.c5 ♗c7 17.♗c2 ♗g4 mit erkennbar ausgezeichnetem Spiel für Schwarz, Blittkowsky–Holec, Fernpartie 2012.

II. 12.bxc6 bxc6

A) 13.♘c4 ♗c7 14.♖e1 ♖e8 15.♘e3 (15.♖b1 d5 16.exd5 cxd5 17.♘a3 h6 18.♘b5 ♗b8 19.c4 ♗g4↑ Pychala–Hazai, Helsinki 1989) 15...d5 16.♕c2 h6 17.♘f5 ♗e6∓ Mozes–Siklosi, Ungarn 1995.

B) 13.d4 ♗g4 (13...♖e8!? 14.dxe5 ♘xe5 15.♘xe5 dxe5 16.♕c2 ♕c7 17.♘c4 ♗c5 18.♗e3 ♗xe3 19.♘xe3 ♗e6= Palkövi) 14.♕c2 ♖e8 15.dxe5 (15.♖e1? d5 16.dxe5 ♘xe5 17.♘d4 c5 18.♘b5 c4 19.♗a2 ♘d3 20.♖f1 ♘xe4 21.♘xe4 ♖xe4 0-1 Mifsud–Belezerow, Siofok 1996.) 15...♘xe5 16.♘xe5 dxe5 17.♘c4 ♗c5 mit Ausgleich.

12...♗c7

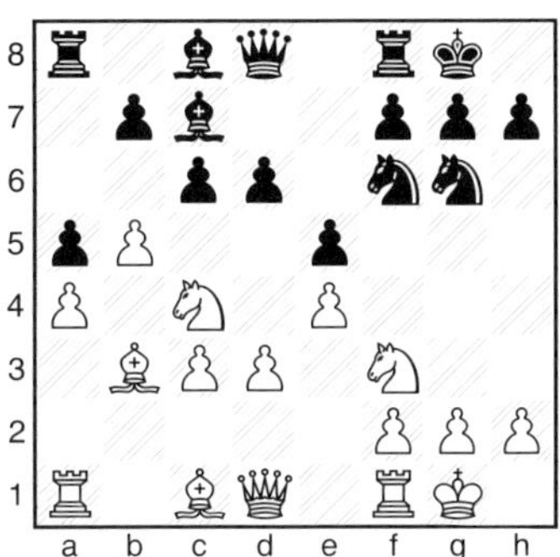

13.♖e1

Der Anziehende trägt sich mit der Absicht, seinen d–Bauern marschieren zu lassen. Dies geht aber nur, wenn er zunächst seinem Bauern e4 den Rücken stärkt. Andere Möglichkeiten sind:

I. 13.♘e3 d5 14.♕c2 ♘f4 15.g3 ♘h3+ 16.♔g2 g6 17.♗a3 ♖e8 18.♖ab1 ♗e6 19.♗a2 ♔g7 20.bxc6 bxc6 21.♖b7 ♕c8 22.exd5 ♘f4+! 23.♔g1 (23.gxf4 ♗h3+ 24.♔h1 ♕xb7-+) 23...♕xb7 24.♖b1 ♕c8 25.dxe6 ♘xe6 mit schwarzem Übergewicht, Kuerten–Gagliardi, Fernpartie 2009.

II. 13.bxc6 bxc6 14.♗g5 h6 15.♗e3 d5 16.exd5 cxd5 17.♘a3 ♗g4 18.h3 ♗h5 19.♘b5 (19.g4 ♘xg4! 20.hxg4 ♗xg4-+) 19...♗b8 20.♖e1 ♕c8 21.g4 ♘xg4 22.♗xd5 ♘xe3 23.♖xe3 ♖a6 24.c4 ♘f4 25.♕f1 ♖g6+ 26.♔h1 ♘xh3 und Weiß kann aufgeben, Engelhard–Delport, Fernpartie 2005.

13...♖e8 14.♘e3

Nach 14.♗g5 h6 15.♗xf6 ♕xf6 16.♖b1 ♘f4 17.♘e3 ♗d7 18.♗c4 ♖ab8 19.b6 ♗d8 20.g3 ♘h3+ 21.♔g2 ♕g6 be–

kam Schwarz in der Fernpartie Rozenberg–Lubas, 2006, gute Angriffsmöglichkeitem auf dem Königsflügel. Oder 14.d4 exd4 15.♕xd4 und dann 15...d5! führte nach den weiteren Zügen 16.exd5 ♖xe1+ 17.♘xe1 cxd5 18.♘e3 ♗e5 19.♕d3 ♘f4 20.♕c2 ♗xc3 (20...♗e6!? dürfte eine gute Alternative sein und ist es auf jeden Fall wert, weiter untersucht zu werden.) 21.♗b2 (21.♕xc3?? ♘e2+ mit Damengewinn) 21...♗xb2 22.♕xb2 ♗e6 23.♕e5 ♕b8 zu einem ausgezeichneten Spiel für Schwarz, Sperdokli–Jackova, Weltmeisterschaft U20 2001.

14...d5

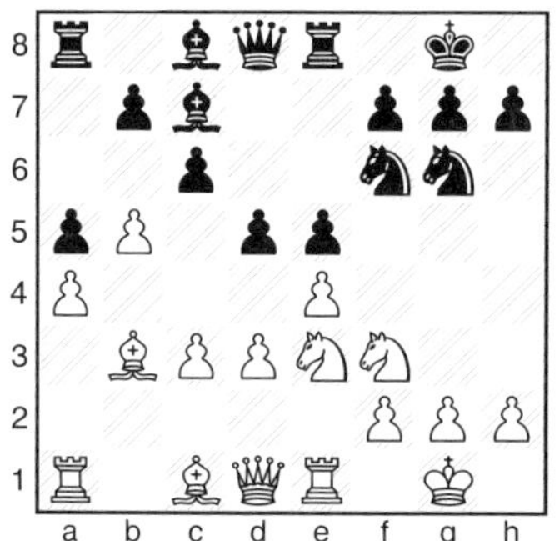

15.♕c2

In einer 2008 gespielten Fernpartie Pospelov–Mamonovas stand Schwarz nach der Folge 15.g3 h6 16.♕c2 ♗e6 17.♗a3 dxe4 18.♗xe6 exf3 19.♗f5 cxb5 20.axb5 ♘e7 21.♗h3 ♘ed5 22.♘xd5 ♘xd5 besser. Weiß verfügt zwar über das Läuferpaar, liegt aber zumindest befristet um einen Bauern hinten, hat mit dem schwarzen Stachel auf f6 zu tun und muss anerkennen, dass sein Gegner aktiver steht.

15...h6 16.♗a3 ♗e6 17.c4 d4 18.♘f1 ♕d7 19.c5 ♗h3! 20.♗c1

Oder 20.gxh3 ♕xh3 21.♘g3 ♘f4 und Schwarz gewinnt.

20...♘h5 und der Nachziehende hat sich eine ausgezeichnete Stellung erarbeitet. In der Partie Feygin–Gustafsson, Mülheim 2011, ging es beispielsweise wie folgt weiter: 21.g3 ♘hf4! 22.♗xf4 (22.gxf4 ♕g4+ 23.♘g3 ♕xf3-+) 22...exf4 23.b6 ♗e5 24.♕c1 ♖ad8. Schwarz steht sehr komfortabel. In der genannten Partie hat er sich dann letztlich auch den Sieg gesichert.

Zusammenfassung: In diesem Abspiel gibt es zwei kritische Momente. Statt des Hauptzuges 7...a5 ist 7...a6!? ganz gut, verbunden mit guten Aussichten für Schwarz. Dann – weiter in der Hauptvariante – ist anstelle von 11...c6 die Alternative 11...d5!? eine sehr ansprechende Option. Auf jeden Fall sollten diese beiden Möglichkeiten weiter untersucht werden.

Abspiel 2
Fortsetzung 6...a6

1.e4 e5 2.♘f3 ♘c6 3.♗c4 ♗c5 4.c3 ♘f6 5.b4 ♗b6 6.d3 a6

Das schon bekannte Motiv, der Bauer macht Platz für den Läufer. Diese Variante ist mit dem Abspiel 1 (6...d6) verwandt. Es kommt sehr oft unter Zugumstellung zu identischen Positionen.

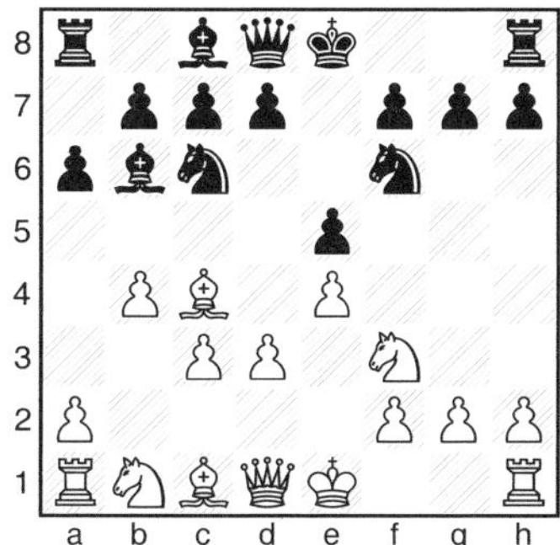

7.0-0 0-0

7...d6 geht auch, z.B.

A) 8.♗g5 h6 9.♗h4 ♘e7 (9...g5!? 10.♗g3 ♘e7 11.♕b3 0-0∞) 10.♗xf6 gxf6 11.♕b3 ♖h7 12.a4 ♖g7 13.a5 ♗a7 14.b5 axb5 15.♕xb5+ c6 16.♕b2 d5 17.exd5 ♘xd5 18.d4 ♗h3 19.♘h4 ♕d7 20.♖e1 ♖g4 21.♗f1 ♘f4 22.a6 bxa6 23.♖xa6 ♖xh4 24.gxh3 ♖g4+! 25.hxg4 ♕xg4+ 26.♔h1 ♕f3+ 27.♔g1 0-0-0 28.♖xc6+ ♕xc6 29.♖e3 exd4 30.♖g3 d3 31.♕d2 ♕e4 und Schwarz steht auf Gewinn, Niewold-Cesaro, Fernpartie 2008.

B) 8.h3 – siehe **Partie Nr. 19**, Yankovsky-Matikozian, Los Angeles 2012.

8.♘bd2 d6 9.♗b3

Man trifft auch 9.a4 ♘e7 an:

A) 10.♖b1 ♘g6 11.♗b3 ♗a7 12.♘c4 b5 13.♘e3 (13.♘a5 ♗d7 14.♕c2 c5∓) 13...c6 14.♖a1 ♕c7 15.♕c2 ♗e6 16.♗xe6 fxe6 und Schwarz findet keine richtigen eigenen Probleme, selbst wenn er sie intensiv sucht, Siigur-Pietruske, Fernpartie 2005.

B) 10.a5 ♗a7 11.♗b3 ♘g6 12.♘c4 h6 13.♗e3 ♗e6 14.♖b1 ♕e7 15.♗xa7 ♖xa7 16.♘e3 ♖aa8 17.♖e1 c6 mit beiderseitigen Chancen, Vidalina-Helmer, Fernpartie 2006.

C) 10.♗b3 ♘g6 11.♘c4 ♗a7 12.♗e3 ♗e6 13.♗xa7 ♖xa7 14.♖e1 ♖a8 15.d4 ♕e7 16.♕c2 ♗g4 17.♘fd2 ♘f4 18.f3 ♗d7 19.♘e3 ♘6h5 20.♘dc4 ♕g5 21.a5 ♗e6 22.dxe5 dxe5 23.♖ad1 ♖ad8 24.♘d5 ♖d7 25.♘de3 ♖fd8 26.♖xd7 ♖xd7 27.♖d1 ♖xd1+ 28.♕xd1 b5 29.axb6 cxb6 30.♘g4 ♘g6 0-1 Lorin-Wichmann, Fernpartie 2003.

9...♘e7

Der Springer ist nur auf der Durchreise, sein (Zwischen-) Ziel ist das Feld g6. Zu prüfen ist auch 9...d5!? 10.a3 (10.exd5 ♘xd5 11.♘e4 ♗g4=) 10...dxe4 11.dxe4 (11.♘xe4 ♘xe4 12.dxe4 ♗g4=) 11...♕d3 12.♗b2 ♗g4 13.♗c2 ♕d6 mit einer ausgeglichenen Stellung.

10.♖e1 ♘g6 11.h3

Ein nützlicher Zug, der den Ausfall des gegnerischen Läufers oder Springers nach g4 verhindern soll. Auf 11.♘c4 folgt natürlich 11...♗a7.

11...♗e6 12.♘c4 ♗a7 13.♗e3 ♗xe3 14.♖xe3

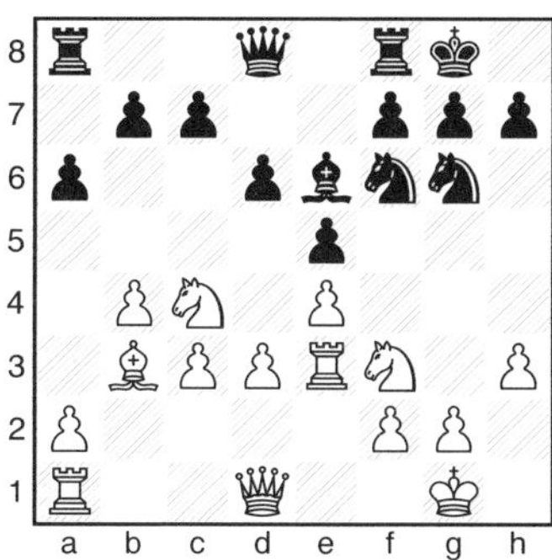

14...b5!

14...h6 ist schwächer: Siehe **Partie Nr. 20**, Short–L.Portisch, Brüssel 1986.

15.♘cd2

Auf 15.♘a5 folgt 15...c5 16.♗xe6 fxe6 17.a4 ♕c7=.

15...a5 16.d4 ♕e8 mit etwa gleichen Chancen.

Zusammenfassung: Wir erinnern daran, dass die zwei Abspiele nach 6...d6 und 6...a6 sehr eng zusammenhängen. Deshalb empfiehlt es sich, beide Varianten genau zu untersuchen. Auf jeden Fall dürfen wir feststellen, dass die Fortsetzung 5.b4 keine Gefahr für Schwarz darstellt.

Kapitel 7
Fortsetzung 6.0-0

1.e4 e5 2.♘f3 ♘c6 3.♗c4 ♗c5 4.c3 ♘f6 5.d4 exd4 6.0-0

Nicht immer ist eine frühe Rochade gut. Nach ihrer Wahl kann Weiß kaum auf einen Vorteil hoffen.

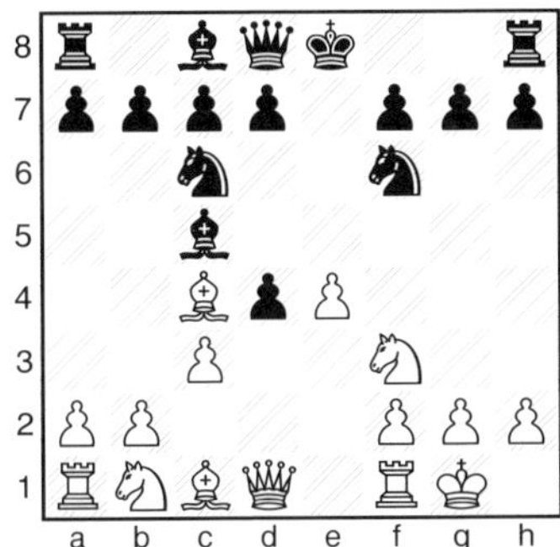

6...♘xe4

Die stärkste Antwort. Wir werden uns deshalb mit Alternativen für Schwarz nicht beschäftigen.

7.cxd4

Auch mit anderen Zügen kann Weiß den Nachziehenden nicht in Bedrängnis bringen: 7.♖e1 d5 8.♘g5 0-0 9.♘xe4 dxe4 10.♕h5 ♗e7 11.♖xe4 g6 12.♕f3 ♗f5 13.♖e1 ♗d6 und Schwarz steht klar besser. Oder 7.b4 ♗b6 8.b5 ♘e7 9.♗a3 (9.cxd4 d5 10.♗b3 0-0 mit schwarzem Vorteil) 9...d5 10.♗d3 0-0 11.♕c2 ♖e8 12.♗xe4 dxe4 13.♕xe4 ♘g6 14.♕c2 d3 15.♕b3 ♘f4 mit Vorteil für Schwarz. Die weißen Figuren entwickeln keine Kraft und machen sogar einen leicht ungeordneten Eindruck, während Schwarz bereits eine erste harmonische und druckvolle Aufstellung erreicht hat.

7...d5 8.dxc5

Nach 8.♖e1 ♗b4 (8...♗e7!?) 9.♘c3 0-0 10.♗d3 ♗f5 11.♕c2 ♖e8 12.a3 ♘xc3 13.♖xe8+ ♕xe8 14.bxc3 (14.♗xf5 ♘xd4-+) 14...♗xd3 15.♕xd3 ♗d6 oder 8.♗b5 ♗b6 9.♘e5 ♗d7 10.♘xd7 (10.♗xc6 ♗xc6 11.♘c3 ♕f6 12.♘xc6 ♕xc6 13.a4 a5 14.♘b5 0-0 15.♗f4 ♕d7 16.f3 ♘f6 17.♗e5 ♘h5 18.g4 c6 19.gxh5 cxb5 20.h6 g6 21.♗g7 ♖fe8-+ Litovicius–Diblio, Fernpartie 1997) 10...♕xd7 11.f3 ♘d6 12.♖e1+ ♔f8 bleibt Schwarz ein Mehrbauer.

8...dxc4

In dieser kritischen Stellung gibt es zwei beachtenswerte Fortsetzungen für Weiß:

9.♕xd8+ (siehe **Abspiel 1**) und 9.♕e2 (siehe **Abspiel 2**).

Abspiel 1
Fortsetzung 9.♕xd8+

1.e4 e5 2.♘f3 ♘c6 3.♗c4 ♗c5 4.c3 ♘f6 5.d4 exd4 6.0-0 ♘xe4 7.cxd4 d5 8.dxc5 dxc4 9.♕xd8+ ♔xd8

Dies ist die Alternative der Wahl. 9...♘xd8 ist schwächer und wird von uns weder analysiert noch empfohlen.

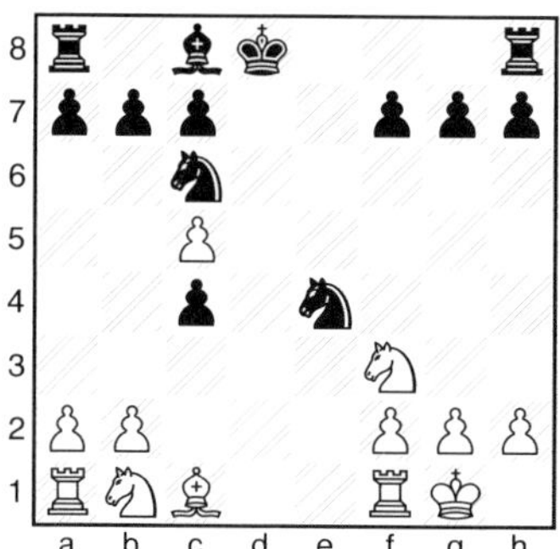

10.♖d1+

Das Schachgebot mit dem Turm leitet die Hauptvariante ein. Werfen wir aber auch einen kurzen Blick auf zwei Alternativen:

I. 10.♘bd2 ♘xc5 11.♘xc4

A) 11...♗e6 12.♖d1+ (12.♘ce5 ♘xe5 13.♘xe5 f6 14.♗e3 ♘e4∓) 12...♔e7 13.b3 ♗xc4 14.bxc4 ♖hd8 15.♗a3 b6 und Schwarz behauptet einen Mehrbauern, der weiße Kollege auf c4 ist zudem ein Schwächling, der wohl lebenslänglich der Unterstützung bedarf.

B) 11...f6 12.♗f4 ♘e6 13.♖ad1+ ♗d7 14.♗g3 ♔e7 15.♖fe1 ♖ac8 16.♘h4 ♖hd8 17.♘f5+ ♔f7 18.f3 ♗e8 19.♔f2 ♘cd4 mit schwarzem Vorteil, Geguchadze–Moody, Fernpartie 2008. Auch hier behält der Nachziehende einen Bauern auf der hohen Kante.

II. 10.♘g5 ♘xg5 11.♗xg5+ f6 12.♖d1+ (12.♗f4 ♗e6 13.♖d1+ ♔c8 14.♘a3 a6 15.♖e1 ♗f7 16.♖ac1 ♖d8 17.♗g3 ♖d4 18.f3 ♔d7 19.♗f2 ♖d2 20.♖cd1 ♖xd1 21.♖xd1+ ♔e7 22.♗g3 ♖d8 23.♖e1+ ♔d7-+ Liabotro–Rantanen, Oslo 1986) 12...♔e7 (Möglich ist hier natürlich auch die Blockade des Schachgebotes mit 12...♗d7!?. Wir analysieren die daraus erwachsenden Möglichkeiten etwas weiter unten. Um diese Passage aufzusuchen, gehen Sie bitte in der Hauptvariante vor bis 11.♗e3 und wechseln Sie dann bitte in die Nebenvariante nach 11.♘g5. Nach dem dortigen 12.♗xg5+ sind Sie am Ziel.) 13.♗f4 ♘e5 14.♖e1

A) 14...♖e8 15.♗xe5 fxe5 16.♖xe5+ ♔f7 (Hier bringen wir 16...♗e6!? ins Spiel. Der Zug ist auf jeden Fall einen Versuch wert.) 17.♖xe8 ♔xe8 18.♘c3 ♗e6 19.♘b5 ♔f7 20.♘xc7 ♖c8 21.♘xe6 ♔xe6 22.♖e1+ ♔f6 23.f4 ♖xc5 24.♔f2 ♖a5 25.a3 ♖b5 26.♖e2 ♖b3 27.♖c2 b5 und Schwarz verfügt über die Bauernmehrheit am Damenflügel und steht daher etwas besser, Blauert–Winants, Ostende 1990.

B) 14...♖d8 15.♘c3 (15.♗xe5 fxe5 16.♖xe5+ ♔f6 17.♖e1 ♗f5 18.♘a3 ♖d5 19.♘xc4 ♖xc5 20.♘e3 ♗e6∓) 15...♔f7 16.♗xe5 fxe5 17.♖xe5 ♖d2 18.♖e2 ♖xe2 19.♘xe2 ♗f5 20.♘d4 ♗d3 mit dem Plan ♖a8-d8-d5. Schwarz führt ein bequemes Endspiel.

10...♗d7

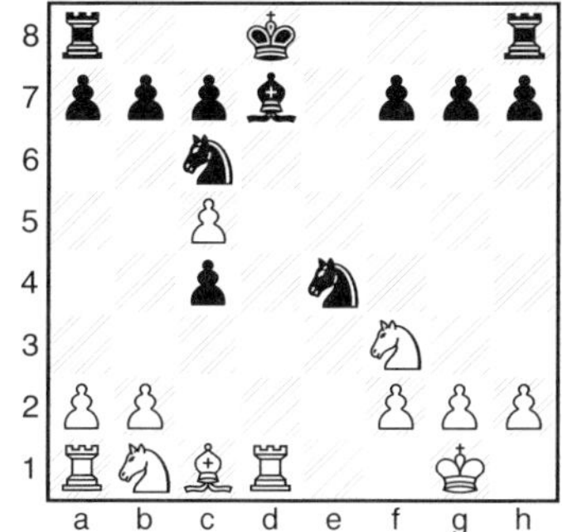

11.♗e3

Weiß bringt seinen Läufer ins Spiel und verteidigt zugleich seinen Bauern auf c5. Die Praxis hat vor allem die folgenden Alternativen geboren:

I. 11.♘a3 ♘xc5 12.♘xc4 ♔c8 13.♗e3

A) 13...♘e4 14.♘ce5 ♘xe5 15.♘xe5 ♗e6 16.♖d4 ♘d6 17.♗f4 ♘f5 18.♖d2 ♖d8 19.♖xd8+ ♔xd8 20.♖d1+ ♔e8 21.a3 ♖d8 22.♖xd8+ ♔xd8 23.♔f1 f6 24.♘f3 ♗c4+ und Schwarz hat seinen materiellen Vorteil unter Dach und Fach, Grünberg–Heintze, Hamburg 1990.

B) 13...♗e6 14.♗xc5 (14.♘ce5 ♘xe5 15.♘xe5 ♘a6 und der Nachziehende behauptet einen Mehrbauern.) 14...♗xc4 15.♘d4 ♘xd4 16.♗xd4 f6 17.b3 ♗e6. Schwarz hat im Materialvergleich die Nase um einen Bauern vorne. Es befinden sich aber ungleichfarbige Läufer auf dem Brett. Dieser Umstand verspricht dem Anziehenden gute Remischancen.

C) 13...♘e6 14.♖ac1 f6 15.b4 b5 16.♘a5 ♘xb4 17.a3 ♘a6 18.♘c6 ♘b8 19.♘a5 ♖e8 20.♘d4 ♘xd4 21.♖xd4 ♖e6 und Schwarz hat sich endgültig auf die Siegerstraße gebracht und den vollen Punkt letztendlich auch tatsächlich im 29. Zug eingestrichen, Lisnichuk–Atalik, Bulgarien (Golden Sands) 2012.

II. 11.♘g5 ♘xg5 12.♗xg5+

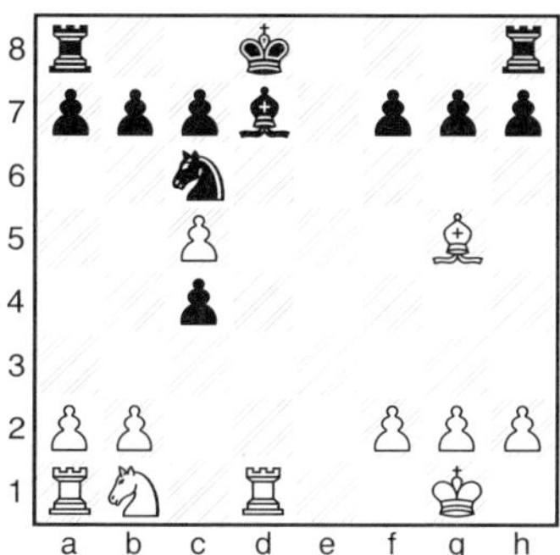

A) 12...♔c8 13.♘a3 ♗e6 14.♘b5 ♖e8!? (Diese Idee ist zu prüfen. In der Partie Blauert–Hebden, London 1991, kam es zu 14...a6 15.♘d4 ♘xd4 16.♖xd4 a5 und Schwarz blieb ein Mehrbauer, der weiße Bauer auf c5 ist zudem schwach. Schwarz steht besser, was der Nachziehende in der genannten Partie später auch nutzte, um sich den vollen Punkt zu sichern.) 15.♗f4 ♖e7 16.♘d4 ♘xd4 17.♖xd4 ♖d7 18.♖ad1 ♖xd4 19.♖xd4 c3 20.bxc3 (20.b3 b5!) 20...♗xa2 und der a-Bauer kann gefährlich werden. Schwarz hat gute Perspektiven.

B) 12...f6 13.♗e3 (Die Fortsetzung 13.♗f4 analysieren wir in der **Partie Nr. 21**, Okhotnik–A.Kovacs, Eger 1990.) 13...♔e7 14.♘a3 ♗e6 15.♖ac1? (Besser ist 15.♘b5! z.B. 15...♖hc8 16.♗f4 ♘e5 17.♗xe5 fxe5 18.♖e1 ♔f6 19.♖e3 ♗d7 20.♘c3 ♗c6

21.♖ae1 ♖e8 22.♘e4+ ♗xe4 23.♖xe4 ♖ad8 24.♖xc4 ♖d2 25.♖b4 b6 26.cxb6 cxb6 27.♖b5 und in der Fernpartie Estrin–Krzyszton, 1972/74, einigte man sich bald auf eine friedvolle Punkteteilung.) 15...♘e5 16.♖c3 (Oder 16.f4 ♘d3 17.♖c2 ♘b4 18.♖cd2 ♖hd8 mit schwarzem Vorteil.) 16...♖hd8 17.♖xd8 ♖xd8 18.h3 ♖d1+ 19.♔h2 19...♖a1! 20.f4 ♘c6 21.♘xc4 ♖xa2 22.♗c1 ♘d4 23.♖e3 ♔f7 24.♘d2 ♖a1 25.♖e1 ♗d5 26.g4 ♘e2! 27.♖xe2 ♖xc1 28.b4 a5 0-1 Jablonski–Konikowski, Fernpartie 1989.

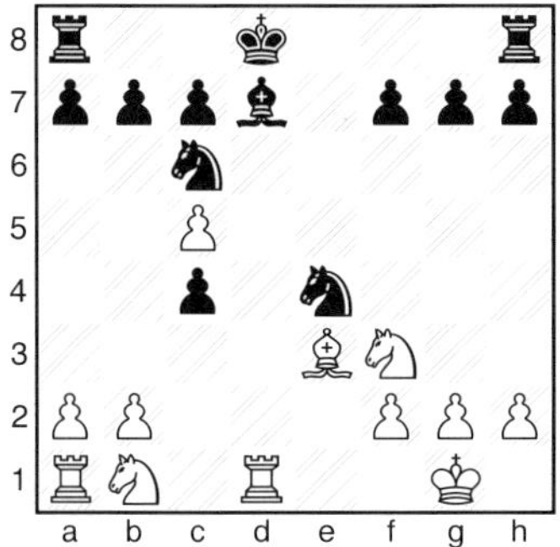

11...♔c8!

Nach dem Ergebnis aktueller Untersuchungen und der Turnierpraxis beurteilen wir diesen Zug als die beste Wahl für Schwarz an dieser Stelle. Der „alten“ Fortsetzung 11...♔e7!? ist immer noch zu bescheinigen, eine starke Alternative zu sein, die dem Anziehenden gefährlich werden kann. Die folgenden Ausführungen mögen unser Urteil begründen: 12.♘a3

A) 12...c3!?

A1) 13.b4 a6 14.♗f4 ♖he8 (14...♖hc8!? 15.♘c2 a5∓) 15.♗xc7 ♖ac8 16.♗f4 (16.♗d6+ ♘xd6 17.cxd6+ ♔f6∓) 16...f6 und Schwarz steht erkennbar besser.

A2) 13.b3 ♖ad8 14.♗f4 ♗e6 (14...♗f5!?) 15.♗xc7 ♖xd1+ 16.♖xd1 ♖c8 17.♗d6+ (17.♗f4 ♖d8!) 17...♘xd6 18.cxd6+ ♔d7 mit schwarzem Vorteil. Der schwarze Bauer auf c3 ist eine Gefahr für Weiß und der weiße Kontrahent auf d6 schwach. Ihm droht fortwährend das Schicksal der Eroberung.

A3) 13.bxc3 ♘xc3 14.♖d3 ♘a4 15.♖e1 ♗e6 16.♘g5 ♖ad8 und Schwarz kann mit dem Erreichten zufrieden sein, er steht besser.

B) 12...♗e6

B1) 13.♘b5. Diese Variante haben wir nach dem Zug 11.♗e3 in der Hauptvariante unter II. analysiert. Nach 13...♖hc8 entsteht eine Position aus der Partie Estrin–Krzyszton, Fernpartie 1972/74. Statt 14.♘g5 wurde nun aber auch 14.♘fd4 gespielt, z.B. 14...♘xd4 15.♗xd4 c6 16.♘a3 (16.♘d6 ♘xd6 17.cxd6+ ♔xd6 18.♗xg7+ ♗d5∓) 16...b5 17.cxb6 axb6 18.♖e1 (18.♗xb6 c3! 19.bxc3 ♖xa3 20.f3 ♖a6-+) 18...♘d6 19.♖ad1 (Über 19.♗xg7 f6 20.♗h6 c3 kommt Schwarz klar in Vorteil.) 19...g6 20.h3 ♖a6 21.♗e3 ♖d8 22.♖e2 ♖d7 23.♗g5+ f6 24.♗c1 (24.♖de1 fxg5 25.♖xe6+ ♔f7 26.♖6e2 c3-+) 24...♔f7 25.♗f4 ♗d5 mit einem vorteilhaften Endspiel für Schwarz, Trapl–Mih.Zeitlin, Fernpartie 1987/90.

B2) 13.♘d4 ♘xd4 (13...c3!? 14.b3 ♖hd8 15.♘xc6+ bxc6 16.♘c2 und Schwarz nennt zwar einen Mehrbauern sein Eigen, hat aber auch Drillinge auf der c-Linie. Wenn man ihm einen Vorteil zuerkennen möchte, so kann dieser nur gering ausfallen. Die Stellung befindet sich in einem dynamischen Gleichgewicht.) 14.♗xd4 ♖hd8 15.f3 ♘f6 16.♖ac1 c3 (16...♘d5 17.♘xc4=) 17.b3? (17.♗xc3! ♗xa2 18.♘b5=) 17...♘d5 18.♘b5 c2 19.♖e1 (19.♖xc2 ♘e3-+) 19...a6 20.♘c3 ♘b4 21.♖e4 f5 22.♖h4 ♔f7 23.♘e2 h6 24.g3 ♗d5 0-1 Khasin-Bucciardini, Fernpartie 1990.

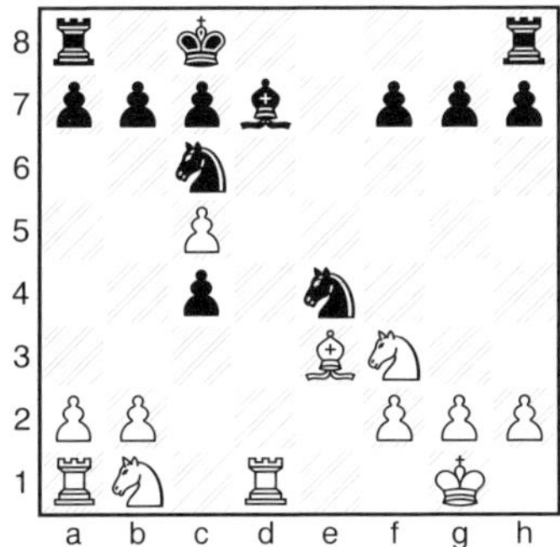

12.♘a3

Weiß entwickelt seinen Springer und will auf c4 seinen Bauern zurückerobern. Andere Möglichkeiten versprechen ihm weniger.

I. 12.♖c1 ♗e6

A) 13.♘bd2 ♘xd2 14.♘xd2 ♘a5 (Nicht schlecht ist auch 14...♘e5!? 15.♗d4 ♘d3 16.♖c3 ♖d8 17.♗xg7 ♘f4 18.♖c2 ♗f5-+ Lynch-Zielinski, Cappelle la Grande 1989.) 15.♖c3 (Im Duell Calgado-Souza, Sao Paulo 1996, kam Schwarz über 15.♘f3 ♗d5 16.♘d4 b6 17.♘f5 ♔b7 18.cxb6 axb6 19.♘xg7 ♖hg8 20.♗h6 ♘c6 21.g3 ♘d4 22.♖d1 c5 23.h4 b5 entscheidend in Vorteil. Sein Plan basiert auf ♖a8-a6 mit einfachem Gewinn.) 15...b5 (Zu prüfen ist auch 15...♔d7!? 16.♖d1 ♖ad8 17.♘xc4+ ♔c8 18.♘d2 ♘c4 19.♖c2 ♘xe3 20.fxe3 ♖d3 21.♖e1 ♖hd8 22.♘c4 f6 und im Endspiel hat Schwarz die besseren Aussichten.) 16.cxb6 axb6 17.a4 ♔b7 und der schwarze Vorteil liegt auf der Hand.

B) 13.♘a3 c3 14.bxc3 b6 (Zu beachten ist 14...♖d8!?, woraufhin es wie folgt weitergehen kann: 15.♗d4 ♘xd4 16.cxd4 c6∓. Nun kann Schwarz ♔c8-c7 usw. ins Auge fassen.) 15.♘d4 ♗d7 16.cxb6 axb6 17.♘ab5 ♘xd4 18.♘xd4 c5 19.♘e2 ♗e6 20.a4 ♖a5 21.f3 ♘d6 22.♘f4 ♗c4 23.g4 ♔b7 24.♘h5 g6 25.♘f6 ♔c6 26.♗f4 ♗e6 27.♗xd6 ♔xd6 28.♘e4+ ♔c6 29.♘g5 ♗c4 30.♖e1 h6 31.♘e4 ♖ha8 32.♖ad1 ♗d5 33.♘f6 ♗e6 34.♘e4 ♖xa4 35.♘f2 ♗b3 36.♖b1 ♗c4 37.♔g2 ♖a2 38.♔g3 ♖c2 39.♘d1 ♗e6 40.h4 b5. Der Nachziehende darf den vollen Punkt ins Visier nehmen, das Endspiel kann er bei genauem Spiel gewinnen, Abdalla-Proudian, Sao Paulo 2012.

II. 12.♘bd2 ♘xd2 13.♖xd2

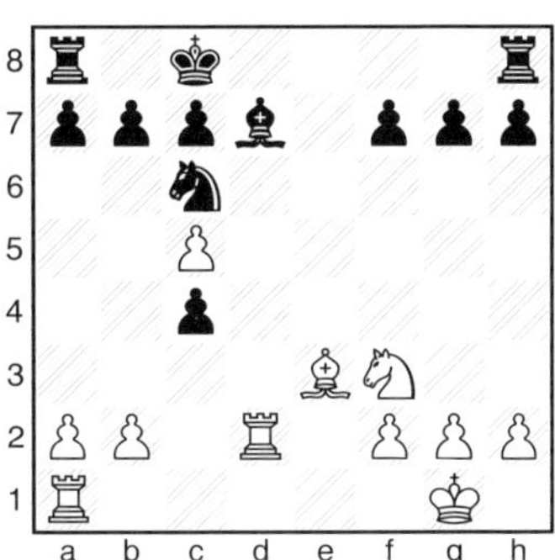

A) 13...♖e8 14.♖c1 b5 15.cxb6 axb6 16.a3 (16.♖xc4 ♖xa2-+) 16...♘a5 17.♖d5 ♗e6 18.♖g5 g6 19.♖e5 ♘c6 20.♖e4 f5 21.♖h4 h5 22.♘e1 ♔b7 und Schwarz hat einen gesunden Bauern mehr, Pensimus-Stika, Fernpartie 2005.

B) 13...b5 14.♖ad1 (14.♘d4 a6∓) 14...♗g4 15.h3 ♗xf3 16.gxf3 ♖d8 17.♔f1 ♖xd2 18.♖xd2 a6 19.♔e2 ♘d8 (19...♔b7!? ist eine Überlegung wert. Folgt dann 20.♖d7 ♖f8 21.♗f4, so kommt der Nachziehende mittels 21...♖e8+ nebst ♖e8-e7 klar in Vorteil.) 20.♔d1 c6 21.♔c2 ♖a7 22.♔c3 ♖d7 23.♖xd7 ♔xd7 24.♔b4 ♘b7 und Schwarz steht auf Gewinn, Serrano-Manzaneque, Fernpartie 1986.

III. 12.♘fd2 ♘xd2

A) 13.♖xd2 b5 14.♘c3 (14.a4 b4!) 14...a6 15.♖ad1 ♗e6 mit schwarzem Übergewicht.

B) 13.♘xd2 ♗e6 14.♘e4 (14.♖ac1 ♖d8!) 14...f6 15.♘c3 ♘e5 16.h3 a5 (Stark ist 16...b6!) 17.♘e2 a4 18.a3 ♖e8 19.♖d4 ♖a5 20.♖h4 ♗g8 21.♘c3 ♘d3 22.♖g4 g6 23.♖e4 ♖xe4 (23...♗e6!? 24.♗d4 f5 25.♖e2 ♗d7 sieht ebenfalls vielversprechend aus.) 24.♘xe4 f5 25.♘f6 ♗f7 26.♗d4 (26.♘xh7 ♘xb2-+) 26...h6 27.♖d1 c6 28.h4 ♖b5 29.♖d2 ♘xc5 30.♖e2 ♔d8 und Schwarz wird die Partie ohne große Probleme für sich entscheiden, Fernpartie 2003.

12...c3! 13.bxc3 ♘xc3 14.♖d3 ♘e4

Noch nicht abschließend geprüft ist 14...♘a4!? Nach der möglichen Folge 15.♖c1 ♖d8 (15...♗e6!? ist eine blitzsaubere Alternative.) 16.♖d2 ♗e6 17.♖xd8+ ♔xd8 ist die schwarze Stellung vorzuziehen. Es sind zwar ungleichfarbige Läufer auf dem Brett, aber immerhin verfügt er über einen glatten Mehrbauern.

15.♘d2 ♘f6 16.h3

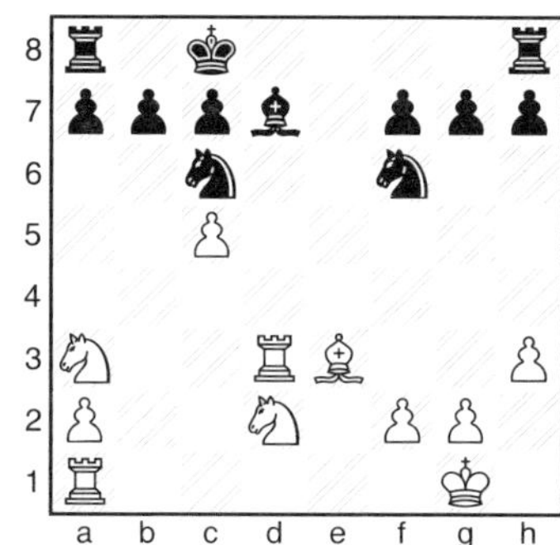

16...♗f5

Spielbar ist wohl auch 16...b6!? nebst ♔c8-b7 usw.

17.♖b3 ♖d8 18.♘dc4 ♖d5 19.♖c1 ♗e6 20.♘b5 a6 21.♘ba3 ♘d7 22.♘d2 a5 und Schwarz steht auf Gewinn, Stroeher-Silva, ICCF Email 2001.

Zusammenfassung: Bisher hat die Eröffnungstheorie überwiegend die Fortsetzung 11...♔e7!? empfohlen. Wir sind der Meinung, dass der schwarze Plan mit 11...♔c8! stärker ist, dem Nachziehenden auf jeden Fall gute Perspektiven auf einen Vorteil verspricht.

Abspiel 2

Fortsetzung 9.♕e2

1.e4 e5 2.♘f3 ♘c6 3.♗c4 ♗c5 4.c3 ♘f6 5.d4 exd4 6.0-0 ♘xe4 7.cxd4 d5 8.dxc5 dxc4 9.♕e2

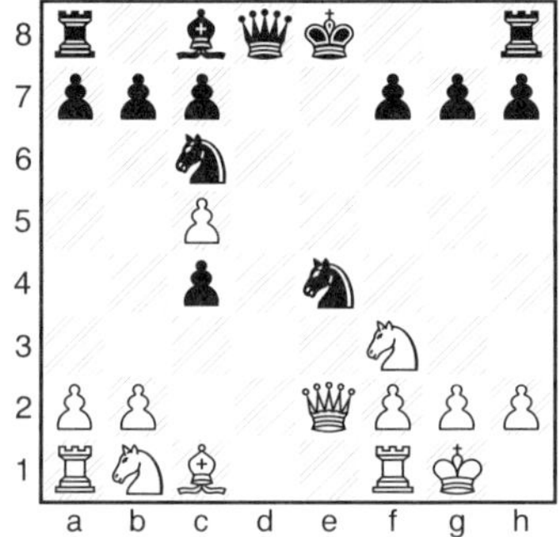

9...♕d3!

Benissimo, dürfte der Italiener sagen – bestens! Genau so sollte Schwarz spielen, dies ist seine stärkste Reaktion. Abzuraten ist von 9...♕e7, was die Turnierpraxis belegt. Wir behandeln diese Alternative deshalb nur kurz. 10.♕xc4 (10.♖e1 ♘xc5 11.♕xc4 ♗e6! ist gut für Schwarz.) 10...♘xc5

A) 11.b4 ♘e6 12.b5 ♕b4 13.♕e2 ♘cd4 14.♘xd4 ♕xd4 15.♗b2 ♕d5 16.♘c3 ♕f5 17.♗a3 ♗d7 18.♕c4 (18.♖fd1 0-0-0 19.♕e3 b6∞ Murin-Simoncic, Slowakei 2005) 18...♕f4 19.♕b3 0-0-0 20.♘d5 ♕g4 21.f3 ♕h4 22.♔h1 ♕h5 23.♖fd1 ♔b8 24.♗e7 ♖de8 25.♕b4 b6 26.a4 ♕e5 27.a5 ♘f4 28.axb6 ♘xd5 29.♕a4 1-0 Hentze–Mario Bartel, DESC Email 2005.

B) 11.♗e3 ♘e6 12.♘c3 ♕b4 13.♕xb4? (Der Damentausch ist falsch. Weiß sollte seine Dame mit 13.♕e2! auf dem Brett halten.) 13...♘xb4 14.♖ad1 0-0 15.♘d4 ♘xd4 16.♗xd4 b6 17.a3 ♘a6 18.♖fe1 ♗e6 19.♗e5 c6 20.♖d6 ♖ac8 21.♖c1 ♘c5 22.b4 ♘b7 23.♖d2 ♖fd8 24.♖dc2 ♗f5 mit schwarzem Vorteil, Vasilev–Stoev, Sofia 2010.

10.♖e1 f5 11.♘c3

11.♘bd2 ändert nichts, weil der Springer sowieso auf e4 schlägt.

11...0-0 12.♘xe4

Schwächer ist 12.♕xd3 cxd3. Nun gibt es zwei Hauptalternativen:

A) 13.♗f4 b6 14.♘xe4 fxe4 15.♖xe4 ♗f5 16.♖a4 bxc5!? (Nicht so stark ist 16...♗g4, z.B. 17.♗xc7 ♗xf3 18.gxf3 bxc5 19.♖d1 ♖ac8 20.♗g3 ♖cd8 21.♖a3 d2 22.♔f1 ♖d5 mit ausgeglichenem Endspiel. Die Partie Kroes–Zielinski, Lechenicher SchachServer 2010, endete mit einem baldigen Remis.) 17.♖c4 ♖ae8 18.♖xc5 ♗e4 19.♗xc7 (19.♘d2 ♖xf4 20.♘xe4 ♖fxe4 21.f3 ♖e1+ 22.♖xe1 ♖xe1+ 23.♔f2 d2-+) 19...♗xf3 20.gxf3 d2 21.♔f1 ♘d4 22.f4 ♘f3 23.♗e5 ♖xf4! und Schwarz gewinnt.

B) 13.♘xe4 fxe4 14.♖xe4 ♗f5 15.♖f4 (15.♖h4 ♖ad8 16.♗e3 ♖fe8∓) 15...♖ad8 16.♗e3 ♗e6 17.b3 ♖d5 18.♖d1 ♖xf4 19.♗xf4 ♖xc5 (Zu Überlegen war 19...♗g4!?) 20.♖xd3 ♖c2 21.a4 ♖b2 und Schwarz erfreut sich eines aktiven Spiels, Volcik–Stauffcik, Tschechische Republik 2011.

12...fxe4 13.♕xe4 ♗f5

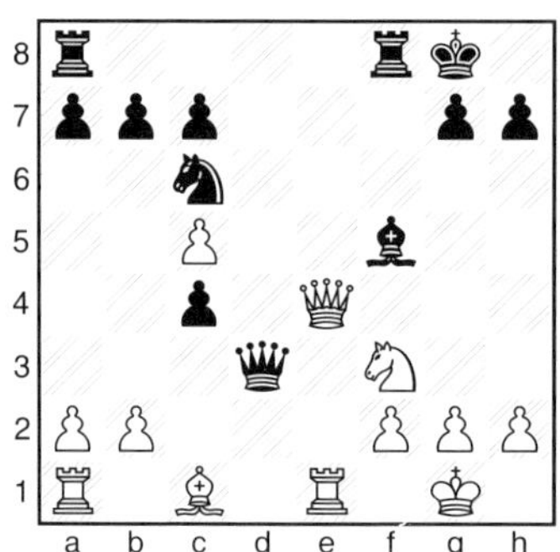

14.♕h4

In der Praxis wurden auch andere Möglichkeiten für die Dame ausprobiert, sich dem Läuferangriff zu entziehen:

I. 14.♕f4

A) 14...♗g6 15.♕g3 (Auf 15.♕xc7 gewinnt einfach 15...♖xf3! und dann 16.gxf3 ♘d4 17.♕xb7 ♘xf3+ 18.♔h1 ♖f8-+.) 15...♗h5 16.♗h6 ♕g6 17.♗f4 ♘b4 18.♖e5 ♘d3 19.♖g5 ♘xf4 20.♖xg6 ♘e2+ 21.♔f1 ♘xg3+ 22.♖xg3 ♖ad8 23.♖e1 ♖d5 24.♖e7 g6 25.♘g5 (25.♖xc7 ♖e8-+) 25...♖d1+ 26.♖e1 ♖d2 27.♘e4 ♖xb2 28.♖ge3 ♗g4 29.f3 ♖xa2 und in der Partie Ahmed–Megaranto, Zaozhuang 2012, hatte sich Schwarz eine Gewinnstellung erarbeitet.

B) 14...♗e6 15.♕g3 (15.♕xc7? ♖xf3! 16.gxf3 ♘d4-+) 15...♗d5 16.♗h6 ♕g6 17.♕xg6 hxg6 18.♗e3 ♗xf3 19.gxf3 ♖xf3 20.♖ac1 ♘e5 21.♖ed1 ♖f5 und Schwarz steht ausgezeichnet.

II. 14.♕xd3 cxd3

A) 15.♗d2

A1) 15...♖ad8 16.b4 (Auf 16.♖ac1 spielt Schwarz am besten 16...a5!, um b2-b4 zu verhindern.) 16...♗g4 17.♘e5 ♗e2 18.♘xc6 bxc6 19.♖ac1 ♖d4 20.♖c3 ♖b8 21.a3 a5 22.♖b3 axb4 23.♖xb4 ♖dxb4 24.axb4 ♖a8 25.f3 ♖a2. Weiß hat dem gegnerischen Spiel nichts entgegenzusetzen, der schwarze Vorteil ist offensichtlich, Bulski–Berezjuk, Warschau 1999.

A2) 15...♖ae8 16.♔f1 ♗e4 17.♘g5 ♗d5 18.b3 h6 19.♘h3 ♖e2 20.♖xe2 dxe2+ 21.♔xe2 ♗xg2 22.♘f4 ♘d4+ 23.♔d3 ♖d8 24.♔c4 ♗c6 25.♗e3 ♘f3 26.h3 ♗e4 mit einem vorteilhaften Endspiel für den Nachziehenden, Lagemann–Poesch, DESC Email 2005.

B) 15.♗f4

B1) 15...♖f7 16.♘e5 (16.♘g5 ♖d7∓) 16...♖f6 17.♘xc6 ♖xc6 18.♖e5 ♗e6 (Eine gute Alternative ist 18...♗g6!?) 19.b4 ♗c4 20.a4 a6 21.♖e7 ♖d8 22.♖d1 ♔f8 23.♖xc7 ♖xc7 24.♗xc7 ♖e8 25.h3 ♖e2 26.♗f4 ♔f7. Eine interessante Stellung! Der materielle Vorteil liegt um einen Bauern auf der Seite des Anziehenden, die dynamischen Aussichten bevorteilen demgegenüber Schwarz. Und ihm sind auch – trotz des Minderbauern – die insgesamt besseren Chancen zu bescheinigen. Der Bauer auf d3 ist eher ein Großgrundbesitzer als ein einfacher Landmann.

B2) 15...♖ac8 16.♖ad1 h6 17.h3 b6 18.cxb6 cxb6 19.♔h2 ♖fe8 20.♔g3 ♔f7 mit vorteilhaftem Endspiel für Schwarz, Goldbecker–Kunze, Fernpartie 2010.

14...♖ae8

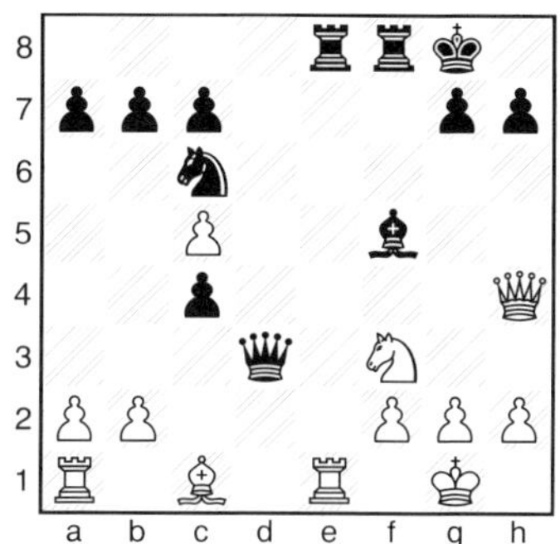

15.♗f4

Mit dem Ziel, mit Tempo (Angriff auf c7) die eigene Entwicklung voranzubringen. Es gibt ein paar Alternativen:

I. 15.♗d2 ♖e4 16.♗f4

A) 16...♘d4 17.♘xd4 ♕xd4 18.♖xe4 ♗xe4 19.♕g3 ♖e8!? (19...♗b1 20.♖xb1 ♕xf4 21.♕xf4 ♖xf4= Martinez Romero-Ordobas Martinez, Catalunya 2012) 20.♗xc7 ♕xb2 und der schwarze c-Bauer stellt für Weiß eine große Gefahr dar.

B) 16...♖fe8 17.♖xe4 ♖xe4 mit aktivem schwarzen Spiel.

II. 15.♗e3 ♕d5

A) 16.♖ad1 ♗d3 17.♘g5 (Die Stellung nach 17.♕g5 ♕xg5 18.♘xg5 b5 19.cxb6 cxb6 ist bequem für Schwarz.) 17...h6 18.♘f3 ♖xf3 19.♗xh6 (19.gxf3 ♘e5-+) 19...♖xe1+ 20.♖xe1 ♖f5 21.♖e8+ ♔f7 22.♖c8 ♕d7 23.♖h8 ♕e6 0-1 Saunders-Szoller, Lechenicher SchachServer 2009.

B) 16.♕g3 ♖e6 17.♕xc7 ♖g6 18.♘h4 ♖g4 19.♖ed1 ♗d3 20.g3 ♖xh4! 21.gxh4 ♘e5 22.♕d6 ♘f3+ 23.♔h1 ♕e4 24.♕g3 ♘xh4+ 25.♔g1 ♖f3 26.♕b8+ ♔f7 27.♕c7+ ♔g6 28.♕d6+ ♔h5 0-1 Lerch-Wittal, Fernpartie 2012.

III. 15.♖xe8 ♖xe8 16.♗e3 ♗e4 17.♕g4

A) 17...♕e2 18.♗h6 ♕xb2 19.♖e1 (19.♖d1 ♗xf3 20.♕xc4+ ♔h8 21.♕f7 ♖g8 22.♕xf3 gxh6-+) 19...♕f6 20.♗d2 (Oder 20.♗xg7 ♕g6! 21.♕xg6 ♗xg6 22.♖xe8+ ♗xe8 23.♗c3 ♘e7 24.♔f1 ♘d5 25.♗e5 ♔f7 und wegen seiner Bauernmehrheit am Damenflügel steht Schwarz besser.) 20...♕g6 21.♘g5 ♗d3 22.♖xe8+ ♕xe8 23.♗c3 h6 24.♘e4 ♕e7 25.♘f6+ ♔f7 26.♘d5 ♕g5 27.♕xg5 hxg5 28.♘xc7 g4 mit einem in etwa ausgeglichenen Endspiel. Die zugrunde liegende Referenzpartie Grabowski-Lipsits, Lechenicher SchachServer 2010, endete späterhin denn auch tatsächlich mit einem Remis.

B) 17...c3!? 18.bxc3 ♕xc3 19.♖f1 ♕f6 20.♘d2 ♗d5 21.a3 ♕f7 und Schwarz steht besser. Er plant b7-b5, a7-a5 mit Bildung eines Freibauern am Damenflügel, Wettering-Blattner, Fernpartie 2011.

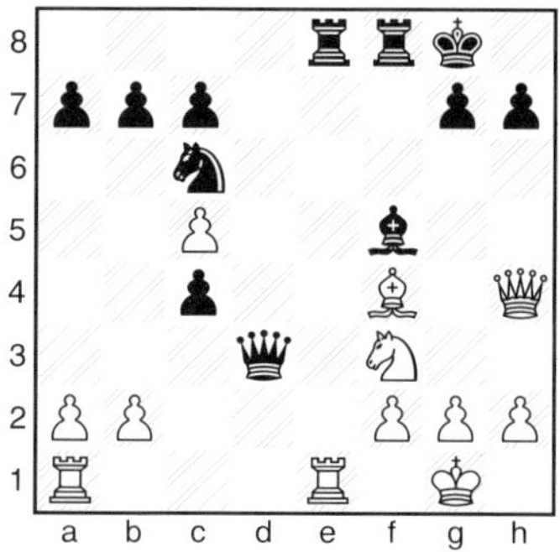

15...♖e4

Dieses Feld ist auch für den Läufer geeignet. Ein paar Versuche hierzu: 15...♗e4!? 16.♖e3 ♕d7

A) 17.♖ae1 ♗xf3 18.♖xe8 ♖xe8 19.♖xe8+ ♕xe8 20.gxf3 ♘d4 21.♔g2 ♕f8! 22.♕g4 (22.♕g5?? ♘e6 23.♕d5 ♕f7 0-1 Paulsen–Hort, Porz 1982; vermutlich muss wohl oder übel 22.♗e3 geschehen.) 22...h5! 23.♕h4 (23.♕xh5 ♕xf4 24.♕e8+ ♔h7 25.♕h5+ ♕h6-+) 23...c6 und wegen der Bauernschwächen im weißen Lager steht Schwarz besser.

B) 17.♘g5 ♗d3 18.♖ae1 ♘d4 19.♖xe8 ♖xe8 20.♖xe8+ ♕xe8 21.♗e3 und nun hätte Schwarz in der Partie T. Petrosian–Grischuk, playchess.com INT 2004, einfach mit 21...♘e2+! gewinnen können. Z.B. 22.♔h1 (Auf 22.♔f1 folgt auch 22...♕a4-+) 22...♕a4 23.g3 ♕d1+ 24.♔g2 ♕g1+ 25.♔f3 (25.♔h3 ♗f5+ 26.g4 ♕f1#) 25...♕h1+ 26.♔g4 ♕d5 und der Nachziehende lässt sich den vollen Punkt nicht mehr nehmen.

16.♖ed1

Weiß ist der Genauigkeit verpflichtet. Nicht gut ist 16.♖e3 ♖xe3 17.♗xe3 ♗e4 und dann beispielsweise weiter 18.♘d2 ♗d5 19.♖c1 ♖e8 20.♖c3 ♕g6 21.♕g3 ♕f7 22.a3 ♘e5 23.♕h4 h6 24.♕d4 b5 25.f3 c6 26.♖c1 ♕g6 27.♖f1 ♘d3 28.♖b1 b4 29.h4 bxa3 30.bxa3 c3 31.h5 ♕f5 32.♘f1 ♘e5 33.♖b7 ♕d3 34.♕b4 a5 35.♕f4 ♗c4 36.♘g3 ♘xf3+ 37.gxf3 ♕xe3+ 38.♕xe3 ♖xe3 mit schwarzem Gewinn, Guizar–Millstone, Fernpartie 2007.

16...♕c2 17.♘g5

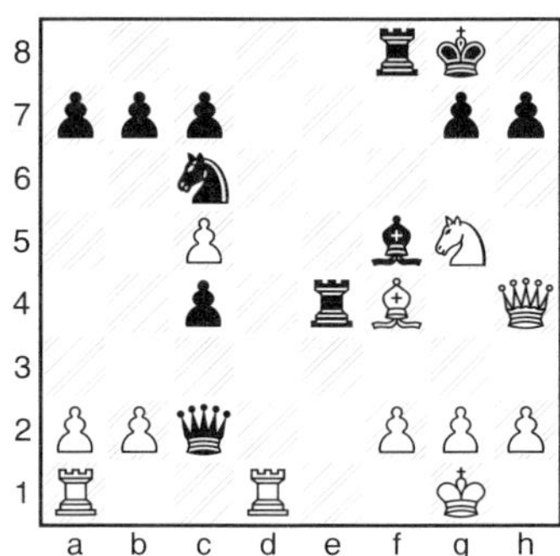

17...♖d4!

Mit diesem Zug kann Schwarz weiter versuchen, auf Gewinn zu spielen. Im Duell Rulfs–Foenander, Fernpartie 2009, geschah 17...♖e2 18.♗e3 h6 19.♖ac1 ♕a4 20.♘e4 ♖xb2 21.♗xh6 und man einigte sich auf ein Remis.

18.♖xd4 ♘xd4 19.♗e5

19.♗xc7? ♕xb2 20.♖e1 ♕d2 21.f3 c3-+.

19...♘e2+ 20.♔h1

20.♔f1? ♗d3-+.

20...♖d8 21.♖e1 ♖d1 22.♘f3 ♖xe1+ 23.♘xe1 ♕d2 24.f4 h6 25.♕f2

25.♗xc7?? ♕e3 26.♘f3 ♗e4-+.

25...♗e4

In dieser dynamischen Stellung verfügt Schwarz über das aktive Spiel.

Zusammenfassung: Nur mit 9...♕d3! erhält sich Schwarz die Möglichkeit, auf einen Vorteil zu spielen. Statt 15...♖e4 ist auch 15...♗e4!? stark. Insgesamt stellt dieses Abspiel den Nachziehenden vor keine Probleme.

Kapitel 8
Fortsetzung 6.e5

1.e4 e5 2.♘f3 ♘c6 3.♗c4 ♗c5 4.c3 ♘f6 5.d4 exd4 6.e5

Eine problematische Variante – der Bauer startet durch wie ein Ferrari, auf den zweiten Blick aber entpuppt sich der Versuch doch nur als Fiat Panda. Der Vorstoß ist in der letzten Zeit recht populär geworden, bei genauem Spiel aber bereitet er Schwarz keine Probleme. Bevor wir in unsere intensiven Betrachtungen einsteigen, müssen wir Sie allerdings ein wenig vorwarnen. Die hier behandelten Verwicklungen im Reich der Italienischen Partie erinnern sehr an ein geradezu unentwirrbares Spaghettiknäuel. Lassen Sie sich das Gericht schmecken!

6...d5

Resolut und richtig! Ohne diesen typischen Gegenstoß im Zentrum stünde es schlecht um die schwarzen Chancen.

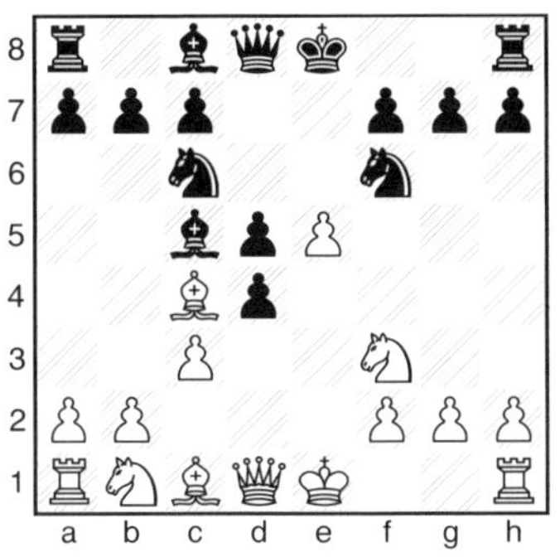

7.♗b5

Ebenfalls richtig, andere Züge sind schwächer für Weiß:

I. 7.exf6 dxc4 8.fxg7 (8.♕e2+ ♗e6 9.fxg7 ♖g8 10.♗g5 ♕d5 11.♘bd2 d3 12.♕e4 ♖xg7-+ Duarte-Alvarez, Santo Domingo 2012) 8...♖g8

A) 9.♗g5 ♕d5 (9...f6!? 10.♕e2+ ♕e7 11.♗xf6 ♕xe2+ 12.♔xe2 d3+ 13.♔d1 ♗g4∓ Bilguer) 10.cxd4 ♘xd4 11.♘xd4 ♗xd4 12.0-0 ♖xg7 13.h4 ♗e6 14.♘c3 ♗xc3 15.bxc3 f6 und Schwarz darf sich wie Caesar fühlen – veni, vidi, vici – ich kam, ich sah, ich siegte, Mirulla-Z.Almasi, Cattolica 1993.

B) 9.cxd4 ♘xd4 10.♘xd4 ♗xd4 11.0-0 ♖xg7 12.♕a4+ c6 13.♕xc4 ♗e6 14.♖e1 ♕f6 15.♕e2 0-0-0 16.♘c3 ♗g4 17.♕c2 ♗h3 und der Drops ist gelutscht, Weiß kann aufgeben, Cochrane-Mahescanto, Kalkutta 1853.

II. 7.♗e2 ♘e4 8.cxd4

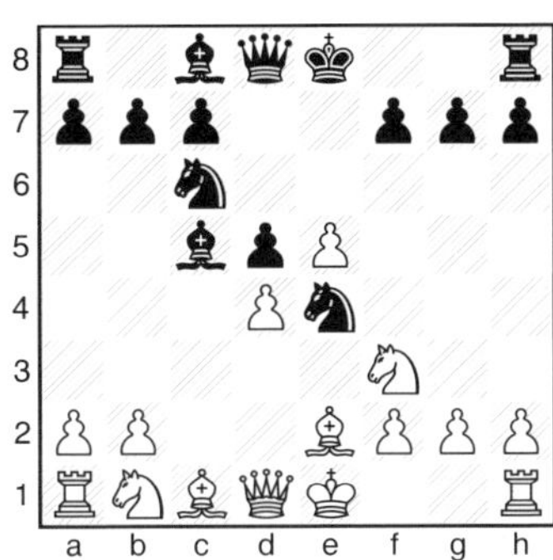

A) 8...♗b4+ 9.♘bd2 (Oder 9.♗d2: siehe **Partie Nr. 22**, Vallejo Pons–Ponomarjow, Melilla 2011.) 9...0-0 10.0-0

A1) 10...♘xd2 11.♗xd2 ♗xd2 12.♕xd2 ♘e7 (12...♗g4 13.♖ac1 ♘e7 14.♘g5 ♗xe2 15.♕xe2 h6 16.♘f3 c6 17.♖fe1 ♘g6 18.♕e3 ♕e7 19.h3 ♕e6 20.♘h2 ♕f5 21.♖c3 ♖fe8∞ Martinez Primo–Vedreno Rios, Valencia 2004. Die Stellung erscheint wie gemacht für eine Überprüfung im Fernschach, wo ohne besonderen Zeitdruck getüftelt und die Möglichkeiten in alle Richtungen abgecheckt werden können.) 13.♖ac1 c6 14.♘e1 f6 15.f4 fxe5 16.dxe5 ♕b6+ 17.♔h1 ♗f5 18.♘d3 ♕d4 19.♖cd1 g6 20.♘f2 ♕xd2 21.♖xd2 h5 22.g3 ♔g7 23.♔g2 c5 24.h3 ♗e6 25.♘d1 d4 mit Endspielvorteil für Schwarz, Ventura Monfort–Grau Serra, Burriana 1990.

A2) 10...f6 11.h3 (11.♘b3 erscheint weniger logisch, z.B. 11...a5 12.a3 ♗e7 13.♗e3 a4 14.♘c1 fxe5 15.dxe5 ♗f5∓ Wagener–Lagemann, DESC Email 2005.) 11...♗e6 12.a3 ♗xd2 13.♗xd2 fxe5 14.dxe5 ♕e7 mit etwa gleichen Chancen.

B) 8...♗b6 9.0-0

B1) 9...♗g4 10.♗e3 0-0 (Zu interessantem Spiel führt 10...f5!? Wir behandeln die hieraus entstehenden Möglichkeiten in der **Partie Nr. 23**, Jobava–Kamsky, Amsterdam 2012.) 11.♘c3 f6 12.exf6 ♖xf6 Auf dem Brett entstanden ist eine sehr komplizierte Stellung, die beiden Seiten Chancen eröffnet. Auch sie ist ein ideales Versuchsrevier für mutige Fernschachspieler.

B2) 9...0-0 10.♘c3 ♗f5 (Möglich ist auch 10...♗g4!?) 11.♘a4 f6 12.a3 (12.exf6 ♕xf6∓) 12...fxe5 13.♘xb6 axb6 14.♘xe5 ♘xe5 15.dxe5 ♘c5 16.♗e3 ♘e6 17.g4 ♗g6 18.f4 ♗e4 19.♕b3 ♕h4 20.♖f2 ♕h3 21.♗d1 ♖xf4 22.♗xf4 ♘xf4 23.♗f3 ♘e2+ 24.♖xe2 ♗xf3 25.♖f2 ♕xg4+ 26.♔f1 ♖f8 und Schwarz gewinnt, Jobava–Malakhow, Burgas 2012.

III. 7.exd6 ♕xd6

A) 8.b4 ♗b6 9.b5 (9.0-0 0-0 10.♗a3 dxc3 11.♕xd6 cxd6 12.♘xc3 ♘e5∓) 9...♕e7+ 10.♗e2 ♘e5 11.0-0 0-0 12.♗a3 ♘xf3+ 13.♗xf3 ♗c5 14.♗xc5 ♕xc5 15.cxd4 ♕xb5 16.♘c3 ♕a5 17.♕b3 c6 18.♖ac1 ♖b8 19.♘e4 ♘xe4 20.♗xe4 ♗e6 21.♕d3 h6 mit Vorteil für Schwarz, Martinez Ferrer–Gonzalez Garcia, Cerdanyola del Valles 2012. Er hat einen Mehrbauern auf der hohen Kante, und dies bei gleichfarbigen Läufern, und auch positionell kann er ohne große Sorgen in die Zukunft schauen.

B) 8.0-0 0-0 9.♗g5 (9.h3 ♗d7 10.b4 ♗b6 11.b5 ♘e5 12.♗f4 ♘xf3+ 13.♕xf3 ♕c5 14.♘d2 dxc3 15.♕xc3 ♘d5 16.♕g3 ♘xf4 17.♕xf4 ♗xb5-+ Cronhelm–Steinitz, Dublin 1865) 9...♗g4 10.♕d3 ♗xf3 11.♕xf3 ♘e5 12.♕e2 d3 13.♗xd3 ♘xd3 14.♖d1 ♖fe8 15.♕f3 (15.♕xd3 ♕xd3 16.♖xd3 ♖e1#) 15...♘xb2 und Schwarz steht zu einem Partiezeitpunkt schon auf Gewinn, als die Uhr mal gerade erst ein paar Züge lang läuft, Adamczyk–Oreshkina, Prag 2012.

IV. 7.b4

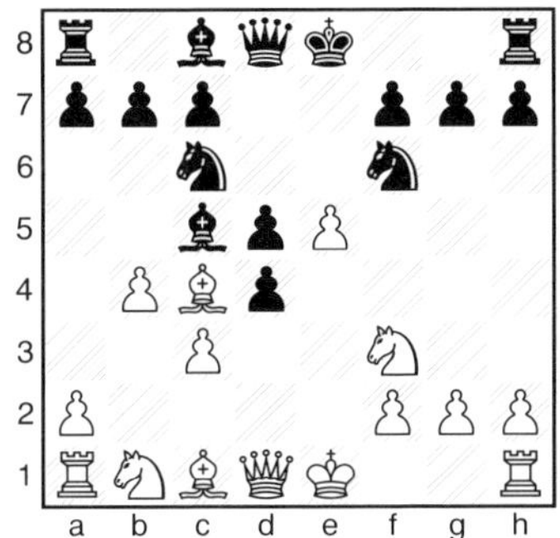

A) 7...♘e4 8.♗b5 (Die Variante 8.bxc5 dxc4 9.cxd4 ♕d5 10.♗e3 ♗g4 11.h3 ♗h5 12.g4 ♗g6 13.h4 h5 ist günstig für Schwarz.) 8...♗b6 9.♗xc6+ bxc6 10.cxd4 a5 11.♕c2 0-0 12.♕xc6 ♗g4 13.bxa5 ♗xa5+ 14.♘fd2 ♕h4 15.0-0 ♗e2 16.♘f3 ♕h5 17.♕xd5 ♗xf3 18.gxf3 ♕xf3 19.♕b3 ♕g4+ 20.♔h1 ♖a6 21.f4 ♖h6 22.♕f3 ♕h4 0-1 Shalvardjiev–Bobykin, ICCF Email 2009.

B) 7...dxc4 8.exf6 0-0! (Ein mutiges Figurenopfer!) 9.bxc5 (9.0-0 ♗b6 10.b5 dxc3!? 11.fxg7 ♔xg7 12.bxc6 ♕xd1 13.♖xd1 c2 14.♗b2+ f6 15.♖c1 cxb1♕ 16.♖axb1 bxc6 17.♖xc4 ♗e6 18.♖xc6 ♗d5 19.♖c3 ♗xa2∓) 9...♖e8+ 10.♔f1 ♗f5! 11.♘e1 (11.♗g5 h6 12.♗h4 ♗d3+ 13.♔g1 ♗e2 14.♕c1 ♗xf3 15.gxf3 ♘e5 16.♘d2 dxc3 17.♕xc3 ♕xd2-+ 0-1 Griesmann–Burgarth, ICCF 1995) 11...♕xf6 12.cxd4 ♖xe1+!

B1) 13.♕xe1 ♗d3+ 14.♔g1 ♘xd4 15.♘c3 (15.♘d2 ♘e2+ 16.♔f1 ♘f4+ 17.♔g1 ♘h3+ 18.gxh3 ♕g6#) 15...♘f3+! mit Matt zwei Züge später.

B2) 13.♔xe1 ♘xd4 14.♘a3 ♘f3+ 15.gxf3 ♕xa1 16.♕d2 c3 17.♕e3 ♔f8! 0-1 Spencer–Toothill, England 1981.

7...♘e4

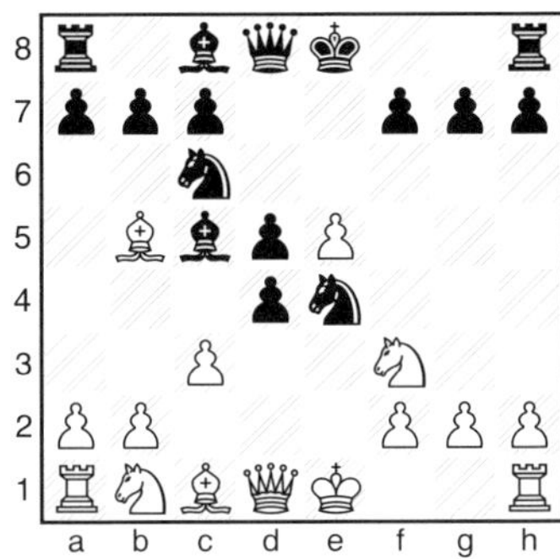

8.cxd4

8.♘xd4 sollte der Nachziehende mit 8...0-0 beantworten. Hierzu gibt es einiges Material aus der Praxis. Wir können an dieser Stelle nicht alle Verzweigungen zeigen und empfehlen Ihnen bei Interesse eine Auswertung Ihrer Partiendatenbank. Also denn ... 9.♗xc6 (Auf 9.0-0 folgt 9...♘xe5 10.♘d2 ♕f6 mit schwarzem Vorteil.) 9...bxc6 10.0-0 (10.♘xc6? ♗a6! 11.♘d4 f6-+)

A) 10...f6! 11.♗e3 (Alternativen: 11.e6 ♗xd4 12.cxd4 ♗xe6 und Schwarz hat einen gesunden Mehrbauern. Oder 11.exf6 ♕xf6 12.f3 ♗a6 13.♖e1 ♗d6 14.fxe4 ♕f2+ 15.♔h1 ♗f1 und Weiß gab auf, Blochin–Schobotow, Pskow 1973.) 11...♕e8 12.exf6 (Nach 12.f3 ♘d6 13.b4 ♗b6 14.exd6 ♕xe3+ 15.♔h1 ♗xd4 16.cxd4 cxd6 ist Schwarz im Vorteil. Seine Bauernkonfiguration ist kompakt und um ein Mitglied stärker als jene des Anziehenden.) 12...♖xf6 13.♘d2 ♖g6

14.♖e1 ♗h3 15.g3 ♘xd2 16.♕xd2 ♕f7 17.f4 h6 (17...h5!? sieht logischer aus.) 18.♘f3 ♗d6 19.♔h1 ♗f5 20.♖f1 ♗e4 21.♕f2 ♕d7 22.♔g1 ♕h3 23.♘d2 ♗d3 24.♖fe1 ♖f8 25.♕f3 a6 26.c4 d4! 27.♗f2 (27.♗xd4 ♗xf4 28.♕xd3 ♗xg3 -+) 27...♖xf4 28.♖e8+ ♔f7 29.♕xd3 ♖xf2! 30.♔xf2 ♕xh2+ 31.♔e1 ♕xg3+ 32.♔e2 ♔xe8 33.♕xd4 ♕e5+ 34.♕xe5+ ♗xe5 und das Endspiel ist für Weiß gewonnen, Lewicki-Malaniuk, Krakow 2012.

B) 10...♗a6!? (Der Läuferzug ist möglich, auch wenn er nicht so stark ist wie 10...f6!) 11.♖e1 f6

B1) 12.exf6 ♕xf6 13.f3 ♕h4! Der schwarze Angriff entscheidet.

B2) 12.♗e3 fxe5 13.♘xc6 (13.♘e6 analysieren wir in der **Partie Nr. 24**, Samulevicius-Vuckovic, Zagan 1995.) 13...♗xe3 14.♘xd8 ♗xf2+ 15.♔h1 ♖axd8 16.♘d2 ♗xe1 17.♕xe1 ♖f2 18.♘xe4 ♖f1+ 19.♕xf1 ♗xf1 20.♖xf1 dxe4 mit dem etwas besseren Endspiel für Schwarz, Smit-Ubezio, Caorle 1981. In der genannten Partie gewann der Nachziehende schon recht bald, nämlich im 29. Zug.

B3) 12.e6 ♖e8 13.f3 ♘d6 14.♘d2 ♕c8! (Schwächer ist 14...♗xd4+ 15.cxd4 ♕c8 16.♘b3 ♘b7 17.♗f4 mit etwa gleichen Chancen, Cevrin-Onem, Antalya 2013) 15.♘2b3 ♗b6 16.♔h1 ♗c4 17.♗e3 (17.♗f4 c5 18.♗xd6 cxd4 19.♗c5 ♗xb3-+) 17...c5 18.♘c2 ♘b7 19.♗f4 c6 20.♘e3 ♗xb3 21.axb3 (21.♕xb3 ♕xe6-+) 21...♖xe6 mit Gewinn des Bauerns.

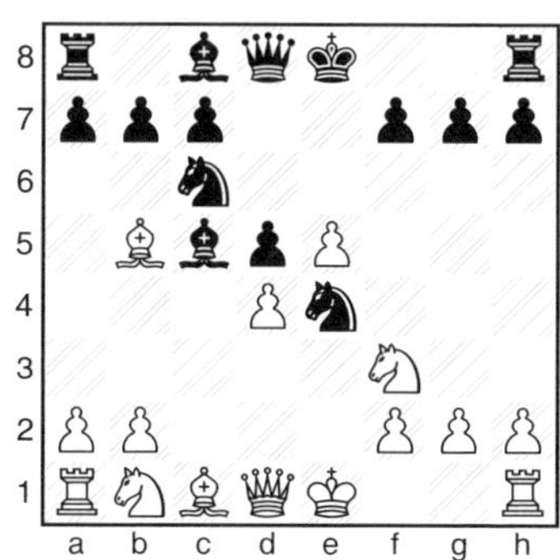

8...♗b6

Der schwarze Läufer soll den Druck auf das weiße Zentrum weiter aufrecht erhalten. Der Zug gilt als beste Wahl und markiert deshalb die Hauptvariante. Nicht ganz klar, aber vermutlich auch spielbar ist 8...♗b4+ Man sehe:

A) 9.♘bd2 0-0

A1) 10.♕a4 ♘xd4 (10...♗d7!? 11.0-0 ♗e7 12.♕b3 ♗f5 13.♕a4 ♘b8 14.♘xe4 dxe4 15.♘d2 c6 16.♗e2 b5∓ Brown-Soukupova, IECC Email 2004) 11.♘xd4 ♗xd2+ 12.♗xd2 ♘xd2 13.♔xd2 ♕g5+ 14.♔e2 c6 15.♗d3 ♕g4+ 16.f3 ♕xg2+ 17.♔e3 c5 18.♘e2 d4+ 19.♘xd4 (19.♔d2 ♕xf3 mit vollem Ersatz für die Figur.) 19...♕g5+ 20.f4 cxd4+ 21.♕xd4 ♕h4 22.♗e4 ♖d8 23.♕a4 ♕h3+ 24.♗f3 ♗g4 25.♖hf1 ♗xf3 26.♖xf3 ♖d3+ 27.♔xd3 ♕xf3+ 28.♔c4 ♕e4+ 29.♔b3 ♕d3+ 30.♔b4 a5+ 0-1 Vandenbroucke-Geirnaert, Leuven 2012.

A2) 10.♗xc6 bxc6 11.0-0 (11.♕a4 c5 12.0-0 ♗d7 13.♕b3 ♗f5∓) 11...f5 12.♕c2 a5 13.♕xc6 ♖a6 14.♕c2 ♖g6 15.a3 ♗xd2 16.♗xd2 f4 17.♔h1 ♕d7

18.♗e1 ♖xg2! 19.♖g1 ♘g3+! 0-1 Stratil–Dekker, Fernpartie 1973.

A3) 10.0-0 ♗f5 11.a3 ♗e7 12.♖e1 f6 13.♕b3 ♘a5 14.♕a4 (14.♕a2!? ist zu beachten.) 14...b6 15.♗d3 ♘c5 16.dxc5 ♗xd3 17.♘d4 ♕e8 18.♕xe8 ♖fxe8 19.cxb6 axb6 20.♘e6 ♗d8 21.♘xd8 ♖axd8 und die schwarze Stellung ist leicht vorzuziehen, Olsen–Cirulis, Fernpartie 2007. Der Nachziehende steht aktiver, seine Figuren sind harmonischer aufgestellt.

A4) 10.h3 ♘e7 11.0-0 c5 12.dxc5 ♗xc5 13.♘b3 ♗b6 14.♘bd4 ♘g6 15.♘c2 ♕c7 16.♘e3 ♖d8 17.♕c2 ♘xe5 18.♕xc7 ♗xc7 19.♘d4 ♗b6 und Weiß hat nichts für den Bauern, Zakhartsow–Nester, Lwow 2012.

B) 9.♔f1 0-0

B1) 10.♕a4 ♕e8! (10...a5!? 11.♗xc6 bxc6 12.♕xc6 ♖a6 mit gefährlichem schwarzen Angriff, Euwe.) 11.♗xc6 ♕xc6 12.♕xc6 bxc6 mit schwarzem Vorteil.

B2) 10.♕b3 ♗e7 11.♘c3 ♗e6 12.♗e3 ♕d7 13.♖d1 ♖ad8. In dieser komplizierten Stellung ist Schwarz ein leichtes Übergewicht zu bestätigen, Steinitz–Janowski, Wien 1898.

C) 9.♗d2 ♗xd2+ (9...♘xd2 10.♘bxd2 ♗d7∞) 10.♘bxd2 0-0 11.0-0 f5 12.♗xc6 (12.♘b3 ♘e7 13.♘e1 c6 14.♗e2 ♘g6 15.f3 ♘g5 16.♘d3 ♘e6 mit erneut kompliziertem Spiel, Gifford–Stolte, Den Haag 1873.) 12...bxc6 13.♘b3 f4 14.♖c1 ♕e8 15.♕c2 ♗d7. Die Situation ist unklar, Laroche–Anderssen, Paris 1860.

D) 9.♗d2 ♘xd2 10.♘bxd2 ♗d7 11.0-0 0-0

D1) 12.♗e2 f6 (12...a5!? kommt infrage, um b2-b4 zu verhindern.) 13.a3 ♗a5 14.♘b3 (14.b4!?) 14...♗b6 15.exf6 ♕xf6 16.♖c1 ♖ae8 17.♘c5 ♗g4 und Schwarz steht ausgezeichnet. Es droht das Schlagen auf f3 und d4, Nilsson–Ornstein, Malmo 2012.

D2) 12.a3 ♗xd2 13.♗xc6 ♗xc6 14.♕xd2 a5 15.♖ac1 ♗d7 16.♕c3 c6 17.h3 ♖e8 18.♘d2 h5 19.♔h2 a4 20.f4 ♗f5 mit beiderseitigen Chancen, Alsina Leal–Sulskis, Hastings 2013.

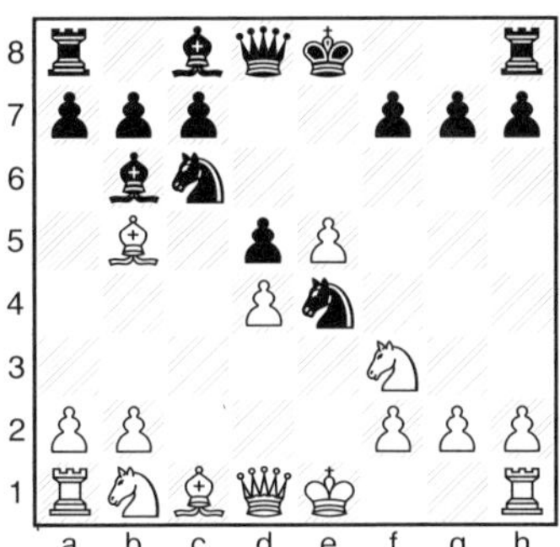

9.♗e3

Damit verstärkt Weiß die Verteidigung des zentralen Punktes d4. Die Praxis hat hier in dieser „Monstervariante“ aber auch andere Fortsetzungen hervorgebracht:

I. 9.h3 0-0

A) 10.♗e3 f6 11.♗xc6 bxc6 12.0-0 fxe5 13.♘xe5 ♗a6 14.♖e1 ♕h4 15.♕g4 ♕xg4 16.hxg4 (16.♘xg4 c5!) 16...♖ae8 17.♘c3 ♘xf2! 18.♗xf2 ♖xf2 19.♘xc6 (19.♔xf2 ♗xd4+ 20.♔g3 ♗xe5+ mit starker Initiative) 19...♖ef8

(Gehen müsste auch 19...♖xe1+!? 20.♖xe1 ♖xb2 21.♘xd5 und dann 21...♗b5 22.♘ce7+ ♔f8 23.♘xb6 cxb6 24.a3 ♖e2 25.♖xe2 ♗xe2 26.♘c6 ♗xg4 mit schwarzem Vorteil.) 20.♘xd5 ♖xb2 21.♘ce7+ ♔h8 22.♘xb6 ♖ff2 23.♔h2 ♖xg2+ 24.♔h3 axb6 25.♘d5 ♖h2+ 26.♔g3 ♖bg2+ 27.♔f4 h5 28.♖e8+ ♔h7 29.♘e3 ♖f2+ 30.♔g5 ♖e2 31.gxh5 ♖h3 32.♔f4 ♗b7 und Schwarz hat die Partie endgültig im Sack, Kiroski–Georgiev, Struga 2010.

B) 10.0-0 f6 11.♗xc6 (Die Fortsetzung 11.♘c3 besprechen wir in der **Partie Nr. 25**, A.Hernandez–Sieiro Gonzalez, Hawanna 1986.) 11...bxc6 12.♘bd2 ♗a6 13.♖e1 ♘xf2!? 14.♔xf2 fxe5 15.♔g1 (15.♔g3 e4 16.♘xe4 dxe4 17.♖xe4 ♕d6+∓) 15...e4 16.♘h2 (Die Variante 16.♘xe4 dxe4 17.♖xe4 ♗c4 nebst ♗c4-d5 bringt Schwarz in Vorteil.) 16...♗xd4+ 17.♔h1 ♗d3 18.♘b3 ♗b6 und Schwarz hat genügend Ersatz für die geopferte Figur.

II. 9.0-0

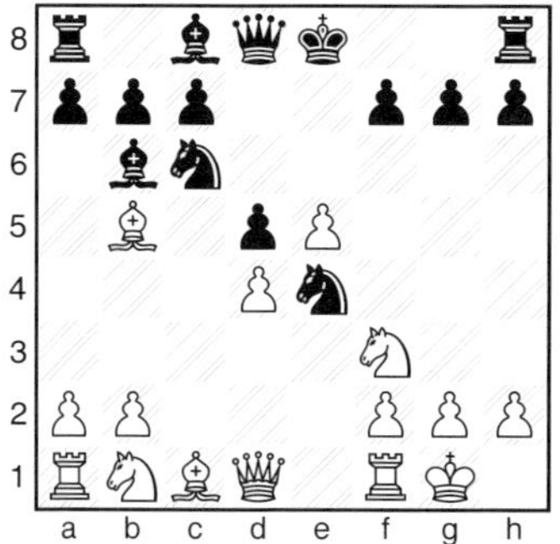

A) 9...♗g4 10.♗xc6+ (Ein Fehlgriff ist 10.h3? wegen 10...♗xf3 11.♕xf3 ♗xd4 12.♘d2 ♘xd2 13.♗xd2 0-0. Nach 14.♗xc6 bxc6 15.♗c3 ♗b6 16.♖ac1 c5 liegt der schwarze Vorteil auf der Hand, Sondermeijer–Hustinx, Fernpartie 2012.) 10...bxc6 11.♗e3 0-0 12.♘bd2 (12.♕c1 ♕d7 13.♘fd2 f6 14.♘xe4 dxe4 15.exf6 ♖xf6 16.♘c3 ♖e8 17.♕c2 ♕f5∓ Marrone–Aymard, ICCF Email 2009) 12...f6 mit aktivem Spiel für Schwarz, Comhaire–Dorr, Brugge 2012.

B) 9...0-0 10.♗xc6 bxc6 11.♘c3 ♗g4 12.♖e1 f5 13.♕d3 ♗xf3 14.gxf3 (14.♕xf3 ♗xd4-+) 14...♘g5 15.f4 ♘e6 16.♘e2 c5 17.♗e3 cxd4 18.♗xd4 c5 19.♗c3 c4 20.♕f3 d4 21.♗b4 ♖f7 mit schwarzem Übergewicht, Jonsson–Persson, Stockholm 2013.

III. 9.a4 a5 10.0-0 0-0 11.♗xc6 bxc6 12.♘c3 ♗g4 13.♕d3 f5 14.♘e1 c5! (14...♗h5 15.f3 ♘g5 16.♗e3 f4 17.♗f2 ♘e6 18.♖c1∞ Abasolo–Yee Soon Wei, Manila 2013) 15.dxc5 ♘xc5 16.♕xd5+ ♕xd5 17.♘xd5 ♘b3 18.♖b1 ♗e2 19.♘xb6 cxb6 und Schwarz hat sich eine Gewinnstellung erarbeitet.

IV. 9.♘c3 0-0 10.h3 (10.♗e3 führt zur Hauptvariante) 10...f6 (Oder 10...♘e7 11.0-0 ♗f5 12.♗e3 c6 13.♗d3 ♕d7∞ wurde in der Partie Kadziolka–Sargissian, Warschau 2012, gespielt, im Ergebnis wieder mit einer unklaren Stellung.) 11.♗e3 und nun stehen Schwarz vor allem die folgenden zwei Möglichkeiten offen:

A) 11...♘xc3!? 12.bxc3 fxe5 13.♗xc6 (13.dxe5 ♗xe3 14.fxe3 ♗f5 15.0-0 ♗e4 16.♗xc6 bxc6 17.♘d2 ♗f5∓) 13...exd4 und auch in diesem Abschnitt des Variantendschungels hat Schwarz gute Perspektiven.

B) 11...fxe5!? 12.♘xe4 (12.♗xc6 ♘xc3 13.bxc3 exd4 ist günstig für Schwarz.) 12...dxe4 13.♗c4+ (13.♗xc6 exf3 14.♗xf3 exd4-+) 13...♔h8 14.♘xe5 ♘xe5 15.dxe5 ♕e7 und der Nachziehende ist mit guten Chancen aus dem Gröbsten der Eröffnung herausgekommen. Er hat seine Entwicklung weitgehend abgeschlossen, Weiß muss noch etwas Hand anlegen und Obacht auf seinen Bauern auf e5 geben.

V. 9.♘bd2 0-0 10.♗xc6 bxc6 11.0-0 c5 12.♘xe4 dxe4 13.dxc5 ♗xc5 14.♘g5

A) 14...♗f5 15.♗e3 ♕e7 16.♕e2 (Nichts bringt 16.e6? wegen 16...fxe6 17.♗xc5 ♕xc5 18.g4 ♕e7 19.h4 ♗g6 20.♕e2 ♖f4 21.♘h3 ♖af8! mit starkem schwarzen Angriff.) 16...♗xe3 17.♕xe3 ♕xe5 und Schwarz, einen Bauern in Front, steht besser.

B) 14...♗b7 15.♕g4 ♕c8 16.♕f4 (16.♕h4 ♕f5 17.♗e3 ♗b6∓) 16...f6 (16...f5∞) 17.exf6 (17.♘xe4 fxe5 18.♕xe5 ♖f5 19.♕xc5 ♖xc5 20.♘xc5 ♗d5∓) 17...♖xf6 18.♕e5 ♗d6 19.♕b5 ♖f5 20.♕a4 ♕e8 und Schwarz verfügt über ein deutliches Übergewicht. Das Läuferpaar ist bereits gut in Position gebracht, der weiße Springer wird vermutlich bald ungünstig zurückweichen müssen.

C) 14...♕d3 15.♗f4 h6 16.♕xd3 exd3 17.♘e4 ♗b6 18.♖fd1 ♗f5 19.♘g3 ♗g6 20.♖ac1 ♖fe8 21.♘f1 ♖ad8 und Schwarz steht mit seinem Läuferpaar und dem starken Bauern auf d3 sehr aussichtsreich, was in der Partie Van der Lende-Schoorl, Hoogeveen 2012, zum späteren Sieg reichte.

9...0-0

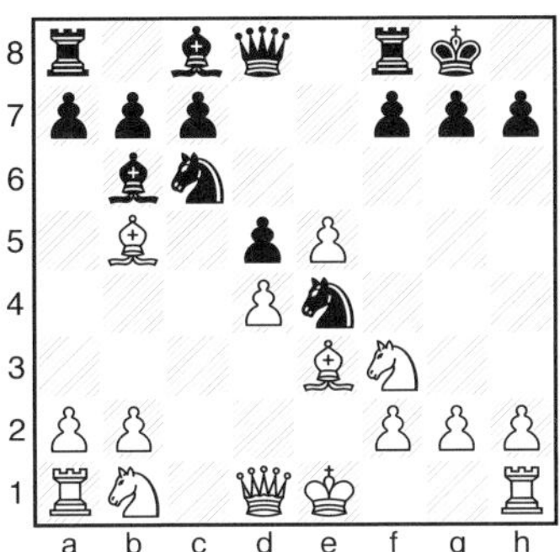

10.♘c3

Mit dem Springerzug will Weiß seine Figur ins Spiel bringen und eventuell den gegnerischen Kollegen auf e4 beseitigen. Die Rochade führt normalerweise unter Zugumstellung zur Hauptvariante. Andere Versuche:

I. 10.♗xc6 bxc6 11.♘c3

A) 11...♗g4 12.♕a4 c5

A1) 13.♘xe4 dxe4 (13...cxd4!? ist nicht gleichermaßen klar, aber wohl auch spielbar.) 14.dxc5 exf3 15.♕xg4 ♕d3 16.gxf3 ♗a5+ 17.b4 ♕c3+ 18.♔e2 ♕b2+ 19.♔f1 ♕xa1+ 20.♔g2 ♕xe5 21.bxa5 und Schwarz steht klar besser.

A2) 13.dxc5 ♗xf3 14.gxf3 ♘xc5 15.♗xc5 ♗xc5 16.0-0-0 ♕e8 17.♕a5 (17.♖xd5 ♕xa4 18.♘xa4 ♗xf2=) 17...♗xf2 18.♕xd5 ♕e6 19.♔b1 und nun hätte Schwarz in der Partie Sweschnikow-Dautow, Pinsk 1986, mit 19...c5 (Idee ♗f2-d4) das bessere Spiel erreichen können, Euwe.

B) 11...f5!?

B1) 12.exf6 ♕xf6 13.♘xe4 dxe4

14.♘d2 ♗a6 15.♕b3+ (Nach 15.♘xe4 ♗a5+ 16.♘c3 ♗xc3+ 17.bxc3 ♕g6 18.♕b3+ ♔h8 19.0-0-0 ♗d3 20.c4 ♗e4 21.f3 ♖ab8 müsste Weiß seine Dame hergeben.) 15...♔h8 16.0-0-0 ♕f5 (16...♗e2!? ist zu beachten.) 17.♘c4 ♕d5 18.♘e5 ♗b5 19.♕xd5 cxd5 20.b3 ♖ac8 21.♔b2 ♖f6 22.♖c1 ♖e6 23.♖hd1 ♔g8 24.♗f4 ♖f8 25.♗g3 g5 26.a4 ♗e8 27.f3 exf3 28.gxf3 h5 29.h3 a5 30.♖d3 c6 und in dieser dynamischen Stellung kamen Schwarz mit seinem Läuferpaar die besseren Perspektiven zu, die er in der Referenzpartie dann auch durch den späteren Sieg bestätigte, Negele–Mahnke, Fernpartie 2005.

B2) 12.g3 ♗a5 13.♕a4 ♗xc3+ 14.bxc3 a5 15.♘d2 ♗a6 16.♕c2 ♕e8 17.f3 ♕h5 18.0-0-0 ♘xd2 19.♕xd2 ♖ab8 20.♗g5 ♖b7 21.♗e7 ♖fb8 22.♗a3 f4 23.♕c2 ♕xf3 und Schwarz steht auf Gewinn, Abbasov–Handler, Prag 2012.

II. 10.♕c2 ♗d7

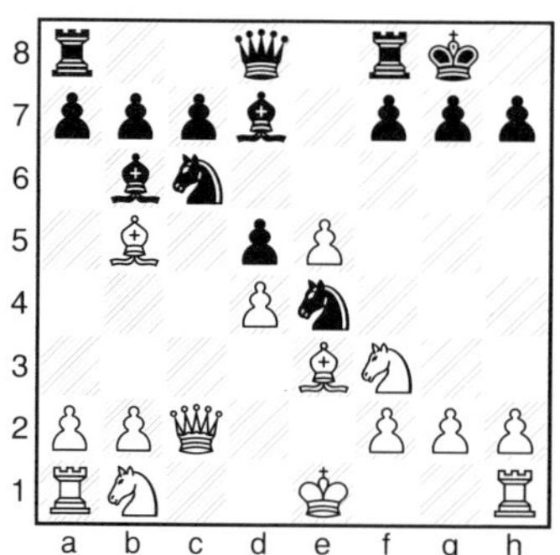

A) 11.♗e2 ♗f5 12.♕b3 ♗e6 (12...♘a5!? ist zu prüfen) 13.0-0 f6 14.♗d3? (□14.♘c3) 14...♔h8 15.♘c3 ♘xc3 16.♕xc3 (16.bxc3 fxe5 17.♘xe5 ♘xe5 18.dxe5 d4 19.♕xe6 dxe3 20.♕c4 exf2+ 21.♔h1 ♕g5 22.e6 ♖f6 nebst ♖f6-h6) 16...fxe5 17.♗b5 ♖xf3! 18.gxf3 exd4 19.♗xd4 ♘xd4 20.a4 c6 21.♗d3 ♘xf3+ 22.♔h1 ♕h4 0-1 Magnusdottir–Bird, Reykjavik 2013.

B) 11.♘c3 ♘b4 12.♕b3 ♘xc3 13.♗xd7 ♘d3+ 14.♔f1 ♕xd7 15.♕xc3 (15.bxc3? c5 16.h4 c4 17.♕c2 f6∓ Hmadi–Milos, Dubai 1986) 15...♕f5 16.♕c2 ♕e4 17.♖d1 ♘b4 (17...♘c5!?) 18.♕xe4 dxe4 19.♘d2 ♘xa2 20.♘xe4 ♘b4 21.f4 ♖ad8 22.g4 ♘c2 23.♔e2 ♗xd4 mit Eroberung des Bauern, Jacewicz–Wojcik, Fernpartie 2005.

III. 10.h3 (Ein Vorschlag von Palkövi) 10...f5 (10...f6!? ist auch möglich.) 11.exf6 ♕xf6 12.♘c3 ♗e6 mit gutem Spiel für Schwarz.

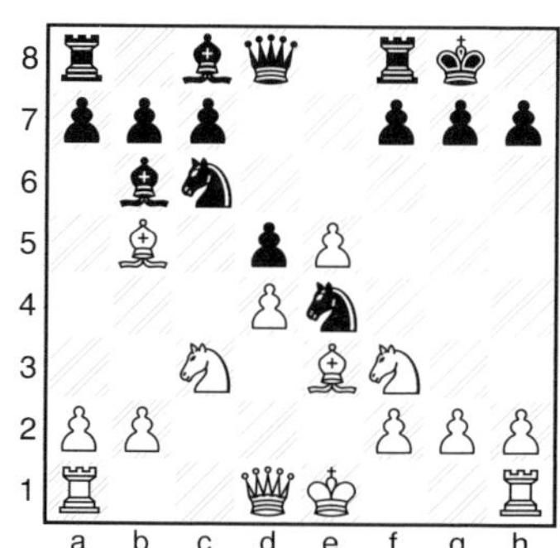

10...♗g4

Ein logischer Zug im Kampf um den Punkt d4. Spielbar ist auch 10...f6!?

A) 11.exf6 ♘xf6 12.♗xc6 (12.♖c1 ♕d6 13.0-0 ♗g4 14.♗e2 ♖ae8 15.h3 ♗xf3 16.♗xf3 ♘e7= Steinitz–Lasker, Wettkampfpartie 1894) 12...bxc6 13.♘e5 ♕d6 14.0-0 ♗a6 15.♖e1 c5 und nach einem Urteil von Euwe befindet sich die Stellung annähernd im Gleichgewicht.

B) 11.♖c1 ♘xc3 12.bxc3 fxe5 13.♗xc6 exd4 14.♗g5 ♕d6 15.♗b5 ♗g4 16.♗e2 ♕g6 17.♗h4 ♖ae8 18.♔f1 d3 19.♗xd3 ♕h5 20.♗g3 ♖xf3! 0-1 Orzechowski–Michta, Fernpartie 1986.

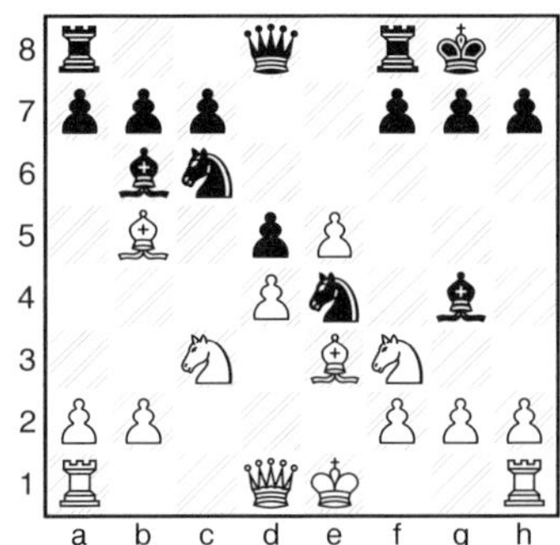

11.h3

Der Läufer wird zur sofortigen Entscheidung gezwungen. Alternativen für Weiß:

I. 11.♕b3 ♗xf3 12.gxf3 ♘g5 13.♗xc6 bxc6 14.♔e2 ♘e6 15.♖ad1 f6 16.f4 fxe5 17.fxe5 ♕h4 18.♕a4 ♖ad8 19.♖d2 (Nach 19.♕xc6 gewinnt 19...♘xd4+ 20.♗xd4 ♗xd4 usw.) 19...c5 20.dxc5 ♕h5+ 21.♔e1 ♘xc5 22.♕c6 ♕f3 23.♖g1 ♘d3+ 24.♖xd3 ♗xe3 25.fxe3 ♕f2+ 26.♔d1 ♕xg1+ 27.♔c2 ♕xh2+ und Schwarz steht auf Gewinn, Medvegyne Balogh–Toth, Ungarn 2012.

II. 11.♕c2 ♗f5 12.♕b3 ♘a5 (Den beachtenswerten Plan mit 12...♘e7!? besprechen wir in der **Partie Nr. 26**, M.Bartel–Erdos, Warschau 2011.) 13.♕a4 c6 14.♗e2 ♘xc3 15.bxc3 f6 16.exf6 ♕xf6 17.♘e5 ♖ae8 18.♕b4 ♗c7 mit besseren Perspektiven für Schwarz, Zhang Zhong–Solomon, Istanbul 2012.

III. 11.0-0 f5 12.exf6 ♘xf6 (Überzeugend ist auch der Plan einer Überführung des Turms zum Königsflügel nach 12...♖xf6!?, z.B. 13.♗e2 ♖g6 14.♔h1 ♗f5 15.♕b3 ♘xc3 16.bxc3 ♗e4 usw.) 13.♗e2 ♕d6 14.a3 (14.h3 ♗h5 15.♕b3 ♖ae8∞ Goncharov–Laane, Fernpartie 2008) 14...♖ae8 15.♖c1 ♗h5 16.h3 ♔h8 17.♘d2 ♗xe2 18.♘xe2 ♘e4 19.♘xe4 ♖xe4 20.♘c3 ♖e6 21.♘a4 ♘e7 22.♕c2 c6 23.♘xb6 axb6 24.♗d2 ♕d7 25.♗b4 ♖f4 26.♗xe7 ♕xe7 27.♕c3 ♖e2 28.f3 ♖f6 29.♖ce1 ♖fe6 30.♖xe2 ♖xe2 31.♖f2 ♖e1+ 32.♔h2 ♕d6+ 33.g3 ♕e7 34.♕d2 ♕e3 mit einem bequemen Schwerfigurenendspiel für Schwarz. Der gegnerische Bauer auf d4 ist schwach, geschwächt ist auch der weiße Königsflügel. Diese Faustpfände reichten dem Nachziehenden in der Partie Perez Gonzalez–Vovk, Madrid 2012, um sich späterhin den Sieg zu sichern.

IV. 11.♕a4 ♘e7 (Einen scharfen Verlauf nahm das Duell Salati–Quattrocchi, Fernpartie 2008: 11...♘xc3 12.bxc3 ♕e8 13.♕b3 ♕e6 14.♗d3 f6 15.exf6 ♗xf3 16.fxg7 ♘xd4 17.gxf8♕+ ♖xf8 18.cxd4 ♗a5+ 19.♔f1 ♗xg2+ 20.♔xg2 ♕g4+ 21.♔f1 ♕h3+ 22.♔g1 ♕g4+ mit Remis.) 12.♗d3 f5 13.exf6 ♘xf6 14.♘e5 ♗f5 15.♗e2 ♘g6 16.0-0 c6 17.♘xg6 ♗xg6 und in dieser Stellung mit beiderseitigen Chancen einigten sich die Kontrahenten auf ein Remis, Macieja–Malaniuk, Polen 2011.

V. 11.♗e2 ♘e7 (Alternativen sind 11...f5!? und 11...f6!?) 12.h3 ♗e6 13.0-0 ♘f5 14.♗f4 c5 15.dxc5 ♗xc5 16.♗d3 ♘fg3 17.♗xg3 ♘xg3 18.♖e1 ♘h5 19.♕d2 g6 20.♘b5 ♘g7 21.b4 ♗e7 22.♘bd4 ♕b6 mit verteilten Chancen, Aravindh-Andersen, Athen 2012.

VI. 11.♗xc6 bxc6 12.♕a4 (Andere Möglichkeiten: 12.h3 ♗xf3 13.gxf3 ♘xc3 14.bxc3 ♕d7 15.f4 ♗a5 16.♕d3 f6 17.♖b1 fxe5 18.fxe5 ♖f3 19.♔d2 ♖af8 20.♕a6 ♗b6 21.♖bg1 ♖xf2+ 22.♗xf2 ♖xf2+ 23.♔e1 ♖f3 24.♔d2 ♖f2+ 25.♔e1 ♖f3 26.♔d2 ♖f2+ 27.♔e1 mit Remis, Vinchev-Friis, Fernpartie 2009; 12.♕c2 ♗xf3 13.gxf3 ♘g5 14.0-0-0 ♘xf3 15.♕e2 ♘h4 16.♖hg1 ♕d7 17.♕h5 ♘f5 18.♖g4 f6 19.exf6 ♖xf6 20.♖dg1 g6 21.♕h3 ♕f7 mit schwarzem Übergewicht, Megalios-Kapnisis, Chalkis 2010.)

A) 12...f6

A1) 13.exf6 ♗xf3 14.fxg7 ♖e8! (Nach 14...♔xg7? 15.gxf3 ♘xc3 16.bxc3 ♖xf3 17.♕xc6 nebst 0-0-0 läge der Vorteil auf der Seite von Weiß.) 15.gxf3 ♘xf2! 16.♔xf2 ♕h4+ 17.♔e2 ♗xd4 18.♘e4 (18.♘d1 ♕f4-+) 18...♗xe3 19.♔xe3 ♖xe4+! 20.fxe4 ♖e8 21.♖hg1 (21.♔d2 ♕f4+ 22.♔c3 ♖xe4 23.♕xe4 ♕xe4 24.♖hg1 ♕e3+ 25.♔c2 ♕e2+ 26.♔c3 c5-+; 21.♖ag1 ♖xe4+ 22.♕xe4 ♕xe4+ 23.♔d2 c5∓) 21...♖xe4+ 22.♕xe4 ♕xe4+ 23.♔d2 mit Ausgleich, De la Paz.

A2) 13.♕xc6 beleuchten wir in der **Partie Nr. 27**, Vohl-Potrata, Fernpartie 2009.

B) 12...c5 13.dxc5 ♗xf3 14.gxf3 ♘xc5 15.♗xc5 ♗xc5 16.0-0-0 ♕e8 17.♕a5 ♗xf2 18.♕xd5 ♕e6. Die Stellung ist kompliziert, so richtig ist für keine der beiden Seiten ein Vorteil zu erkennen, Sweschnikow-Dautow, Pinsk 1986.

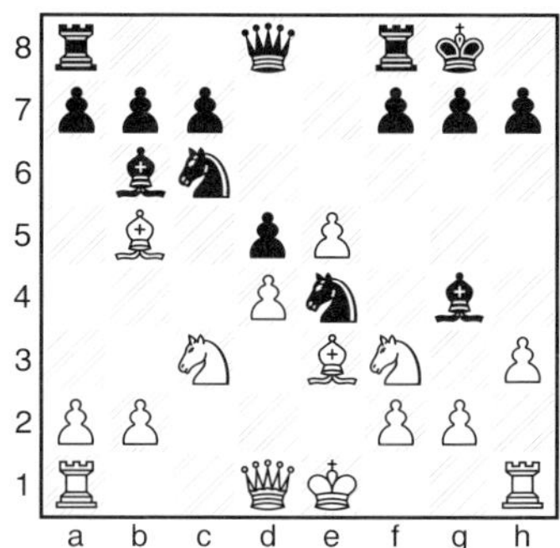

11...♗h5

Normalerweise behält Schwarz seinen Läufer, um die Spannung nicht zu mindern. Das Schlagen auf f3 ist jedoch für weitere Forschungen geeignet. Man sehe: 11...♗xf3

A) 12.♕xf3 ♘xd4 13.♗xd4 ♗xd4 14.♘xe4 dxe4 (Zu gefährlich ist 14...♗xb2?! wegen 15.♘f6+ gxf6 16.♖b1 ♗xe5 17.♗d3 und die Drohungen ♕f3-h5 bzw. ♕f3-f5 können Schwarz vor große Probleme stellen.) 15.♕xe4 ♗xb2 16.♖d1 ♕e7 17.f4 c6 mit einem Mehrbauern für Schwarz. Aber bei ungleichfarbigen Läufer wäre die Realisierung des Vorteils nicht einfach.

B) 12.gxf3 ♘xc3 13.bxc3 ♘e7 14.f4 ♖c8 (14...♘f5!? ist zu prüfen.) 15.♕g4 g6? (Dies schwächt die Königsstellung. 15...f5!? 16.♕d1 c5 sieht besser aus und sollte genauer untersucht werden.) 16.♗d3 c5 17.0-0 (Stark ist 17.f5!?) 17...cxd4 18.cxd4 h5 19.♕g2 ♖c3 20.♖fd1 ♕d7 21.a4 ♖b8 22.a5 ♗c7 23.♕f3 b5 24.♗d2 ♖c6 25.♗b4 ♘f5 26.♗xf5 ♕xf5 27.♕xd5 ♖c4 28.♗c5 ♖d8 29.♕f3 a6 30.♖dc1 ♖xc1+ 31.♖xc1 ♗xa5 32.♖a1 ♗d2 33.♖xa6 ♗xf4 34.♔f1 ♕g5 35.♖a7 ♕f5 36.e6 und Weiß gewann, Domingo-Kirali, Fernpartie 2010.

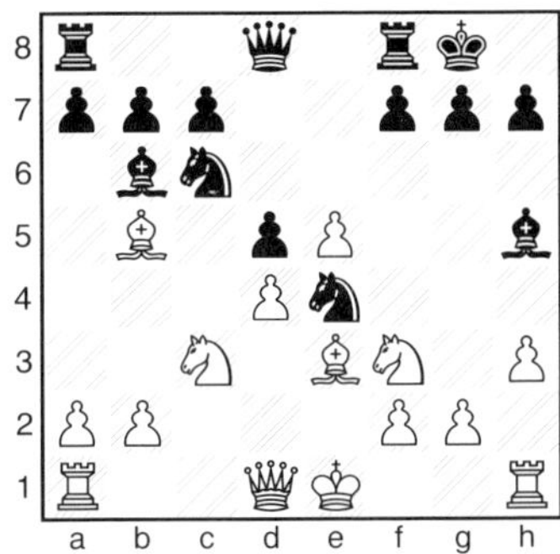

12.♗e2

Hier hat Weiß auch schon andere Tauben auf den Weg geschickt. Werfen wir also mal einen Blick auf bekannt gewordene Versuche:

I. 12.♕b3

A) 12...♘e7 13.g4 (Zu scharfem Spiel führt 13.0-0-0!?) 13...♗g6 14.0-0 a6 15.♗e2 ♘c6 16.a4 ♘xc3 17.bxc3 ♖e8 18.♕a2 ♘a5 19.♖fe1 c6 20.♖ad1 f6 21.♗f4 ♗c7 22.♗g3 b5 23.♗f1 ♘c4 mit verteilten Chancen, Keller-Mahnke, BdF-Schachserver 2009.

B) 12...♗xf3 13.gxf3 ♘g5 14.0-0-0 ♘xf3 15.♕xd5 ♘cxd4 16.♕xb7 ♕h4 und Schwarz steht ausgezeichnet.

II. 12.♕c2

A) 12...♘xc3 13.bxc3 (13.♗xc6 ♗xf3 14.gxf3 ♘xa2 15.♗xb7 ♘b4 16.♕c3 ♖b8 17.♕xb4 ♖xb7 18.♖g1 c6 19.♕c3 ♕c8 20.♖g3 f5∞ Neumann-Herzog, Lechenicher SchachServer 2012) 13...f6 14.exf6 ♕xf6 15.♗e2 ♗g6 16.♗d3 ♗xd3 17.♕xd3 ♖ae8 18.0-0 ♕f5 19.♕xf5 ♖xf5 20.♖ab1 ♘a5 21.♘e5 c6 22.g4 ♖ff8 23.f4 ♗c7 mit etwa gleichen Chancen, Tauber-Anderson, Fernpartie ICCF 2010.

B) 12...♗g6 13.♕b3 a6 14.♗xc6 bxc6 15.0-0 ♖b8 16.♕a3 ♗h5 17.e6 (17.g4 ♗g6 18.♕xa6 h5⇄) 17...♕d6 (17...fxe6 18.♘e5±) 18.exf7+ ♗xf7 19.♕xa6 c5 20.dxc5 ♘xc5 21.♗xc5 ♗xc5 (21...♕xc5) 22.♕xd6 ♗xd6 23.b3 ♖fe8 und trotz eines Minusbauern sollte Schwarz mit dem Läuferpaar auf seiner Seite Ausgleich halten können.

III. 12.♘e2

A) 12...f6 13.exf6 ♕xf6 14.♘f4 ♗xf3 15.gxf3 (15.♕xf3 ♘xd4 16.♗xd4 ♗xd4 17.♘xd5 ♕e5-+) 15...♘xf2! 16.♘xd5 (16.♔xf2 ♘xd4 17.♘xd5 ♕h4+ 18.♔g2 ♖xf3-+) 16...♕d8 17.♔xf2 ♕xd5 mit schwarzem Gewinn.

B) 12...♘e7 13.g4 ♗g6 14.♖c1 c6 15.♗d3 ♗a5+ 16.♔f1 ♘d2+ 17.♗xd2 ♗xd3 18.♗xa5 ♗xe2+ 19.♕xe2 ♕xa5 und wegen der geschwächten Bauernstuktur in der Königsstellung des Anziehenden hat Schwarz bessere Aussichten, Obon Temprano-Narciso Dublan, Barbera del Valles 2011.

IV. 12.g4 ♗g6 13.♘e2 f6 14.♗xc6 ♗a5+ 15.♔f1 bxc6 16.♘f4 fxe5

A) 17.♘xg6 hxg6 18.dxe5 (18.♘xe5 ♗d2!-+) 18...♖b8 19.♕e2 ♗d2! 20.♔g2 (20.♗xd2 ♖xf3!-+; 20.♘xd2

♘g3+-+) 20...♗xe3 21.♕xe3 (21.fxe3 ♖xf3! 22.♕xf3 ♕h4 23.♖af1 ♖xb2+ 24.♔g1 ♘g5-+) 21...♖xb2 22.♖hf1 c5 und für Weiß ist Schluss mit lustig, der schwarze Vorteil hat ein entscheidendes Ausmaß angenommen.

B) 17.♘xe5 ♖b8 18.♘ed3 c5 19.dxc5 d4 20.♗c1 ♗f7 21.♔g1 ♗d5 22.♕c2 ♘g5 23.b4 ♖xf4 24.♗xf4 (24.♘xf4 ♘f3+ 25.♔f1 ♖xb4-+) 24...♘f3+ 25.♔f1 ♗xb4 26.♖b1 a5 27.a3 ♕e8! 28.axb4 ♕e4. Die weiße Stellung ist hoffnungslos, Llorach Gracia-Kühne, Fernpartie 2010.

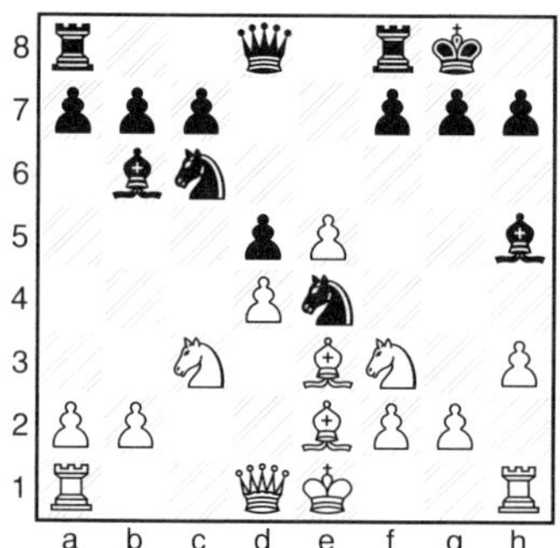

12...♘e7

12...f6!? ist eine gut aussehende Alternative, die weiter untersucht werden sollte.

13.g4

Für diese Fortsetzung spricht das mit ihr verbundene energische Vorgehen seitens des Anziehenden. Nach 13.♕c2 kann Schwarz 13...♘xc3 ziehen. Auf 14.bxc3 (oder 14.♕xc3 f6) folgt dann 14...f6 usw.

13...♗g6 14.h4

Nach 14.♘h4 ♗a5 15.♘xg6 ♘xg6 16.♕b3 c5 steht Schwarz klar besser, weil Weiß unentwickelt ist und Schwächen am Königsflügel hat, S.Farago-Petran, Balatonbereny 1996.

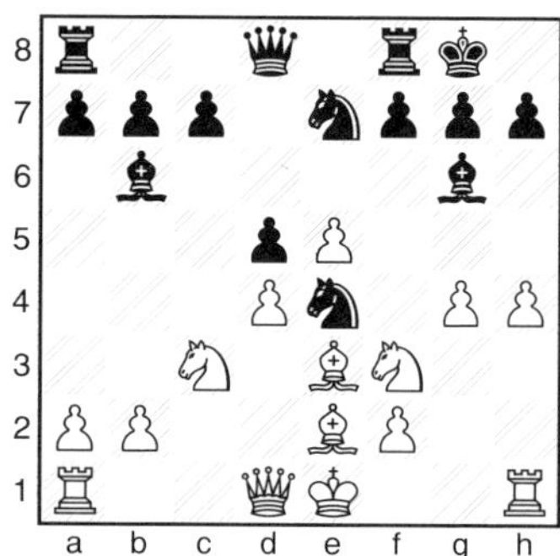

14...f6

Eine natürliche Reaktion: Das Bauernzentrum von Weiß wird angegriffen. Es geht wohl auch 14...♘xc3 15.bxc3 ♗e4 usw. Diese Idee ist ein gutes Thema für intensive Analysen und eine Überprüfung in der Turnierpraxis.

15.h5 ♘xc3 16.bxc3 ♗e4 17.exf6 ♖xf6 18.h6

Es ist auch 18.0-0 möglich, worauf wir 18...h6 vorschlagen.

18...♘g6 19.♖h5

Auf 19.hxg7? kann 19...♘f4 folgen, verbunden mit einem Vorteil für Schwarz.

19...♕d6 20.♘g5

Auf 20.♘e5 spielt der Nachziehende 20...♖e8!

20...♖e8 mit einer sehr dynamischen Stellung und guten Aussichten für

Schwarz. Der Vorstoß c7-c5 mit einer Öffnung der Stellung im Zentrum liegt ständig in der Luft.

Zusammenfassung: In dieser Variante entsteht ein dynamisches Spiel mit guten Chancen für Schwarz. Statt 8...♗b6 in der Hauptvariante ist wohl auch 8...♗b4+ spielbar. Die ergänzenden Partien zum Thema veranschaulichen die taktischen Möglichkeiten von Schwarz.

Kapitel 9
Fortsetzung 7.♗d2

1.e4 e5 2.♘f3 ♘c6 3.♗c4 ♗c5 4.c3 ♘f6 5.d4 exd4 6.cxd4 ♗b4+ 7.♗d2

Der eigene Gefolgsmann wirft sich in den Schuss des gegnerischen Bogenschützen, was ihn das Leben kosten wird!

Die taktischen Verwicklungen nach 7.♘c3 führen zur Hauptvariante, wir behandeln sie dort. Mit diesem Textzug gibt Weiß zu erkennen, dass er ein relativ ruhiges Spiel führen möchte, dessen Natur sich von jener nach dem Springerzug unterscheidet.

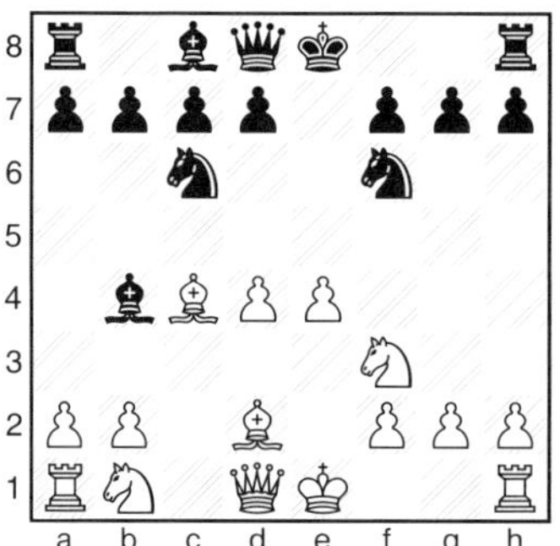

7...♗xd2+

Die übliche Fortsetzung, so reagiert der verhinderte Attentäter zumeist. Die ältere Idee mit 7...♘xe4 hat auch ihre Anhänger. Diese Variante ist jedoch noch ungeklärt, wir beschäftigen uns deshalb in diesem Buch nicht damit.

8.♘bxd2

8.♕xd2 ist noch nicht richtig erprobt worden. Zu diesem Thema sind nur sehr wenige praktische Beispiele bekannt, sodass sich ein objektives Bild noch nicht abzeichnet. Es sieht aber so aus, als ob nun 8...♘xe4 die beste Erwiderung ist. Zwei Varianten dazu:

A) 9.♕e2 d5 10.♗xd5 ♕xd5 11.♘c3 ♕f5 (Es geht auch 11...♕e6 12.♘xe4 ♗d7 13.0-0 0-0-0 und die Stellung befindet sich im Gleichgewicht.) 12.♘xe4 (Nach 12.♕xe4+ ♕xe4+ 13.♘xe4 ♗f5 14.♘c3 0-0-0 15.0-0-0 ♖he8 steht Schwarz ausgezeichnet.) 12...0-0 13.0-0 ♗e6 mit gutem Spiel für Schwarz.

B) 9.♕e3 d5 10.♗xd5 (In der Partie Stoianov–Carrizo, Fernpartie 2007, kam es zu 10.♗d3 0-0 11.0-0 ♖e8 12.♘e5 ♘xe5 13.dxe5 ♕e7 14.♖e1 ♘c5 15.♗c2 ♖d8 16.♖d1 ♗g4 17.♖d4 ♗h5 18.♘c3 c6 19.♕g3 ♗g6 20.♗xg6 fxg6 21.♖e1 ♖f8 22.♖g4 ♖ae8 23.f4 ♕f7 24.♕e3 ♕f5 25.♖g3 ♘e6 mit schwarzem Übergewicht.) 10...♕xd5 11.♘c3 ♕f5 12.♘xe4 ♗e6 13.0-0 0-0-0 14.♖ac1 ♗d5 15.♘g3 ♕f6 und Schwarz steht gut.

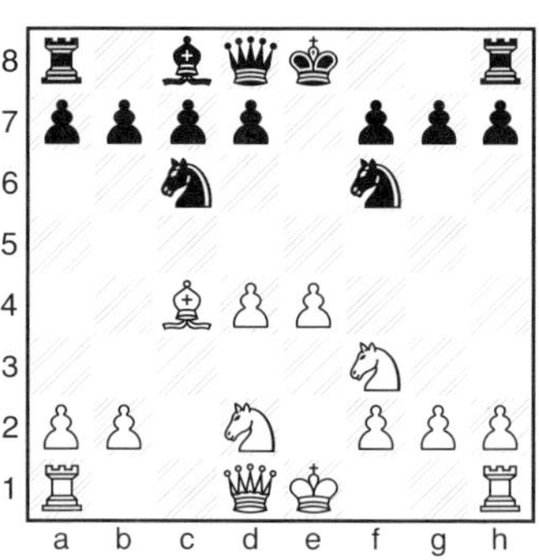

In der Diagrammstellung stehen Schwarz zwei Fortsetzungen offen:

8...d5 (siehe **Abspiel 1**) und 8...♘xe4 (siehe **Abspiel 2**).

Abspiel 1
Fortsetzung 8...d5

1.e4 e5 2.♘f3 ♘c6 3.♗c4 ♗c5 4.c3 ♘f6 5.d4 exd4 6.cxd4 ♗b4+ 7.♗d2 ♗xd2+ 8.♘bxd2 d5

Avanti! Hier nicht „Avanti Italia“, sondern Bauer d7 in der Italienischen Partie! Vorwärts also, nach diesem Motto spielt der Nachziehende in der Praxis zumeist.

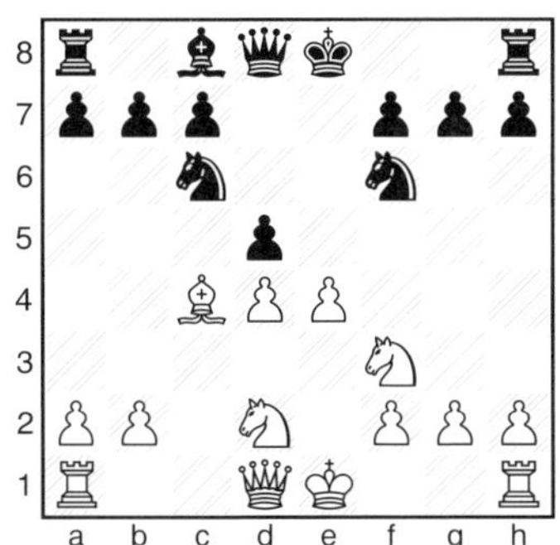

9.exd5

Andere Erwiderungen sind selten anzutreffen:

I. 9.♗d3 dxe4

A) 10.♗xe4 ♘xe4 11.♘xe4 0-0 (11...♗f5 12.♘g3 ♗e6∓) 12.0-0 ♗g4 13.♕d3 ♗xf3 14.♕xf3 ♕xd4. Der gewonnene Bauer erfreut sich der besten Gesundheit, Leurette-Carrizo, Fernpartie 2008.

B) 10.♘xe4 ♗g4 11.♘xf6+ ♕xf6 12.♗e2 0-0 13.d5 (13.0-0 ♗xf3 14.♗xf3 ♘xd4 15.♗xb7 ♖ab8 16.♗e4 ♖xb2-+) 13...♗xf3 14.♗xf3 ♖fe8+ 15.♔f1 (15.♗e2?? ♘d4-+ Zivas-Andromedas, Fyli 2012) 15...♘d4 16.♖c1 ♖e7 17.b3 ♖ae8 und das schwarze Spiel erinnert an die Harmonie der toscanischen Landschaft. Schwarz befindet sich bereits auf der Siegerstraße.

II. 9.e5 dxc4 10.exf6 ♕xf6 11.♘xc4 (11.♕e2+ ♕e6 12.♕xe6+ ♗xe6 13.0-0 0-0-0∓ Vraj-Dolansky, Prag 2012)

A) 11...0-0 12.0-0 ♗g4 13.♘ce5 (13.♕d3 ♗xf3 14.♕xf3 ♕xf3 15.gxf3 ♘xd4-+ Svanda-Sanitt, Prag 2012) 13...♘xe5 14.dxe5 ♕b6 und Schwarz steht etwas besser.

B) 11...♗g4!? 12.♘ce5 ♗xf3 13.♘xf3 0-0-0 14.0-0 ♘xd4 mit schwarzem Mehrbauern und massiven weißen Problemen.

III. 9.♗b5 dxe4

A) 10.♘g5 0-0 (Mit 10...♕xd4!? ins „Reich der Mitte“ geht auch.) 11.♗xc6 bxc6 12.♕c2 ♗a6 13.♕xc6 ♗d3 und der Nachziehende steht herrvorragend.

B) 10.♘e5 ♗d7 (Hier kann Schwarz auch an die Rochade denken. Eine Variante dazu: 10...0-0!? 11.♘xc6 bxc6 12.♗xc6 ♖b8 13.0-0 ♕d6 14.♗xe4 ♕xd4 15.♗f3 ♖xb2. Der Nachziehende kann schon jetzt sehr zufrieden sein, er steht besser.) 11.♗xc6 ♗xc6 12.♘xc6 bxc6 13.♕a4 0-0 14.♖c1 ♘d5 15.0-0 ♘f4 16.♔h1

♕g5 17.g3 ♘e2 18.♖c2 ♖fd8 19.f4 ♕h5 mit schwarzem Angriff, Pavlik-Potemri, Fernpartie 2001.

IV. 9.♗xd5 ♘xd5 10.exd5 ♕xd5 11.♕e2+ ♗e6 12.♘b3 0-0 (Einen Versuch wert ist 12...0-0-0!?) 13. 0-0-0? (◯13.0-0) 13...♘b4 14.♔d2 ♘xa2 und für Schwarz stehen die Zeichen bereits auf Sieg, Holle-Krupp, Braunfels 2012.

9...♘xd5

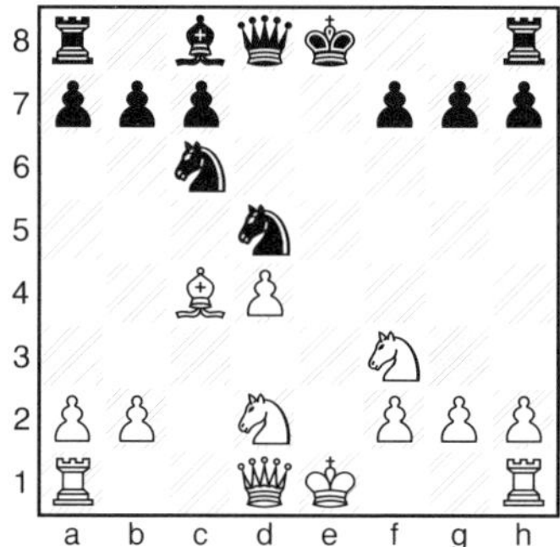

10.♕b3

Der stärkste Zug und deshalb auch die Nummer 1 in der Praxis. Weiß greift den Blockadespringer an, um die weitere elastische Entwicklung der schwarzen Kräfte zu hindern. Es gibt auch Alternativen:

I. 10.0-0 0-0

A) 11.h3 ♘f4

A1) 12.♔h2 ♘xd4 13.♘xd4 ♕xd4 14.♕c2 ♕d6 15.♔h1 ♕h6 16.♕c3 ♗f5 17.♔h2 ♖ad8 18.♖ad1 ♗xh3! 19.gxh3 ♖d3! 20.♕xd3 (20.♗xd3 ♕xh3+ 21.♔g1 ♕g2#) 20...♘xd3 21.♗xd3 ♕d6+ 22.f4 ♕xd3 0-1 De Saint Amant-Morphy, Paris 1858.

A2) 12.♘b3 ♕f6 13.♔h1 ♕g6 14.♖g1 ♘e7 (Stark ist 14...♕h6!? mit der Drohung, auf h3 zu schlagen.) 15.♘e5 ♕h6 16.♘g4 ♕g5 17.♕f3 b5! 18.♗f1 (Oder 18.♗xb5 ♖b8 19.♗c4 ♗b7 20.♕c3 ♘f5 mit Initiative für den Bauern.) 18...♗e6 19.♔h2 ♖ad8 mit aktivem schwarzen Spiel, Gazvoda-Zvan, Bled 2005.

A3) 12.♘e4 ♗e6 13.♗xe6 fxe6 14.♖e1 ♕d5 15.a3 ♖ad8 16.♖c1 h6 17.♔h2 ♕h5 18.♖e3 ♖d5 19.♘g3 ♕f7 20.♖b3? (◯20.♕b3) 20...♘xd4! 21.♘xd4 c5 22.♖xc5 ♖xc5 23.♕f3 ♖c7 und Schwarz hatte in der Partie Loewenthal-Anderssen, London 1851, eine Gewinnstellung erreicht.

B) 11.♖e1 ♘b6

B1) 12.♖c1 ♘xd4 13.♘xd4 ♕xd4 14.♕c2 (14.♗b3 ♗g4 15.♕c2 ♖ad8 16.♘f1 c6∓) 14...♘xc4 15.♘xc4 ♗e6 16.♖ed1 ♕c5 17.b3 ♖ad8 18.♖xd8 ♖xd8 19.♘e3 ♕xc2 20.♖xc2 c6 mit schwarzem Endspielvorteil, Lahmar-Nouali, Algiers 2012.

B2) 12.♖e4 ♘xc4 (Ernst infrage kommt auch die Läuferentwicklung mit 12...♗f5!?) 13.♘xc4 ♕d5 14.♕e2 ♗f5 15.♖f4 ♖fe8 16.♘ce5 ♗d7 (Aus der Perspektive des Nachziehenden ist die Folge 16...♗g6!? 17.♕c4 ♕xc4 18.♘xc4 ♖ad8 sinnvoller.) 17.♕c4 ♕xc4 18.♘xc4 f6 19.d5 ♘b4 20.♘e3 ♘d3 mit etwa gleichen Chancen, Cresnik-Janzekovic, Ptuj 2012.

C) 11.♘b3 ♗g4 12.♗e2 ♘f4 13.h3

C1) 13...♗h5! 14.♔h1 (14.g4 ♘xh3+ 15.♔h2 ♗xg4-+) 14...♖e8 15.♗b5 ♕d5 und der schwarze Vorteil ist offensichtlich.

C2) 13...♘xe2+ 14.♕xe2 ♗xf3 15.♕xf3 ♘xd4 16.♘xd4 ♕xd4 17.♕xb7 ♖fc8 18.♖ad1 ♕b6 19.♕xb6 axb6 20.a3 mit Ausgleich, Vaskevicius-Martinuc, Maribor 2012.

D) 11.♘e5 ♘a5

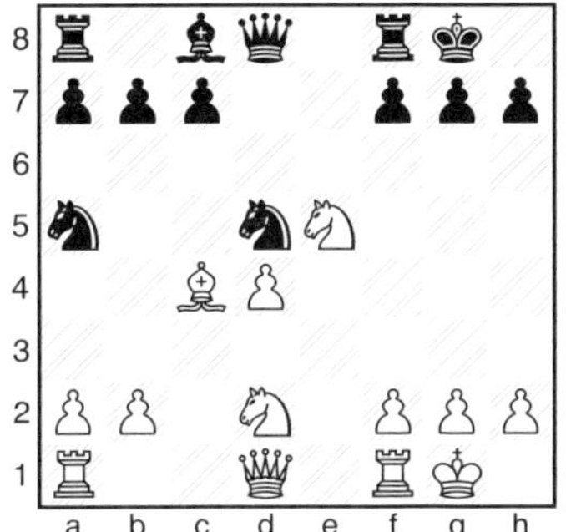

D1) 12.♕a4 ♘xc4 13.♕xc4 ♗e6 (Was könnte gegen 13...♘f4!? sprechen? Der Zug sieht ebenfalls gut aus.) 14.♖fe1 (14.♕c1?? ♘f4 15.♕c2 ♕g5 16.g3 ♘e2+ 17.♔h1 ♘xd4 0-1 Munoz Perez-Nei, San Sebastian 2002) 14...♖e8 und Schwarz steht gut. In der Pipeline ist f7-f6, um den gegnerischen Springer aus dessen zentraler Stellung auf e5 zu vertreiben.

D2) 12.♖e1 ♘xc4 13.♘dxc4 ♗e6 14.♖c1 ♖e8 15.a3 c6 16.♘f3 f6 17.g3 ♕c7 18.♕c2 ♖ad8. Die schwarzen Figuren sind schön aktiv aufgestellt, Turko-Rutkowski, Fernpartie 2001.

D3) 12.♖c1 ♘xc4 13.♘dxc4 ♗e6 14.♘e3 ♖e8 15.♖e1 c6 16.a3 ♕g5 17.g3 f6 18.♘d3 ♗f7 und Schwarz verfügt über eine feste Stellung ohne bemerkenswerte Schwächen, aus der heraus er ein initiatives Spiel entwickeln kann. Weiß wird seinen Bauern auf d4 nie so ganz aus den Augen lassen dürfen und liegt „eine kleine Qualität“ hinten.

D4) 12.♕f3 ♘xc4 13.♘dxc4 f6 14.♘g4 ♖e8 15.♖fe1 ♗e6 16.♖ad1 ♕d7 17.♘ge3 a5 18.♘xd5 ♗xd5 19.♕c3 (Schwach ist 19.♖xe8+? ♖xe8 20.♕d3 ♕a4 21.♘e3 ♕xa2 22.♘xd5 ♕xd5-+ 0-1 Shim Ng Min-Ferluga, Lechenicher SchachServer 2010.) 19...a4 20.a3 ♗f7∓.

D5) 12.♗b5 f6 (12...a6 13.♗e2 ♘f4 14.♘ef3 ♘xe2+ 15.♕xe2 ♖e8 16.♕d1 ♘c6∓ Goepel-Voelsgen, Willingen 2003) 13.♘ef3 ♗f5 14.♖e1 c6 15.♗a4 ♕d7 16.a3 ♖fe8 17.♖xe8+ ♖xe8 18.♗c2 b6 und Schwarz steht befriedigend, die Stellung ist ausgeglichen.

E) 11.a3 ♘b6 12.♗a2 ♘xd4 13.♘e4 ♘xf3+ 14.♕xf3 ♗d7 15.♖ad1 ♕e7 16.♖fe1 ♗c6 17.♕f5 ♖ae8 (17...♗xe4 18.♖xe4 ♖ad8 19.♖de1 ♕d6 20.h3 g6 21.♕f3 ♖d7 22.♖f4 c6 23.h4 ♘d5 24.♖d4 ♖fd8 25.h5 ♖e7∓ Podinic-Savanovic, Banja Vrucica 2012) 18.f3 ♕e5 19.♕xe5 ♖xe5. Der Nachziehende bleibt materiell in Front, er behauptet seinen Mehrbauern.

F) 11.♖c1 ♘b6 12.♗b3 ♗g4 13.h3 ♗h5 14.♖c5 ♗g6 15.♕c1 (15.♘c4 ♘xc4 16.♗xc4 ♕d6 und angesichts des schwachen weißen d-Bauern hat Schwarz die besseren Perspektiven.) 15...♖c8 16.♕c3 ♘e7 17.♘e5 ♘d7 18.♘xg6 hxg6 19.♖g5 c6 20.♘f3 ♘f6 21.♖e1 ♘ed5 und der weiße Isolani auf d4 ist gestoppt. Schwarz kann mit seiner Stellung zufrieden sein, Wei Yi -Gretarsson, Reykjavik 2013.

II. 10.♕e2+

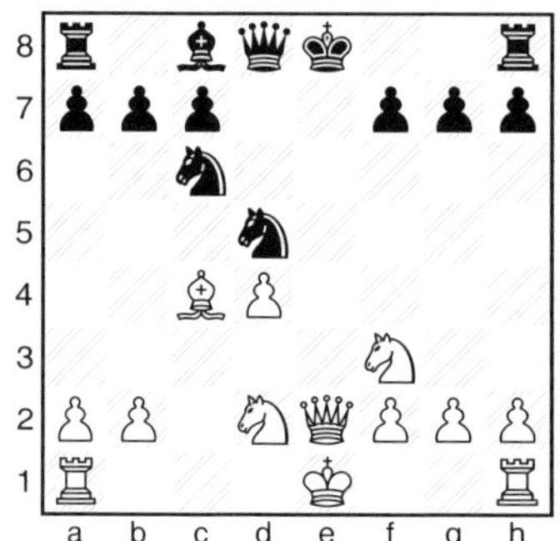

A) 10...♗e6 11.0-0 0-0 12.♖fe1 (12.♘e4? ♘f4 13.♕c2 ♗xc4 14.♕xc4 ♘xd4! 15.♘xd4 ♕xd4-+) 12...♖e8 mit einer ausgeglichenen Stellung.

B) 10...♘ce7 11.0-0 0-0 (11...♘f4? 12.♕e5!) 12.♖fe1 c6 13.♘e5 ♘f5 14.♕d3 ♗e6 15.♘e4 ♘d6. Beide Parteien sind ordentlich aus der Eröffnung gekommen, keine von ihnen kann einen Vorteil für sich reklamieren.

III. 10.♕c2

A) 10...♘ce7 11.0-0 0-0 (11...♗e6 12.♖fe1 0-0 13.♘e4±) 12.♘e4 c6 13.♖fe1 ♗f5 14.♕b3 b5 15.♗d3 ♖e8 16.♖ac1 ♘f4 17.♗b1 ♗e6 18.♕b4 ♗d5 mit einer festen Stellung für Schwarz.

B) 10...♗e6 11.0-0 0-0

B1) 12.a3 ♘f4 (12...♖e8 13.♘e4 ♗f5 14.♖fe1 ♘f4= Kuckling-Richter, Sebnitz 2006) 13.♕e4 (13.♗xe6 ♘xe6 14.♘b3 ♕d5. Die schwarze Königin erreicht d5 – in zumindest dieser Partiephase ein Traumfeld. Der Nachziehende steht gut.) 13...♗xc4 14.♘xc4 ♘d5 15.♘e3 ♘xe3 16.fxe3 ♖e8 17.♕d3 ♕d5 18.♖ae1 ♖ad8 19.♔h1 (19.e4 ♘e5! 20.exd5 ♘xd3 21.♖xe8+ ♖xe8 22.♘e5 ♘xe5 23.dxe5 ♖xe5 24.♖c1 ♖xd5 25.♖xc7 g6 26.♖xb7 a5=) 19...♘e5 20.♘xe5 ♖xe5 21.♕c2 ♖e7 22.e4 ♕e6 23.♕c3 c6 und die Position ist ausgeglichen, Lie-Stenersen, Norwegen 2000.

B2) 12.♖fe1 ♖e8 in etwa mit Ausgleich.

10...♘a5!?

Eine Provokation. Damit räumt Schwarz seinem Gegner die Möglichkeit ein, ein Remis durch Zugwiederholung zu erreichen. Wenn er dieser Option aus dem Weg gehen will, kann er auch sofort 10...♘ce7 spielen. Damit führt er die Partie unter Zugumstellung in Positionen, die wir weiter analysieren werden.

11.♕a4+ ♘c6

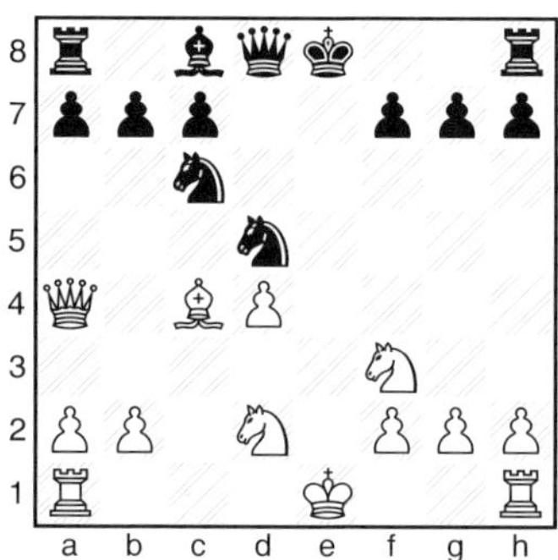

12.♕b3

Weiß kann das Angebot, das Remis über eine Zugwiederholung zu realisieren, auch in den Wind schlagen und dem Nachziehenden andere Fortsetzungen präsentieren. Ein paar Alternativen hierzu:

I. 0-0-0

A) 13.♗xd5 ♕xd5 14.♖ac1

A1) 14...,♕d8 15.♘e4 (15.♘b3 ♘e7 16.♖fe1 ♘d5 17.♘c5 b6 18.♘e4 ♗b7 mit unklaren Aussichten) 15...♘e7 16.♖fe1 ♘d5 17.♕b3 c6 18.♘c3 ♘b6 19.d5 cxd5 20.♘d4 ♕d6. Die beiderseitigen Chancen entsprechen einander in etwa, Kupreitschik–Aleksandrow, Bad Wörishofen 2001.

A2) 14...♗e6 15.♖c5 ♕d7 (15...♕d8 16.♖e1 ♗d5=) 16.♕b5 ♘xd4 17.♕xb7 (17.♕xd7? ♘e2+ 18.♔h1 ♗xd7 19.♖xc7 ♗c6 20.♘e5 ♗d5 21.♘b3 ♖ac8 22.♖d7 ♘f4 23.♘f3 ♖c2 24.♖d1 ♗xf3 25.gxf3 ♖xb2 ∓ K.Müller–Stefansson, Arnheim 1990) 17...♖ab8 18.♕xc7 ♘e2+ 19.♔h1 ♕xc7 20.♖xc7 ♖xb2 21.♖xa7 ♖xa2 22.♖xa2 ♗xa2 23.h3 mit gleichem Endspiel.

B) 13.♕c2

B1) 13...♘b6 14.♗d3 h6 15.♕c3 (15.♕c5 ♘a4 16.♕a3 ♘b6=) 15...♘a4 16.♕a3 ♘b6 (16...♘xd4? 17.♖ad1 ♘b6 18.♘xd4 ♕xd4 19.♘f3 ♕f6 20.♗h7+ ♔xh7 21.♕xf8 ♗e6 22.♕b4 a5 23.♕e4+ g6 24.♕xb7+- Suta–Janzekovic, Ptuj 2012) 17.♕c3 ♘a4 mit Zugwiederholung.

B2) 13...♗e6 14.♖fe1 ♕f6 15.♘e4 ♕g6 (Nicht schlecht ist auch 15...♕f5!?, z.B. 16.♕d2 ♘f4 17.♘g3 ♘h3+ 18.♔h1 ♕f4 19.♕xf4 ♘xf4 20.♗xe6 fxe6 21.♖ad1 ♘b4 mit guten Chancen für Schwarz, Brenk–Samraoui, Fernpartie 2003.) 16.♘e5 ♘xe5 17.dxe5 ♘f4 18.g3 ♘h3+ 19.♔g2 ♗f5 20.♗d3 ♘f4+ 21.♔f1 ♘xd3 22.♕xd3 ♖fe8. Die Initiative liegt nun beim Nachziehenden.

II. 12.♗b5

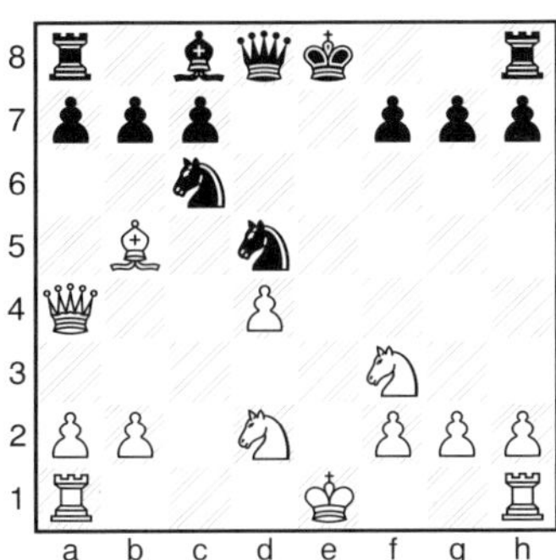

A) 12...♗d7!? 13.♕b3 (13.♘e5 0-0 14.♘xc6 bxc6 15.♗c4 ♖e8+ 16.♔f1 ♘f4∓; 13.0-0 0-0 14.♖fe1 a6 15.♗f1 ♗f5 16.♖ac1 ♘b6 17.♕a3 ♘xd4 18.♘xd4 ♕xd4 19.♘b3 ♕d6 20.♕xd6 cxd6 21.♖cd1 d5 22.♘c5 ♖fc8 23.♘xb7 ♖c2 24.♖e2 ♖c7 25.♘a5 ♗d7 26.♘b3 ♗b5 mit Remis, Marsden–Sutton, Fernpartie 2001) 13...♕e7+ 14.♔f1 ♗e6 15.♗xc6+ bxc6 16.♕c2 0-0 17.♕xc6 ♘b4 18.♕c5 (Oder 18.♕a4 ♖ab8 und Schwarz ist im Vorteil.) 18...♕xc5 19.dxc5 ♗xa2 und aufgrund der unglücklichen Situation des weißen Königs steht Schwarz besser.

B) 12...♕e7+ 13.♘e5 ♗d7 14.0-0 ♘b6 15.♘xc6 bxc6 16.♕c2 cxb5 17.♖ae1 ♗e6 18.d5 0-0 19.dxe6 fxe6 20.♕b3 ♖ad8 21.♖xe6 ♕f7 mit Ausgleich, Zelcic–Mamedyarov, Leon 2001.

III. 12.♘e5 0-0 13.♘xc6 ♕e8+! 14.♔f1

A) 14...bxc6 15.♖e1 (15.♘f3 ♘b6 16.♕c2 ♘xc4 17.♕xc4 ♗e6 18.♕c3 f6∓) 15...♗e6 16.h3 ♘b6 17.♕a6 ♘xc4 18.♘xc4 ♕d7 19.♖d1 f6 und Schwarz steht etwas besser.

B) 14...♘b6 15.♕b3 (15.♕b4 ♕xc6 16.♗b5 ♕g6∓ Redondo-Ramis, Olivos Valle 1993) 15...♕xc6 16.f3 ♘xc4 17.♕xc4 ♕xc4+ 18.♘xc4 ♖d8 19.♖d1 ♗e6 20.b3 c5 21.♔f2 cxd4 22.♖d2 ♗xc4 23.bxc4 ♖ac8 24.♖c1 b5 25.c5 ♖d5 26.c6 ♔f8 27.♔e2 ♔e7 28.♔d3 ♔d6 29.♖dc2 ♖c7 30.f4 f6 31.g3 h5 32.h3 a6 33.a3 g6 34.h4 a5 35.♔d2 d3 36.♖c3 f5 37.♖xd3 ♖xd3+ 38.♔xd3 ♖xc6. Das Turmendspiel ist für Schwarz gewonnen, Nagy-Montag, Fernpartie 1997.

12...♘ce7!?

Schwarz weicht einem eventuellen Remis über 12...♘a5 13.♕a4+ ♘c6 aus und setzt sein Spiel mutig fort.

13.0-0 0-0

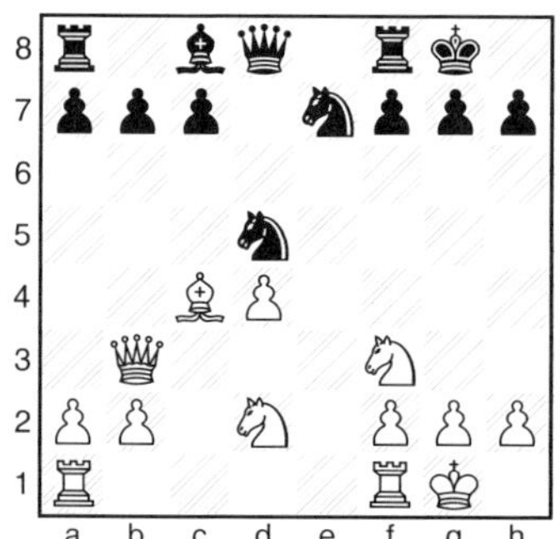

14.♖fe1

Ein Gruß aus der Praxis ist auch 14.♘e5 c6 und nun:

A) 15.a4 ♕b6 16.♕xb6 (Nach 16.a5 ♕xd4 17.♘df3 ♕c5 18.♖fd1 a6 steht Schwarz sicher, Euwe.) 16...axb6 17.♗xd5 ♘xd5 18.♘e4 ♗e6 19.♘c4 ♖a6 und Schwarz steht gut, Semjonowa-Lewitina, Sotschi 1984.

B) 15.♘e4 ♖b8 (Zu beachten und ein schönes Thema für weitere Untersuchungen ist 15...f6!?, z.B. 16.♘f3 ♔h8 17.♖fe1 b6 18.♕a3 ♗g4 19.♘fd2 ♕d7 20.♖ac1 h6 21.♘f1 ♗e6 22.♕b3 ♗g8 und die schwarze Stellung ist so fest wie der Wadenmuskel eines Marathonläufers, Hansen-Ahlander, Aalborg 1993.) 16.♖fe1 (16.♘xc6 ♘xc6 17.♗xd5 ♘xd4 18.♕c4 ♗e6 19.♗xe6 ♘xe6 20.♖fd1 ♕b6=) 16...♗f5 17.♖ad1 ♕b6 18.♘c3 ♕xb3 19.♗xb3 ♖bd8 20.h3 h6 21.♘e4 ♗c8 22.♘c4 ♘f5. Auf dem Brett entstanden ist eine Stellung ganz nach dem Geschmack eines Spielers, der als Führer der schwarzen Steine mit ausgezeichneten Chancen ein freies, positionelles und zugleich taktisches Vorgehen liebt, Farrand-Franklin, Staverton 2013.

14...c6

Damit stärkt Schwarz die Position seines Springers auf d5. Dies ist der beste Zug, wir werden uns deshalb mit anderen Fortsetzungen kaum beschäftigen. Kurz aufmerksam machen möchten wir aber auf die neue Idee 14...b6!?, die in Fernschachkreisen erforscht wurde. Schauen Sie sich hierzu bitte mal das Beispiel in Gestalt der **Partie Nr. 28,** Scheuermann-Morgado, Fernpartie 2004, an.

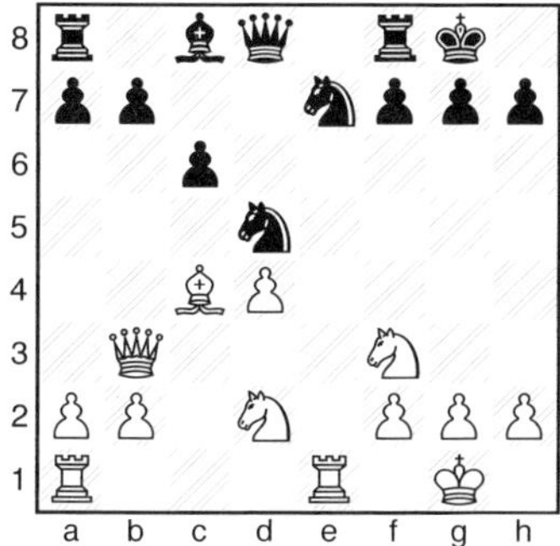

15.a4

Es gibt noch andere Möglichkeiten für Weiß:

I. 15.♘e5 ♕b6 16.♘df3 ♕xb3 17.♗xb3 ♗e6 18.♘g5 ♗f5 19.♘e4 ♗xe4 20.♖xe4 ♘f6 21.♖e2 ♘ed5 22.♖ae1 ♖ad8 23.♘f3 h6 24.h3 ♖d7 25.♗xd5 ♘xd5 26.♖e8 ♖d8 und Weiß hat nichts erreicht. Die Stellung ist ausgeglichen, Mayrhuber–Monadjem, Untersiebenbrunn 2012.

II. 15.♘e4 ♘b6 16.♗d3 (16.♗xf7+ ♖xf7 17.♘eg5 ♘bd5 18.♘xf7 ♔xf7 19.♖e2 ♕b6=; 16.♗f1 ♘f5 17.♖ad1 ♗e6 18.♕a3 ♘c4 19.♕c3 ♘cd6 20.♘c5 ♗d5 21.♖e5 b6= Tarrasch–Rubinstein, Berlin 1918; 16.♘c5 ♘xc4 17.♕xc4 b6 18.♘d3 ♕d6=) 16...♗f5 (Die Situation nach 16...♘ed5 17.♘c5 ist günstig für Schwarz.) 17.♘c5 ♗xd3 18.♕xd3 ♖b8 19.♕a3 ♘ec8 20.♘e4 (20.♖ad1 ♘d6 21.♘e5 ♕c7 22.♕g3 ♖bd8= Nay Oo Kyaw Tun–Stefanova, Surabaya 2002) 20...♘d5 21.♖ac1 ♖e8 22.g3 a6 23.♖c2 ♖e6 24.♖ce2 h6 25.♔g2 ♘ce7 26.♘e5 ♘f5 27.♘c5 ♖e7 28.♕d3 g6 29.♘f3 ♖xe2 30.♕xe2 ♕c7. Schwarz hat die Partie im Gleichgewicht gehalten, in Khorunzhy–Lavrentyev, Fernpartie 2012, einigten sich die Kontrahenten alsbald auf eine Punkteteilung.

III. 15.♖ac1 ♕b6 16.♕a3 (16.♕xb6 axb6 17.♗xd5 ♘xd5 18.a3 ♗f5 19.♖e5 ♗g6 20.♖ce1 f6∓ Dabrowski–Maruszczak, Biala 2000) 16...♘f5 (16...♘g6 17.♘e4 ♗f5 18.♘c5 ♖fe8 19.♘e5 ♘xe5 20.dxe5 ♖ad8 und das Pendel der Stellungsbewertung zeigt für keine Seite einen Ausschlag, die Partie steht völlig ausgeglichen, Tomici–Bonte, Sarata Monteoru 2012.) 17.♗xd5 cxd5 18.♖c5 ♗e6 19.b4 (19.♕c3 h6 20.b4 ♕d6 21.♘b3 ♖fe8 22.♘e5 f6 23.♘d3 ♗d7 24.♖xe8+ ♖xe8∓ Mullen–Mannion, Edinburgh 1988) 19...♖fc8 20.♘b3 ♘d6 21.♖xc8+ ♖xc8 22.♘c5 ♗f5 23.♕b3 ♘c4 24.♕a4 h6 25.♖e8+ ♔h7 26.♖e7 ♗e4 27.♕b3 (27.♖xb7 ♕g6 28.♘h4 ♕g5-+) 27...♕g6 und Schwarz steht ausgezeichnet, Haapasalo–Alatulkkila, Finnland 1979.

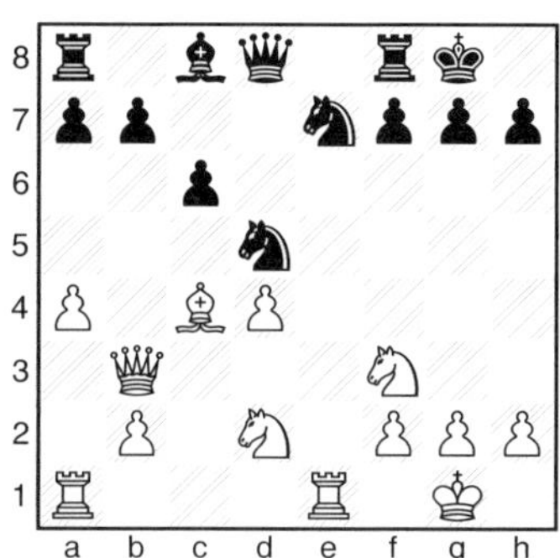

15...♕b6

Wahrscheinlich ist dies zurzeit die beste Alternative für Schwarz. Er will sich Luft durch Vereinfachungen verschaffen.

16.a5

Strebt nach einem Vorteil am Damenflügel. In der Planung ist a5-a6 mit Zerstörung der schwarzen Strukturen auf dieser Seite. Weiß stehen auch andere Züge zur Verfügung:

I. 16.♘e4 ♕xb3 17.♗xb3

A) 17...♖d8 18.♖ac1 ♔f8 19.♗c4 f6 20.♘c5 a5 (Wahrscheinlich möglich ist 20...b6!? 21.♘d3 a5 usw.) 21.♘e6+ ♗xe6 22.♖xe6 ♖e8 23.♖ce1 ♘b4 24.♖1e2 ♘ed5 25.♘d2 ♖xe6 26.♖xe6 ♘b6 27.b3 ♖d8 28.♘f3 ♘c2 29.♖e4 c5 30.♗d3 (30.dxc5?? ♘xc4-+) 30...♘xd4 31.♘xd4 cxd4 und Schwarz hat einen Mehrbauern, dessen Realisierung in einen Sieg aber praktisch unmöglich ist. Die Partie Storgaard–De Lorenzo, Fernpartie 1998, endete mit einem Remis.

B) 17...h6 18.♘d6 ♖d8 19.♘xc8 ♖axc8 20.♖e4 ♔f8 21.♖ae1 ♖c7 22.♘e5 ♘f5 23.♗xd5 cxd5 24.♖f4 ♘d6 mit Ausgleich, Fishkin–Spiegelberg, Braunfels 2012.

II. 16.♕a3 ♗e6

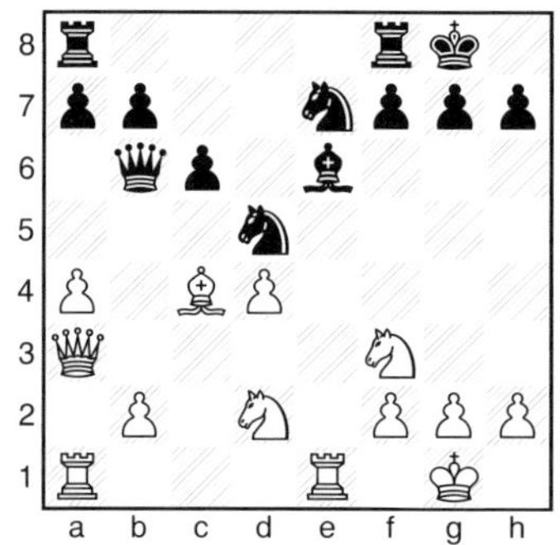

A) 17.a5 ♕c7 18.♘e4 (In einer Fernpartie 1999, Catozzi–Plyusnin, konnte der Nachziehende nach 18.♘g5 und dann 18...♗f5 19.♖e5 ♕d7 20.♘ge4 ♗xe4 21.♘xe4 ♘g6 22.♘c5 ♕c7 23.♖ee1 ♖fe8 Ausgleich halten.) 18...♖ad8 19.♘c5 ♗c8 20.a6 (20.g3 ♘f5 21.♖ad1 ♘d6 22.♗xd5 ♘b5 23.♕b4 ♖xd5= Tarrasch–Capablanca, San Sebastian 1911) 20...b6 21.♘d3 ♖fe8 (21...♕d6 22.♕xd6 ♖xd6 23.♘f4 ♖fd8 24.♗xd5 ♘xd5 25.♘xd5 ♖xd5 26.♘e5 ♖5d6 27.♖ec1 ♗d7 28.♘xd7 ♖8xd7 29.♔f1 ♔f8= Plijter–Sawatzki, Fernpartie 1995.) 22.♖ac1 ♗e6 23.♘g5 ♗f5 24.♘b4 h6 25.♖e5 ♕d7. Die Stellung ist ausgeglichen, Van der Meer–Bhandarkar, Lechenicher SchachServer 2006.

B) 17.♘e4 ♘f5 (17...♘g6 führte in der Partie Tschigorin–Schlechter, Wien 1898, über die Folge 18.♘c5 ♗f5 19.♘e5 ♖ad8 20.a5 ♕c7 21.♕g3 ♘xe5 22.♖xe5 ♗g6 23.♖ae1 b6 24.♘b3 ♘f6 ins Remis.) 18.♘c5 ♖ae8 19.♗xd5 cxd5 20.h3 ♗c8 21.a5 ♕d6 22.♕a4 ♖xe1+ 23.♖xe1 b6 24.♘d3 ♗d7 25.♕b4 ♕xb4 26.♘xb4 bxa5 27.♘xd5 ♗c6 28.♘e7+ ♘xe7 29.♖xe7 ♗xf3 30.gxf3 ♖a8 mit gleichwertigen Chancen für beide Spieler im Turmendspiel, Plyusnin–Risdon, Fernpartie 2010.

III. 16.♗xd5 ♘xd5 17.♕c2

A) 17...a5 18.♘c4 ♕b4 (Wir möchten einen Scheinwerfer auf die Alternative 18...♕c7!? richten.) 19.b3 f6 20.♖ac1 ♗g4 21.♘cd2 ♖fe8 22.h3 ♗h5 23.♕c4 ♖xe1+ 24.♖xe1 ♕xc4 25.bxc4 ♘c3 26.g4 ♗e8 27.♘e4 ♘xe4 28.♖xe4 b5 29.axb5 cxb5 30.cxb5 ♗xb5 31.d5 a4 und Schwarz kam aufgrund seines starken a-Freibauern zu einem gewonnenen Endspiel, Schupp–Walter, Fernpartie 2004.

B) 17...h6 18.♘c4 ♕c7 19.♘ce5 ♗e6 20.♖a3 ♖ad8 21.♘h4 ♘f6. Wegen des schwachen weißen Bauern auf d4 ist die schwarze Stellung vorzuziehen, Petrovsky–Zatloukal, Tschische Republik 2000.

16...♕xb3

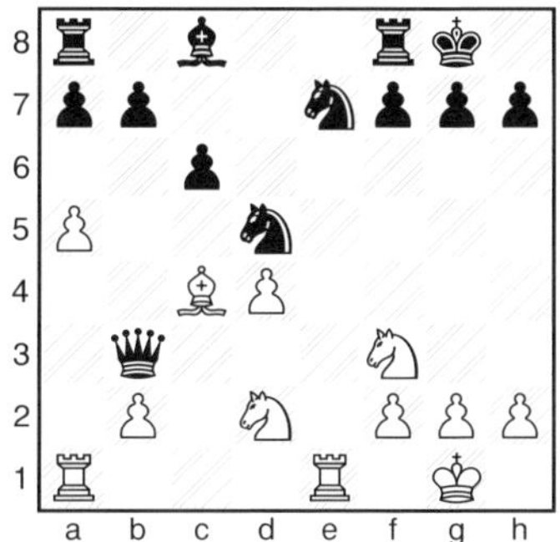

17.♘xb3

Ungefährlich für Schwarz ist 17.♗xb3 ♗f5 (17...♖d8!? 18.♘e5 ♔f8 19.♖ad1 f6 20.♘d3 b6 21.♖a1 ♗f5 ½-½ Neubauer–Buhmann, Bridgetown 2009)

A) 18.♖e5 ♗d3 19.♖ee1 (19.♖a3 ♗b5 20.♘e4 ♘g6= Urbanec–Kovacova, Bratislava 1994) 19...♖fe8 20.♘e5 ♗g6 21.♘dc4 ♖ad8 mit Ausgleich, Soldan–Kasanicky, Slowakei 2001.

B) 18.♖ac1 a6 19.♘c4 ♖ad8 20.♘e3 ♗g6 21.♘xd5 ♘xd5 22.♗xd5 ♖xd5 23.♖c5 (23.♖e7 ♖b5!) 23...♖xc5 24.dxc5 ♖d8 25.h3 ♔f8 mit gleichem Endspiel, Boonstra–Van Run, Hengelo 2002.

17...♖d8

Der Turmzug scheint uns die beste schwarze Wahl zu sein. Wir machen ihn deshalb zu unserer Empfehlung. Problematisch ist 17...♗f5 18.♘e5. Nicht gut ist nun 8...♘b4, z.B. 19.♖ac1 ♘ed5 20.a6! b5 21.♗xd5 cxd5 22.♘c6 ♘xc6 23.♖xc6 ♖fe8 24.♖xe8+ ♖xe8 25.f3 ♖c8 (Oder 25...♖e1+ 26.♔f2 ♖b1 27.♘c5 ♖xb2+ 28.♔g3 g5 29.♖c7 ♔g7 30.♖xa7 ♖a2 31.♖b7 ♗c8 32.♖xb5 ♗xa6 33.♘xa6 ♖xa6 34.♖xd5 mit einem gewonnenen Turmendspiel, Pachman.) 26.♖c5 ♖xc5 27.dxc5 ♗c8 28.♘d4 ♗xa6 29.♔f2 mit dem klar besseren Endspiel für Weiß.

Mit 18...♖ad8!? kann Schwarz allerdings noch um Ausgleich kämpfen: 19.♖ad1 f6 20.♘d3 ♔f7 21.♘b4 ♔g6 22.♘c5 ♘xb4 23.♖xe7 b6 24.axb6 axb6 25.♘e6 ♗xe6 26.♖xe6 ♖fe8 27.♔f1 ♖xe6 28.♗xe6 ♖d6 29.♗b3 ♔f5. Im Endspiel haben beide Parteien gleiche Chancen, auch wenn sich im zugrunde liegenden Duell Arias Duran–Macionis, Bratislava 1993, Schwarz letztlich den vollen Punkt sichern konnte.

18.♘c5 ♖b8

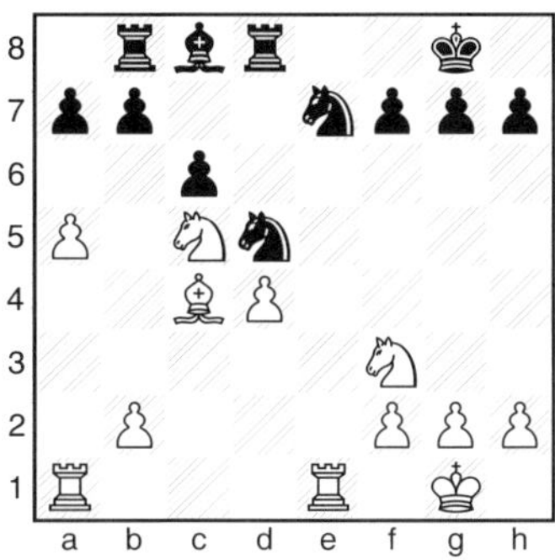

19.h3

Um den Ausfall des Läufers nach g4 zu verhindern. Die Turnierpraxis steuert auch andere Beispiele bei:

I. 19.♖a3 b6 20.axb6 axb6 21.♘e4 ♔f8 22.h3 h6 23.♔h2 f6 24.♖a7 ♗b7 25.♘c3 ½-½ August-Garcia Rovira, Fernpartie 1999.

II. 19.♘e5 ♔f8 20.h3 (20.b3 b6 21.axb6 axb6 22.♘e4 f6 23.♘f3 ♘b4 24.♖a7 ♘c2 25.♖e2 ♘xd4 26.♘xd4 ♖xd4 27.h3 ♗b7 28.♖e1 c5∓ Desquiens-Wascat, Frankreich 1995) 20...b6 21.axb6 axb6 22.♘cd3 f6 23.♘f3 ♗f5 24.♘h4 (24.♖a7 ♖a8 25.♖ea1 ♖xa7 26.♖xa7 ♘c8 27.♖a3 ♘c7∓ Greul-Kribben, Fernpartie 1991) 24...♖a8 25.♘xf5 ♖xa1 26.♖xa1 ♘xf5 27.♗xd5 ♖xd5 28.♘f4 ♖d7 29.♖a6 ♘xd4 30.♖xb6 ♔e7 mit gleichem Endspiel, Rossolimo-Unzicker, Heidelberg 1949.

III. 19.♘e4 ♔f8 20.h3 h6 21.♖a3 ♗f5 22.♘c5 b6 23.axb6 axb6 24.♘e4 ♖a8 25.♖xa8 ♖xa8 mit Ausgleich, Tiwari-Adhiban, Dindigul 2007.

19...♔f8 20.♔h2

Oder 20.♘d3 h6 21.g4 g5 22.♔g2 ♘g6 23.♔g3 f5 24.♘de5 ♘xe5 25.dxe5 fxg4 26.hxg4 ♘f4 27.♖ad1 ♗e6 28.♗xe6 ♘xe6 29.♖d6 ♔e7 30.♖ed1 c5 31.♖1d5 ½-½ Voloskov-Pantaleoni, Fernpartie 1989.

20...f6 21.♘e6+ ♗xe6 22.♖xe6 ♖e8 23.♖ae1 ♘b4 24.♖6e2 ♘f5 25.♖d2 ♖xe1 26.♘xe1 ♖e8 mit ausgeglichenen Chancen, Mohlzahn-Zitzmann, Fernpartie 2002.

Zusammenfassung: In dieser komplizierten Variante eröffnen sich Schwarz viele Wege, den Kampf um Ausgleich zu führen. Mit dem Zug 12...♘a5 kann er auf Remis spielen. Ehrgeizigen Schachfreunden empfehlen wir 12...♘ce7!?, wonach ein interessantes und scharfes Spiel mit beiderseitigen Chancen entsteht.

Abspiel 2
Fortsetzung 8...♘xe4

1.e4 e5 2.♘f3 ♘c6 3.♗c4 ♗c5 4.c3 ♘f6 5.d4 exd4 6.cxd4 ♗b4+ 7.♗d2 ♗xd2+ 8.♘bxd2 ♘xe4

Diese Idee ist bislang noch nicht so ausführlich ausgearbeitet worden wie 8...d5 (siehe **Abspiel 1**). Auch hier ergeben sich interessante Möglichkeiten für Schwarz.

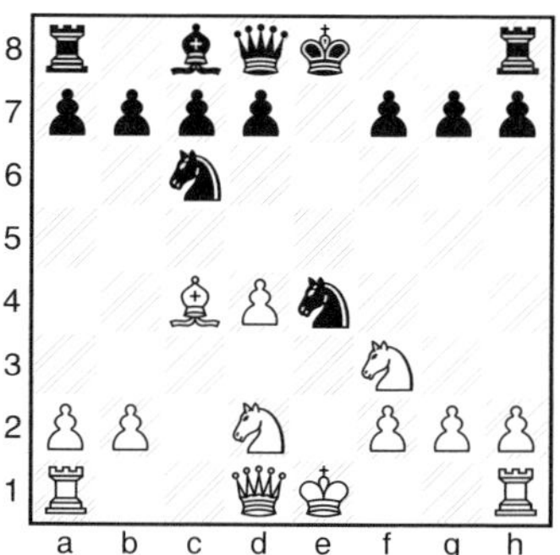

9.d5

Die stärkste Fortsetzung des Anziehenden, mit der Schwarz immer ernsthaft rechnen muss. Eine natürliche Reaktion ist auch

I. 9.♘xe4 d5 mit dem folgenden Fächer an Zugalternativen mit Varianten für Weiß:

A) 10.♗d3 dxe4 11.♗xe4 0-0 12.0-0 ♗g4 13.♖e1 ♗xf3 14.♕xf3 ♘xd4 (14...♕xd4 15.♗xc6 bxc6 16.♕xc6 ♕xb2=) 15.♕d3 g6 16.♖ad1 c5 17.b4 ♘e6 18.♕c4 ♕e7 19.bxc5 ♕xc5 20.♕e2 ♖ab8 21.♗d5 ♘f4 22.♕e5 ♘xd5 23.♖xd5 ♕c2 mit einem schwarzen Plus, Joutsi-P.Schneider, IECG Email 2000.

B) 10.♗b5 dxe4 11.♘e5

B1) 11...0-0 12.♘xc6 (12.♗xc6 bxc6 13.♘xc6 ♕g5 14.♕d2 ♕xg2 15.0-0-0 ♖e8 16.♖hg1 ♕f3 17.♕g5 g6 18.♘e5 ♕f5 19.♕h6 c5-+) 12...♕d6 13.♖c1 bxc6 14.♗xc6 ♖b8 15.0-0 (Mit 15.b3?, worauf am besten 15...♗a6! folgt, lädt sich Weiß große Probleme an den Hals.) 15...♖xb2 16.♗xe4 ♗d7 17.♕d3 g6 mit etwa gleichen Chancen.

B2) 11...♕g5 12.♕e2 (12.♕c1!?) 12...0-0 13.♘xc6 bxc6 14.♗xc6 ♗g4 15.♕e3 ♕a5+ 16.♕c3? (□16.♕d2) 16...♕a6 17.f3 exf3 18.gxf3 ♖ae8+! 19.♗xe8 ♖xe8+ 20.♔f2 ♕e2+ 21.♔g3 ♖e3 22.♕xe3 ♕xe3 23.♔xg4 h5+ 24.♔g3 h4+ 25.♔g2 ♕e2+ 26.♔h3 ♕xf3+ 27.♔xh4 f6 0-1 Bendix-Schlage, Fernpartie 1914.

C) 10.♕e2 0-0 11.0-0-0 ♗g4 12.h3 ♗xf3 13.gxf3 dxc4 14.♕xc4 ♕h4 15.♔b1 ♕f4 16.d5 ♘e5 17.♕xc7 ♖ac8 18.♕d6 ♖cd8 19.♕c7 ♖c8 mit Ausgleich, Mednis-Fischer, New York 1964.

D) 10.♗xd5 ♕xd5

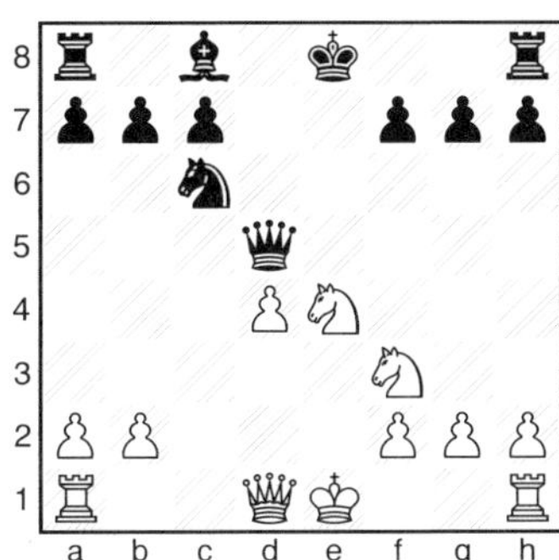

D1) 11.0-0 ♗e6 (11...♗g4 12.♘c3 ♗xf3 13.♘xd5 ♗xd1 14.♖e1+ ♔d7 15.♖axd1 ♖ae8= Miliani-Rubinstein, Meran 1924) 12.♘c5 0-0 13.♘xe6 fxe6 14.♖e1 ♖f4 15.♕e2 ♘xd4 16.♘xd4 ♖xd4 17.♕xe6+ ♕xe6 18.♖xe6 ♖d2 19.b3 ♖f8 20.f3 ♖fd8 21.♖e7 ♖c2 22.♖ae1 ♖xa2 23.♖xc7 h6 24.♖xb7 ♖dd2 mit dem besseren Endspiel für Schwarz, Walker-Tucker, Fernpartie 1997.

D2) 11.♘c3 ♕e6+ 12.♘e2 (12.♘e5 0-0 13.0-0 ♖d8 14.♘f3 ♕f6 15.d5 ♗g4 16.♖e1 ♗xf3 17.♕xf3 ♕xf3 18.gxf3 ♘d4 19.♖e7 ♖ac8 und wegen des schwachen weißen Bauern auf d5 steht der Nachziehende etwas besser, Delooz-Köhler, Fernpartie 2003.) 12...♕d6 13.d5 (Nach 13.0-0 ♗g4 14.♖e1 0-0-0 15.♘g5 ♕g6 16.♕d2 ♗xe2 17.♖xe2 ♘xd4 steht Schwarz auf Gewinn, Nunez Colome-Aguila Hernandez, Figueres 2010.) 13...♘b4 14.♘c3 ♕a6! (14...0-0 15.0-0 ♖d8 16.♖c1=) 15.♕e2+ ♕xe2+ 16.♔xe2 b6 17.a3 ♗a6+ 18.♔d2 ♘xd5! 19.♖he1+ (19.♘xd5 0-0-0-+) 19...♔f8 und Schwarz ist um einen Bauern materiell im Vorteil.

II. 9.♕e2 d5 10.♘xe4 0-0 11.0-0-0

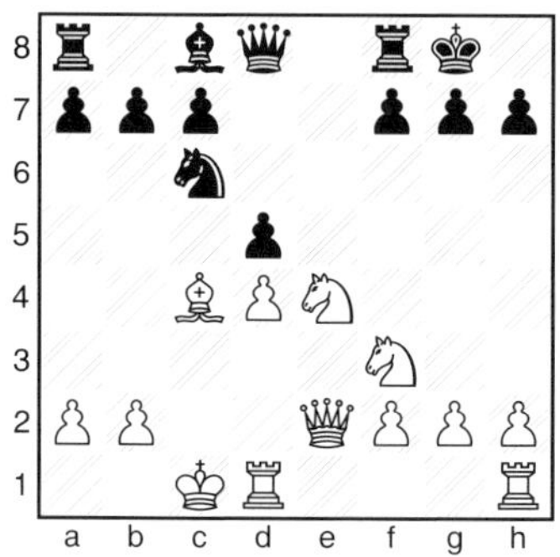

A) 11...dxc4 12.♕xc4 ♘e7 13.d5 c6 (Stark sieht 13...♘f5!? aus. Mit diesem Zug verbunden ist die Idee, den weißen Bauern mittels ♘f5-d6 zu blockieren.) 14.dxc6 ♕c7 15.♘d6 ♘xc6 16.♘g5 h6 17.h4 ♗g4

A1) 18.f3 hxg5 19.fxg4 ♖ad8 20.♘f5 (20.♘b5 ♕e5∓) 20...♖xd1+ 21.♖xd1 gxh4 22.♘xh4 ♕g3 und die Stellung ist günstig für Schwarz.

A2) 18.♘dxf7 ♖xf7 19.♘xf7 ♗e6 20.♘xh6+ ♔h8! 21.♕c3 ♕f4+ 22.♔b1 ♕xh6 23.f3 a5 24.g4 ♘b4 25.b3 ♕g6+ 26.♔a1 ♖c8 mit schwarzer Initiative, Albrecht-Tischbierek, Fernpartie 1990.

B) 11...♗g4 12.h3 ♗xf3 13.gxf3 dxc4 14.♕xc4

B1) 14...♕h4 15.♔b1 ♕f4 16.d5 ♘e5 17.♕xc7 ♖ac8 18.♕xb7 ♖b8 19.♕xa7 ♘c4 20.♔a1 ♖xb2 21.♖c1 ♕xf3 22.♖he1 (22.♖xc4 ♖c2! 23.♖xc2 ♕xh1+ 24.♔b2 ♕xe4 25.♕b7 ♕d4+ 26.♔b3 ♕d3+ 27.♔b2 ♕d4+ mit Dauerschach) 22...♕d3 23.d6 ♖c2 24.f3 ♖xc1+ (Hier gewinnt einfach 24...f5!) 25.♖xc1 ♘xd6 26.♘xd6 ♕xd6 27.♕b7 ♕f6+ 28.♔b1 ♕f5+ 29.♔b2 ♕xh3 30.a4 und der starke a-Bauer verspricht Weiß gute Gegenchancen. Die Fernpartie Albrecht-Ollek, 1993, endete schließlich mit einem Remis.

B2) 14...♘a5 15.♕c5 b6 16.♕f5 f6 17.♖hg1 ♕e7 18.♖g4 ♔h8 19.♖h4 h6 20.♖g1 ♖f7 21.♖g6 ♖af8 22.♘g3 (22.d5 ♘c4 23.f4 ♘d6 24.♘xd6 ♕e1+ 25.♔c2 ♕xf2+ 26.♔d3 ♕f3+ 27.♔d2 cxd6 und Schwarz steht auf Gewinn, Schwertel-Diener, Fernpartie 1985.) 22...♘c4 23.♘h5 ♕e1+ 24.♔c2 ♕xf2+ 25.♔c3 ♕xh4 0-1 Caressa-Diener, Fernpartie 1980.

III. 9.♗xf7+ ♔xf7 10.♘xe4 ♖e8 (10...d5 11.♘eg5+ ♔g8∓)

A) 11.♘e5+ ♘xe5 12.dxe5 ♖xe5 13.0-0 d5 (Auf den katastrophalen Missgriff 13...♖xe4?? ginge mit 14.♕f3+ der Turm verloren.) 14.♘c3 c6 und Schwarz nennt einen gesunden Mehrbauern sein Eigen.

B) 11.♕d3 d5 12.♕b3 ♖xe4+ 13.♔d2 ♘xd4 14.♘xd4 ♖xd4+ 15.♔e2 ♗g4+ 16.♔e3 (16.f3 ♕e7+ 17.♔f1 ♖e8-+) 16...♕f6 17.f3 ♕e5+ 18.♔f2 ♖d2+ 19.♔g1 ♕d4+ 0-1 Goins-Owen, IECC Email 2005.

9...♘xd2 10.♕xd2 ♘e7

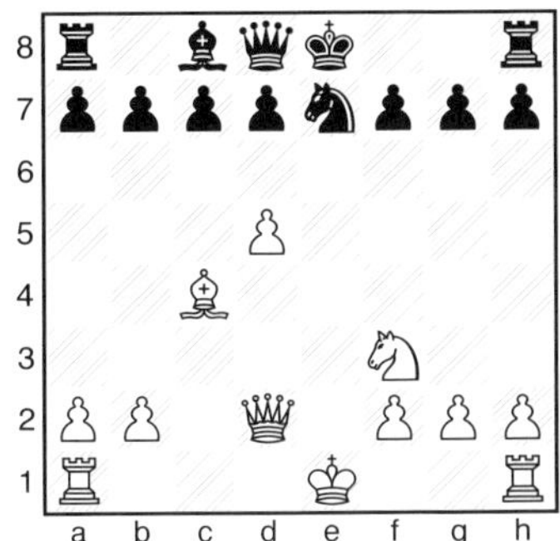

11.d6!

Nur so kann Weiß um Vorteil kämpfen. Die folgenden Züge sind schwächer:

I. 11.♕g5 0-0 12.0-0-0 d6 13.♗d3 h6 14.♕h5 c6 15.dxc6 bxc6 16.♖he1

A) 16...♗e6 17.♘g5 ♕d7 (17...♗d5? 18.♘h7 ♖e8 19.♘f6+ gxf6 20.♕xh6 ♘g6 21.♗xg6 fxg6 22.♕xg6+ mit Remis.) 18.♘xe6 fxe6 19.g4 Schwarz ist, woran die initiativen weißen Handlungen nichts ändern, im Vorteil.

B) 16...♘d5! 17.g3 ♖b8 18.♖d2 ♕f6 19.♗e4 ♘b4 20.♗b1 ♖b5 0-1 Arnillas Moles-Casado, Fernpartie 1996.

II. 11.0-0 d6 12.♖fe1 0-0

A) 13.♖e3 ♗g4 (13...♘f5 14.♖e2 ♗d7 15.♖ae1 ♖e8=) 14.h3 ♗xf3 15.♖xf3 ♘g6 16.♗b3 ♖e8 17.♖e3 ♖xe3 18.fxe3 ♕g5 19.♖e1 ♖e8 mit herrvoragendem Spiel für Schwarz, Vins-Stika, ICCF Email 2004.

B) 13.♕a5 ♘g6 14.♖ac1 c5 15.♕xd8 ♖xd8 16.h4 ♗g4 17.♘h2 ♗f5 18.g4 ♗d7 19.h5 ♘e5 20.♗e2 g5 mit Vorteil für Schwarz, Ait Chaouche-Maiorov, Lille 2011.

11...cxd6

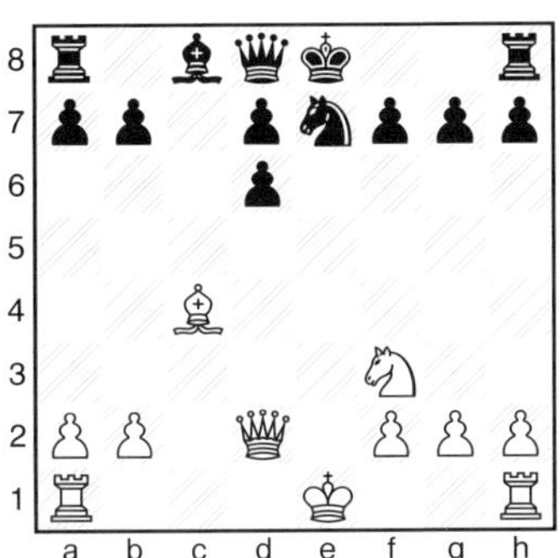

12.♕xd6

Andere Pläne können den Nachziehenden nicht gefährden:

I. 12.0-0 0-0 (12...d5!? 13.♗xd5 0-0 14.♖fe1 ♘xd5 15.♕xd5 d6 16.♖ad1 ♗g4 17.h3 ♗xf3 18.♕xf3 ♕b6 19.♖e7 ♕xb2 20.a3 b6 21.♖xd6 ♖ae8 22.♖xe8 ♖xe8 23.♖d7 ♕a1+ 24.♔h2 ♕e5+ 25.g3 ♖e7= Pintor-Hrubaru, Email 2009) 13.♕xd6 ♘f5 14.♕f4 d5 15.♖ad1 ♘e7 16.♖fe1 h6 17.♕e3 ♗e6 18.♘d4 ♗g4 19.♗e2 (Das Turmendspiel nach 19.f3 ♖e8 20.fxg4 dxc4 21.♘c6 ♘d5 22.♕xe8+ ♕xe8 23.♖xe8+ ♖xe8 24.♖xd5 bxc6 25.♖c5 ♖e2 ist minimal besser für Schwarz.) 19...♗xe2 20.♖xe2 ♖e8 21.♕b3 ♕d7 22.♘f3 ♖ed8 23.g3 ♖ac8 24.♘e5 ♕c7 und Schwarz bleibt mit einem Mehrbauern materiell vorn, der sich aber kaum in einen Sieg ummünzen lässt. Die Partie Satici-Cerqueira Filho, Email 2007, endete bald mit einem Remis.

II. 12.0-0-0 ♕c7 13.♕c2 (13.♖he1? ♕xc4+ 14.♔b1 ♕g4 15.♔a1 ♕g6 16.♕b4 a5 17.♕b6 ♖a6 18.♖xe7+

♔xe7 19.♖e1+ ♕e6 20.♖xe6+ dxe6 21.♕c7+ ♗d7 22.♕xb7 ♖c8 23.b3 ♖ac6 und Schwarz führte seine Partie zum Gewinn, Hlousek–Willert, Fernpartie 2001.) 13...d5 14.♗xd5 ♕xc2+ 15.♔xc2 ♘xd5 16.♖xd5 d6 17.♖xd6 ♔e7 18.♖d2 ♗f5+ 19.♔b3 ♗e6+ 20.♔a3 ♖hd8 mit gleichem Endspiel.

12...0-0

12...b5 besprechen wir in der **Partie Nr. 29**, Windheim–Markoja, Lechenicher SchachServer 2011.

13.0-0-0

Auf 13.♘d4 spielt Schwarz 13...♕b6! In der Folge 14.♕xb6 axb6 15.♔d2 ♘c6 16.♘b5 d5 17.♗d3 (17.♗xd5?? ♖d8 18.♘c7 ♖a5-+) 17...♗e6 18.a3 ♖fd8 19.f4 g6 20.♖ae1 ♖ac8 kommt der Nachziehende dann zu einer leicht vorteilhaften Stellung.

13...♘f5 14.♕f4

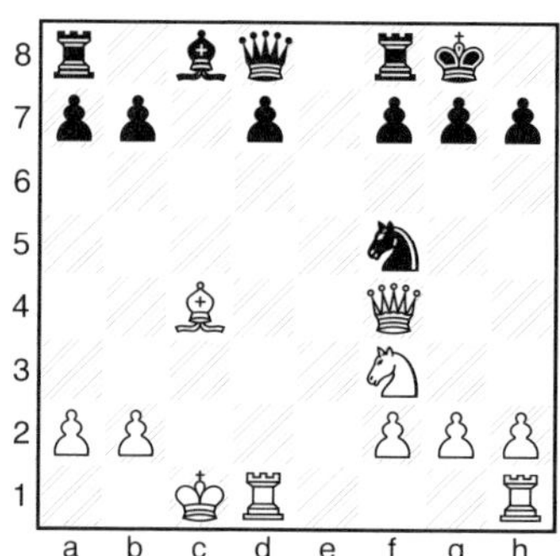

14...d6

In der Partie Engelbert–Budzyn, Kiel 2006, einigte man sich nach 14...♘e7 15.♗d5 ♘xd5 16.♖xd5 d6 17.♕xd6 auf ein Remis.

15.g4 ♘h6 16.h3 ♗e6 17.♔b1 ♖c8 18.♗d5 ♕b6 mit einem kleinen Vorteil für Schwarz.

Zusammenfassung: Wir denken, dass Schwarz auch in dieser Variante mit Ausgleich rechnen darf. Sie muss allerdings weiter untersucht und in der Praxis auf Herz und Nieren getestet werden.

Kapitel 10
Fortsetzung 8...♘xc3

1.e4 e5 2.♘f3 ♘c6 3.♗c4 ♗c5 4.c3 ♘f6 5.d4 exd4 6.cxd4 ♗b4+ 7.♘c3 ♘xe4 8.0-0 ♘xc3

„Du, sattle gut und reite getrost!" – so hat Johann Wolfgang von Goethe ein italienisches Sprichwort gegen ein allzu verzagtes Vorgehen ins Deutsche übertragen. Genauso können wir es hier nun mit der Fortsetzung 8...♘xc3 halten. Diese Fortsetzung ist zwar nicht so populär wie das Schlagen mit dem Läufer, das wir in der Folge weiter analysieren werden, ist aber auch eine akzeptable Alternative.

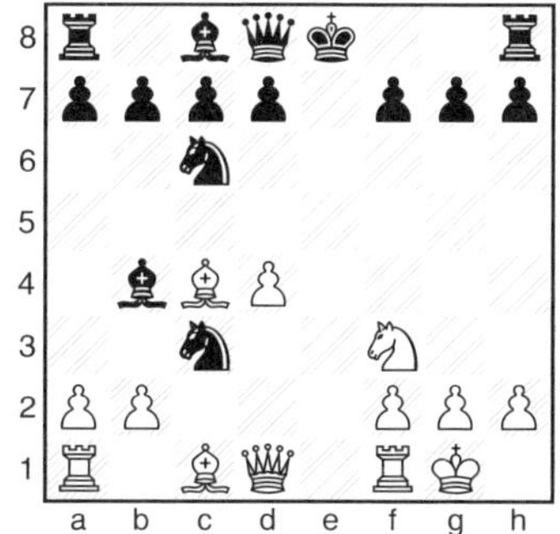

9.bxc3

Auf 9.♖e1+ kann Schwarz zwischen dem Weichen des Königs und dem Dazwischenziehen mit dem Läufer wählen:

A) 9...♔f8!? (Scheint die stärkste Fortsetzung zu sein.) 10.bxc3 ♗xc3 11.♗g5 f6 12.♗d2

A1) 12...♗xa1? 13.♘g5! d5 14.♕h5 ♕d7 (14...g6 15.♕h6+ ♔g8 16.♗xd5+ ♕xd5 17.♖e8#) 15.♗xd5 ♗xd4 16.♘e6+ ♕xe6 17.♗xe6 ♗xe6 18.♖xe6 ♖d8 19.♔f1 mit weißem Vorteil.

A2) 12...♗xd2! 13.♕xd2 d5 14.♗d3 ♕d6 15.♖ab1 b6 mit dem Plan ♗c8-d7, ♔f8-f7, ♖a8-e8 und schwarzem Vorteil.

B) 9...♗e7 10.bxc3 d5 11.♗b5 (11.♗d3 ♗g4 12.♗a3 ♗xf3 13.♕xf3 0-0 14.♗xe7 ♘xe7 15.♖e3 c6 16.♕h3 ♘g6= Jones–Sinclair, IECC Email 1997) 11...0-0 12.♗xc6 bxc6 13.♘e5 ♗d6 14.♘xc6 ♕f6 15.g3 (15.♘e5 ♖e8 16.f4 ♗f5∓) 15...♗f5 und Schwarz steht etwas besser, aber auch nicht mehr.

9...d5!

Die beste Erwiderung. Andere Züge sind schwach. Wer werden uns deshalb nicht mit ihnen beschäftigen.

10.cxb4

Nach 10.♗b5 sollte Schwarz 10...♗e7 spielen, z.B. 11.♗xc6+ bxc6

A) 12.♘e5 ♗d7 13.♕a4 (13.f4 0-0 14.f5 f6 15.♘g6 hxg6 16.fxg6 ♗e8 17.♕h5 ♗xg6 18.♕xg6 ♕e8∓) 13...c5 14.♕a6 0-0∓.

B) 12.♕a4 ♗d7 13.♗a3 0-0 14.♗xe7 ♕xe7 15.♖fe1 ♕d6 16.♘e5 f6 17.♘xd7 ♕xd7 18.♖e3 ♖fe8 19.♖ae1 ♖xe3 20.♖xe3 und der schwarze Mehrbauer lässt sich nicht in klingende Münze umwandeln. Die Stellung ist weitgehend ausgeglichen.

10...dxc4

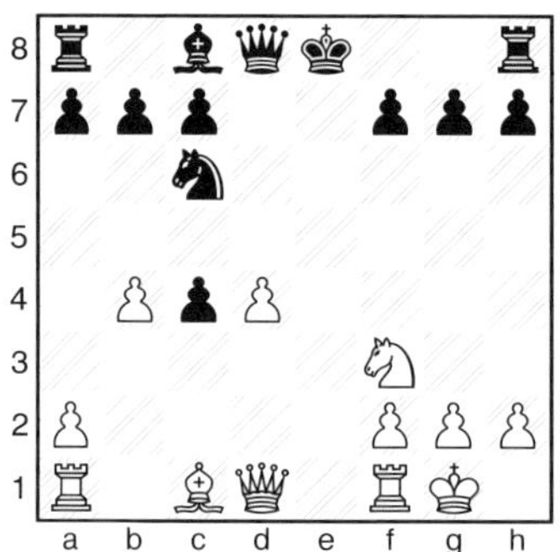

11.♖e1+

11.b5 sollte der Nachziehende auch mit 11...♘e7 beantworteten, z.B.

A) 12.♗g5 f6!? (12...0-0 13.♕c2 f6 14.♕xc4+ ♔h8 15.♗d2 ♗g4∓ Gribilas-Pavlis, Petroupoli 2012.) 13.♗f4 a6 14.bxa6 ♖xa6 und Schwarz steht ausgezeichnet.

B) 12.♗a3 0-0 13.♕e2 ♖e8∓ Bogoljubow.

C) 12.♖e1 0-0 13.♕c2 ♖e8 14.♕xc4 ♗e6 15.♕d3 ♘d5 mit dem Plan f7-f6 und besserem Spiel für Schwarz, Colebrook-Precerutti, ICCF Email 2001.

11...♘e7

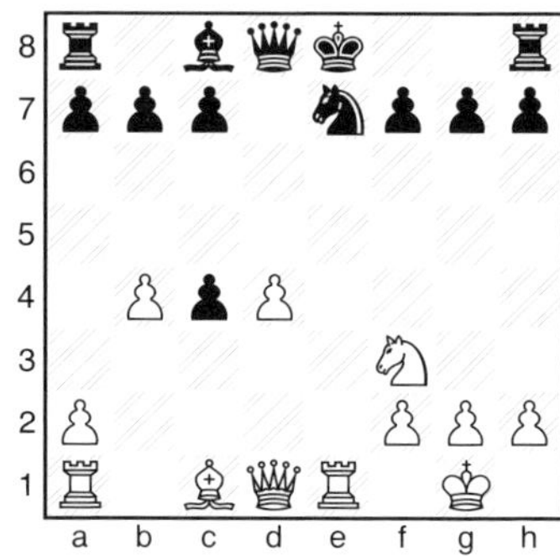

12.♕e2

Hier hat die findige Fraktion der Weißspieler auch ein paar andere Züge ausprobiert:

I. 12.♕a4+ ♗d7 13.b5 0-0 14.♕xc4 ♖e8 15.♘g5 ♘d5 16.♗d2 c6 17.a4 ♖c8 in etwa mit Ausgleich.

II. 12.♘e5 0-0 (12...♗e6? 13.♗g5 ♕d5 14.♘xf7! mit Angriff) 13.♘xc4 ♗e6 14.♗g5 ♖e8 15.♕d3 h6 16.♗xe7 ♖xe7 17.♘e5 ♕d5 und Schwarz hat keine Probleme.

III. 12.♗g5 f6 13.♕e2 (13.♗f4 0-0 14.♕e2 ♘d5 15.♕xc4 ♔h8. Diese altbekannte Stellung zeigt Schwarz leicht im Vorteil, Leonhardt-Perlis, Wien 1908.)

A) 13...♗g4 14.♗f4

A1) 14...♗xf3 15.gxf3 (15.♕xf3 0-0 16.♕xb7 ♘d5 17.♗g3 ♕d7∓) 15...♔f8 (Die gute Alternative 15...♕d7!? haben wir uns in der **Partie Nr. 30**, Gelbart-Stern, Chicago 1970, angesehen.) 16.♕xc4 ♘d5 mit einem komplizierten Spiel. Die weiße Bauernstellung sieht zwar kaputt aus wie das Kolosseum in Rom, dafür aber muss Schwarz erst noch seine Entwicklung beenden.

A2) 14...♔f7 15.♕xc4+ ♘d5 16.♘d2 (16.♗xc7? ♖c8 17.♗xd8 ♖xc4∓ Keres) 16...♗e6 17.♗g3 ♖e8 18.♘e4 b6 19.♖ac1 ♖e7. In dieser dynamischen Stellung sind beiden Seiten etwa gleiche Chancen zu attestieren, Derouineau-Lajarriges, Fernpartie 1985.

B) 13...fxg5 14.♕xc4 ♖f8 (Zu beachten ist 14...♕d6!? 15.♖e3 g4 16.♘g5 ♕f6 mit zweischneidigem Spiel, Barker-Marvin, IECG Email 1995.) 15.♖e5 (15.♖xe7+? bringt nichts wegen 15...♔xe7! 16.♖e1+ ♔f6 und Schwarz behauptet seinen Materialvorteil.) 15...g4 16.♘g5 h6 17.♘h7 ♖f7 18.♖ae1 ♕d6 19.♖xe7+ ♖xe7 20.♕g8+ ♔d7 21.♘f8+ ♔c6 22.♕c4+ ♔b6 23.♕c5+ ♕xc5 24.bxc5+ ♔c6 25.♖xe7 ♗f5 26.♘e6 ♗xe6 27.♖xe6+ ♔d5 mit ausgeglichenem Turmendspiel.

12...♗e6

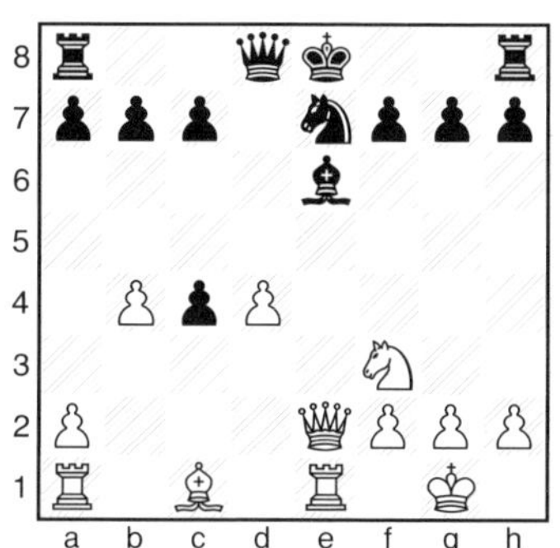

13.♗g5

Vor keine Probleme stellt Schwarz 13.♘g5. In seiner Antwort kann er jetzt zwischen den beiden folgenden Möglichkeiten wählen:

A) 13...♕d5 14.♘xe6 fxe6 15.♕g4 0-0 (15...0-0-0!? 16.♖xe6 ♕f5 kommt auch infrage.) 16.♕xe6+ ♕xe6 17.♖xe6 ♘d5 und Schwarz steht besser.

B) 13...♕d7 14.♘xe6 ♕xe6 (Es geht auch 14...fxe6 15.♕xc4 ♘d5 16.a4 0-0∓ Lasker.) 15.♕xe6 (15.♗g5 ♕xe2 16.♖xe2 f6 17.♖ae1 0-0-0 ist günstig für Schwarz, Petrowsky-Möller, Hannower 1902.) 15...fxe6 16.♖xe6 ♔f7 17.♖e4 ♘d5 18.♗d2 b5 19.f3 a5 20.♖e5 c6 mit ausgezeichnetem Spiel für Schwarz, Gelfman-Braczko, Fernpartie 1963.

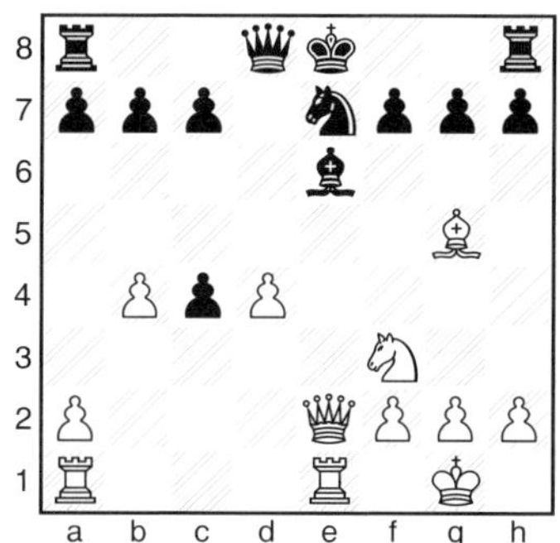

13...♕d5!

Schwarz muss auf Genauigkeit in seinem Handeln achten. Nach 13...c6 folgt 14.♘e5 ♕d5 (14...0-0 15.♘xf7!) 15.♗xe7 ♔xe7 16.♘xc4 mit weißer Initiative. Nun wäre 16...♕xd4 gefährlich wegen 17.♖ad1 ♕f6 18.♕e3 b6 19.♘e5 und Schwarz hat Schwierigkeiten. Auch nach 13...♕d7 14.♗xe7 ♔xe7 15.d5 ♕xd5 16.♖ad1 ♕h5 17.♕xc4 bekommt Weiß eine starke Initiative.

14.♗xe7

14.♖ac1 besprechen wir in der **Partie Nr. 31**, Ten Vergert–Jurjevic, Fernpartie 2012.

14...♔xe7 15.♕c2 f6

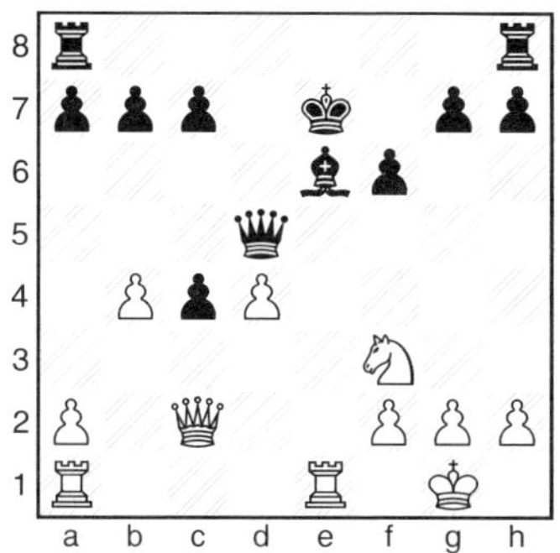

16.♘g5!?

Schwarz will nun 16...♔f7 spielen und seine Stellung völlig konsolidieren. Deshalb muss Weiß aktiv vorgehen, wenn er um Vorteil kämpfen möchte.

16...fxg5

Es verbietet sich 16...♕xg5? 17.♕xc4 ♖he8 18.d5 ♔f8 19.dxe6 ♖e7 20.♖ad1 und der Vorteil liegt auf der Seite von Weiß.

17.♖e5 ♕xd4 18.♖ae1 ♖ae8

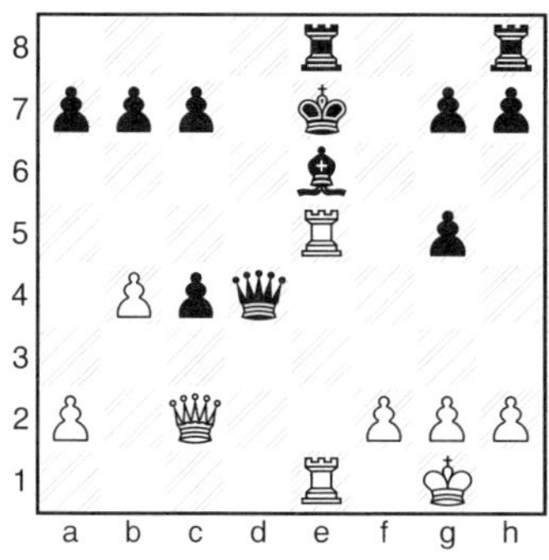

19.♖xe6+!

Der sicherste Weg zum Ausgleich. 19.♕e2? bringt nichts wegen 19...♕d7! (Aber nicht 19...♔d7?, denn dann folgt 20.♖d1 ♕xd1+ 21.♕xd1+ ♔c8 22.f3 mit besseren Chancen für Weiß.)

A) 20.♕f3 ♖hf8 21.♕xb7 (21.♖xe6+ ♔d8 22.♖xe8+ ♖xe8 23.♖d1 ♔c8!-+) 21...♔f6 22.♕xa7 ♗f5-+.

B) 20.♖xe6+ ♔d8 21.♕xc4 ♖xe6 22.♕xe6 ♕xe6 23.♖xe6 ♖e8-+.

19...♔d7 20.♖d1 ♕xd1+ 21.♕xd1+ ♔xe6 22.♕g4+ ♔f6 23.h4! gxh4 24.♕xh4+ ♔g6 25.♕g4+ ♔f6 26.♕f4+ ♔g6 und in unserer Referenzpartie vereinbarten die beiden Gegner an dieser Stelle ein Remis wegen Dauerschach, Gadia–De Soueza Mendes, Brasilien 1961.

Zusammenfassung: In diesem Kapitel haben wir bewiesen, dass das Schlagen mit 8...♘xc3 völlig spielbar ist. Mehr Ehrgeiz zeigt Schwarz aber mit 8...♗xc3, wonach ein scharfes Spiel mit vielen guten Gewinnchancen entsteht. Mit dieser Idee werden wir uns im weiteren Teil des Buches beschäftigen.

Kapitel 11
Fortsetzung 9...♘e5

1.e4 e5 2.♘f3 ♘c6 3.♗c4 ♗c5 4.c3 ♘f6 5.d4 exd4 6.cxd4 ♗b4+ 7.♘c3 ♘xe4 8.0-0 ♗xc3 9.d5 ♘e5

9...♗f6 ist die Hauptvariante, aber der freche Zug mit dem Springer ist auch spielbar.

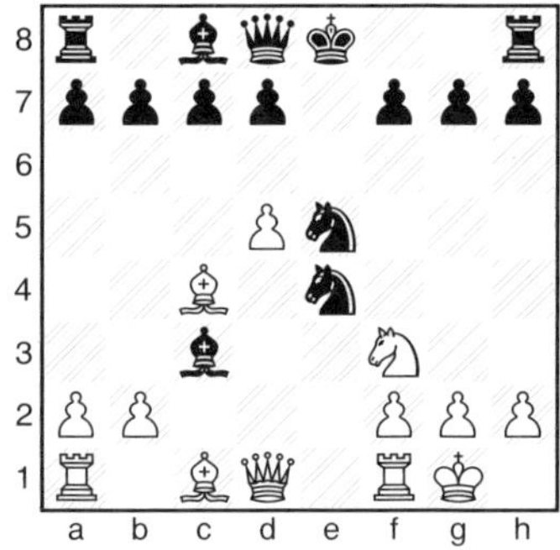

10.bxc3

Eine typische und an dieser Stelle auch angebrachte Reaktion. Die italienische Küche bietet auch Alternativen an, die hier aber nicht zu empfehlen sind. Werfen wir mal einen Blick in die Karte:

I. 10.♕e2 0-0

A) 11.♕xe4 ♘xf3+ 12.♕xf3 (12.gxf3? ♖e8 13.♕c2 ♗b4 14.a3 ♗c5-+) 12...♗e5 13.♗f4 d6 14.♗xe5 dxe5 15.♖fe1 ♕d6 16.♖ac1 ♗d7 17.♕b3 b5 18.♗d3 (18.♗xb5? ♖ab8 19.a4 a6-+) 18...♖ac8 19.♖ed1 a6 20.♗b1 ♖fe8 und mit dem Vorteil eines Mehrbauern ist diese Stellung ganz nach dem Geschmack von Schwarz, Grossi-Visloguzov, Fernpartie 2011.

B) 11.♘xe5 ♗xe5 12.♕xe4 d6 (Zu überlegen ist 12...♖e8!? Nach 13.♕c2 ♕f6 steht Schwarz auch hier besser.) 13.f4 ♗f6 (13...f5!? 14.♕d3 ♗f6∓) 14.♗d3 g6 15.f5 ♖e8 16.♕f4 g5 (16...♗e5!? ist zu prüfen.) 17.♕g4 h6 18.♔h1 (Hier hätte Weiß in der Referenzpartie, der wir diese Variante entnommen haben, 18.h4!? spielen sollen.) 18...♔g7 19.♗d2 c5 und Schwarz verbleibt bei solider Stellung ein gesunder Mehrbauer, Ayala-Anino, Mar del Plata 2012.

C) 11.bxc3 ♘xc4 12.♕xc4 ♘d6 13.♕b3 b6 14.♗g5 f6 15.♗f4 ♗a6 16.♖fe1 ♗c4 17.♕d1 ♖e8 18.♕d4 ♗e2 19.♗xd6 cxd6 20.♘h4 g6 21.♕d2 ♗c4 22.♕d4 ♖c8 mit schwarzem Übergewicht, Popov-Laliga, Fernpartie 2005. In dieser Stellung fällt es durchaus schwer, Ideen für Weiß zu entwickeln, über die er sich auf nicht allzu lange Sicht wieder deutlich besser ins Spiel bringen könnte.

II. 10.♗b3

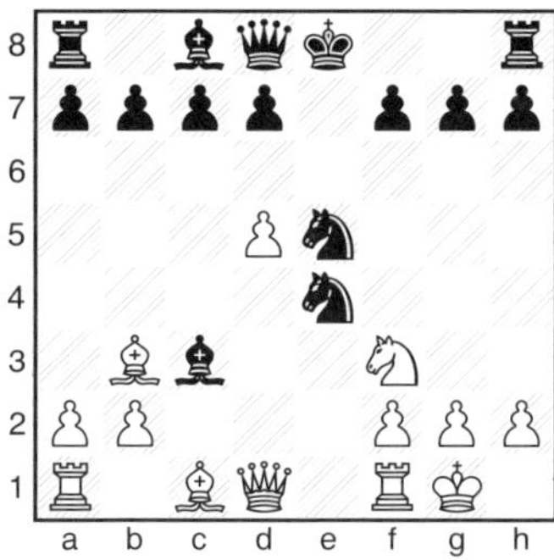

A) 10...♕f6 11.bxc3 (11.♘xe5 ♗xe5-+) 11...♘xf3+ 12.♕xf3 ♕xf3 13.gxf3 ♘d6 14.♖e1+ ♔d8 nebst b7-b6 und Entwicklung des Läufers nach a6.

B) 10...d6 11.bxc3 ♗g4 12.♖e1 f5 13.h3 ♗xf3 14.gxf3 0-0! (14...♘xc3? 15.♖xe5+! dxe5 16.♕d3 0-0 17.♕xc3± Barnes–Meisel, USA 1972) 15.fxe4 ♕h4 16.♖e3 fxe4 und Weiß steht platt.

C) 10...0-0 11.bxc3 ♘xc3 12.♕d2 ♘e4! (Nach 12...♘xf3+ 13.gxf3 ♘b5 14.♗b2 bekam Weiß in der Fernpartie Binas–Majstr, gespielt 2005, gute Angriffsmöglichkeiten in der g–Linie.) 13.♕e3 ♘xf3+ 14.♕xf3 ♘d6. Schwarz hat nun zwei Bauern mehr, dafür aber einige Probleme, seine Kräfte am Damenflügel von der Kette zu kriegen. Hier wird er zur Überwindung seiner Entwicklungsschwierigkeiten eine gewisse Findigkeit unter Beweis stellen müssen.

III. 10.♘xe5 ♗xe5 11.♖e1 (11.♕g4 ♘d6 12.♗d3 0-0-+ Balazs–Pott, Lechenicher SchachServer 2011. Auch in der Variante 11.♕c2 ♕e7 12.♖e1 f5 13.f3 ♗xh2+! 14.♔f1 d6 15.fxe4 fxe4 16.♖xe4 0-0+ 17.♔e1 ♗g3+ gewinnt Schwarz.)

A) 11...0-0 12.♖xe4 d6 13.♕h5 (13.f4 ♗f6-+) 13...g6 14.♕h6 ♗g7 15.♕e3 ♗f5 16.♖d4 ♖e8 17.♕d2 ♗xd4 18.♕xd4 ♖e1+ 19.♗f1 ♕f8 und Schwarz kann den Sekt kalt stellen, er steht auf Gewinn, Sun–Qian, Montreal 2010.

B) 11...♗xh2+ 12.♔xh2 ♕h4+ 13.♔g1 ♕xf2+ 14.♔h2 ♕h4+ 15.♔g1 0-0. Die weiße Stellung erinnert an ein gerupftes Huhn, sie ist reif für die Aufgabe, Leikas–Salonen, Fernpartie 2008.

10...♘xc4 11.♕d4

Nach 11.♖e1 kann Schwarz zwischen zwei Wegen wählen:

A) 11...♘cd6 12.♘d2 f5 (12...0-0 13.♘xe4 ♘xe4 14.♖xe4 d6∓) 13.f3 0-0 14.fxe4 fxe4 15.♘xe4 ♘xe4 16.♖xe4 d6 mit einem Mehrbauern, allerdings bei ungleichfarbigen Läufern.

B) 11...0-0 12.♖xe4 ♘d6 13.♖e1 b6. Auch hier freut sich Schwarz über einen Mehrbauern, die Stellung ist günstig für ihn.

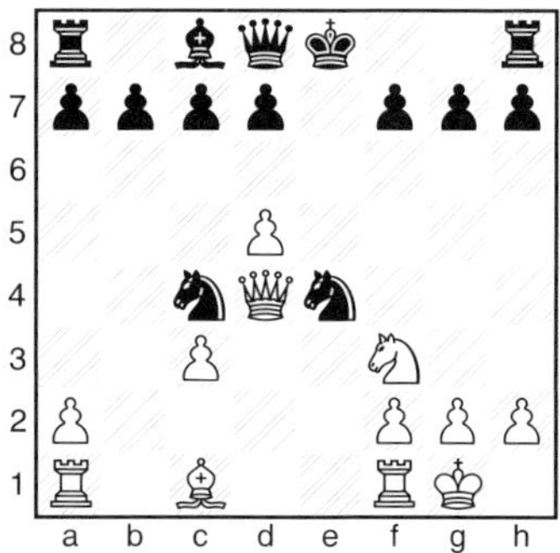

In der Diagrammstellung werden wir nun zwei alternative Fortsetzungen für Schwarz analysieren:

11...0-0 (siehe **Abspiel 1**) und 11...f5!? (siehe **Abspiel 2**).

Abspiel 1
Fortsetzung 11...0-0

1.e4 e5 2.♘f3 ♘c6 3.♗c4 ♗c5 4.c3 ♘f6 5.d4 exd4 6.cxd4 ♗b4+ 7.♘c3 ♘xe4 8.0-0 ♗xc3 9.d5 ♘e5 10.bxc3 ♘xc4 11.♕d4 0-0

In dieser Fortsetzung liegt nach Einschätzung vieler Theoretiker die sicherste Spielweise für Schwarz. Sie ist auch in der Praxis am häufigsten anzutreffen. Und da machen wir es so wie der erfahrene Seefahrer: Wenn die sicherste Route ums Kap gefunden ist, dann nehmen wir sie auch! Wir schließen uns der Meinung der Theorie an.

12.♕xe4 ♘d6

Einfach und gut! Der Springer entzieht sich der Attacke der feindlichen Dame und nimmt nun diese selbst aufs Korn, sodass sie sich bewegen muss. Sehr problematisch ist 12...b5 wegen 13.a4 mit weißer Initiative.

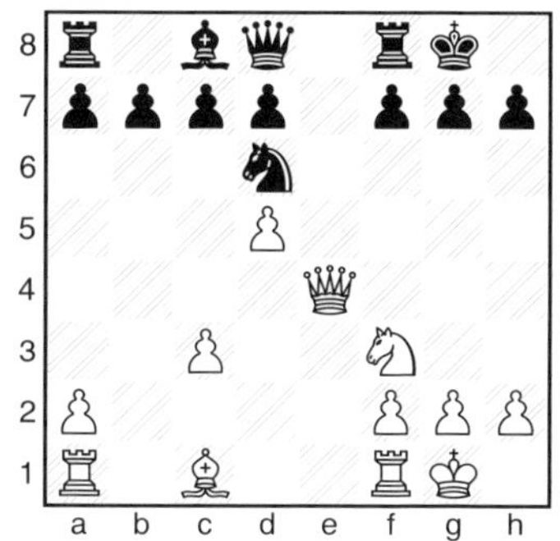

13.♕d3

Im Arsenal des Anziehenden befinden sich auch andere Damenzüge:

I. 13.♕d4 sehen wir uns in der **Partie Nr. 32**, Wang–Duda, Porto Carras 2010, genauer an.

II. 13.♕f4 ♖e8

A) 14.♗a3 ♖e4 15.♕g3 (15.♕d2 ♘c4 16.♕d3 f5 17.♗c1 d6 18.♘g5 ♘e5 19.♕c2 ♖h4 20.f4 ♘g4 21.h3 ♘f6 22.c4 ♗d7. Die auf dem Brett entstandene Stellung ist recht kompliziert: Schwarz hat einen Mehrbauern, aber Weiß ein aktives Spiel. Die Fernpartie Leite–Willow, 2011, endete schließlich mit einem Remis. In dieser Variante ist aber das letzte Wort noch nicht gesprochen.) 15...♘f5 16.♕g5 ♕xg5 17.♘xg5 ♖e5 18.f4 ♖e3 19.♖ae1 h6 20.♖xe3 ♘xe3 21.♖e1 hxg5 22.♖xe3 gxf4 23.♖e8+ ♔h7 24.d6 und nun hätte Schwarz in der Fernpartie, Hellmüller–Spandlowski, 2011, 24...cxd6 spielen sollen, verbunden mit der Idee ♗c8-b7 usw.

B) 14.♗b2 ♖e4 15.♕d2 b6 16.♖fe1 ♘c4 17.♕c2 ♖xe1+ 18.♖xe1 ♗b7 19.♘e5 ♕e7 20.♘f3 ♕d6 21.♘g5 ♕g6 22.♕e2 ♘d6 23.♗a3 h6 24.♗xd6 ♕xd6 25.♘f3 ♕xd5 und der Nachziehende hat sich eine Gewinnstellung erarbeitet, Dunn–Cooper, Fernpartie 2012.

C) 14.♘d4 a6 15.a4 b6 16.♘f3 ♗b7 17.c4 ♖e4 18.♕g3 ♖xc4 19.♗b2 f6 20.♖fd1 ♕f8 0-1 Murphy–Vecsei, Fernpartie 2007.

III. 13.♕g4

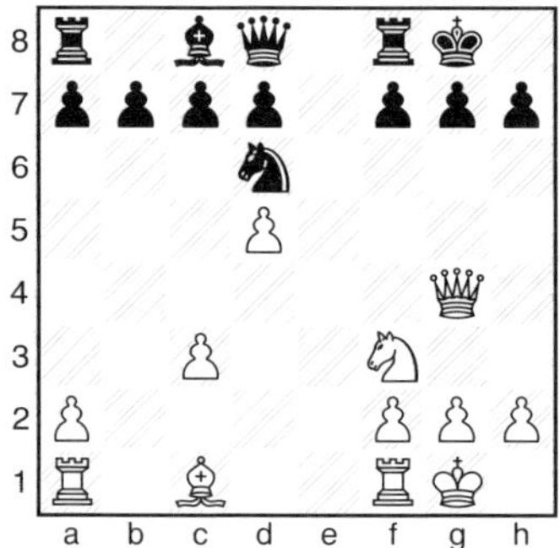

A) 13...♕f6

A1) 14.♗b2 b5 15.♖ab1 ♘c4 16.♗a1 d6 17.♕g3 (17.♕e4?? ♗f5 18.♕f4 ♗xb1 19.♕xf6 gxf6 20.♖xb1 a6-+ Chiessi-Legvold, Dos Hermanas 2004.) 17...♗d7. Weiß hat keinen Ersatz für den Bauern, weshalb das Pendel der Stellungsbewertung sehr deutlich zu seinen Ungunsten ausschlägt.

A2) 14.♗a3 b6 15.♖fe1 c5 16.dxc6 dxc6 17.♕d4 c5 18.♕xf6 gxf6 19.♗c1 ♗g4 20.♗f4 ♖fd8 21.♘d2 ♗f5 22.♖e3 ♔g7 23.♖ae1 ♖d7 24.h4 h5 25.♖e7 ♖ad8 26.♗xd6 ♖xd6 27.♘c4 ♖d1 28.♖xd1 ♖xd1+ 29.♔h2 ♗e6 30.♘e3 ♖d2 31.♖xa7 ♖xf2 32.♔g3 ♖xa2 33.♖xa2 ♗xa2 34.c4 ♗b3 35.♔f4 ♗a4 36.g4 hxg4 37.♘xg4 b5. Das Endspiel wird der Nachziehende bei korrektem Spiel gewinnen, Stovring-Svensson, Esbjerg 2004.

A3) 14.♘h4 ♖e8 15.♗g5 ♕xc3 16.♖ac1 ♕e5 17.♘f3 (17.♖ce1?? ♕xe1 18.♗f6 g6 19.♕f4 ♖e4 20.♕h6 ♘e8 21.♘f5 d6 0-1 Tsaloumas-Aggelis, Nikaia 2007.) 17...♕xd5 18.♗f6 g6 19.♗a1. Weiß hat nun im schwarzen Entwicklungsrückstand nur wenig Kompensation für das geopferte Material. Wir sehen den Nachziehenden im Vorteil.

A4) 14.♗f4 h5 15.♕g5 ♘e4 16.♕xf6 ♘xf6 17.c4 d6 18.♖fe1 ♗f5 19.♖e7 (19.♘d4 ♗d3 20.♖ac1 ♖fe8∓) 19...♖ac8 20.♗g5 ♘e4 21.♘d4 ♗h7 22.♗e3 a6 23.♖c1 ♖fe8 24.♖xe8+ ♖xe8 25.♘b3 b6. Schwarz kann die weitere Partie aus einem klaren eigenen Übergewicht heraus führen, Nilssen-Johansen, Fernpartie 2011.

B) 13...f5 14.♕g3 ♘e4 15.♕e5 d6 16.♕d4

B1) 16...♕f6 17.♗b2 b6 (17...♕xd4-+) 18.♕c4 ♖f7 19.♕c6 ♖b8 20.♕e8+ ♖f8 21.♕c6 ♕f7 22.♘d4 ♘c5 23.♘e6 ♘xe6 24.dxe6 ♗xe6 25.♖fe1 ♗xa2 26.♕a4 ♗d5 27.♕xa7 ♖a8 0-1 Gaussen-Hughes, Canberra 2001.

B2) 16...b6 17.♗b2 ♗a6 18.♖fe1 (18.c4 ♕d7-+) 18...♕f6 19.♕a4 ♘c5 20.♕c2 ♗d3 21.♕d2 ♗c4 22.♘g5 ♖fe8 23.♗a3 ♘d3 24.♖ed1 ♖e5 25.♘e6 ♖c8 26.♘f4 ♘xf4 27.♕xf4 ♗xd5 28.♕d4 ♕g6 29.g3 ♕h5 0-1 Bell-Drkulec, Detroit 1994.

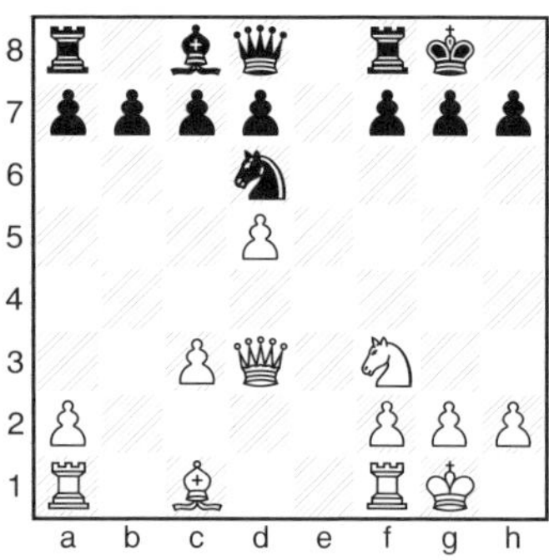

13...♕f6

An dieser Stelle möchten wir auf eine interessante Idee aufmerksam machen, und zwar 13...b6!? Hier erscheinen weitere Analysen als lohnenswert, wir regen sehr dazu an. Ein paar Vorlagen hierzu:

A) 14.♗e3 ♖e8 15.♖fe1 ♗b7 16.♗g5 f6 17.♗f4 ♕c8 (17...♖xe1+!? 18.♖xe1 ♕f8∓) 18.c4 ♗a6 und Schwarz steht besser, D.Nikolic-Gallagher, IECC Email 2005.

B) 14.♘g5 g6 (14...f5!? wurde auch schon ausprobiert, eine gut aussehende Alternative.) 15.♕h3 h5 16.♖e1 ♖e8 17.♗f4 ♗b7 18.♖xe8+ ♕xe8 19.♗xd6 cxd6 20.♕f3 ♕e7 21.♘e4 ♔f8 22.c4 ♖c8 23.♘d2 ♗a6 24.♕c3 ♕e5 25.♕xe5 dxe5 26.♖e1 d6 und Weiß steht auf Verlust, Perkins-Akhmetshin, Maribor 2012.

C) 14.♖e1 ♗b7 15.♗g5 f6 16.♗f4 ♖e8 17.♘d4 ♖xe1+ 18.♖xe1 ♕f8 19.♗xd6 cxd6 20.♘f5 ♖e8 21.♖e4 ♖e5 22.♘e3 ♕e8 23.f3 ♕c8 24.h3 ♕c5 25.♔h2 ♔f7. Schwarz hat einen Bauern mehr und auch die bessere Stellung, Benzetsel-Erdem, Istanbul 2012.

D) 14.♗a3 ♕f6 15.♕d4 ♕xd4 16.♘xd4 ♗b7 17.♗xd6 cxd6 18.♘f5 g6 19.♘xd6 ♗xd5 20.♖fe1 ♗e6 21.f4 a6 22.a4 ♖a7 23.♖eb1 (23.♖ab1 ♖b8 24.c4 ♖c7 25.♖e4 ♖c5 26.♔f2 ♔f8 27.♖d4 ♔e7 28.♔e3 ♗d5∓ Pinski) 23...♖b8 24.c4 (24.a5? b5 25.c4 b4 26.♖a4 b3 27.♖a3 ♖c7 28.♖axb3 ♖xb3 29.♖xb3 ♖c5 und Schwarz hat die Partie endgültig gewonnen, Fritz 6-Anand, Frankfurt 1999.) 24...♖c7 25.a5 ♖c6 26.♖xb6 ♖bxb6 27.axb6 ♖xb6 28.c5 ♖c6 29.♖a5. Am Ende dieser langen Variante dürfte Weiß über reale Rettungschancen verfügung, Pinski. Es ist deshalb eine naheliegende Idee für den Nachziehenden, auf dem Weg bis hierher nach Verbesserungen für das eigene Spiel zu suchen.

E) 14.♗g5 f6 15.♗f4 ♘f7 16.d6 (Auf 16.♗g3 folgt 16...d6 17.♘d4 ♘e5∓; auch nach 16.♖fe1 kann Schwarz 16...d6 17.♘d4 ♘e5∓ spielen.) 16...cxd6 17.♘d4 (17.♗xd6 ♖e8 18.♕d5 ♗a6 19.♖fe1 ♖xe1+ 20.♖xe1 ♖c8 21.♗b4 ♗c4 22.♕b7 ♗xa2 23.♕xa7 ♗d5∓ Sanmartino-Ramini, IECG Email 2007) 17...d5 18.♕g3 d6 19.♕f3 ♕d7 20.♕xd5 ♗b7 21.♕h5 ♖ac8 22.♗d2 ♖c5 23.♕e2 ♖e8 mit einem klaren Vorteil für Schwarz, Bahmatsiy-Lamard, Albena 2011.

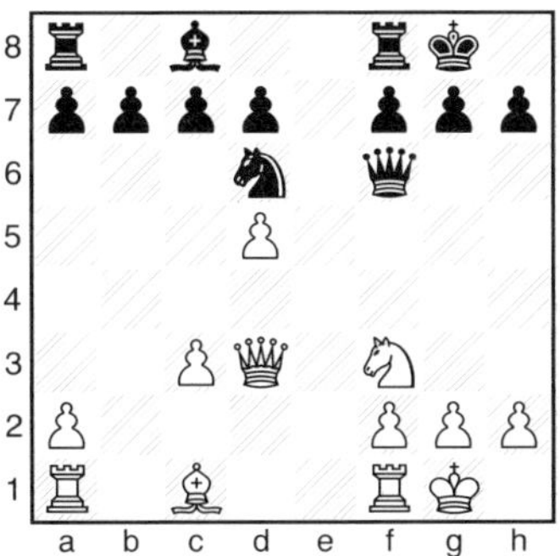

14.♗g5

An dieser Stelle müssen weitere Möglichkeiten auf der Seite des Anziehenden ernsthaft in die Betrachtung einbezogen werden, und zwar:

I. 14.♖e1 b6 15.♗g5 (15.♗a3 ♗b7 16.♘e5 ♖fe8 17.♘xd7 ♕g6 18.♕xg6 ♖xe1+ 19.♖xe1 fxg6 20.♘e5 ♖e8

21.♗xd6 cxd6 22.♘d3 ♖xe1+ 23.♘xe1 ♔f7 24.f3 ♗xd5 25.a3 ♔e6–+ Blair–Mueller–Alves, Lechenicher SchachServer 2007.)

A) 15...♕f5 16.♕xf5 ♘xf5 17.g4 h6 18.♗f4 (18.gxf5 hxg5 19.♘xg5 ♗b7 20.c4 ♗a6 21.♖ac1 ♖fe8 und wegen der weißen Bauernschwächen steht Schwarz etwas besser.) 18...♘d6 19.♗xd6 cxd6 20.♘d4 ♗b7 21.♘b5 a6 22.♘xd6 ♗xd5 und Schwarz ist erkennbar im Vorteil.

B) 15...♕g6 16.♕xg6 fxg6 17.♗e7 ♖f5 18.♗xd6 cxd6 19.♖e8+ (19.♖ad1 ♗b7 20.c4 ♗a6 21.♘d2 ♖e5 22.f4 ♖xe1+ 23.♖xe1 ♖c8 24.♖e7 ♗xc4 25.♘xc4 ♖xc4 26.♖xd7 ♖a4 27.♖xd6 ♖xa2. Der schwarze Vorteil ist nicht groß, aber Vorteil ist Vorteil.) 19...♔f7 (19...♖f8 20.♖e7 ♗b7 21.c4 ♗a6 22.♘d2 ♖ad8 23.♖e4 ♖fe8∓ Merot–Glaser, Fernpartie 2010) 20.♖ae1 ♖xd5 21.h4 ♖e5! 22.♘xe5+ ♔xe8 23.♘c4+ ♔d8 24.♘xd6 a5 25.f4 ♔c7 26.♘e8+ ♔c6 27.♘xg7 ♗a6 28.♘e8 ♗c4 29.a3 ♗e6 30.♘g7 ♗f7 31.f5 ♖f8 32.♖e7 gxf5 33.♘xf5 ♗g6 34.♘d4+ ♔d6 35.♖e3 ♔d5. Der schwarze König ist zu einem echten Kämpfer geworden, er greift aktiv ins Geschehen ein. Der Nachziehende steht damit etwas besser, in der Fernpartie Volovici–Van Damme, 2005, reichte dies aber nicht zum Gewinn aus, die Partie endete mit einem Remis.

II. 14.♗a3 b6

A) 15.♖ab1 ♖e8 (15...♗b7!? geht auch.) 16.♖fe1 ♗b7 17.c4 ♗a6 18.♗xd6 ♕xd6 und Schwarz hat die besseren Perspektiven.

B) 15.♕d4 ♕xd4 (15...♗a6!? 16.♕xf6 gxf6 17.♗xd6 cxd6 18.♖fd1 ♖fc8 19.♘d2 f5 20.♖ac1 ♖c7 21.f3 ♖ac8 22.♘b1 ♖c4 23.♖e1 ♔g7 24.♖e7 ♖8c7 25.♔f2 ♖a4 26.a3 ♗d3. Bei genauem Spiel ist die Stellung für Schwarz gewonnen, Agasse–Lafont, Lechenicher SchachServer 2011.) 16.♘xd4 ♗a6 17.♖fe1 (17.♗xd6 cxd6 18.♖fe1 g6 19.a4 ♖fc8 20.♖e7 ♖c7 21.f4 ♔f8 22.♖ae1 ♖d8 23.♘c6 ♖dc8 24.♘d4 ♗c4 25.f5 a6 26.f6 ♗xd5 27.♔f2 h6 28.♖b1 ♖b8∓ Guizar–Wilson, Fernpartie 2008) 17...♖fe8 18.♗xd6 cxd6 19.♘f5 ♖e5 20.♘xd6 ♖xd5 21.♖ad1 ♗d3 22.♘f5 ♖xf5 23.♖xd3 ♖a5 24.♖xd7 ♖xa2 mit baldigem Remis, Pospelov–Craciun, Fernpartie 2006.

III. 14.♘d4

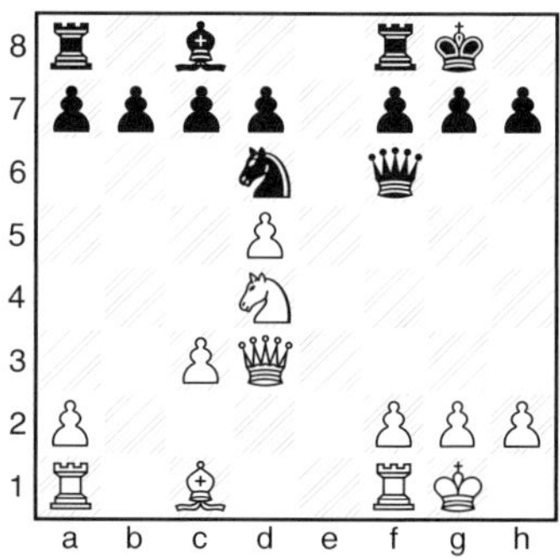

A) 14...c5 15.dxc6 (15.♘f3 b6 16.♗g5 ♕f5 17.♕xf5 ♘xf5 18.g4 f6 19.♗f4 ♘e7 20.c4 ♗a6 21.♘d2 ♖fe8∓) 15...dxc6 16.♗a3 ♖d8 17.♖fe1 ♘f5 18.♕f3 ♗d7 (18...♘xd4 19.♕xf6 gxf6 20.♗e7 ♖d5 21.cxd4 ♔g7 22.♖ad1 ♗f5∓) 19.♖ad1 ♖e8 und Schwarz hat einen Mehrbauern auf dem Konto.

B) 14...b6 15.♕g3 ♗b7 16.♗g5 ♕g6 17.♗e7 ♕xg3 18.fxg3 ♖fc8! (Nach 18...♖fe8 19.♗xd6 cxd6 20.c4 ♗a6

21.♖ac1 ♖e4 22.♘f5 ♖xc4 23.♘xd6 ♖d4 24.♖xf7 ♖xd5 25.♖xd7 ist für keine der beiden Seiten eine Veranlassung dafür zu erkennen, sich im Vorteil zu wähnen, Guo–Marora, Queenstown 2012.) 19.♗xd6 cxd6 20.♘b5 ♗a6 21.c4 ♗xb5 22.cxb5 ♖c5 und das entstandene Endspiel ist günstig für Schwarz.

14...♕f5 15.♕xf5 ♘xf5 16.♖fe1

Weiß will erst die Position seiner Figuren verbessern. Das sofortige 16.g4 ist ungefährlich: 16...f6 (Interessant ist 16...♘h6!? 17.♗xh6 gxh6 18.♘d4 d6 19.f3 ♗d7 20.♖ae1 ♖fe8 mit dem Plan ♔g8-g7-f6, ♖e8-e5 und schwarzem Vorteil, Iermito–Pierrot, Villa Ballester 2001.) 17.♗f4 ♘e7 18.c4 (18.d6 ♘g6 19.♗g3 c5 20.♖fe1 b6 21.♖e3 ♗b7 22.♖ae1 ♗d5-+) 18...d6 19.h3 ♘g6 20.♗g3 ♗d7 21.♖ab1 b6 22.♘d4 ♖fe8 23.♖fe1 ♔f7. Der Nachziehende steht besser, Kornilowitsch–Sobolew, St. Petersburg 1997.

16...h5

Beugt weißen Gelüsten auf den Bauervorstoß g2-g4 vor und verstärkt damit die Stellung des eigenen Springers auf f5.

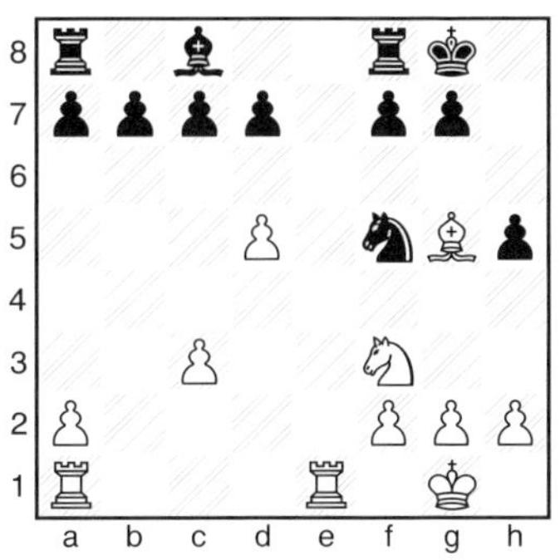

17.♗e7

Auf 17.h3 kann Schwarz einfach 17...f6 spielen, z.B. 18.♗d2 b6

A) 19.g4 hxg4 20.hxg4 ♘d6 21.♗f4 ♘c4 22.♖e4 (Nach 22.♗xc7 d6 23.♖e4 ♗a6 24.♘d4 ♖ac8 25.♘e6 ♖f7 26.♗d8 ♘e5 oder 22.♖e7 d6 23.♖xc7 ♗xg4 24.♘h2 ♖fc8 25.♖b7 ♗f5 hätte Schwarz ein klares Übergewicht.) 22...♗a6 23.♖ae1 d6 24.♘d4 ♘e5 25.♗xe5 fxe5 26.♘e6 ♖f7 27.f4 ♗d3 28.♖a4 (28.♖4e3 ♗c4 29.fxe5 ♗xd5 30.exd6 cxd6 31.♘g5 ♖f4 32.♖e8+ ♖xe8 33.♖xe8+ ♖f8 34.♖e7 a5∓) 28...exf4 29.♖xf4 ♖xf4 30.♘xf4 ♗c4 31.♖e7 ♖f8 32.♘e6 ♖f1+ 33.♔g2 ♖e1 34.♖xg7+ ♔h8 35.♖g5 ♗xd5+ 36.♖xd5 ♖xe6 37.♔f3 ♔g7 mit einem vorteilhaften Turmendspiel für Schwarz. Die Variante zeigt, dass es weit in die Tiefe gehender Analysen bedarf, um in einem Eröffnungsbuch wie unserem ein klares Urteil über sie abgeben zu können.

B) 19.♖ad1 ♔f7 (19...g5!? ist auch spielbar.) 20.g4 hxg4 21.hxg4 ♘e7 22.c4 ♘g6 23.♖e4 ♗a6 24.♔g2 ♖fe8 25.♖d4 c5 26.dxc6 dxc6 27.c5 ♗e2 28.♖b1 ♖ad8 29.♗e3 ♗xf3+ 30.♔xf3 b5 31.a4 a6 32.axb5 axb5 33.♖a1 ♘e5+ 34.♔g3 g5 mit schwarzem Endspielvorteil, Mergard–Schultheiss, Fernpartie 2009.

17...♖e8 18.♗a3 ♖xe1+ 19.♖xe1 b6 20.♖e8+ ♔h7

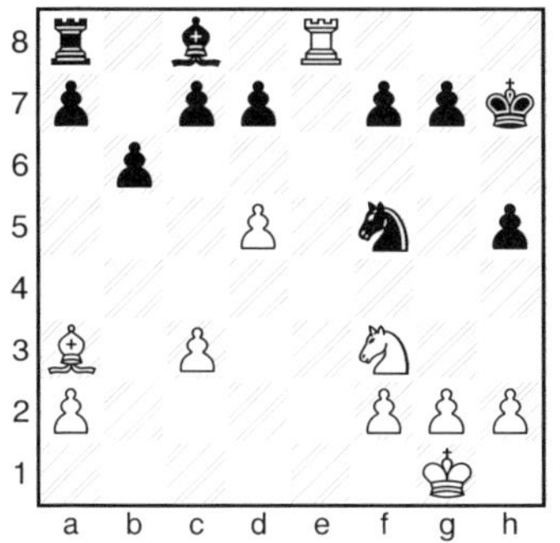

21.♖d8

Im Duell R.Watson–Grott, DESC Email 2006, griff Weiß zu 21.♘d4 ♘xd4 22.cxd4 d6 (Viel stärker war 22...♗b7! 23.♖e7 ♗xd5 24.♖xd7 c6 25.♖c7 a5 26.f3 b5 27.♗c5 ♗xa2 28.♖xc6 ♖e8 29.♔f2 ♗c4 und mit zwei Freibauern am Damenflügel steht Schwarz auf Gewinn.) 23.♖e7 ♗b7 24.♗xd6 ♗xd5 25.♗xc7 ♗xa2 26.f3 ♗e6 27.h4 ♔g6 28.♔f2 ♖c8 29.♗e5 ♖c2+ 30.♔g3 a5 31.♖b7 ♖b2 32.♗c7 a4 33.♖xb6 ♖xb6 34.♗xb6 a3 35.♗a5 ♔f5 36.♗c3 ♗d5 und fuhr letztlich ein Remis ein.

21...d6 22.c4 ♔g6 23.h3 ♗b7 24.♖d7 ♖c8 25.g4 hxg4 26.hxg4 ♘h6 27.♗xd6 cxd6 28.♖xb7 ♖xc4 29.g5 ♘f5 30.♖xa7 b5 mit einem für Schwarz günstigen Endspiel.

Zusammenfassung: Die mit 11... 0-0 eingeleitete Variante ist solider und garantiert Schwarz ohne Zweifel gute Aussichten auf einen Vorteil. Zum Gegenstand weiterer Analysen und einer praktischen Erprobung empfehlen wir 13...b6!? (statt 13...♕f6).

Abspiel 2
Fortsetzung 11...f5!?

1.e4 e5 2.♘f3 ♘c6 3.♗c4 ♗c5 4.c3 ♘f6 5.d4 exd4 6.cxd4 ♗b4+ 7.♘c3 ♘xe4 8.0-0 ♗xc3 9.d5 ♘e5 10.bxc3 ♘xc4 11.♕d4 f5

Eine noch selten anzutreffende Fortsetzung, über die sich die Turnierpraxis noch kein abschließendes Urteil gebildet hat. Für den investigativ orientierten Spieler eröffnet sich hier noch ein weites Forschungsgebiet.

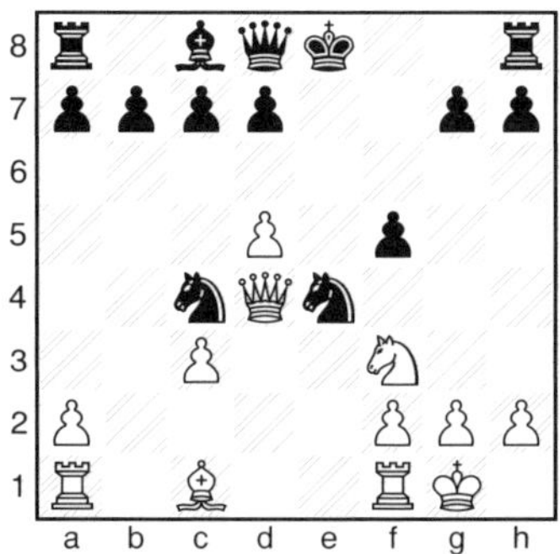

12.♕xc4

12.♗g5? geht nicht wegen 12...♘xg5 13.♕xg7 und dann 13...♖f8 14.♘xg5 ♕f6 15.♖fe1+ ♔d8 16.♕xf6+ ♖xf6 17.♖e2 h6 18.♖ae1 c6 19.♖e8+ ♔c7 20.♘h7 ♖f7 21.♖h8 b5 22.♖ee8 ♗b7 0-1 Schlechter–Lasker, London 1899.

12...d6 13.♘d4

Auf 13.♖e1 ist die kurze Rochade die natürliche Fortsetzung für Schwarz, z.B. 13...0-0 14.♘d4 (14.♖b1 ♖e8 15.♗g5 ♕d7 16.♖b2 ♘xg5 17.♖xe8+ ♕xe8 18.♘xg5 ♕e1+ 19.♕f1 ♕xf1+ 20.♔xf1 b6 mit schwarzem Vorteil, Karlsson–Günther, IECG Email 1998) 14...♗d7 (Infrage kommt auch 14...a6!? und nach den weiteren Zügen 15.f3 b5 16.♕d3 ♘c5 17.♕d1 ♕f6 steht Schwarz ausgezeichnet.) 15.♗f4 ♖e8 16.f3 ♘c5 17.♖e2 ♖xe2 18.♕xe2 ♕f6 19.♖e1 ♖e8 20.♕f1 ♖xe1 21.♕xe1 ♘d3 22.♕g3 ♘xf4 23.♕xf4 g5 und der Nachziehende hat sich einen Mehrbauern gesichert, und dies bei einer zugleich besseren Stellung, Haspel–Carosi, IECC Email 1996.

13...0-0 14.f3 ♘c5

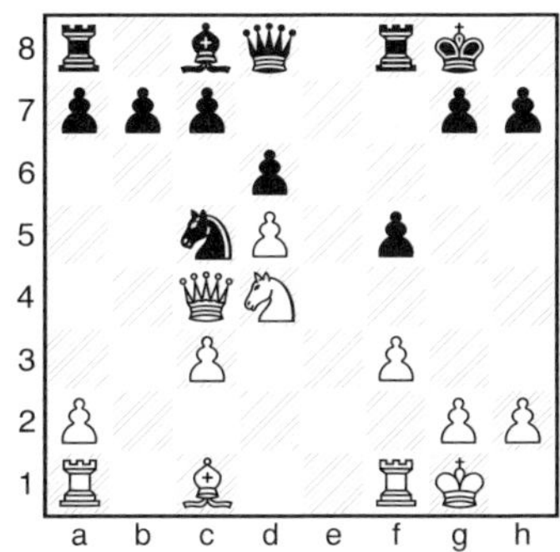

15.♗a3

Hier geht es schlicht um den Angriff auf den schwarzen Springer. Eine andere Möglichkeit für Weiß ist 15.♖e1, worauf die beste schwarze Antwort der Bauernaufzug 15...b6 ist. Mit ihm verstärkt der Nachziehende nicht nur die Position seines Springers, sondern schafft auch die Voraussetzung für ♗c8-a6. Drei Beispiele aus der Praxis:

A) 16.♘e6 ♕e8 (Die Stellung nach 16...♗a6!? 17.♕d4 ♘xe6 18.dxe6 ♕f6 wäre zwar für Schwarz vorteilhaft, aber mit den ungleichfarbigen Läufern auf dem Brett wäre die Partie nicht einfach zu gewinnen. Deshalb eröffnet ihm der Damezug mehr Chancen.) 17.♗g5 ♗xe6 18.dxe6 ♕c6 19.♖ad1 ♖ae8 20.a3 (Oder 20.e7+ ♖f7 21.♖d5 b5 22.♕d4 h6 23.♗h4 ♘a4 24.♖e6 ♘xc3 0-1 Ward–Overton, ICCF Email 2010.) 20...b5 21.♕a2 ♘a4 22.e7+ ♖f7 23.♕e6 ♕c5+ 24.♔h1 ♘b6 25.f4 ♕xa3 26.♗h4 ♕a4 27.♖d4 ♕c2 28.♖dd1 a5 29.♖b1 ♕d3 30.♕b3 c6 31.♖ed1 ♕c4 32.♖xd6 ♕xb3 33.♖xb3 ♖fxe7 34.♗xe7 ♖xe7 35.♔g1 a4 36.♖b1 ♖c7 37.♖d4 ♔f7 38.♔f2 a3 39.♖a1 c5 40.♖d6 ♘c4 mit dem einfachen, aber klaren Plan b5-b4-b3. Schwarz steht deutlich besser, Orlow–Gounant, Fernpartie 2008.

B) 16.♕e2 ♗a6 17.c4 ♖e8 18.♘e6 ♘xe6 19.dxe6 ♕h4 20.f4 ♗xc4. Weiß kann aufgeben, De Paus–Vasquez, Lechenicher SchachServer 2010.

C) 16.♘c6 ♕f6 17.♘e7+ ♔f7 (Nach 17...♔h8 18.♘xc8 ♖axc8 19.♗a3 ♖fe8 20.♗xc5 dxc5 21.♕a4 ♖e7 steht Schwarz etwas besser, Rasmussen–Aarseth, Fernpartie 1967.) 18.♘xc8 ♖axc8 19.a4 ♖fe8 20.♗d2 ♖xe1+ 21.♖xe1 ♖e8 mit dem besseren Endspiel für den Nachziehenden.

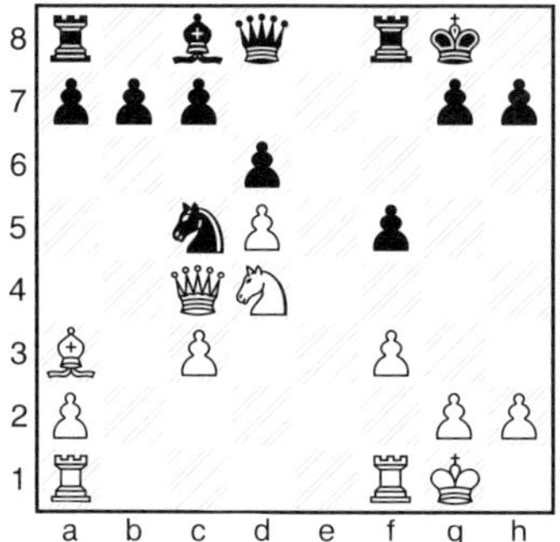

15...b6

Festigt die Position des Springers auf c5 und dient der schon bekannten Idee ♗c8-a6. Ein anderer Ansatz setzt darauf, sich gegen das Schlagen des Springers mittels dessen Flucht mit 15...♘d7 zu verteidigen. Zwei beispielhafte Fortgänge dazu:

A) 16.♘e6 ♘b6 17.♕xc7 (Auf 17.♕d3 folgt einfach 17...♗xe6 18.dxe6 ♕h4 19.♖fe1 ♖ae8 20.♕d4 ♕f6 mit Eroberung des Bauern e6 und schwarzem Gewinn, Suarez-Brzeszkiewicz, Lechenicher SchachServer 2011.) 17...♗xe6 18.♕xd8 ♖axd8 19.dxe6 ♖fe8 20.♖fe1 ♘c4 und Schwarz steht besser. Der Bauer auf e6 ist schwach und kann jederzeit erobert werden.

B) 16.♕b3 ♘b6 17.c4 ♖e8 18.♖ac1 ♗d7 19.c5 ♗a4 20.♕b4 dxc5 21.♖xc5 ♕d7 22.♖a5 a6 23.♗b2 ♖e5 24.d6 ♕xd6 25.♖xa4 ♘xa4 26.♕xa4 ♕b6 27.♖b1 ♖d8 und die Bauernmehrheit am Damenflügel verbrieft dem Nachziehenden bessere Chancen, die er in der Partie De Coninck-Ilczuk, ICCF Email 2001 in den späteren Sieg umzumünzen verstand.

16.♗xc5

Die Drohung ♗c8-a6 wäre unangenehm.

16...bxc5 17.♘c6 ♕f6

So wird üblicherweise gespielt, infrage kommt aber auch 17...♕g5!? und auf ein folgendes 18.♖fe1 kann Schwarz entweder mit 18...a5 oder mit 18...♗d7 reagieren.

18.♖fe1 ♗d7

Damit will Schwarz schnell seine Entwicklung abschließen. Wir haben aber auch eine Zugempfehlung für weitere Forschungen, und zwar 18...a5!? mit der Idee, den Läufer nach a6 zu führen. Es kann folgen: 19.♖e7 ♗a6 20.♕f4 ♖fe8 (20...♕xc3!? 21.♖ae1 ♗b5 22.♖c1 ♕d3∓) 21.♖ae1 ♖xe7 22.♖xe7 ♗b5 (Keinen Vorteil verspricht 22...♕xc3 wegen 23.♕xf5 ♖f8 24.♕e6+ ♔h8 25.♖f7 und Weiß steht gut.) 23.♕e3 ♔f8 24.♖e6 (24.♖xc7 ♖e8! und Weiß hat Probleme.) 24...♕f7 (24...♕h4!? ist eine Alternative.) 25.♖e7 (25.♘e5 f4!) 25...♕g6. In dieser komplizierten Stellung verfügt Schwarz über einen Mehrbauern.

19.♖e7 ♖f7 20.♖e2

Die Fortsetzung 20.♖ae1 beleuchten wir in der **Partie Nr. 33**, De Coninck-Firnhaber, Fernpartie 2001.

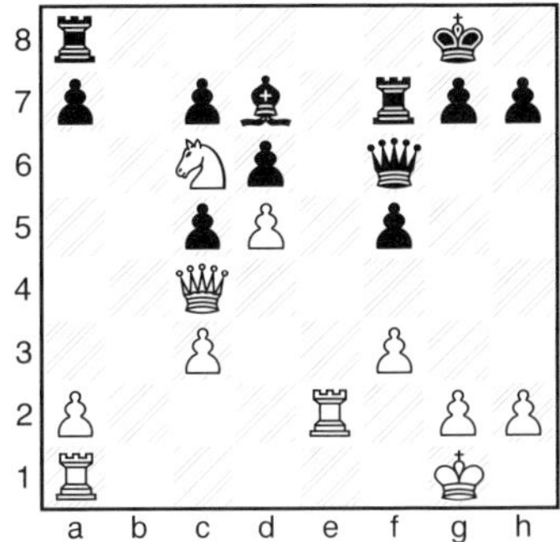

20...♖e8

Schwarz ist gut beraten, die Wirkung des weißen Turmes auf der e-Linie zu neutralisieren. Nichts bringt 20...♗xc6 21.dxc6 g6 22.♖ae1 ♔g7 23.♖e6 ♕g5 24.f4 ♕h4 25.g3 ♕d8 26.♔g2 ♖b8 27.♖1e2 und der Nachziehende kommt nicht weiter.

21.♖ae1

21.♖xe8+ ♗xe8 22.♘xa7 (22.♖e1 ♗xc6 23.dxc6 ♔f8 24.♖e6 ♕g5 ∓) 22...♖e7 23.♘c6 ♖e3 24.♖c1 f4 25.a4 ♕f5 26.a5 ♗f7 27.a6 ♗xd5 28.♕b5 ♕e6 29.h3 ♕e8 30.♘a7 ♕g6! (Schwarz muss aktiv spielen. Nach 30...♖e1+ 31.♖xe1 ♕xe1+ 32.♔h2 ♔f7 33.♕d7+ ♔f6 34.♕xc7 müsste sich Schwarz mittels 34...♕g3+ mit einem Remis zufriedengeben.) 31.♖f1 h6 32.♕b8+ ♔h7 33.♕b1 ♕xb1 34.♖xb1 ♗c4 35.♘b5 ♗xb5 36.♖xb5 ♖e1+ 37.♔f2 ♖a1 38.♖b7 ♖xa6 39.♖xc7 ♔g6 mit dem besseren Turmendspiel für Schwarz.

21...♖xe2 22.♖xe2 ♗xc6 23.dxc6

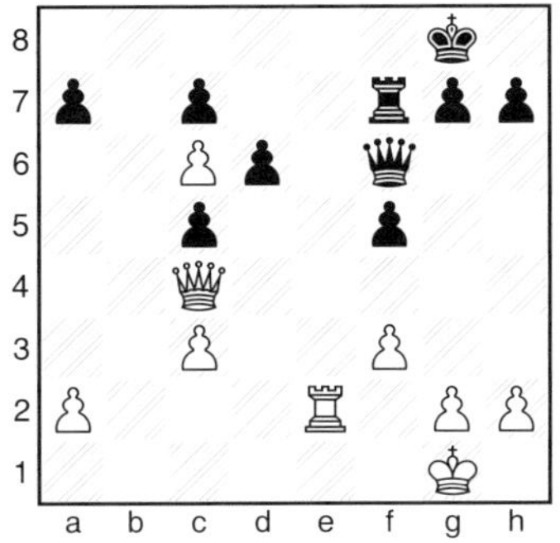

23...♔f8!

Der Turm muss aus der Fesselung befreit werden. In dieser Stellung hat der Nachziehende die besseren Perspektiven.

24.♕b3 g6 25.a4

25.♕b8+? ♔g7 26.♕xa7 ♕xc3 wäre natürlich sinnlos für Weiß.

25...a5

Der a-Bauer muss gestoppt werden. Auf 25...♔g7 kann weiter folgen: 26.a5 ♖e7 27.♖xe7+ ♕xe7 28.♔f1 ♕e5 29.♕b8 d5 30.♕xa7 d4 31.cxd4 cxd4 32.a6 d3 33.♕f2 ♕a1+ 34.♕e1 ♕xa6 35.♕e7+ mit Dauerschach.

26.♖e6 ♕g5 27.♕c4 ♖e7 28.♖xe7 ♕xe7 29.♔f1 ♕e8 30.♕b5 ♔f7 31.♕xa5 ♕xc6 32.c4 ♔e6

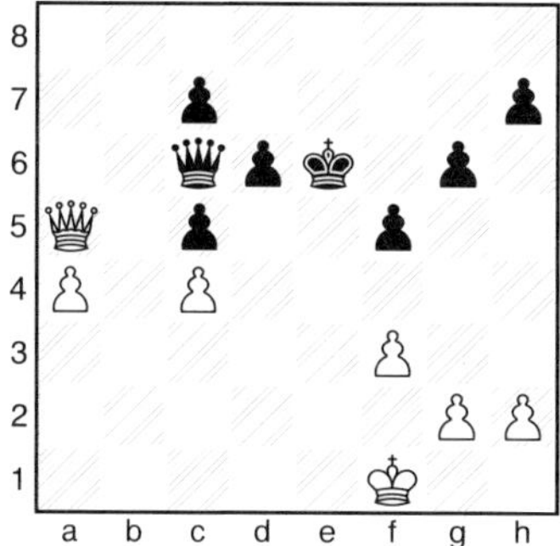

Das Damenendspiel ist für Schwarz leichter zu führen als für seinen Gegner. Er hat einen Mehrbauern und plant ♔e6-d7 sowie ♕c6-b6.

Zusammenfassung: Die Fortsetzung 11...f5!? ist eine interessante und starke Alternative zu 11...0-0 (Abspiel 1). Hier machen wir auf zwei gute Ideen aufmerksam: 17...♕g5!? (statt 17...♕f6) und 18...a5!? (statt 18...♗d7).

Kapitel 12
Fortsetzung 10...0-0!?

1.e4 e5 2.♘f3 ♘c6 3.♗c4 ♗c5 4.c3 ♘f6 5.d4 exd4 6.cxd4 ♗b4+ 7.♘c3 ♘xe4 8.0-0 ♗xc3 9.d5 ♗f6 10.♖e1 0-0!?

Diese Fortsetzung kommt in der Turnierpraxis nicht so häufig wie der Hauptzug 10...♘e7 auf das Brett. Doch unseres Erachtens ist auch dies ein Weg, der auf unseren Streifzügen durch die italienischen Eröffnungslandschaften sprichwörtlich nach Rom führt. Die hiermit eingeleitete Variante ist nicht nur interessant, sondern auch gut spielbar für Schwarz. Sehr oft geht das Spiel in Richtung der Hauptvariante weiter.

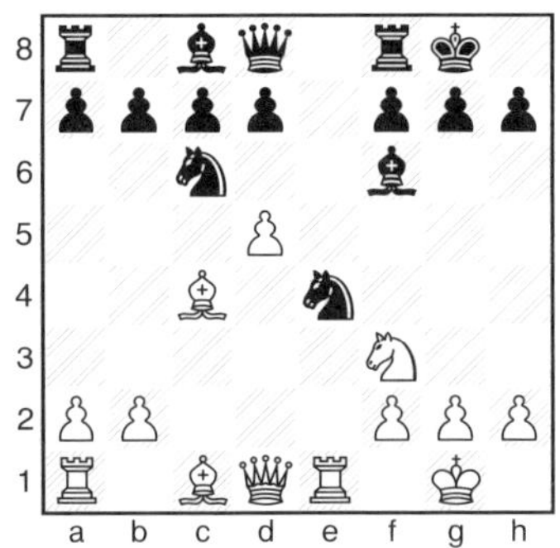

11.♖xe4

Die einzige Möglichkeit, um auf Vorteil zu spielen. Schwach ist 11.dxc6? ♘d6 12.cxb7 ♗xb7 13.♗b3 ♖e8 14.♖xe8+ (14.♗e3? ♗xb2 15.♖b1 ♗c3 16.♗d2 ♗xf3 17.gxf3 ♕f6 18.♗xc3 ♕xc3 19.♖c1 ♖xe1+ 20.♕xe1 ♕xe1+ 21.♖xe1 ♖e8 mit einem gewonnenen Endspiel für Schwarz, Calderon Zuluaga–Garcia, Bogota 2011.) 14...♕xe8 15.♗f4 ♕e7 Der Vorteil liegt auf der Seite des Nachziehenden.

11...♘e7

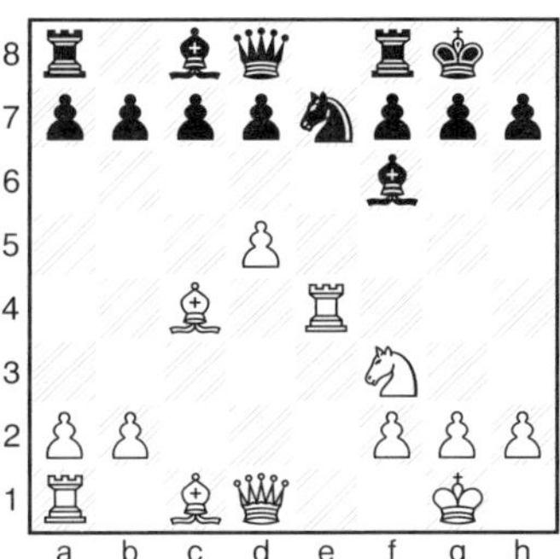

12.d6!?

Eine bekannte Idee: Weiß opfert einen weiteren Bauern, um seinen Gegner an der Entwicklung seines Damenflügels zu hindern. Schauen wir uns einige Alternativen an:

I. 12.♘g5

A) 12...h6 13.♘xf7!? (Weiß muss hier energisch spielen. Nach 13.♘f3 d6 verbleibt Schwarz einfach ein Mehrbauer.) 13...♖xf7 14.d6 cxd6 15.♗xf7+!? (Nur so kann der Anziehende noch kämpfen. Schwach ist 15.♕xd6? ♕b6 16.♗xf7+ ♔xf7 17.♕xb6 axb6 18.♗f4 d5 19.♖e2 ♗f5 20.♗e5 ♘c6 21.♗xf6 ♔xf6-+ Ramirez–Diaz Calle, Villa Giardino 2002.)

15...♔xf7 16.♗xh6! (16.♕h5+? g6 17.♕xh6 ♕f8∓) 16...d5 17.♖f4 gxh6 18.♕h5+ ♘g6 19.♖g4 ♗g5 20.h4 d6 21.♖g3 ♗f5 22.hxg5 hxg5 23.♖xg5 ♗e4. Die Stellung befindet sich in einem dynamischen Gleichgewicht.

B) 12...d6! (In einer scharfen Brettstellung ist es wichtig, schnell alle seine Kräfte zu entwickeln.) 13.♕h5 (13.♘f3 wäre sinnlos.) 13...♗f5 (13...h6 14.♘f3 ♗f5 15.♖e2 ♕d7. Hier muss Weiß anerkennen, dass er kompensationslos einem gegnerischen Mehrbauern gegenübersteht, Garifullin–Gerner, Sterlitamak 2010.) 14.♖e2 ♗g6 15.♕h3 ♘c8 16.♘e4 ♘b6 17.♗b3 ♖e8 und Schwarz verbleibt ein materieller Vorteil, Chiarion–Mabille, Albena 2011.

II. 12.♗g5 führt unter Zugumstellung zu den Varianten, die wir im Kapitel 13 analysieren werden.

III. 12.g4!?

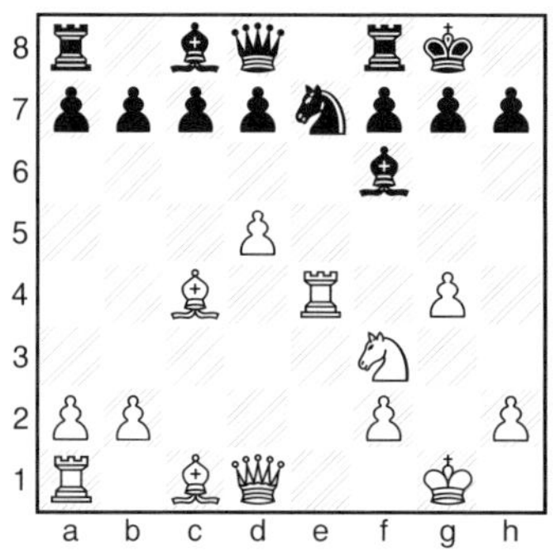

Diese aggressive Fortsetzung – Bajonett-Angriff genannt – ist eine Erfindung von Karl Schlechter. Der bekannte Wiener Schachspieler hat sie 1899 in der Deutschen Schachzeitung empfohlen. Der Plan sollte nicht wirklich eine Gefahr für Schwarz sein, er muss aber genau spielen: 12...d6 13.g5 ♗e5 14.♘xe5 dxe5 (Spielbar ist auch 14...♗f5. Wir schauen uns diese Alternative in der **Partie Nr. 34**, Mikolas–Latal, Fernpartie 2006, an.) 15.♖xe5 ♘g6 16.♖e1 (Schwach ist 16.♖e4? ♗f5 17.♖d4 ♖e8 18.♗e3 ♖xe3! 19.fxe3 ♕xg5+ 20.♔f2 ♖e8 21.♕e2 ♗e4 22.♖g1 ♕f6+ 23.♔e1 ♘h4 24.♖xe4 ♖xe4 25.♔d1 ♘f5 mit schwarzem Gewinn, Moody–Livshits, Detroit 1994. Oder 16.♖e3 ♕xg5+ 17.♖g3 ♕e5 mit schwarzem Vorteil.)

A) 16...♖e8 17.♖xe8+ (Auf 17.♗d2 folgt 17...♘e5! In der Partie Villegas Rodriguez–Corujedo Hernandez, Kuba 2003, versuchte Weiß 17.♗e3 und nach den weiteren Zügen 17...♗h3 18.♗b5 ♖e5 19.♕f3 ♕xd5 20.♕xh3 ♕xb5 21.f4 ♖e4 22.♕f3 ♖ae8 hatte Schwarz eine Gewinnstellung auf dem Brett.) 17...♕xe8

A1) Die Fortsetzung 18.♕e2 besprechen wir in der **Partie Nr. 35**, Leonard–Kovacs, Lechenicher Schach-Server 2007.

A2) Im Duell Gelbart–Boskovic, Chicago 1973, folgte: 18.♗f1 ♗f5 19.♗e3 (19.♗g2 ♖d8∓) 19...♖d8 20.♗g2 ♘h4 21.♕f1 ♗e4 22.♗xe4 ♕xe4 23.♕h3 ♘f3+ 24.♔f1 ♘xg5 25.♕g2 ♕xg2+ 26.♔xg2 ♖xd5 27.♖c1 ♘e6 0-1.

A3) 18.♗e3 ♗f5 19.d6 ♖d8 20.♕f3 ♗e4 21.♗xf7+ ♕xf7 22.♕xe4 cxd6 23.♖c1 ♘e5 24.♖d1 ♕h5 25.♕d5+ ♔h8 26.♖c1 h6 27.♔f1 hxg5 28.♖c3 g4. Die Partie Bandelj–Potrata, ICCF Email 2006, endete schließlich mit einem Remis.

B) 16...♕d6

B1) 17.b3 ♗d7 18.♕d4 (18.a4 ♖fe8!) 18...b5 19.♗b2 f6 20.♗f1 (20.♗d3 ♘f4∞) 20...♖f7 21.gxf6 ♖xf6 22.♖e3 ♖af8 23.♖c1 a6 (Zu beachten ist das sofortige 23...♖8f7!?) 24.a4 ♖8f7 25.♖c2 ♖f4 26.♕c3 ♕xd5 27.♖d2 und nun hätte Schwarz in der Partie Corte-Michel, Mar del Plata 1949, 27...♕f5!? spielen sollen, verbunden mit guten Angriffschancen.

B2) 17.♗d2 b5 18.♗b3 (Oder 18.♗xb5? ♕xd5 19.♗f1 ♗b7 20.f3 ♘h4 mit entscheidendem Angriff.) 18...♗b7 19.♕g4 a5 und Schwarz steht angesichts der schwachen weißen Königsstellung ausgezeichnet.

12...cxd6

12...♘g6? ist schwach wegen 13.♕e2! mit der Drohung, mit dem Läufer auf f7 zu schlagen.

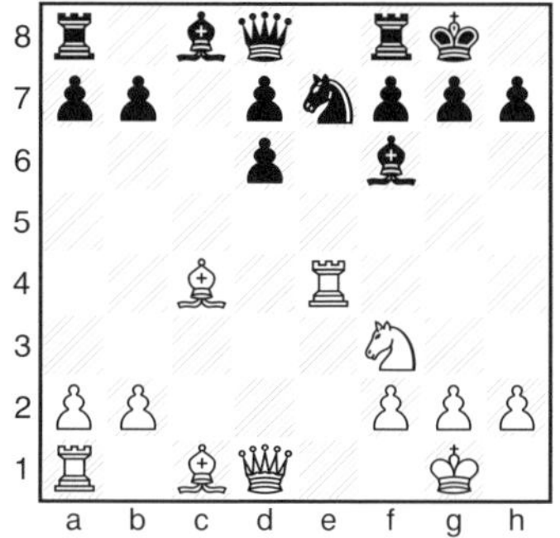

13.♕xd6

Eigentlich ist dieser häufig gespielte Zug nicht unbedingt nötig, weil der Bauer ohnehin schwach ist. Schauen wir uns andere Möglichkeiten für Weiß an:

I. 13.♗g5!? (Dieser Entwicklungszug ist stark und kommt ernst infrage.)

A) 13...♘g6 14.♕d5 ♘e5

A1) 15.♗xf6 ♘xf3+ 16.gxf3 ♕xf6 17.♖ae1 ♖b8 18.♖e7 g6 19.♕e4 b6 20.♗d5 ♗a6 21.♖xd7 ♗b5 22.♖e7 ♖be8 (△22...♖fe8!) 23.♗xf7+ ♖xf7 24.♖xe8+ ♗xe8 25.♕xe8+ ♔g7 26.♕e2 ♕xf3 27.♕xf3 ♖xf3 28.♔g2 ♖f7 29.♖e6 ♖d7 30.♔f3 ♔f7 mit vorteihaftem Turmendspiel für Schwarz, Tanti-Kazakhov, IECG Email 1999.

A2) 15.♖xe5 dxe5 16.♘xe5 ♕e7 17.♘xf7 (17.♘f3? d6 18.♖e1 ♗e6 19.♕d2 ♖ac8∓ Subramanian-Hess, Palo Alto 1981. Oder 17.♖e1 d6 18.♗xf6 gxf6 19.♘d3 ♗e6 20.♕h5 ♖ac8 21.♗d5 ♖fe8 22.♗e4 f5 23.♗xf5 ♕f6 24.♕xh7+ ♔f8 25.♗xe6 ♖xe6 26.♖xe6 ♕xe6 27.h4 ♖c4 28.h5 ♔e7-+) 17...♕xf7! 18.♗xf6 (18.♕d3? d5 19.♗xd5 ♗e6-+) 18...♕xd5 (18...gxf6?? 19.♕e4+-) 19.♗xd5+ ♔h8 20.♗c3 ♖e8! (20...d6? wäre schwach wegen 21.♖e1 mit der Drohung ♖e1-e7.) 21.f4 d6 und Schwarz hat sich die Qualität gesichert, während Weiß über ein starkes Läuferpaar verfügt. Die Stellung befindet sich etwa im Gleichgewicht.

A3) 15.♘xe5 dxe5 16.♗xf6 ♕xf6 17.♕xe5 ♕xe5 18.♖xe5 d6 19.♖e7 ♗e6 20.♗xe6 fxe6 21.♖d1 d5 22.♖xe6 ♖ac8 23.f3 ♔f7 24.♖e5 ♖c2 25.♖f5+ mit Remis, Schroers-Kapfenstein, remoteschach.de 2004.

B) 13...d5 14.♗xd5 ♘xd5 15.♕xd5 d6

B1) 16.♗xf6 ♕xf6 17.♘d4 ♖b8 18.♖ae1 b6 19.♖4e2 (19.♕c4?? d5 0-1 Iruzubieta Villaluenga-Milos,

Elgoibar 1993) 19...♗b7 20.♕c4 ♖bc8 und Schwarz hat einen Mehrbauern.

B2) 16.♖ae1 ♗e6 17.♕b5 (17.♖xe6 fxe6 18.♖xe6 ♔h8 19.♖xd6 ♕c7 20.h4 ♖ad8 21.♗f4 ♖xd6 22.♗xd6 ♖d8 23.♘e5 ♗xe5 24.♕xe5 ♕xd6 0-1 Lukas–Meggeneder, Graz 2004) 17...♗xg5 18.♘xg5 ♗xa2. Schwarz verbleibt ein materielles Plus, Weiß hingegen erfreut sich seines freien Spiels.

B3) 16.♖d4 ♖e8 (16...h6 17.♗xf6 ♕xf6 18.♕xd6 ♕xd6 19.♖xd6 ♗e6=) 17.♗xf6 ♕xf6 18.♕xd6 ♕xd6 19.♖xd6 ♗g4 20.♔f1 ♗xf3 21.gxf3 ♖e7 22.♖ad1 f5 23.♔g2 ♖c8 24.♖1d2 ♔f7 mit einem ausgeglichenen Endspiel, Pineda–Bulgarini Torres, Fernpartie 2006.

II. 13.g4

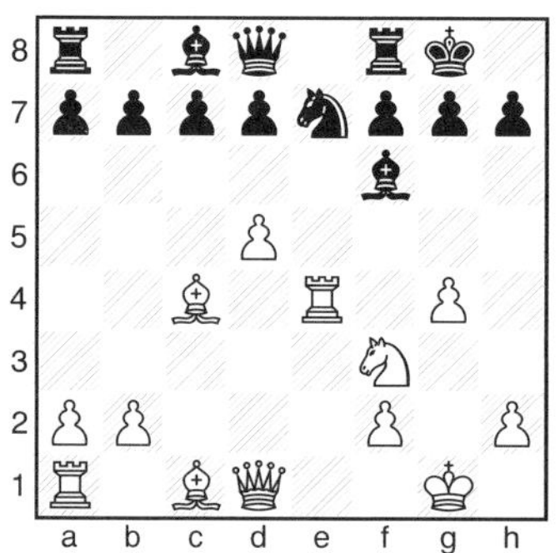

A) 13...b6 14.g5 ♗e5 15.♘xe5 dxe5 16.♖xe5 ♗b7 17.♗d3 ♖c8 (17...♘g6 18.♗xg6 hxg6 19.♗f4 ♖e8∓) 18.♗d2 und nun kann Schwarz wählen zwischen ♘e7-c6 oder ♘e7-g6 mit gutem Spiel.

B) 13...b5 14.g5 ♗e5 15.♘xe5 dxe5 16.♗d5 ♖b8 17.♖xe5 d6 18.♖e3 ♗b7 (Infrage kommt 18...♕d7!? mit der Idee ♘e7xd5 und ♗c8-b7.) 19.♗xb7 ♖xb7 und Schwarz steht mit einem Mehrbauern besser, Marcantoni–Korneev, Paris 1994.

III. 13.♗f4

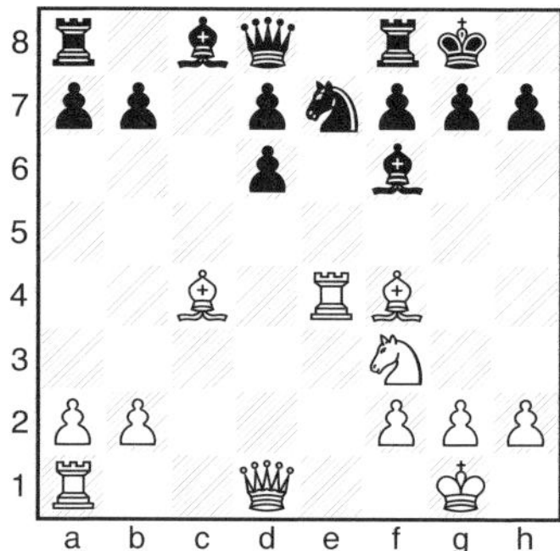

A) 13...d5 14.♗xd5 ♘xd5 15.♕xd5 d6 16.♖ae1 (16.♗xd6 ♗e6 17.♕d2 ♖e8∓) 16...♗e6 17.♕xb7 ♗xa2 18.♖a4 ♗e6 19.♖xa7 ♖xa7 20.♕xa7 ♗xb2 21.♘g5 ♕f6 0-1 Salwe–Rubinstein, Wien 1908.

B) 13...b5 14.♗d5 (Auf 14.♗xb5 folgt 14...♗b7!) 14...♘xd5 15.♕xd5 ♖b8 16.♖b4 (16.♕xd6 ♖b6 17.♕d3 d5∓ Rainfray–Gervasio, Paris 1995) 16...♖b6 17.♗xd6 ♗b7 18.♕c5 ♖xd6 19.♕xd6 ♗e7 20.♕d4 ♗xb4 21.♕xb4 ♗xf3 22.gxf3 ♕g5+ 23.♔f1 h5 24.h4 ♕f5 25.♔g2 ♖c8 26.b3 ♕g6+ 27.♔f1 ♕f6 28.♖e1 ♕xf3 29.♕e7 ♕h3+ 0-1 Alvarado Diaz–Rivas Pastor, La Laguna 2009.

IV. 13.♗d5 ♖b8 14.♗f4 ♘xd5 15.♕xd5 b6 16.♕xd6 ♗b7 17.♖e2 ♖c8 18.♖ae1 ♖c6 19.♕a3 ♖e6 20.♕xa7 ♕a8 21.♕xa8 ♖xa8 22.a3 ♗xf3 23.gxf3 ♗xb2 mit dem besseren Endspiel für

Schwarz. In der Partie Wandzik-Rawicz, Reval 2007, gelang es ihm, seinen Vorteil bis in den späteren Sieg auszubauen.

V. 13.♘g5 d5 14.♗xd5 ♘xd5 15.♕xd5 h6 16.♘f3 d6 (16...♕b6!? 17.♘d4 d6∓ ist ebenfalls ein Kind der Praxis, Voelschow-Ertel, Deutschland 2006.) 17.♘d4 ♖e8 18.♖xe8+ ♕xe8 19.♗e3 ♕e5 20.♕f3 d5 21.♖e1 ♗d7 mit schwarzem Übergewicht, Trcala-Zarecky, Plzen 1911.

VI. 13.♖g4 d5 14.♗d3 (14.♗xd5 d6 15.♖g3 ♘xd5 16.♕xd5 ♕b6±) 14...d6 15.♖g3 ♘f5 (Zu überlegen ist 15...g6!?) 16.♗xf5 ♗xf5 17.♕xd5 ♕d7 18.♘d4 ♗g6 19.♗g5 ♗xg5 20.♖xg5 ♖ac8 und ein schwarzer Bauer steht auf der hohen Kante. Er reichte dem Nachziehenden in Puskas-Cervenka, Trnava 1980, schließlich zum Sieg.

13...♘f5

Weiteren Analysen und einer praktischen Erprobung empfehlen wir 13...b5!?, um nach 14.♗xb5 ♗b7 mit Tempo die Entwicklung der Figuren voranzutreiben.

14.♕d5

14.♕d1 folgt stark 14...d5 z.B. 15.♕xd5 ♘d6! (15...♗e6 16.♕xd8 ♖fxd8 17.♗xe6 ♖d1+ 18.♖e1 ♖xe1+ 19.♘xe1 fxe6 20.♖b1 ♖d8 21.♔f1 ♔f7 ½-½ Yance Ramirez-Kugeler, Fernpartie 1991) 16.♖e1 ♗e6 17.♖xe6 ♘xc4 (Es geht wohl 17...fxe6!? 18.♕xe6+ ♔h8 mit dem Vorteil der Qualität.) 18.♕xd8 ♖fxd8 19.♖e1 ♘a3 20.♖f1 ♖d7 mit besserem Endspiel für Schwarz.

14...d6

Nichts bringt 14...♘e7 15.♕d6 ♘f5 16.♕d5 mit Zugwiederholung.

15.♗f4

Keinen Sinn hat 15.♖b1? mit der Folge 15...♘e7 16.♕h5 ♗f5 17.♗d3 (17.♖xe7 g6-+) 17...g6 18.♕h6 d5 (18...♗xe4 19.♗xe4 d5-+) 19.♖xe7 ♗g7 20.♕h4 ♗xd3 und Schwarz steht auf Gewinn, Korolew-Lysiniuk, St. Petersburg 2007.

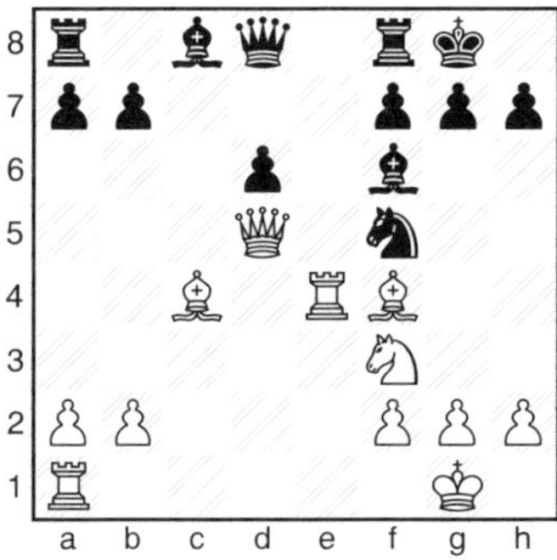

15...♗d7

Falsch ist 15...♗e6?? wegen 16.♖xe6! fxe6 17.♕xf5 mit weißem Gewinn, Kostic-Fauland, Österreich 1992.

16.♖e2 ♕c8

Stark ist auch 16...♖c8!?, z.B. 17.♗d3 ♖c5 18.♕xb7 ♗c6 19.♕a6 (19.♕xa7?? ♖a5-+) 19...♕d7 mit aktivem schwarzen Spiel.

17.♗d3 ♗e6 18.♕b5 a6 19.♕a5 ♕c5 20.♕d2 ♖ac8 21.♖d1 ♖fd8 22.♖c1 ♕xc1+ 23.♕xc1 ♖xc1+ 24.♗xc1 ♘d4 25.♘xd4 ♗xd4 mit dem besseren Endspiel für Schwarz. Die Partie Indranil-Sachdev, New Delhi 2010, endete dann auch mit einem Sieg des Nachziehenden.

Zusammenfassung: Die Idee mit 10...0-0!? ist eine interessante Alternative zur Hauptvariante mit 10...♘e7. Wir hoffen, dass wir dies mit praktischen Beispielen und unseren Analysen unter Beweis stellen konnten. Immer noch sehr gefährlich für Schwarz ist der sogenannte Bajonett-Angriff mit 12.g4!? (statt des Hauptzuges 12.d6!?). Wir schlagen deshalb zwei Beispielpartien zur Analyse vor, um Ihnen die Nuancen des Angriffs zu demonstrieren. Für Weiß ist es zu überlegen, statt der Hauptfortsetzung 13.♕xd6 den Zug 13.♗g5!? zu wählen. Allgemein ist diese Variante sehr interessant und zweifellos weitere Forschungen für beide Seiten wert.

Kapitel 13
Fortsetzung 13...0-0

1.e4 e5 2.♘f3 ♘c6 3.♗c4 ♗c5 4.c3 ♘f6 5.d4 exd4 6.cxd4 ♗b4+ 7.♘c3 ♘xe4 8.0-0 ♗xc3 9.d5 ♗f6 10.♖e1 ♘e7 11.♖xe4 d6 12.♗g5 ♗xg5 13.♘xg5 0-0

Die Hauptvariante geht mit 13...h6 weiter. Ihr folgen wir im Kapitel 14 auf unserer Suche nach den besten Empfehlungen für den praktischen Einsatz am Brett. Zudem haben wir sie schon in der Einführung unseres Reiseführers durch die „italienischen Landschaften" der Eröffnungstheorie ein wenig ins Licht gezogen.

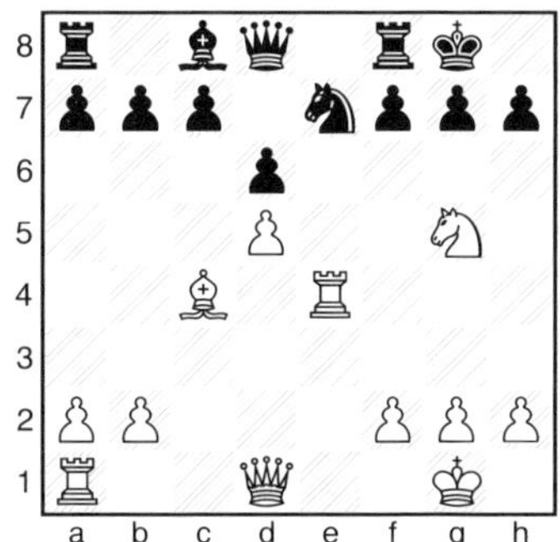

14.♘xh7

Genau betrachtet gibt es keinen anderen Ausweg – Weiß muss aktiv handeln, da Schwarz mit der Konsolidierung seiner Stellung mittels ♗c8-f5 droht. Es lohnt sich aber, auch die anderen Möglichkeiten für Weiß unter die Lupe zu nehmen, auch wenn sich deren Wahl als klar günstig für den Nachziehenden erweist, da wir so auf die besten Pläne eingehen können.

I. 14.♕d4 wurde in Moreira–Król, FICGS 2006, gespielt. Dort ging es wie folgt weiter: 14...♗f5 15.♖e3 ♘g6 (15...♗g6!? sieht auch gut aus.) 16.♘f3 ♖e8 17.♖xe8+ ♕xe8. Schwarz ist materiell im Vorteil.

II. 14.♕e2 ♘g6

A) 15.h4 ♗f5 16.♖d4 ♕f6 17.♕d2 h6 18.♘f3 ♖fe8 19.♖c1 ♖e4 20.♗b5 a6 21.♗a4. Nun hätte der Nachziehende in der Partie Murko–Isaev, Maribor 2012, über 21...♘xh4! 22.♖xe4 ♗xe4 23.♘xh4 ♕xh4 24.♖xc7 ♗xg2 25.♔xg2 ♕g4+ 26.♔h2 ♕xa4 ein gewonnenes Schwerfiguren-Endspiel auf das Brett bekommen können.

B) 15.♘f3 ♗d7 (Es geht auch 15...♗f5!? 16.♖e3 ♗g4∓ Andrejczuk-Warakomski, Kolobrzeg 2001.) 16.♖e1 c6 17.♕d2 c5 18.a3 b5 19.♗a2 ♕b6 20.b4 c4 21.a4 a6 22.a5 ♕b7 23.h4 ♖fe8 24.h5 ♖xe4 25.♖xe4 ♘f8 26.g4 ♖e8 27.♖xe8 ♗xe8 28.♘h2 ♕e7. Weiß kann die Partie nicht mehr halten, sein Gegner steht schon klar auf Gewinn, Haber–Hiss, Deutschland 1994.

C) 15.♕h5 h6

C1) 16.♘xf7 ♕f6 (16...♖xf7!-+) 17.♖e3 ♖xf7 18.♗d3 ♕xf2+ 19.♔h1 ♕xg2+ 20.♔xg2 ♘f4+ 21.♔g1 ♘xh5 22.♗g6 ♘f6 23.♗xf7+ ♔xf7 mit materiellem

Vorteil für Schwarz, Collmann–Kim, Willingen 2001.

C2) 16.♘f3 ♕f6 17.♘d4 ♗d7 18.♖ae1 ♖ae8 19.♖xe8 ♖xe8 20.♖xe8+ ♗xe8 Schwarz behauptet seinen Mehrbauern und hat alle Aussichten, das Duell für sich zu entscheiden, Barczi–Federic, Komarno 1999.

C3) 16.♘e6 fxe6 17.♕xg6 (17.dxe6 ♘e7 18.♖d1 ♖f6 19.g4 c6 20.g5 ♖f5 21.f4 d5 22.♖e5 ♕f8 23.♖xf5 ♘xf5 24.♗d3 ♗xe6-+ Smit–Thissen, Hengelo 1994) 17...e5 18.♖xe5 (18.♕g3 ♕f6 19.♖c1 ♗f5 20.♖e2 ♕g6 21.♕xg6 ♗xg6 22.♗b5 ♖f7∓ Mammadli–Mammadzade, Baku 2003) 18...dxe5 19.d6+ ♔h8 20.♗d3 ♗f5 21.♗xf5 ♖xf5 22.♕xf5 cxd6 23.♖d1 ♕e7 24.h3 ♖d8 25.♕e4 b6 mit schwarzem Endspielvorteil, Reuter–Kurz, Deutschland 1994.

III. 14.♕h5

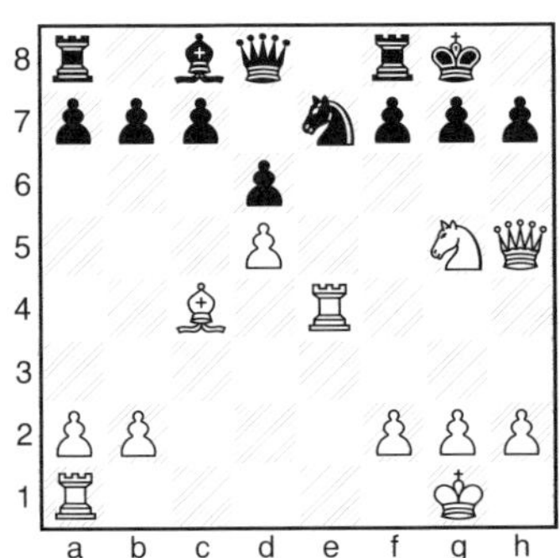

A) 14...h6

A1) 15.♖ae1 ♘g6 (Spielbar ist auch 15...♘f5!?) 16.♘xf7 (16.♘f3 ♗d7 17.♗d3 ♕f6∓ Bugorkova–Sokolova, Kimry 2004) 16...♕f6 17.♘xh6+ gxh6 18.♕xh6 ♕xf2+ 19.♔h1 ♕f6 (19...♗f5!? 20.♖e6 ♖f6-+) 20.♖e8 ♕g7 21.♖xf8+ ♔xf8 22.♖e8+ ♔f7 23.♕xg7+ ♔xg7. Der Nachziehende hat eine Gewinnstellung auf dem Brett, die er in der Partie Teodorescu–Badiu, Eforie Nord 2001, dann auch in klingende Münze zu verwirklichen verstand.

A2) 15.♗d3 ♗f5 16.♘xf7 (16.♖xe7 ♕xe7 17.♗xf5 ♕xg5-+) 16...♖xf7 17.♖xe7 ♕xe7 18.♗xf5 ♕e5. Der Anziehende kann seine marode Stellung nicht an allen Ecken zugleich flicken und steht schon zu einem Zeitpunkt auf Verlust, als die Partie gerade erst aus den Kinderschuhen geschlüpft ist.

B) 14...♗f5 15.♖f4 ♗g6 16.♕f3 (Auf 16.♕h4 folgt stark 16...♘f5!) 16...h6 17.♘e4 ♗xe4 18.♕xe4 ♘g6 19.♗d3 ♕g5 20.♖g4 ♕e5 21.♕b4 ♖ae8 22.♖e4 ♕xd5 23.♖xe8 ♖xe8 24.♗f1 ♘e5. Der Kampf ist grundsätzlich entschieden, allein ein paar Scharmützel können Schwarz den Weg zum Sieg noch ein wenig steinig machen. Weiß steht auf Verlust, Garcia Andrinal–Garcia Andres, Zaragoza 1998.

IV. 14.♗d3 h6 (14...♗f5!? 15.♖h4 h6 16.♕f3 ♗xd3 17.♕xd3 ♘g6 0-1 Radics–Toth, Nyiregyhaza 2004) 15.♘f3 ♗f5 (15...♘xd5!-+) 16.♖c4 ♗xd3 17.♕xd3 ♕d7 18.♖ac1 ♖ac8 19.♕d4 c5 20.dxc6 bxc6 21.♘e5 ♕e6 22.♘f3 c5 23.♕d3 ♘c6 24.♖e1 ♕f6∓ Jasan–Koubek, Plzen 1993.

V. 14.♖c1 ♘g6 15.♘f3 ♗f5 16.♖e3 ♖e8 17.♖cc3 ♖xe3 18.♖xe3 ♕f6 19.♕d4 ♕xd4 20.♘xd4 ♗d7 21.♗d3 ♖e8 22.♗b5 ♖xe3 23.fxe3 ♗c8 24.♔f2

♘e5 25.h3 a6 26.♗e2 ♔f8∓ Bohm–Zemen, Frymburk 2000.

VI. 14.♕d2 ♗f5 15.♖e3 ♗g6 16.♘f3 ♘f5 17.♖ee1 c5 18.♗d3 ♕d7 19.h3 ♖fe8∓ Pinho–Andrade Ocana, Silves 1998.

VII. 14.♖h4 ♘g6 15.♖h5 h6 16.♘h3 ♘e5 17.♗e2 ♕f6 18.♖c1 c6 19.dxc6 ♘xc6 20.♗g4 ♕xb2 21.♗xc8 ♖axc8-+ Gould–Bates, East Detroit 1985.

VIII. 14.f4 h6 15.♘f3 ♗f5 16.♖e3 ♘g6 17.♘d4 ♕f6 18.♘xf5 ♕xf5 19.♖f3 ♖fe8 20.♕b3 ♕e4∓ Lye Yu Min–Lee Wei Cheng, Singapore 2002.

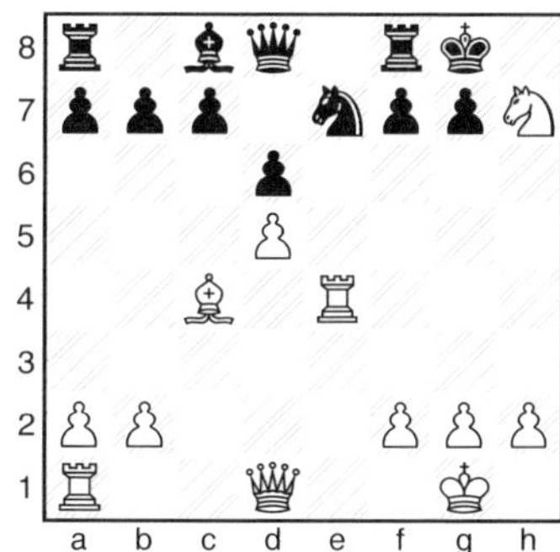

14...♔xh7

Normalerweise wird der Springer so wie hier genommen, wenn Schwarz auf Gewinn spielen will. Wir möchten Sie aber auch auf eine interessante und noch wenig erforschte Alternative aufmerksam machen, und zwar 14...♗f5!? Werfen wir mal einen Blick auf ein paar Varianten hierzu:

A) 15.♖h4 ♖e8 16.♕h5 (16.♘g5 ♘g6 17.♖h5 ♕d7=) 16...♘g6

A1) 17.♖d4 ♖e5 18.♘g5 ♕f6 19.♕h7+ (19.h4 ♖ae8 20.♘f3 ♖e4 21.♖xe4 ♖xe4∓ Thorhallsson–Schussler, Reykjavik 1986) 19...♔f8 20.♕h5 ♔g8 21.♕h7+ ♔f8 22.♕h5 ♔g8 mit Zugwiederholung.

A2) 17.♘g5 ♕f6 18.♕h7+ ♔f8 19.♖h5 (19.♕h5 ♘xh4 20.♕xh4 ♔g8 21.♕f4 ♕xb2-+ Machado–Gerbelli, Sao Paulo 2003) 19...♔e7 (19...♕xb2!?-+) 20.♘f3 ♖h8 21.♖e1+ ♔d7 22.♖xf5 ♖xh7 23.♖xf6 gxf6 und Schwarz gewann relativ unangefochten in Gerbelli–Caldeira, Sao Paulo 2003.

B) 15.♖xe7 ♕xe7 16.♘xf8 ♖xf8

B1) 17.♕d2 ♖e8 18.g3 ♕f6 19.♖e1 ♖e4 20.♖xe4 ♗xe4 21.♕e3 ♕f5. Die Stellung ist ausgeglichen, Kirs–Simlova, Frymburk 2000.

B2) 17.♖c1 c5 18.dxc6 bxc6 19.♗d3 (19.♕f3 ♕e5!) 19...♗xd3 20.♕xd3 ♖e8 21.g3 (21.♖xc6 ♕e1+ 22.♕f1 ♕d2 23.♖c1 ♕xb2=) 21...c5 22.♖d1 ♖d8 23.♕d5 ♕e6. Die Chancen im Endspiel sind für beide Seiten gleich gut (Oder schlecht, wie man es sehen will und wie hoch der Spieler sein Ziel gesetzt hat.).

B3) 17.♗d3 ♗xd3 18.♕xd3 ♖e8 19.♖c1 ♕e2 20.♕c3 c5 21.dxc6 (21.g3? ♖e5 22.♕b3 b5 23.♕a3 ♕d2 24.♖f1 a5 0-1 Franz–Sydow, Fernpartie 1998.) 21...bxc6 22.b4 ♖e6=.

B4) 17.♕d4 c5 18.dxc6 bxc6 19.♖c1 c5 20.♕c3 ♖e8. In dieser Stellung ist für keine Partei ein belastbarer Vorteil auszumachen, sie ist ausgeglichen.

B5) 17.♕e1 ♖e8 18.♕xe7 ♖xe7 19.f3 (19.♔f1 ♔f8=) 19...c5 20.dxc6 bxc6 21.♖c1 ♖b7 22.b3 ♔f8 23.g4 ♗d7 24.h4 d5 25.♗e2 ♔e7 26.♔f2 ♔d6=

Blaskowski–Unzicker, Deutschland 2004.

15.♕h5+ ♔g8 16.♖h4

Die weißen Batterien auf der h-Linie sehen Furcht einflößend aus, aber der Nachziehende muss sich nicht beunruhigen. Es ist alles in Ordnung für ihn.

16...f5!

Mit diesem ehrgeizigen Zug, aber auch nur mit ihm, kann Schwarz hier sogar selbst versuchen, auf Sieg zu spielen. Um ein so hoch gestecktes Ziel zu erreichen, ist er allerdings auf die Unterstützung von Weiß in der Form des schlechten Spiels angewiesen. Zum Remisieren reicht 16...f6!?, z.B. 17.g4! ♖e8 18.♗d3 (18.♖e1 ♔f8-+) 18...c6 (18...♔f8 19.♕h8+ ♘g8 20.♗h7 ♔f7 21.♗g6+ ♔f8 22.♗h7 ♔f7 23.♗g6+ ♔f8 24.♗h7 ♔f7 ½-½ Raasch–Reinkemeier, Hambuehren 2002. Oder 18...♗d7 19.♗g6 ♘xg6 20.♕xg6 ♗b5 21.♕h7+ ♔f7 22.♕h5+ ♔e7 23.♖e1+ ♔f8 ½-½ Richard–Slossar, IECC Email 1998.) 19.♕h7+ ♔f7 mit Remis, Peters–Tallone, Chessfriend.com 2004.

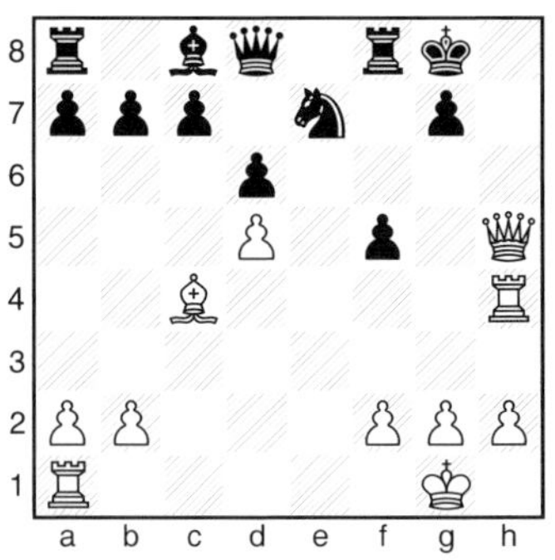

17.♕h7+

Diese Fortsetzung sollte, wenn beide Seiten genau spielen, zum Remis führen. Wenn Weiß andere Pläne verfolgt, ist dies nur günstig für Schwarz. Ein paar Beispiele dazu:

I. 17.♖h3 f4

A) 18.♗d3 ♗f5 19.♕h8+ ♔f7 20.♕h5+ ♗g6! (20...♔g8 21.♕h8+ ♔f7 22.♕h5+ ½-½ Djuric–Carnic, Belgrad 2006) 21.♗xg6+ ♘xg6 22.♖c1 ♖e8 23.♕f5+ ♕f6 24.♖xc7+ ♔g8 (24...♖e7!? 25.♖xe7+ ♘xe7 26.♕h5+ ♕g6 ist auch möglich) 25.♕b1 ♖e2 26.♖xb7 ♖ae8 27.♔f1 ♕d4 28.♖f3 ♖e1+! 29.♕xe1 ♕c4+ und das Mattgespenst ist im schnellen Anflug.

B) 18.g4 ♗xg4 (Zu prüfen ist 18...fxg3!? 19.♕h8+ ♔f7 20.♕h5+ g6 21.♕h7+ ♔e8 22.♖xg3 ♖f7 23.♕h8+ ♔d7 24.♕h3+ ♘f5 25.♖xg6 ♕f8 26.♖e1 ♔d8 27.♗b5 ♘e7 28.♕h4 ♗d7 29.♗xd7 ♔xd7 30.♕g4+ ♔d8 usw.) 19.♕xg4 ♕c8 20.♕f3 ♖f6 21.♗d3 ♘g6 22.♕h5 ♘e5 23.♕h7+ ♔f7 24.♕h5+ ♔e7 25.♖e1 ♕f8 26.♖xe5+ dxe5 27.♕xe5+ ♔d8 28.♗c2 ♕e7 29.♖h8+ ♖f8 30.♖xf8+ ♕xf8 31.♕g5+ ♕f6 0-1 Campbell–Mendozo, Fernpartie 1946.

C) 18.♕h7+ ♔f7 19.♕h5+ g6 (In mehreren Partien wurde die Erwiderung 19...♔f6!? ausprobiert, und zwar mit Erfolg. Ob der kecke Königszug echte Potenziale schafft oder vielleicht selbstmörderische Züge aufweist, ist eine Frage für weitere Untersuchungen.) 20.♕h7+ ♔f6 21.♕h4+ g5 22.♕h6+ ♘g6 23.♖h5 ♖h8 24.♕xg5+ ♔g7 25.♗d3 ♕xg5 26.♖xg5 ♖h6 27.♖c1 ♔f6 28.♖xg6+

Txg6 29.Lxg6 Kxg6. Mit einer Mehrfigur sollte Schwarz das Endspiel problemlos gewinnen.

II. 17.Te1 Sg6 18.Th3 (Oder 18.Dh7+ Kf7, von uns weiter in der Hauptvariante analysiert.) 18...Tf6

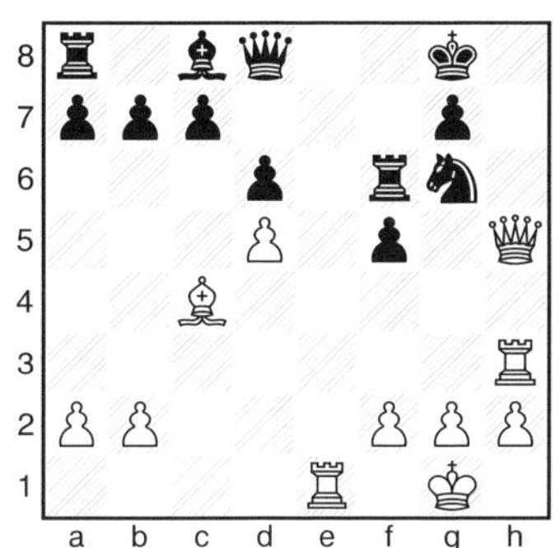

A) 19.Tg3 Se5 20.f4 Sf7 21.Tge3 (21.Te6 Lxe6 22.dxe6 d5! 23.exf7+ Txf7-+) 21...Kf8 22.De2 Ld7 23.Tb3 Tb8 24.Df2 b5 25.Le2 c6 26.dxc6 Lxc6 27.Dxa7 Db6+ 28.Dxb6 Txb6 und Schwarz gewann, Essegern-Pässler, DDR 1973.

B) 19.Le2 Kf7 20.f4 Ld7 21.Kf1 a6 22.Kf2 Db8 0-1 Lafont-Christ, Fernpartie 1995.

C) 19.Dh7+ Kf7 20.Te6 Sf8 21.Dh5+ g6 22.Dh8 (22.Txf6+ Dxf6 23.Dh8 Dxh8 24.Txh8 Ld7-+ Thomas-Guiamare, Email 1997) 22...Lxe6 23.dxe6+ Txe6 24.Lxe6+ Kxe6 25.Dg7 f4 26.Tc3 De7 27.Dxe7+ Kxe7 28.Txc7+ Sd7 29.Txb7 Tb8 30.Txa7 Txb2 31.Kf1 Ke6 mit einem für den Nachziehenden leicht gewonnenen Endspiel, Iuldachev-Nguyen Anh Dung, Visakhpatnam 2008.

III. 17.Le2 Te8 18.Dh7+ (Auf 18.Te1 sollte Schwarz 18...Ld7! spielen, z.B. 19.Th3 Kf8! und es nicht zu sehen, wie Weiß weiter angreifen kann.) 18...Kf8

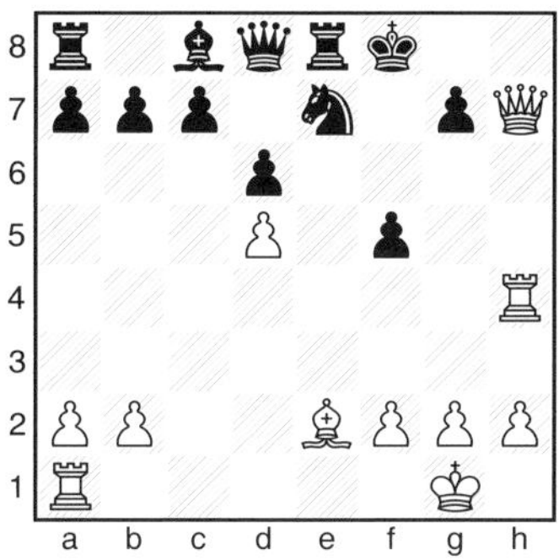

A) 19.Th6 Sg8 20.Tg6 De7 21.Tc1 (21.h3 De5 22.Lh5 Te7-+ Sorri-Lampela, Finnland 1969) 21...De5 22.Tc3 (Wenn 22.Txc7, so 22...Te7 und Schwarz gewinnt.) 22...Te7 23.Lf1 Ld7 24.Tf3 Tae8. Der Anziehende ist ohne Ersatz für die investierte Figur, Sorri-Ruotanen, Finnland 1973.

B) 19.Lh5 Sg8 20.Lxe8 Dxe8 21.Tc4 c5 22.dxc6 bxc6 23.Dh3 (23.Tc3 Ld7 24.Dh4 Sf6 25.Te3 Df7 26.Df4 Dd5 27.Tae1 c5 28.Df3 Dxf3 29.Txf3 Tb8 30.b3 Te8 31.Txe8+ Kxe8-+ Plechaty-Geist, Fernpartie 1990) 23...Le6 24.Td4 Td8 25.Dd3 Dd7 26.Td1 Ld5 mit dem Plan Sg8-h6-f7, das Endspiel ist für Schwarz gewonnen, Volovici-Malyshev, Fernpartie 2005.

IV. 17.g3

A) 17...Te8 18.Te1 Sg6 19.Te6 Txe6! (Der einfachste Weg. Nach 19...Lxe6 geschieht 20.dxe6 d5 21.Dxg6 Df6.

In der Fernpartie Schuler–Eckert, 1934, hätte Weiß hier 22.♕h7+ ♔f8 23.♖f4 g6 24.♗xd5 spielen sollen, was ihm gute Gegenchancen eingebracht hätte.) 20.dxe6 ♕f6 und Schwarz steht auf Gewinn.

B) 17...♗d7 18.♖e1 ♖f6 19.♖xe7 ♕xe7 20.♕h8+ ♔f7 21.♕xa8 ♕e1+ 22.♔g2 f4! 23.f3 (23.♖xf4 ♖xf4 24.gxf4 ♕e4+ und Schwarz gewinnt) 23...fxg3 24.hxg3 ♕d2+ 25.♔f1 ♖xf3+ 0-1 Pearsall–Dittmann, Fernpartie 1980.

17...♔f7

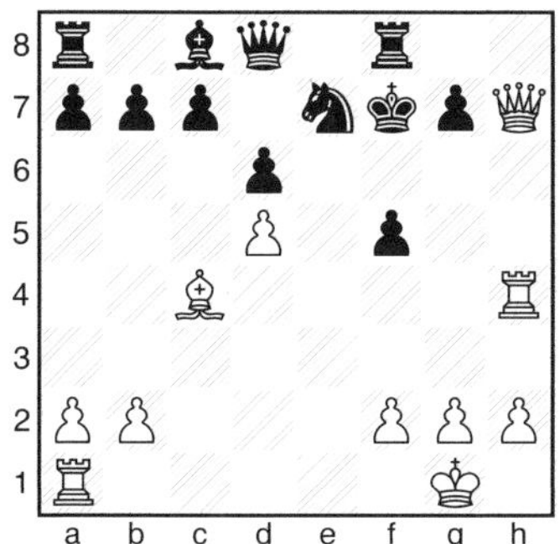

18.♖h6

Weiß plant ♗e2-h5+. Andere Versuche sind schwach und führen deshalb jeweils zu einem schwarzen Vorteil. Wir zeigen die Varianten weitgehend unkommentiert, sie sollten für sich sprechen.

I. 18.♗e2 ♖g8 19.♖e1

A) 19...♗d7 20.♗h5+ (20.♖h6 ♔f8!) 20...♔f8 21.♖f4 g6 22.♗f3 ♖g7 23.♕h8+ ♔f7 mit materiellem Vorteil von Schwarz.

B) 19...♕f8 20.♗h5+ ♔f6 21.g4 ♖h8 22.f4 g5 23.♖xe7 ♖xh7 24.♖xh7 fxg4 25.fxg5+ ♔xg5 26.♗f7 ♕xf7 27.♖xg4+ ♔xg4 28.♖xf7 0-1 Orsoni–Gossart, Bastia 2004.

II. 18.♖e1 ♘g6 19.♖h6 ♕g5

A) 20.♖xg6 ♕xg6 21.♖e7+ ♔f6! (21...♔xe7?? 22.♕xg6+-) 22.♕h4+ ♕g5 23.♕xg5+ ♔xg5 24.♖xg7+ ♔f6 25.♖xc7 ♖f7 26.♖xf7+ ♔xf7-+ Abdul Razzak–Mansoor, Singapor 1990.

B) 20.♖h5 ♕d2 (20...♕f6 21.♖e6 ♗xe6 22.dxe6+ ♔e7 23.♖g5 ♖h8 24.♕xg6 ♕xg6 25.♖xg6 ♖hg8 26.g4 fxg4 27.♗e2 ♖af8-+ Thompson–Dangremond, Dearborn 1992) 21.♖e6 (21.♖e3 ♖h8 22.♖e7+ ♘xe7 23.♕xh8 ♘g6 24.♕h7 ♗d7-+ Sarac–Karatas, Antalya 2013) 21...♕d1+ 22.♗f1 ♗xe6 23.dxe6+ ♔f6 24.e7 ♖h8 25.♖xf5+ ♔xf5 26.♕xg7 ♘e5 27.h3 ♘f3+! 28.gxf3 ♖hg8 und Weiß kann aufgeben, Mares–Niessen, Deutschland 1996.

III. 18.♕h5+ ♘g6

A) 19.♖h3 ♖h8 20.♕f3 ♘e5 (20...♖xh3 21.gxh3 ♕g5+ 22.♔h1 ♘e5 23.♕c3 ♘xc4 24.♕xc4 ♕e7 25.♖g1 ♕e4+ 26.♕xe4 fxe4 0-1 Kucera–Cisler, Plzen 2004) 21.♕f4 ♖xh3 22.gxh3 g5 23.♕c1 f4 24.♕c2 ♔g7 25.♗f1 ♗d7 0-1 Lehti–Solozhenkin, Jyvaskyla 1994.

B) 19.♖d4 ♕f6 20.♖ad1 ♖h8 21.♕e2 ♗d7 22.♗b5 ♖ae8 23.♕c4 ♗xb5 24.♕xb5 ♕xd4 25.♖xd4 ♖e1+ 26.♕f1 ♖xf1+ 27.♔xf1 ♖h4 28.♖xh4 ♘xh4 29.g3 ♘g6 30.♔e2 ♘e7 31.♔d3 ♘xd5 32.a3 ♔e6 0-1 Frebault–Kriechel, IECC Email 1997.

C) 19.♖f4 ♖h8 20.♖xf5+ ♗xf5 21.♕xf5+ ♕f6 22.♕d7+ ♔g8 23.♖e1 ♘e5 0-1 Rivas–Araya, Santiago 1999.

18...♖g8

Macht das Feld f8 frei für den König.

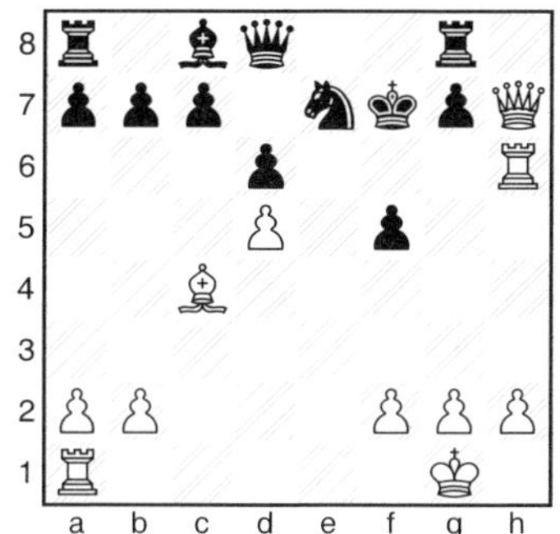

19.♖e1

Der Turm wird ins Kampfgeschehen einbezogen. Schwach ist 19.♗e2? wegen 19...♔f8! 20.♗h5 ♘xd5! 21.♖e1 ♗d7 22.♖ee6 ♗xe6 23.♖xe6 ♕g5 24.h4 ♘f6 mit Gewinn für Schwarz, Majewski-Dybal, Fernpartie 1992.

19...♕f8

Schwarz muss sehr genau spielen und diese Fortsetzung ist wohl auch seine beste Wahl. Die von Bogoljubow empfohlene Alternative 19...♔f8?! ist sehr fraglich. Nach 20.♖h3! ♗d7 21.♖he3 verfügt der Anziehende über ausgezeichnete Angriffschancen:

A) 21...♘c8 22.♗d3 g6 (22...♕f6 23.♗xf5! ♕xf5 24.♖e8+ ♗xe8 25.♕xf5+ ♗f7 26.♕d7+-) 23.♗xf5! (23.h4? ♖g7 24.♕h8+ ½-½ Koller-Dullaert, Fernpartie 1989) 23...♗xf5 (23...gxf5 24.h4+-) 24.♖e8+ ♕xe8 25.♖xe8+ ♔xe8 26.♕xg8+ ♔e7 27.♕h7+ ♔d8 28.h4 1-0 Del Pozo Hernandez-El Messiry, IECC Email 1997.

B) 21...♔f7 22.♗e2 ♔f8 23.♗h5 c6 24.♖xe7!? (24.dxc6 bxc6 25.♖xe7 ♕xe7 26.♕xg8+ ♔xg8 27.♖xe7 ♖d8 28.♗g6 ♔f8 29.♖f7+ ♔g8 30.♖e7 ♔f8 31.♖f7+ ♔g8 32.♖e7 ♔f8 ½-½ Vicente Montesinos-Delgado Gonzalez, Spanien 2003) 24...♕xe7 25.♖xe7 ♔xe7 26.♕g6 ♖af8 27.♕g5+ ♖f6 28.♕e3+ ♔d8 29.♕xa7 ♔c7 30.f4. Weiß steht erheblich besser, seine Aussichten auf einen Sieg sind gut. Wie unsere Varianten zeigen, ist es sicherer für den Nachziehenden, den Textzug zu wählen.

20.♗b5

Damit hindert Weiß seinen Gegner daran, seine Entwicklung fortzusetzen. Auf 20.♖h3? folgt 20...♔f6!, z.B. 21.♕h4+ g5 22.♕d4+ ♔g6 und am Ende der Variante steht für Schwarz eine glatte Mehrfigur zu Buche.

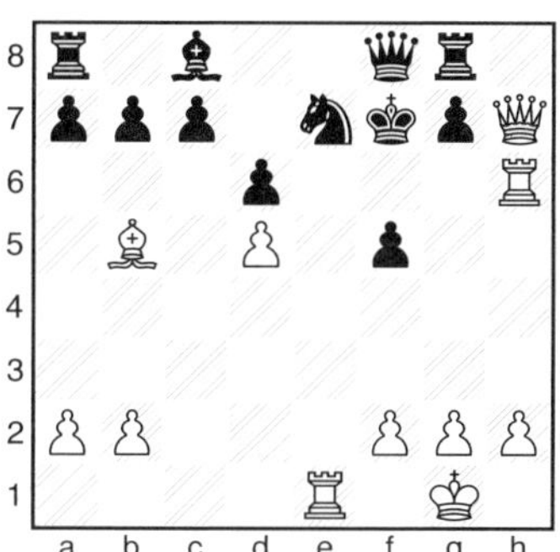

20...♖h8!

Dieser Zug garantiert dem Nachziehenden ein problemloses Remis. Viel komplizierter und mit einem Risiko verbunden ist hingegen 20...a6. Sehen wir uns hierzu ein paar Varianten an: 21.♖ee6 axb5 22.♖hf6+ ♔e8

A) 23.♕g6+ ♔d8! (Aber nicht 23...♔d7? 24.♖xf8 ♘xg6 25.♖xg8 ♘f4 26.♖xg7+ ♔d8 27.♖h6 ♗d7 28.♖h8+ ♗e8 29.♖xe8+! ♔xe8 30.♖g8+ mit Gewinn für Weiß.) 24.♖xf8+ ♖xf8 25.♕xg7 ♖e8 26.♖e1 (26.♖xe7 ♖xe7 27.♕f8+ mit Dauerschach) 26...♖a4! (Von 26...♖xa2? muss Schwarz die Finger lassen wegen 27.♕f6! b6 28.h4 ♗b7 29.h5 mit dem weiteren Marsch des Bauern zum Feld h8.) 27.f3 ♖h4 und Schwarz sollte ein Remis erreichen.

B) 23.♖xf8+ ♖xf8 (23...♔xf8 24.♖xe7+-) 24.♖e1 (Zum Dauerschach führt 24.♖xe7+ ♔xe7 25.♕xg7+ ♖f7 26.♕g5+ usw.) 24...♖a4! (24...♖xa2? verliert: 25.♕xg7 ♖f7 26.♕g8+ ♖f8 27.♕g5 ♖f7 28.h4 ♖a4 29.f3 ♔f8 30.h5 ♖g7 31.♕f6+ ♖f7 32.♕h8+ ♘g8 33.b3 ♖h4 34.♖a1 ♖e7 35.♖a8 ♖e8 36.g3 ♖h3 37.♔g2 f4 38.g4 ♖g3+ 39.♔f2 ♖h3 40.♕h7 mit der Drohung ♖a8xc8 nebst ♕h7-f5+ und Gewinn.) 25.♖xe7+ ♔xe7 26.♕xg7+ ♖f7 (26...♔e8 27.♕g6+ mit Dauerschach) 27.♕g5+ und der schwarze König kann den Schachgeboten der gegnerischen Dame nicht entrinnen.

21.♕xh8 gxh6 22.♕h7+ ♔f6 23.♖xe7 ♕xe7 24.♕xh6+ ♔f7

Oder 24...♔e5 25.♕e3+ ♔f6 ½-½ Roubo-Rzoska, Ciechocinek 2002.

25.♕h7+ ♔f6 26.♕h6+ ♔f7 27.♕h7+ ♔f6 28.♕h6+ mit Remis, Pospelov-Krapivtsev, Fernpartie 2006.

Zusammenfassung: In diesem Abspiel erreicht Schwarz bei korrektem Spiel ein sicheres Remis. Es gibt aber auch spannende Stationen, an denen andere Pläne auf weitere Untersuchungen warten, nämlich 14...♗f5!? (statt 14...♔xh7) und 16...f6!? (statt 16...f5). Die Variante mit 13...0-0 empfehlen wir den Spielern, die kein großes Risiko eingehen wollen und sich mit einem sicheren halben Punkt zufriedengeben. Im anschließenden Kapitel 14 werden wir Ihnen die sehr komplizierte Variante mit 13...h6 (statt 13...0-0) vorstellen.

Kapitel 14
Fortsetzung 17...c6

1.e4 e5 2.Sf3 Sc6 3.Lc4 Lc5 4.c3 Sf6 5.d4 exd4 6.cxd4 Lb4+ 7.Sc3 Sxe4 8.0-0 Lxc3 9.d5 Lf6 10.Te1 Se7 11.Txe4 d6 12.Lg5 Lxg5 13.Sxg5 h6 14.De2 hxg5 15.Te1 Le6 16.dxe6 f6 17.Te3 c6

Schwarz verzichtet auf 17...Kf8, das Thema unserer Analysen im **Kapitel 15**, und plant für den Fall eines günstigen Momentes sogar die lange Rochade.

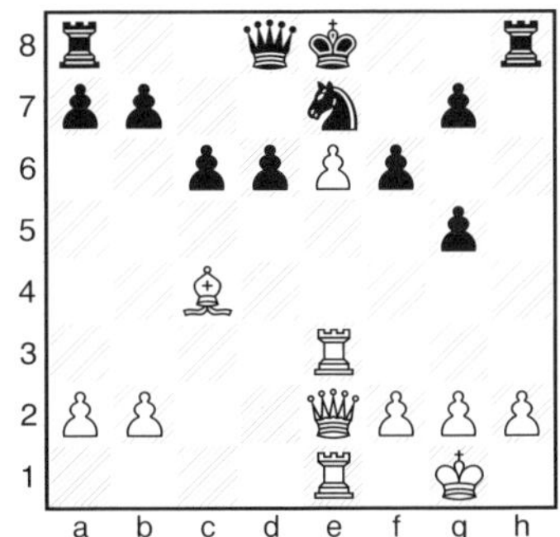

18.Th3

Weiß ist bereit, seine Königsstellung zu schwächen, um nach dem Tausch der Türme in die gegnerische Stellung einzudringen. Der Anziehende muss nicht so spielen, ihm stehen auch Alternativen offen:

I. 18.Tb3

A) 18...d5 19.Txb7 Dd6 (19...dxc4? wäre arg leichtsinnig wegen 20.Td1 Sd5 21.De4 0-0 22.Dg6 Se7 23.Txd8 Sxg6 24.Tdd7 Tfe8 25.Txg7+ Kh8 26.Txg6 Txe6 27.h4 mit klarem Vorteil für Weiß.) 20.g3 (20.h3 dxc4 21.Td1 Sd5 22.Dc2 0-0-0!? 23.Txa7 Dc5 24.Txg7 Sc7 25.Te1 The8 26.Dh7 Da5. Die Brettstellung ist sehr kompliziert. Alles in allem sehen wir die besseren Aussichten auf der Seite von Schwarz.) 20...dxc4 21.Td1 Sd5 22.Txg7 De5 23.Dxe5 fxe5 24.Te1 Tb8 25.Txa7 Sf6 26.Txe5 Txh2 27.Tf5 (27.Kxh2 Sg4+ 28.Kh3 Sxe5∓) 27...Th7 28.Taa5 Ke7 29.Tfc5 Kd6 30.Txc4 Txb2 31.Txg5 Te7 32.Tgc5 Tb6 33.Tc2 Txe6. In der Fernpartie Enin-Kutlu, ICCF 2007, gelang es dem Nachziehenden, das Endspiel für sich zu entscheiden.

B) 18...Dc7 19.Ld3 d5 20.g3 (20.h3 a6 21.Dc2 c5 22.Lg6+ Kf8 23.Td1 Td8 24.Tg3 Th4∓ Domingo-Ghysens, FICGS 2007) 20...g6 (Spielbar ist auch 20...Th6!? mit dem Plan, lang zu rochieren.) 21.Df3 (21.De3 b6!) 21...f5 22.De3 g4 23.Dd4 0-0. Schwarz hat seinen König in weniger zugige und deshalb ordentlich gesicherte Gemächer geführt und sich nun insgesamt bessere Aussichten verschafft, Gonzalez Perez-Guerra Mendez, Havanna 2007.

II. 18.b4

A) 18...Dc7 19.Ld3 d5 20.g3 0-0-0 21.Dc2 Th6 22.Lf1 Tdh8 23.h3 g4 24.hxg4 (24.h4 g5-+) 24...Th1+ 25.Kg2 T1h2+ 26.Kf3 und nun hätte Schwarz in der Partie Simek-Martinec, Piestany 2006, 26...g5 spielen sollen, verbunden mit dem Plan ♖h8-f8 und f6-f5 mit Angriff.

B) 18...♕b6 19.b5 d5 20.♗d3 c5 21.a4 0-0-0 22.♕d2 ♖h6 23.♖g3 c4 24.♕b4 ♕d6 25.♕a5 ♔b8 mit einem deutlichen schwarzen Übergewicht, Zielinski–Paprocki, Chojnice 2006.

III. 18.♖g3 d5

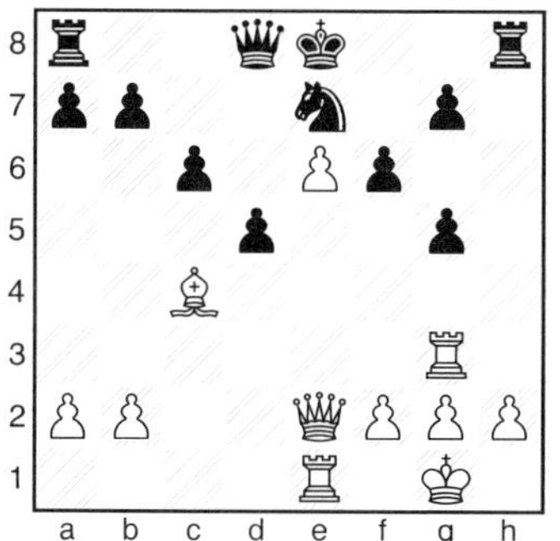

A) 19.♖h3 ♖xh3 20.gxh3 g6 (Das gefräßige 20...dxc4?? wäre ein glatter Fehlgriff. Nach 21.♕h5+ g6 22.♕h8+ ♘g8 23.♕xg8+ ♔e7 24.♕f7+ ♔d6 25.♖d1+ steht Schwarz vor dem Ruin.) 21.♗d3 ♕c7 (Zu überlegen ist 21...♔f8!? nebst ♔f8-g7, woraufhin wir dem Nachziehenden gute Perspektiven bescheinigen möchten.) 22.h4 gxh4 23.♕g4 0-0-0 24.♕d4 ♕a5 25.b4. In der im Jahre 1988 in Italien, dem Namenspatron der in unserem Buch behandelten Eröffnung, zwischen Marziali–Salvadori gespielten Partie griff Schwarz hier zu 25...♕a3 und übersah die einfache und bessere Fortsetzung mit 25...♕b6! mit der möglichen Folge 26.♕xf6 (26.♕xb6 axb6-+) 26...♕xb4 und eigenem Vorteil. Stattdessen musste er dem Anziehenden bereits im 27. Zug den vollen Punkt überlassen.

B) 19.♗d3 ♕d6 mit der Idee, mittels der 0-0-0 den König am Damenflügel zu verstecken.

IV. 18.♖d1

A) 18...♕c7 19.♖h3 ♖xh3 20.gxh3 0-0-0 21.♕h5 g6 22.♕h7 d5 23.♗d3 f5 (23...♕d6!? 24.♖e1 f5∓) 24.♕f7 ♖h8 25.♗f1 ♕d6 26.a3 g4 (□26...♖h4!) 27.♕f6 ♖h5 und der schwarze Vorteil ist offensichtlich, Roehm–Pelt, Deidesheim 2000.

B) 18...d5 19.♕f3 ♕c7 und 0-0-0. Schwarz steht besser.

V. 18.♕c2

A) 18...g6 19.♕c3 0-0 20.♗d3 ♔g7 (20...d5!? 21.♖f3 ♔g7 ist auch spielbar) 21.♖g3 d5 22.♗c2 ♖h8 23.♖f3 d4 24.♕b4 b6 25.♖g3 a5 26.♕a3 ♕c7 27.♕d3 c5 28.♕b5 c4 29.♕d7 ♕c5 30.♕b7 d3 31.♗a4 ♖ab8 32.♕a7 ♖bc8 0-1 Rolim–Da Silva, Brasilien 2002.

B) 18...♕c7 19.♗d3 ♖h6 20.g3 0-0-0∓ Brizuela–Torrijos Alhambra, Argentinien 1989.

C) 18...d5 19.♗d3 ♕c7 20.♖g3 0-0-0 21.♕c5 b6 22.♕c2 ♖h4∓ Inther–Kulvietis, IECG Email 1999.

D) 18...♕a5 19.♖d1 0-0-0 20.a3 d5∓ Trevis–Gomez, LSS Email 2008.

18...♖xh3 19.gxh3 g6

Die Dame soll nicht nach h5 gelassen werden.

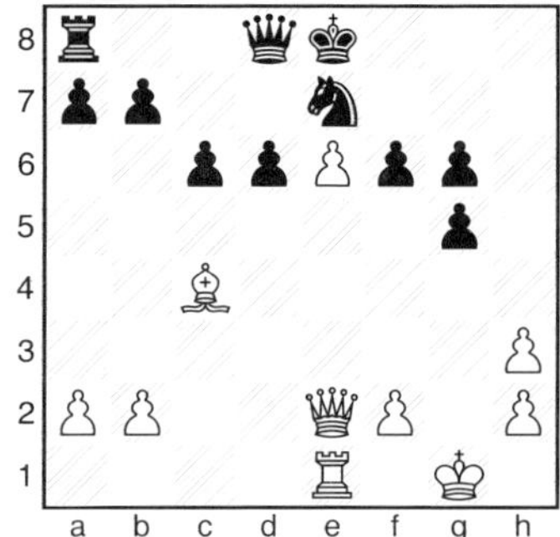

20.♕f3

Gespielt mit der Idee, die schwarze Entwicklung zu erschweren. Werfen wir mal einen Blick darauf, was sonst noch so möglich ist für den Anziehenden:

I. 20.b4

A) 20...♕b6 21.a3 (21.♕b2 schauen wir uns in der **Partie Nr. 36**, Krcmarik–Cepela, Slowakei 2001, an.) 21...0-0-0 22.♕f3 f5 23.♕g3 ♕d4 24.♕xg5 ♖e8 25.♗b3 ♕c3 26.♖e3 ♕c1+ 27.♔g2 ♕xa3 28.♕f6 ♕xb4 29.♕f7 ♔d8-+ Capelo–Montenegro, Azoguez 2004.

B) 20...♔f8 21.h4 (21.b5 ♔g7-+) 21...gxh4 22.♕g4 ♔g7 23.♕xh4 d5 (23...a5 24.b5 d5 25.♗d3 ♕d6 26.bxc6 bxc6 27.♖e3 ♖h8-+ Szafranski–Menghi, ICCF Email 1999) 24.♗d3 ♕d6 25.♕g4 ♖h8 und Schwarz führte die Partie zum Sieg im 42. Zug, Hirt–Jenni, Zürich 2005.

II. 20.♗d3 ♕a5 (20...♔f8 21.h4 gxh4 22.♕g4 ♕a5 23.♖e3 ♔g7 24.♕xh4 ♕g5+ 25.♕xg5 fxg5 26.♖g3 ♔f6 27.♗e2 ♘f5 28.♖b3 ♘d4 29.♖e3 ♘xe2+ 30.♖xe2 ♖e8 31.♔g2 ♖xe6-+ Mustafaev–Mamedyarov, Baku 2001) 21.b4 (21.a3 0-0-0 22.♖d1 ♕e5 23.♕g4 ♔b8-+ Riabov–Risius, Willingen 2004) 21...♕e5 mit der Doppelstrategie, entweder ♔e8-f8-g7 oder 0-0-0 zu spielen. Beide Alternativen versprechen Schwarz ein vorteilhaftes Spiel.

A) 22.♕d2 ♕f4 23.♕c2 0-0-0 (Infrage kommt auch 23...f5!? nebst 0-0-0.) 24.♖e4 ♕f3 25.♖e3 ♕d5 26.b5 c5 27.♗e4 ♕d4 28.♗xg6 c4 29.♖d3 ♕c5 30.♖c3 d5. Die weiße Stellung ist nicht zu verteidigen, Gyorfi–Schreiner, Ungarn 2011.

B) 22.♕d1 ♕c3 23.b5 (23.♕b1 f5∓) 23...c5 24.♖e3 ♕d4 25.♖e4 (25.♕f3 0-0-0∓) 25...♕d5 26.♕c2 ♔f8 27.♖e1 ♔g7 und Schwarz ist im Vorteil.

III. 20.♕d2 d5

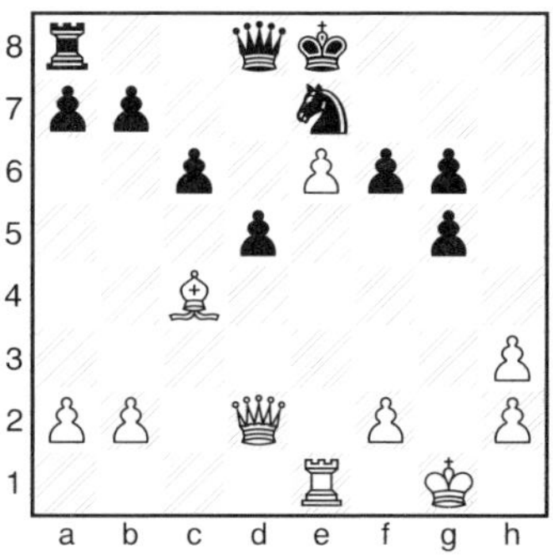

A) 21.♗d3 ♕d6 22.♕c2 (22.h4 ♕f4 23.♕xf4 gxf4 24.♔g2 0-0-0∓ Skjoldborg–Ostergaard, Holbaek 2001) 22...0-0-0 23.♗xg6 ♖h8 24.♗f5 ♕f4 25.♗g4 f5 26.♕c3 ♖h7 27.♕d3 ♔c7. Weiß ist wahrlich nicht um seine Stellung zu beneiden, er steht einfach schlecht, Binas,J–Vicenec, Tschechische Republik 1997.

B) 21.♗b3 ♕c7 22.♕b4 b6 23.♖e3 0-0-0. Der schwarze König hat ein sicheres Domizil bezogen, der Vorteil des Nachziehenden liegt auf der Hand, Guo–Burns, Queenstown 2012.

C) 21.♕c3 ♘f5 (21...d4!? 22.♕f3 ♕a5 23.♖e2 ♕f5 24.♕a3 ♕f4∓ Fang–A.Ivanov, USA 1999) 22.♗d3 ♘h4 23.♗e2 ♕e7 24.♕a5 d4 (24...♔f8!? nebst ♔f8-g8 ist eine starke Alternative.) 25.♗g4 ♕d6 26.e7 d3 27.♕c3 d2 28.♖d1 ♕xe7 29.♕xd2 ♖d8 30.♕c1 ♖xd1+ 31.♕xd1 f5 32.♗e2 ♕e4 33.♕f1 ♘f3+ 34.♗xf3 ♕xf3 mit einem Damenfinale, das Schwarz bei korrektem Spiel siegreich gestalten wird, Clark–Brayman, Chessfriend.com 2005.

IV. 20.♖d1

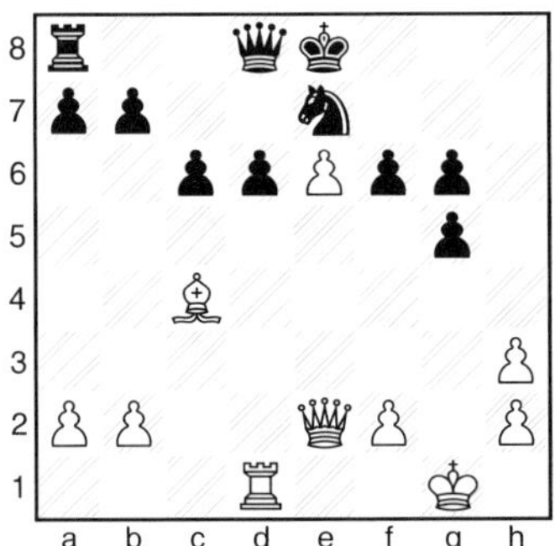

A) 20...♔f8 21.h4 gxh4 22.♖d4 ♔g7 23.♗d3 (23.♖xh4 ♕a5 24.♗d3 ♖h8-+ Garcia Roman–Acebal Muniz, Cala Galdana 1999) 23...♕c7 24.♖xh4 ♕a5 25.♖g4 ♖h8 26.f4 ♕c5+ 27.♔h1 f5 28.♖g1 ♕d5+ 29.♖g2 ♖h4 und Schwarz hat den Kampf für sich entschieden, er steht auf Gewinn, Rahman–Marin, Novi Sad 1990.

B) 20...♕c7 mit der Absicht, die lange Rochade folgen zu lassen, sehen wir in der **Partie Nr. 37**, Jewsejewa–Odejewa, Fernpartie 1994.

V. 20.h4 ♕a5 21.hxg5 ♕xg5+ 22.♔h1 0-0-0 23.♖g1 ♕e5 24.♕d2 ♖h8 mit einer ausgezeichneten Stellung für Schwarz, Karita–Haslinger, Dos Hermanas 2004.

VI. 20.♕d3 ♔f8 21.h4 gxh4 22.♖e4 ♔g7 23.♖xh4 ♘f5 24.♖g4 ♕a5 25.♕b1 ♘e7 26.♗d3 ♕h5 27.♖g2 ♖h8-+ Roeberg–A.Zude, Deutschland 1991.

VII. 20.♕g4 ♕a5 21.♖f1 0-0-0 22.h4 ♕f5 23.♕e2 gxh4 24.♗d3 ♕g5+ 25.♔h1 f5 26.♖g1 ♕f6-+ Abilleira Carballal–Carbia Concheiro, Padron 2003.

20...♕a5

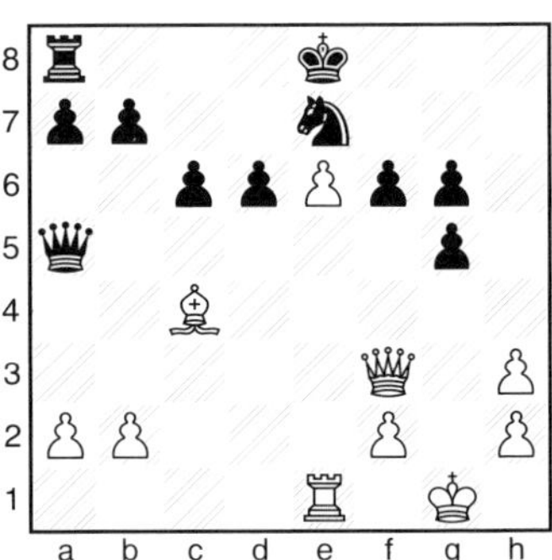

21.♖d1

Mit Druck gegen den schwarzen Bauern auf d6. In dieser Situation hat Weiß aber auch andere Ideen ausprobiert:

I. 21.♔f1 ♕f5

A) 22.♕c3 ♕f4 (22...0-0-0!?) 23.♔g2

0-0-0. Schwarz hat bei einer soliden Stellung einen Mehrbauern auf der hohen Kante.

B) 22.♕g4 0-0-0 23.♕xf5 gxf5 24.h4 d5 25.♗e2 ♖h8 26.h5 g4-+ Sergejew-Nowikow, Tula 2006.

II. 21.♖e2 ♕f5 (21...f5!? sieht ebenfalls sehr Erfolg versprechend aus.)

A) 22.♕a3 ♕b1+ (22...♕f4 23.♗d3 ♕c1+ 24.♔g2 ♘d5 25.♗xg6+ ♔e7 26.♕b3 ♘f4+ 27.♔f3 b5 28.♗e4 ♕f1 0-1 Todor-Schroll, Österreich 2003) 23.♔g2 ♘f5 24.f3 ♕c1 25.♕b3 b5 26.♗d3 (26.♗xb5 ♘h4+ 27.♔f2 ♕c5+ mit schwarzem Gewinn) 26...♘d4 27.♗xg6+ ♔e7 28.♕e3 ♘xe2 29.♕xe2 ♖h8 30.♗f5 ♕c4 31.♕e3 ♕xa2-+ Macharacek-Malinovsky, Tschechische Republik 2004.

B) 22.♕b3 ♕b1+ 23.♔g2 ♖b8 24.♕c3 ♘f5 25.♖e1 (25.♕xf6 ♘h4+ 26.♔g3 ♕g1#) 25...♘h4+ 26.♔f1 ♕f5 27.e7 ♘f3 28.♗e6 ♕b5+ 29.♗c4 ♕xc4+! mit Materialgewinn – beachten Sie bitte die Springergabel auf d2 im Falle dessen, dass Weiß die gegnerische Dame mit der eigenen schlägt, Benyovszki-Bartsch, IECG Email 1999.

21...♕e5

21...♕f5!? ist eine gut spielbare Alternative, z.B. 22.♕b3 (22.♕xf5 ♘xf5 23.b4 ♔e7 24.♖e1 ♖h8-+ Groen-Van den Bergh, Hengelo 2002; 22.♕a3 d5 23.♗e2 ♕xe6 24.♕b4 ♖d8 25.♗g4 f5 26.♖e1 ♕d6 27.♕xd6 ♖xd6 28.♗d1 ♔d7-+ Zavala-Ballen, Azoguez 2004) 22...0-0-0 23.♕a3 ♕c5 24.♕xc5 dxc5 25.♖xd8+ ♔xd8 26.♔g2 ♔c7. Das auf dem Brett entstandene Endspiel ist für Schwarz gewonnen, Elamri-Coimbra, Caleta 2005.

22.♕a3

Es nicht zu sehen, wie Weiß zu einem aussichtsreichen Angriff kommen könnte. Schwarz hat die Lage voll im Griff. Andere Damenzüge bringen Weiß auch nicht den erhofften Erfolg: 22.♕b3 0-0-0 23.♕a4 ♖h8 24.♕a3 ♘f5 (24...♔c7!?-+) 25.♗f1 ♔b8 26.♕b3 d5 27.♕c3 ♕xc3 28.bxc3 ♖e8 29.♖e1 ♔c7 30.c4 ♔d6 31.cxd5 cxd5 32.♗d3 ♖xe6-+ Istvanovszky-Kovacs, Zalakaros 2004. Oder 22.♕g4 d5 23.♗d3 ♘f5 24.♗xf5 ♕xf5 25.♕b4 0-0-0 26.e7 ♖e8 27.♕d6 ♕e5 28.♕c5 ♔b8 29.♖d3 ♕xe7-+ Rusche-Schlichthaar, Oberhof 1999.

22...d5 23.♗d3

Am Ende der Variante 23.♗f1 ♕xe6 24.♕b4 ♕d7 25.h4 gxh4 26.♖e1 g5 27.♗h3 ♕c7 28.♕g4 ♔f8 29.♖e6 ♘g8 30.♕b4+ ♔g7 31.♗f5 ♖d8 32.♗d3 ♖d7 33.♕g4 ♖e7 34.♕f5 ♔f8 war es Schwarz, der in der Partie Flores Ramos-Pastrana Alvarez, ICCF Email 2008, auf Gewinn stand.

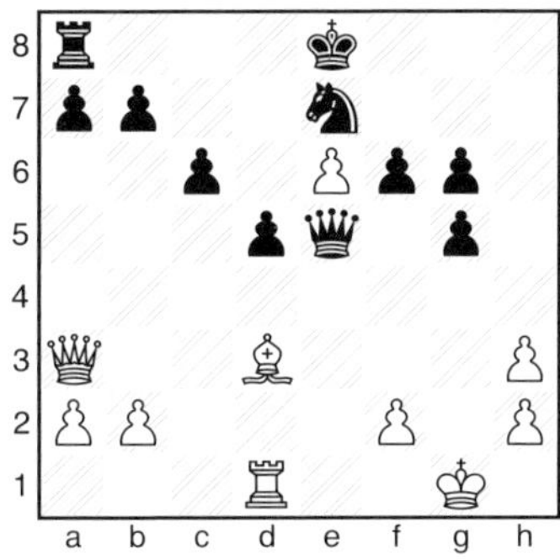

23...♕xe6

Schwarz hat nun zwei Bauern mehr, muss sich aber noch um die Sicherheit seines Königs kümmern. In der Begegnung Stolerman-Rangarajan, Oropesa del Mar 1999, geschah: 23...♕c7!? 24.♖e1 a6 25.♕c3 ♕f4 26.♕a5 ♕d4 27.♗b1 ♖c8 28.♕a3 c5 mit entscheidendem Vorteil auf der Seite des Nachziehenden.

24.♕b4 ♕d7 25.♖e1 ♔f7. Schwarz hat seinen König gesichert und erfreut sich zweier Mehrbauern, Rubio Doblas-Marquez Molina, Malaga 1996.

Zusammenfassung: Diese Variante ist günstig für Schwarz, wie wir – für Sie hoffentlich nachvollziehbar – dargelegt haben. Weiß kann nur im Falle eines Fehlers des Nachziehenden auf einen Erfolg hoffen. Den aber sollte er auf der Basis unserer Empfehlungen vermeiden können.

Kapitel 15
Fortsetzung 17...♔f8

1.e4 e5 2.♘f3 ♘c6 3.♗c4 ♗c5 4.c3 ♘f6 5.d4 exd4 6.cxd4 ♗b4+ 7.♘c3 ♘xe4 8.0-0 ♗xc3 9.d5 ♗f6 10.♖e1 ♘e7 11.♖xe4 d6 12.♗g5 ♗xg5 13.♘xg5 h6 14.♕e2 hxg5 15.♖e1 ♗e6 16.dxe6 f6 17.♖e3 ♔f8

Inzwischen sind wir fast am Ende unserer Reise – nicht durch italienische Landschaften, sondern die Theorie zur Italienischen Partie – angekommen. Auf der Suche nach den besten Routenempfehlungen treffen wir hier auf den schwarzen König, wie er eigenen Reisegelüsten nachgeht. Er wendet sich zum Königsflügel, um diesen zu verteidigen. Die starke Alternative 17...c6 haben wir schon im vorangehenden **Kapitel 14** analysiert.

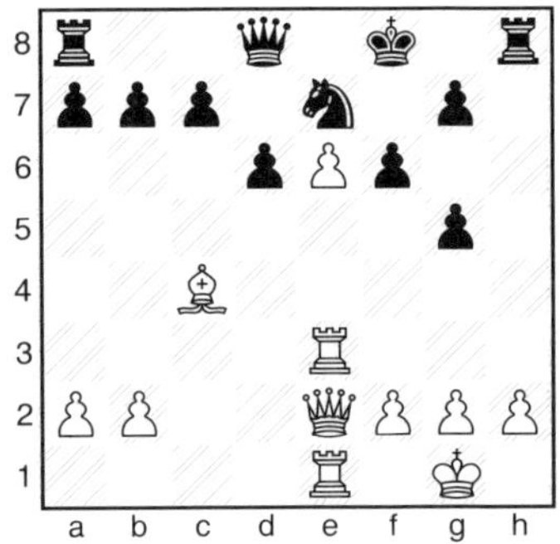

18.♖h3

Der Anziehende setzt auf den Abtausch der Türme in der Hoffnung, dass er damit den Weg für sein Eindringen in die schwarze Stellung frei machen kann. Werfen wir mal einen Blick darauf, wie es weitergehen kann, wenn Weiß andere Pläne im Kopf hat:

I. 18.♕d3

A) 18...d5 19.♖h3 ♖xh3 20.♕xh3 ♔g8! (Glatter Selbstmord wäre 20...dxc4??, denn nach 21.♕h8+ ♘g8 22.e7+ ist das „Ende mit Schrecken“ da.) 21.♗d3 g6 22.♕h6 ♕f8 und Schwarz hat alles im Griff, Weiß kommt nicht weiter.

B) 18...c6 19.♖h3 ♖xh3 20.♕xh3 ♔g8 21.♖d1 (21.♗d3 g6 22.b4 ♔g7 23.♕g3 d5 24.♖b1 ♕b8 25.♕xb8 ♖xb8 26.f3 f5-+ Veres–Csom Nemeth, Ungarn 1998) 21...d5 22.♗d3 g6 23.♕g3 ♕b8 24.♕g4 ♕f4 25.♕xf4 gxf4 26.♔f1 ♔g7. Der Nachziehende ist deutlich erkennbar klar im Vorteil: Er hat einen Mehrbauern im Sack und der weiße Bauer auf e6 ist auch noch schwach, Szabo–Hutya, Fernpartie 1998.

II. 18.♗d3

A) 18...♔g8 19.♕c2 ♖h6 20.♖g3 d5 mit dem Plan ♕d8-d6, c7-c5 und gutem Spiel für den Nachziehenden.

B) 18...d5 19.♖h3 (Auf 19.b4 folgt 19...♕d6!) 19...♖xh3 20.gxh3 g6 21.h4 gxh4 22.♕g4 ♔g7 23.♕xh4 ♕d6 nebst ♖a8-h8 und klarem Vorteil für Schwarz.

C) 18...c6 19.♗g6 (19.♖g3 ♕a5 20.b4 ♕e5 21.♕d2 ♕f4∓) 19...♕a5 20.♗f7 ♖d8 21.♖a3 ♕e5 22.♕xe5 dxe5

23.♖xa7 ♖b8 24.♖e3 ♘c8 25.♖aa3 ♔e7 26.♖ed3 ♘b6 (Nicht ratsam ist 26...♘d6, denn mit 27.♖xd6! verschafft sich Weiß Gegenspiel.) 27.♖db3 ♖hd8 28.g3 ♘c4 29.♖a7 ♘d6 30.♔g2 g4 31.♖b6 ♖dc8. Schwarz hat den Acker so gut bestellt, dass er sich bald an die Ernte machen kann. In der Partie Classen-Gypser, Goch 1999, entwickelte er seinen aktuellen Vorteil weiter bis hin zum vollen Punkt.

III. 18.♕g4 d5 (Schwach ist 18...g6?, was wir in der **Partie Nr. 38**, Tirado Parra-Cabanas Bravo, Madrid 2004, sehen werden.) 19.♗b3 ♖h4 20.♕f3 ♕d6 21.g3 ♖h6 und Schwarz steht besser.

18...♖xh3 19.gxh3

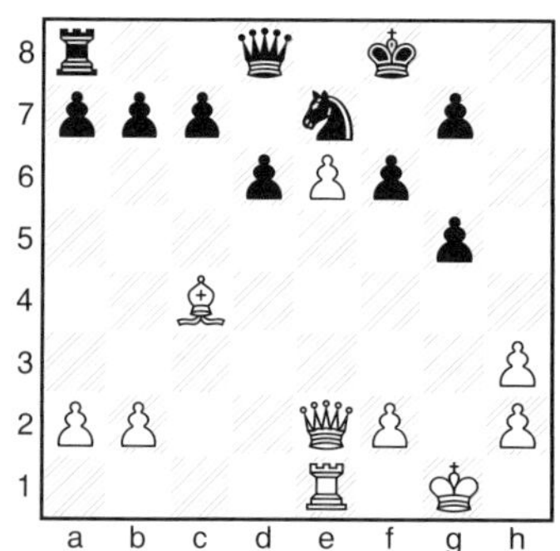

19...g6!

Dieser unscheinbare Bauernzug ist so etwas wie eine kleine Lebensversicherung für den Führer der schwarzen Steine. Die gegnerische Dame darf nicht nach h5 gelassen werden. Zugleich hat Schwarz einen einfachen Plan: ♔f8-g7. Er ist bereit, seinen Mehrbauern zurückzugeben, um seine Entwicklung abschließen zu können. Ob auch 19...♕e8!? so etwas wie eine Lebensversicherung sein kann oder vielleicht sogar mehr verspricht, wurde noch nicht genau geprüft. Wir denken aber, dass der Zug auch spielbar ist. Es kann dann beispielsweise wie folgt weitergehen:

A) 20.♕e4 ♔g8 21.♕xb7 ♕c8 22.♕f3 ♖b8 23.♗d3 ♕e8 24.h4 gxh4 25.♖c1 c6 26.♖c4 ♖b5 27.♖xh4 ♖g5+ 28.♔f1 ♘g6 29.♗xg6 ♕xg6 30.♕b3?? (⌓30.♕e4) 30...♕b1+ 31.♔e2 ♖e5+ 32.♔d2 ♕e1+ 33.♔d3 ♖d5+ 34.♖d4 ♖xd4+ 35.♔xd4 ♕xf2+ 36.♔d3 ♕f3+ 37.♔c2 ♕xb3+ 38.♔xb3 ♔f8 0-1 Coste-Strohmann, St. Chely d'Aubrac 2004.

B) 20.♗d3. Die Konsequenzen der Wahl dieser weißen Alternative schauen wir uns anhand eines praktischen Beispiels an (siehe **Partie Nr. 39**, Babaeva-Vijayalakshmi, Istanbul 2000).

20.♕f3

Andere Züge sind schwächer:

I. 20.f4 gxf4 21.♖f1 ♔g7 22.♖xf4 d5 23.♗d3 ♕d6 24.♖g4 f5 25.♖g3 ♖f8 26.b3 ♖f6-+ Franck-Chau, Reims 2004.

II. 20.h4 gxh4 21.♕f3 (21.♕g4 ♔g7 22.♕xh4 d5 23.♗d3 ♕d6∓ Zminda-Kowalczyk, Polen 2011) 21...♔g7 22.♕xb7 ♕b8 (22...♕c8 23.♕e4 ♖b8 24.♗b3 ♖b5 25.f4 ♕b8 26.♖c1 ♕b6+ 27.♔g2 d5 28.♕e2 ♖b4-+ Horti-Blasovszky, Ungarn 1994) 23.♕e4 ♕b4 24.♖e2 c6 25.a3 ♕a4 und Schwarz steht besser (Mehrbauer, bessere

Bauernstruktur, sichere Königsstellung). Im Duell Kovacevic–Brindza, Fernpartie 1997, reichte ihm dies, um letztendlich auch folgerichtig den Sieg einzuheimsen.

20...♔g7 21.♕xb7

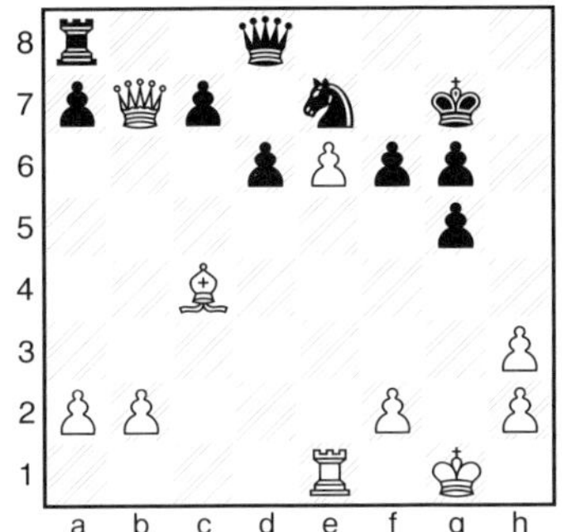

21...♕b8

21...♕c8!? sieht auf jeden Fall auch gut aus. Schauen wir uns dazu mal ein paar Varianten an:

A) 22.♕xc8 ♖xc8 23.b4 c6 24.a4 f5 25.♗e2 ♔f6 26.♗f3 ♖b8 27.♖c1 d5 28.♖b1 ♔xe6-+ Arias Boo–Korneev, Badalona 1996.

B) 22.♕e4 ♖b8 23.b3 (23.♗b3 ♕b7 24.♕d3 d5∓) 23...♕b7 24.♕g4 ♖h8 25.♗f1 ♖h4 26.♕e2 ♖f4 und Schwarz ist im Vorteil, Pribe–Schlesinger, Deutschland 2001.

C) 22.♕g2 beleuchten wir in der **Partie Nr. 40**, T.Szabo–Paroczai, Ungarn 1998.

D) 22.♕f3 ♖b8 23.♗b3 (23.b3 ♕b7 24.♕d3 ♖h8 25.♗a6 ♕b6 26.♖c1 ♖h4 27.♕b5 c6 28.♕xb6 axb6∓ Pyhala–Dobrovolsky, Odessa 1989) 23...♕b7∓ Videki–Petran, Ajka 1991.

22.♕f3

Auf 22.♕e4 kann auch 22...c6 folgen, z.B. 23.♗b3 (23.♕d4 ♕b4 24.♖d1 d5 25.♗a6 ♕xd4 26.♖xd4 ♖b8 27.b3 f5∓) 23...a5 24.♖d1 d5 25.♕d4 ♕b4 26.♕c3 ♖b8 27.♕g3 ♖b7 28.♕g4 ♕xg4+ 29.hxg4 ♖b4 und Schwarz steht auf Gewinn, Osipow–Daniliuk, Krasnodar 1997.

22...c6

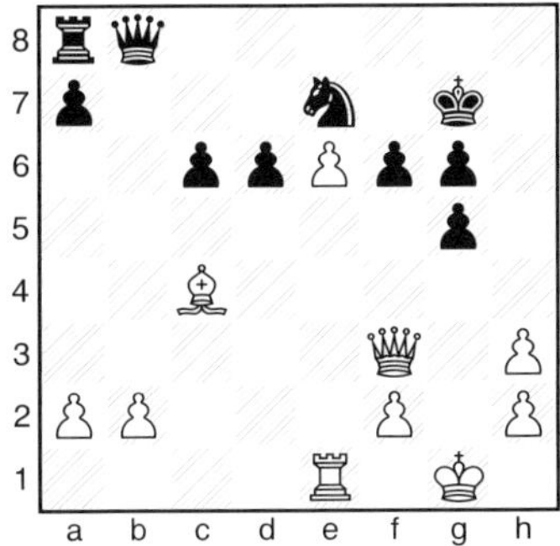

23.♕a3

In der Begegnung Pyhala–Nevanlinna, Kuopio 1992, griff Weiß zu 23.♗b3, woraufhin die Partie den folgenden Verlauf nahm: 23...d5 24.♖e3 ♕f4 25.♕e2 ♖h8 26.♕a6 ♕c7 27.♗c2 g4 28.hxg4 ♕xh2+ 29.♔f1 ♕h1+ 30.♔e2 ♕c1 31.♕a4 ♕xb2. Schwarz holte sich den Sieg mit dem 49. Zug.

23...♕c7 24.♖d1 ♖d8 25.♖d3 d5 26.♗a6 ♖d6 und der Nachziehende steht klar besser, Karacsony–Szabo, Ungarn 2007.

Zusammenfassung: Diese Variante mit 17...♔f8 gibt Schwarz wie schon 17...c6 (Kapitel 14) ebenfalls gute

Aussichten. Wir empfehlen Ihnen das Studium der drei Ergänzungspartien zu diesem Kapitel, die gut veranschaulichen, wie Schwarz seinen Vorteil aus den hier behandelten Stellungen ziehen kann. Damit haben wir den Theorieteil unseres Buches zur Italienischen Partie zum Abschluss geführt. Nun dehnen wir unsere Empfehlung zum Studium der kommentierten Partien auf jene zu allen Kapiteln des Werkes aus, 40 an der Zahl. Indem sie illustrieren, wie der Kampf in der Italienischen Partie geführt werden kann, tragen sie sehr zum Schulungs- und Informationswert unseres Buches – auch im Hinblick auf wichtige Nuancen – bei.

Kapitel 16
Beispielpartien

Partie Nr. 1
Videnova – Sofranov
Plovdiv 2012

1.e4 e5 2.♘f3 ♘c6 3.♗c4 ♗c5 4.0-0 ♘f6 5.d4 ♗xd4 6.♘xd4 ♘xd4 7.f4 d6 8.fxe5 dxe5 9.♗g5 ♕e7 10.♘a3 c6

Andere Züge haben wir im Kapitel 1, Abspiel 1 vorgestellt.

11.c3 ♘e6 12.♗xe6?

Kein guter Zug. Im Duell Levi–Lane, Sydney 2010, geschah stärker 12.♗xf6!? gxf6 13.♕f3 ♖g8 (Ein scharfes Spiel könnte nach 13...♘f4!? entstehen, z.B. 14.g3 ♘h3+ 15.♔h1 ♘g5 16.♕e3 ♗h3 17.♖fd1 h5 usw.) 14.♕xf6 ♕xf6 15.♖xf6 ♖g6 16.♖af1 ♖xf6 17.♖xf6 ♔e7 18.♖h6 ♘f8 19.♗b3 f6 20.♔f2 a5 21.♗g8 ♗e6 22.♗xe6 (22.♗xh7 ♗xa2=) 22...♔xe6 23.♘c4 a4 24.a3 ♖d8 25.♔e2 b5 26.♘e3 ♖d7 mit weitgehend ausgeglichener Stellung.

12...♗xe6 13.♔h1

Nach 13.♗xf6 gxf6 14.♕f3 0-0-0 15.♕xf6 ♕c5+ 16.♔h1 ♖hg8 hätte Schwarz eine starke Initiative am Königsflügel.

13...♕d7 14.♕f3 0-0-0

Die Könige haben unterschiedlich rochiert, ein scharfes Spiel ist die Folge.

15.♗xf6 gxf6 16.♕xf6 ♖hg8 17.♕f2 ♕d2 18.h3

Diese Schwächung der Königsstellung bringt Weiß weitere Probleme ein. Aber auch nach 18.♖ae1 ♗xa2 19.c4 ♕xf2 20.♖xf2 ♖gf8 wäre seine Lage alles andere als rosig.

18...♕g5 19.♖fe1 ♖d3!

Alle schwarzen Figuren scharren mit den Hufen, um sich am Angriff zu beteiligen.

20.♕f1 ♖g3 21.♖e2 ♕h4 22.♖ae1

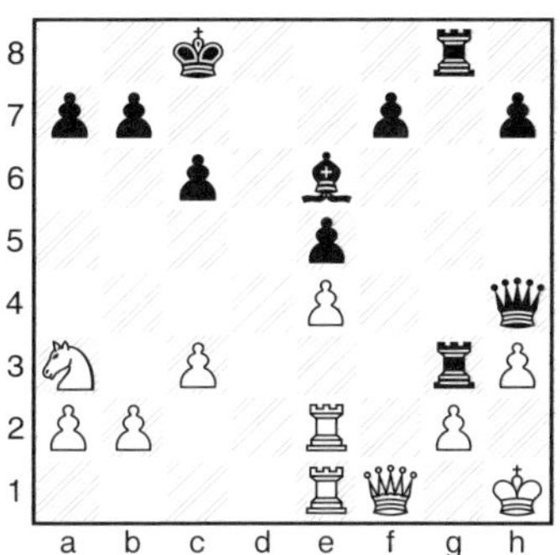

22...♗xh3!

Ein schöner und auch schon finaler Schlag!

23.gxh3 ♖xh3+ und wegen des unparierbaren Matts gab sich Weiß geschlagen.

Partie Nr. 2
Hübner – Pruijssers
Rogaska Slatina 2011

1.e4 e5 2.♘f3 ♘c6 3.♗c4 ♗c5 4.0-0 ♘f6 5.d4 ♗xd4 6.♘xd4 ♘xd4 7.f4 d6 8.fxe5 dxe5 9.♗g5 ♗e6 10.♘a3 ♕e7 11.c3

Zu 11.♗xf6 werfen Sie bitte einen Blick ins Kapitel 1, Abspiel 1.

11...♗xc4 12.♘xc4 ♘e6 13.♗xf6 ♕c5+ 14.♔h1 ♕xc4 15.♗xe5 0-0 16.♕g4?

Diese inkonsequente Fortsetzung verliert nur Zeit und bringt den Anziehenden in echte Schwierigkeiten. Besser war 16.♕d5!?

16...f5! 17.♕g3

Wahrscheinlich hätte Weiß hier gerne 17.♖xf5 gespielt, was aber – aus seiner Sicht leider – nicht geht, denn nach 17...♖xf5 18.♕xf5 ♖f8 verliert Weiß die Dame oder sonstwie desaströs Material.

17...fxe4 18.♖fe1 ♖f5 19.b3 ♕c6 20.h4 ♖af8!

Eine wesentliche Verstärkung dieser Variante. In der Partie Jones–Rej, Canberra 2009, folgte 20...♕d5 21.♗xc7 ♘c5 22.♖f1 ♘d3 23.♕e3 ♕c5 24.♕xe4 ♖xf1+ 25.♖xf1 ♘f2+ 26.♖xf2 ♕xf2 27.♔h2 h6 28.♕d5+ ♕f7 29.♕xb7 ♖e8 und Schwarz musste sich seinen Sieg noch erkämpfen.

21.♖ad1 ♖8f7 22.c4 h6 23.♗d4 ♘f4 24.♔g1 ♕d6 25.♔h2 ♕e7 26.♕g4 c5 27.♗c3 e3! 28.♗b2

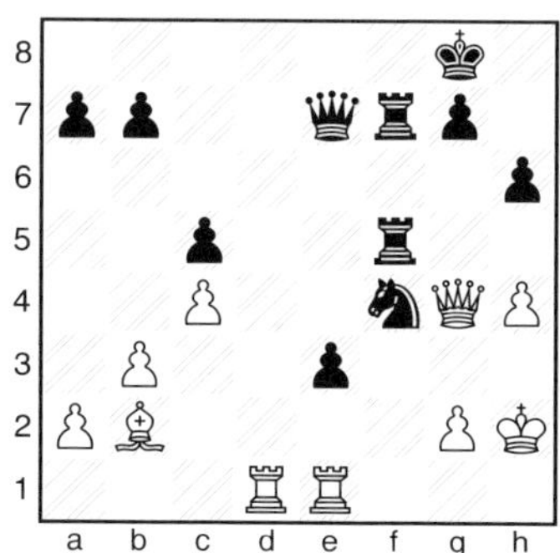

28...♘xg2!

Ein hübsches Ende. Weiß kapitulierte wegen 29.♔xg2 ♖f2+ 30.♔g1 e2-+.

Partie Nr. 3
Bonafede – D'Amore
Siena 2010

1.e4 e5 2.♘f3 ♘c6 3.♗c4 ♗c5 4.0-0 ♘f6 5.d4 ♗xd4 6.♘xd4 ♘xd4 7.f4 d6 8.fxe5 dxe5 9.♗g5 ♕e7 10.c3 ♘e6 11.♗xf6 ♕c5+ 12.♔h1 ♕xc4 13.♗xe5 ♕xe4 14.♗xc7 0-0 15.♘d2

Oder 15.♗g3 siehe Kapitel 1, Abspiel 1.

15...♕g6 16.♗g3 b6 17.♘f3 ♗b7 18.♘h4 ♕e4 19.♕h5?

Zu optimistisch, denn die weiße Dame hat hier nichts zu suchen. Besser war 19.♖e1!? ♕c6 (19...♕c4 20.♘f5 ♖ad8 21.♕e2∞) 20.♕f3 mit beiderseitigen Chancen.

19...♖ad8 20.♖ae1 ♕c2 21.♕g4?

Der Anziehende sollte den gegnerischen Turm nicht auf die 2. Reihe lassen. Notwendig war also 21.♖f2!?, um nach der möglichen Folge 21...♖d2 22.♖xd2 ♕xd2 23.♕e2 ♖d8

24.h3 zwar schlechter zu stehen, nicht aber gänzlich aussichtslos.

21...♖d2! 22.♗e5 h5 23.♕g3

23.♕xh5 ♖xg2 24.♘f3 ♖g6 25.♗g3 ♘f4-+.

23...♖fd8 24.♘f3 ♖e2 25.♗xg7

Sieht zunächst gut aus, aber ...

25...♘xg7 26.♕c7

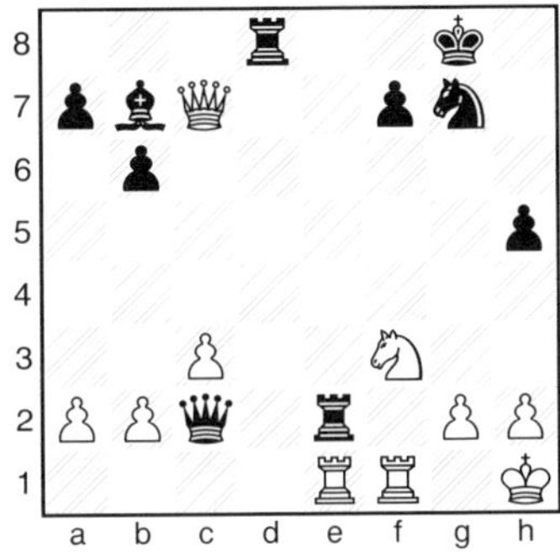

26...♗xf3!

Die einfache Widerlegung des weißen Planes.

27.♕xd8+ ♔h7 28.♖xe2

Nach 28.gxf3 droht das Matt in zwei Zügen: 28...♖xh2+ 29.♔g1 ♕g2#.

28...♕xe2

Der schiefe Turm von Pisa steht und fällt nicht um. Hier aber befindet sich die gesamte weiße Stellung in Schräglage, nicht nur der Turm, der nun das einzügige Matt verhindern muss und trotzdem nicht zur Attraktion avanciert!

29.♖g1 ♗e4

Für den Turm hat Schwarz zwei Leichtfiguren und eine kräftige Initiative, da Weiß gezwungen ist, das Feld g2 mit dem Turm zu verteidigen.

30.♕c7

Auf 30.♕f6 ♕g4 31.♕xf7 würde 31...h4 folgen, verbunden mit der Drohung h4-h3.

30...♕f2

Das sofortige 30...f5!? wäre stärker gewesen.

31.♕e5 f5 32.c4 h4 33.♕c3

33.h3 ♕e3 34.♕c3 f4 35.♕xe3 fxe3 36.♖e1 ♘f5 37.♔g1 ♗d3 38.b3 ♔g6 -+.

33...♔g6

Viel schneller zum Gewinn geführt hätte 33...♘h5!

34.♕a3

34.h3 ♘h5 35.♕e5 ♘f6-+.

34...♘h5 35.♕d6+ ♘f6 36.a4 h3 37.♕g3+ ♕xg3 38.hxg3 ♘g4 39.♖e1 ♗xg2+ 40.♔g1 ♗f3

Weiß gab auf.

Partie Nr. 4
Shuck – Balaz
Lechenicher SchachServer 2007

1.e4 e5 2.♘f3 ♘c6 3.♗c4 ♗c5 4.0-0 d6 5.c3 ♘f6 6.d4 exd4 7.cxd4 ♗b6 8.♘c3 ♗g4 9.♗e3

9.h3 haben wir im Kapitel 1, Abspiel 2 vorgestellt.

9...0-0 10.♖e1

Auf 10.h3 sollte Schwarz 10...♗h5 spielen, und auf 10.♗b3 mit 10...♖e8 reagieren.

10...♘xe4 11.♘xe4 d5 12.♘eg5 h6

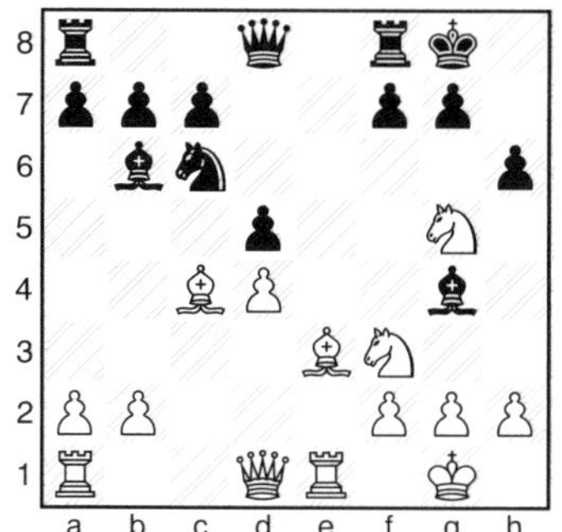

13.♕d3?

Die nun entstehenden Verwicklungen werden sich als für Schwarz günstig erweisen. Richtig war 13.♘xf7! ♖xf7 14.♗e2 ♕f6 mit beiderseitigen Chancen.

13...hxg5 14.♘xg5 g6 15.♗b3 ♕d6 16.♖ac1 ♔g7 17.h3 ♗f5 18.♕d1 f6 19.♘f3 ♗e4 20.♘d2 f5 21.♘xe4

Nichts bringt 21.f3 wegen 21...f4!

21...fxe4 22.a3 ♖f7 23.♕d2?

Dieser Zug spielt Schwarz nur in die Hände. Zu überlegen war 23.♗a4!?

23...♗a5! 24.♖xc6 ♗xd2 25.♖xd6 ♗xe1 26.♖xd5 ♖af8 27.f4 ♗g3 28.♖e5

Das Endspiel nach 28.♖b5 ♗xf4 29.♔f2 c6 30.♗xf7 cxb5 31.♗d5 ♗e5+ 32.♔e2 ♖d8 33.dxe5 ♖xd5 34.♗xa7 ♖d3 nebst ♔g7-f7-e6 wäre für Schwarz auch klar gewonnen.

28...♗xf4 29.♖xe4 ♗xe3+ 30.♖xe3 ♖d7 31.d5 ♖f6 32.♗c4 a6 33.a4 ♔f8 34.♖b3 ♖f4 35.♖c3 ♖e7 36.g3 ♖d4 37.b3 ♖d2 38.♖f3+ ♔g7 39.♔f1 ♖c2 40.g4 ♔h6 41.♖f4

41.♖f2 ♖xf2+ 42.♔xf2 ♔g5-+.

41...♔g5 42.♖f3 ♖b2 43.d6

43.♖f2 ♖xf2+ 44.♔xf2 ♔f4-+.

43...cxd6 44.♖d3 ♔h4 45.♖xd6 ♔xh3 46.g5

Oder 46.♖xg6 ♔g3 47.♖e6 ♖f7+ 48.♔e1 ♖h7 49.♗d5 ♖hh2 50.♖e3+ ♔xg4 51.♖d3 b5 52.axb5 axb5 und das Endspiel ist für Schwarz gewonnen.

46...♔g3 47.♖d3+ ♔f4 48.♖d5 ♖h7 49.♔g1 ♖hh2 50.♖d4+ ♔xg5 51.♖d5+ ♔h4 52.♖d4+ ♔h5

Weiß gab sich geschlagen.

Partie Nr. 5
Sergejew – Razumichin
Fernpartie 2002

1.e4 e5 2.♘f3 ♘c6 3.♗c4 ♗c5 4.d3 ♘f6 5.♗e3 ♗b6 6.0-0

Die Fortsetzung 6.c3 haben wir uns im Kapitel 2 angesehen.

6...d6 7.♗xb6 axb6 8.♘bd2 0-0 9.c3 ♘h5

Ein typisches Manöver: Der Springer wird näher an den gegnerischen König geführt.

10.♕e2?

Natürlich geht nicht 10.♘xe5?? ♘xe5 11.♕xh5 ♗g4 und die weiße Dame ist verloren. Aber auch der Partiezug ist schwach, weil er dem schwarzen Springer das Feld f4 überlässt. Besser war der Aufzug 10.g3, der zwar zu einer Schwächung der Königsstellung führt, aber ...♘f4 vermeidet.

10...♘f4 11.♕e3 ♕f6 12.g3 ♕g6 13.a3 ♗h3 14.♖fd1 ♗g4 15.d4 ♘h3+ 16.♔f1 b5! 17.♗b3

Der Läufer muss praktisch auf der Diagonale a2-g8 bleiben, denn auf 17.♗xb5 würde 17...f5 folgen, verbunden mit der Öffnung der f-Linie und einem starken Angriff des Nachziehenden.

17...♕h5 18.♔g2 ♘a5 19.♗d5 c6 20.♗a2

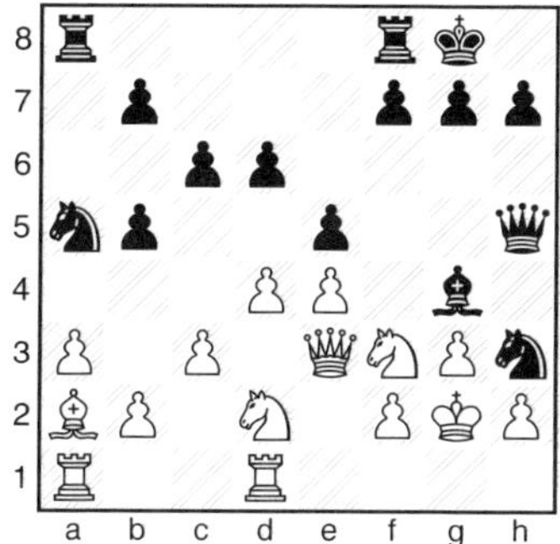

20...♘c4!

Eine elegante Pointe!

21.♗xc4

Oder 21.♘xc4 ♘f4+! 22.♔g1 (22.gxf4 ♕h3+ 23.♔g1 ♗xf3-+) 22...♗xf3 23.♘xd6 ♘h3+ 24.♔f1 ♗xd1 und Weiß kann aufgeben.

21...bxc4 22.♖f1

22.♘xc4 ♘f4+! 23.♔g1 ♗xf3-+.

22...f5 23.exf5 exd4 24.cxd4 ♗xf5 25.♖ae1 ♗g4 26.a4 ♖ae8 27.♕c3 ♕d5 28.♕xc4

Oder 28.♖xe8 ♖xe8 29.♘xc4 ♖f8 30.♘cd2 ♘g5 und Schwarz erntet zum dann sicheren Sieg.

28...♗xf3+ 29.♔xh3 ♗g2+ 30.♔g4 ♕xc4 31.♘xc4 ♗xf1 32.♖xf1 ♖e4+ 33.f4 ♖xd4

Das Endspiel ist glatt für Schwarz gewonnen.

34.b3 ♖e8 35.♖f3 ♖e6 36.h4 d5 37.♘b2 ♖b4 38.♖d3 ♖e2 39.♘d1 ♖a2 40.♘e3 ♖b2 41.♘f5 ♖2xb3

Weiß gab auf.

Partie Nr. 6
Skytte – Matthiesen
Dänemark

1.e4 e5 2.♘f3 ♘c6 3.♗c4 ♗c5 4.d3 ♘f6 5.c3 a6 6.h3 d6 7.♗b3 ♗a7 8.♘bd2 0-0 9.♘f1 ♗e6 10.♗c2 d5 11.♕e2 h6

11...b5 und seine Folgen finden Sie in der Einleitung unseres Kapitels 2.

12.♘g3 b5

Oder auch 12...♖e8!?

13.♘h4 ♘e7 14.♕f3

14.exd5 ♘exd5 15.♕xe5 ♖e8-+ ist eine Variante, der Weiß besser aus dem Wege geht, wenn ihm etwas an seinem „Leben" liegt.

14...♘e8 15.0-0 ♘d6 16.♗b3

Logisch war eher 16.♘hf5! ♗xf5 17.exf5 f6 18.♕g4 usw.

16...c6 17.♖d1 f6 18.d4 exd4 19.cxd4 ♕d7 20.♗f4?

20.exd5!? ist als Antwort auf den letzten nur als schwach zu bezeichnenden Zug von Weiß bedenkenswert.

20...♘xe4 21.♘xe4 dxe4 22.♕xe4 ♗xb3 23.axb3 f5

Warum hat Schwarz auf 23...g5!? 24.♘g6 ♖fe8 verzichtet, mit Vorteil?

24.♕d3 g5 25.♕g3 ♔f7 26.♗e5 gxh4 27.♕g7+ ♔e8 28.♖xa6

28.♖e1!? kam infrage, verbunden mit Druck gegen den schwarzen König, der noch in der Mitte steckt.

28...♕e6 29.♖da1 ♖g8 30.♕h7 ♕d5 31.g4??

Diese Unvorsichtigkeit bringt Weiß an den Rand der Niederlage. Notwendig war 31.♔f1! ♕xg2+ 32.♔e2 ♕e4+ 33.♔d2 ♖g2 34.♕h8+ ♖g8 (34...♔d7?? 35.♖xa7+ mit Matt) 35.♕h7 ♖g2 mit Zugwiederholung.

31...fxg4?!

Nach der richtigen Antwort 31...hxg3! und dann 32.♔f1 gxf2 wäre die Lage von Weiß aufgabereif. So aber läuft die Partie weiter.

32.♗f6??

Der entscheidende Fehler, der die Partie nun endgültig in die Schussfahrt zum schwarzen Sieg bringt. Nach 32.♖xa7! hingegen wäre noch – oder wieder – alles in Ordnung: 32...gxh3+ 33.♔f1 ♖xa7 34.♖xa7 ♕g2+ 35.♔e2 ♕g4+ 36.♔d2 ♕g5+ und Schwarz hätte nichts Besseres, als sich ins Dauerschach zu retten.

32...gxh3+ 33.♔f1

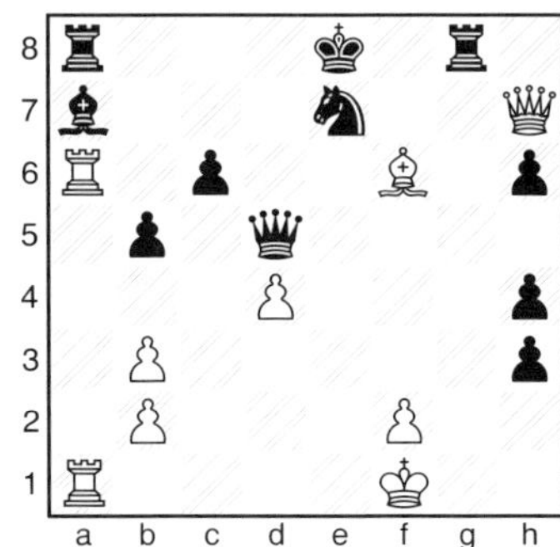

33...♖g1+!

Diese effektvolle Riposte hat Weiß vermutlich nicht auf der Rechnung gehabt. Schwarz gewinnt nun forciert.

34.♔e2

34.♔xg1 ♕g2#.

34...♕e6+ 35.♔d3 ♖xa1

Weiß erkannte, dass es Zeit für die Kapitulation war, und gab die Partie verloren.

Partie Nr. 7
Coraretti – Kaufman
Philadelphia 2012

1.e4 e5 2.♘f3 ♘c6 3.♗c4 ♗c5 4.c3 ♘f6 5.d3 0-0 6.0-0 d6 7.♘bd2 a6 8.h3 ♗a7 9.♗b3 ♘e7 10.♖e1 ♘g6 11.♘f1 ♘h5!?

11...♗e6 haben wir im Kapitel 2, Abspiel 1 erörtert.

12.d4

12.♘xe5?? ♕h4 13.g3 ♕xh3-+.

12...♘hf4 13.♗xf4 ♘xf4 14.dxe5

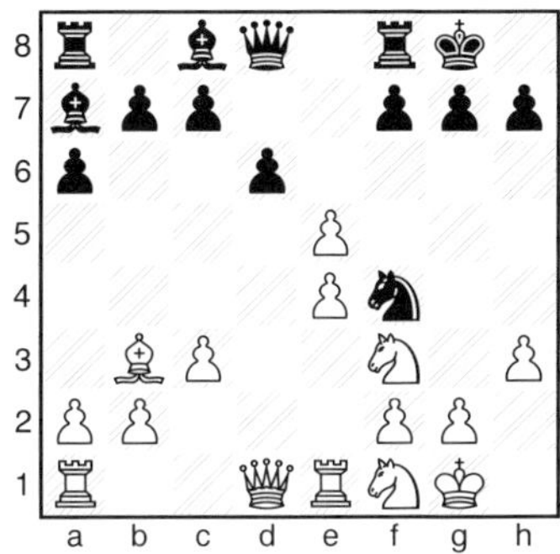

14...♗xh3!?

Eine riskante Variante: Nach dem Läuferopfer bekommt Schwarz eine gewisse Initiative und Weiß muss genau spielen.

15.gxh3 ♘xh3+ 16.♔g2 ♘xf2 17.♕d2

In einer Partie Waitzkin–Acs, Budapest 1997, geschah 17.♕d5 ♕c8 18.e6 (⌓18.♘e3!) 18...♔h8 19.♘g5 fxe6 20.♕xe6 ♕xe6 21.♘xe6 ♖f6 22.♖e2 ♖e8 23.♘xc7 ♖e5 24.♘g3 ♖g5 25.♘e6 ♖g4 26.♘d4 ♘d3 27.♖d2 ♘e5 28.♖f2 ♖xf2+ 29.♔xf2 und Weiß führte die Partie zum Sieg.

17...♕c8 18.♘d4?

Statt dieses Springers hätte sein Kollege mit 18.♘e3! aktiv werden sollen, was die Sache für Weiß viel einfacher gemacht hätte. 18...♗xe3 19.♕xe3 ♘g4 20.♕f4 ♘xe5 21.♘xe5 dxe5 22.♕xe5 nebst ♖e1-e3-g3 und weißem Vorteil.

18...♕g4+ 19.♔xf2 dxe5 20.♘e3

Ansonsten verdienten noch 20.♘h2!? und 20.♘g3!? Beachtung.

20...♕h4+ 21.♔g1 exd4 22.cxd4 ♕xe4 23.♗c2?

Die Brettsituation war sehr kompliziert und Weiß musste genau spielen, ausgerechnet dieser Zug aber hätte es nicht sein sollen. Er ist schwach und ermöglicht es Schwarz, sich selbst einen Vorteil zu sichern. Der Anziehende hätte besser zu 23.♖ad1! gegriffen und seine Stellung so verteidigt.

23...♕xd4

Nun bekommt der Nachziehende einen ausreichenden Ersatz für die Figur.

24.♕xd4 ♗xd4 25.♔g2 ♖ad8 26.♖ad1 ♗xb2

26...♖fe8!? scheint uns stärker zu sein.

27.♘d5 g6 28.♘xc7

Die Aktivität des Turmes nach 28.♖e7!? gäbe Weiß ordentliche Rettungschancen.

28...♖xd1 29.♖xd1??

Definitiv ein Verlustzug. Die einzige brauchbare Fortsetzung war 29.♗xd1! und Weiß hätte noch kämpfen können.

29...♖c8! 30.♖b1 ♗e5 31.♖xb7 ♖xc7 32.♖b8+ ♔g7 33.♗b3 ♖c2+! 34.♗xc2 ♗xb8

und Weiß gab auf.

Partie Nr. 8
Kazhgaleyev – Carlsen
Astana 2012

1.e4 e5 2.♘f3 ♘c6 3.♗c4 ♗c5 4.c3 ♘f6 5.d3 0-0 6.♗b3 d6 7.h3 ♘e7

Mit der konkreten Idee, den Springer auf g6 zu platzieren, um ihn später am Königsangriff teilnehmen zu lassen. Zu 7...h6 siehe Kapitel 2, Abspiel 1.

8.0-0 ♘g6 9.♘bd2 c6 10.d4 ♗b6

Schwarz hatte kein Interesse daran, die Spannung im Zentrum aufzugeben.

11.♖e1 ♖e8

Der Turm verstärkt den Druck auf den Bauern e4, um dem Anziehenden die Umpostierung des Springers über f1 nach g3 nicht zu erlauben.

12.♗c2 h6

Ein nützlicher Zug, um den Ausfall des Springers oder eventuell auch des Läufers nach g5 zu verhindern.

13.♘f1 ♘h5

Konsequent nach Plan bringt Carlsen seinen Springer näher an den gegnerischen König heran, um den Kampf in diese Richtung zu entwickeln.

14.♘e3

Die Variante 14.♘xe5 dxe5 15.♕xh5 exd4 16.cxd4 ♗xd4∓ war nicht akzeptabel für Weiß.

14...♘hf4 15.♘f5 ♕f6

Die Dame wird am Kampf beteiligt. Schwarz hat eine ideale Angriffsformation aufgebaut.

16.g3?

Wie wir gleich sehen werden, spielt dieser Zug mit dem Feuer. Nun bekommt Schwarz einen starken Angriff. Notwendig war 16.♔h2!

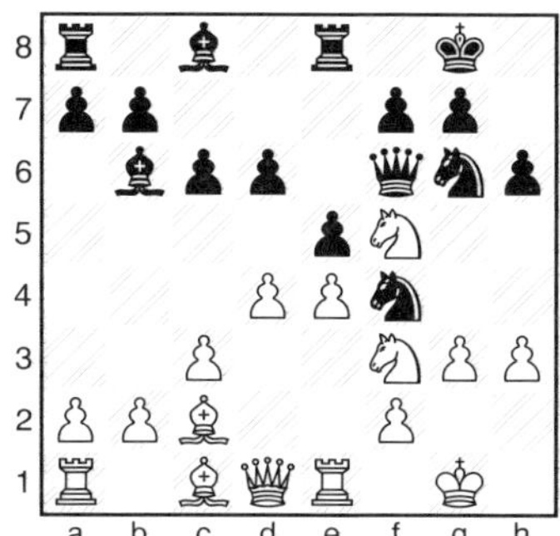

16...♘xh3+!

So ist es richtig. Schwarz übernimmt nun völlig die Initiative.

17.♔g2 d5!

Konsequent spielt Schwarz auf Angriff. Sinnlos wäre 17...♘g5? 18.♘xg5 hxg5 19.♕h5 und Weiß wäre plötzlich klar im Vorteil.

18.dxe5

Oder 18.♔xh3 dxe4 19.♗xe4 ♗xf5+ und Schwarz gewinnt.

18...♘xe5 19.♘xe5 ♖xe5

19...dxe4!? sollte auch zu einer Gewinnstellung für Schwarz führen, z.B. 20.♔xh3 ♖xe5 21.g4 ♖xf5! 22.gxf5 ♕xf5+ 23.♔g2 ♕xf2+ 24.♔h1 ♕h4+ 25.♔g2 ♕h3#.

20.f4 ♖xe4!

Am einfachsten.

21.♗xe4 ♘f2

Stark war auch 21...dxe4!? 22.♔xh3 ♕xf5+ 23.g4 ♕h5+ 24.♔g3 ♗xg4! 25.♕xg4 ♗f2+ mit schwarzem Gewinn.

22.♕h5 ♘xe4 23.♘h4 ♗d7

Schwarz will nun auch noch seinen Turm ins Spiel bringen.

24.♗e3 ♗xe3 25.♖xe3 g5

Der schwarze Angriff wirkt wie eine Walze.

26.♘f3

Es gibt nichts Besseres. Falls 26.fxg5 so 26...♕f2+ 27.♔h1 ♕xe3-+.

26...gxf4 27.♖ee1 ♕g7

27...fxg3!? war wohl auch spielbar, z.B. 28.♖h1 ♔g7 und der schwarze Vorteil entscheidet.

28.♕h4 ♕xg3+

Der Übergang ins Endspiel erleichtert Schwarz die Aufgabe.

29.♕xg3+ fxg3 30.♘d4 h5 31.♖h1 ♗g4 32.♖ae1 ♔g7 33.♘e2 ♘f2 34.♖xh5 ♗xh5 35.♘xg3 ♘d3 36.♘xh5+ ♔g6 37.♖h1 ♖h8 und Weiß gab auf.

Partie Nr. 9
Iwantschuk – Karjakin
Bazna Kings Medias 2011

1.e4 e5 2.♘f3 ♘c6 3.♗c4 ♗c5 4.c3 ♘f6 5.d3 0-0 6.0-0 d6 7.h3

Andere Fortsetzungen haben wir im Kapitel 2, Abspiel 1, und in der Partie Corararetti–Kaufman besprochen.

7...♘e7 8.♖e1

8.d4 ♗b6 9.dxe5 ♘xe4 ist gut für Schwarz.

8...♘g6 9.♘bd2 c6 10.♘f1 d5 11.exd5 ♘xd5

11...cxd5 12.♗b3 ♕d6 13.♘g3 ♗d7 14.d4 exd4 15.♘xd4 ♖fe8∞.

12.♘g3

12.♘xe5? geht natürlich nicht wegen 12...♘xe5 13.♖xe5 ♗xf2+! mit schwarzem Vorteil.

12...h6 13.♗b3

GM Viorel Iordacescu hat hier 13.♘h5!? vorgeschlagen, wonach laut Karjakin Schwarz mit 13...♕c7!? antworten sollte, z.B. 14.♘xe5 ♗xf2+ 15.♔xf2 ♘xe5 16.♗xd5 cxd5 17.♗f4 ♕b6+ 18.♔f1 ♘g6 mit beiderseitigen Chancen.

13...♖e8 14.♗d2

In der Variante 14.d4 exd4 15.♖xe8+ ♕xe8 16.♗xd5 cxd5 17.♘xd4 erhält Schwarz einen isolierten Bauern d5, aber dafür das Läuferpaar, was ihm gute Perspektiven verspricht.

14...♗b6

Nach Karjakin verdient 14...♗e6 Beachtung.

15.♕c2?!

Der Einstieg in einen falschen Plan. Besser war nach Karjakin 15.d4 exd4 16.♖xe8+ ♕xe8 17.♗xd5 cxd5 18.♘xd4=.

15...♗e6 16.♖ad1?

Weiß setzt seine falsche Spielanlage fort, sodass es nun dem Nachziehenden möglich wird, eine taktische Aktion am Königsflügel zu starten. Richtig war laut Karjakin 16.♖e4!, z.B.

16...♘f6 17.♖e2 und es ist alles in Ordnung für Weiß.

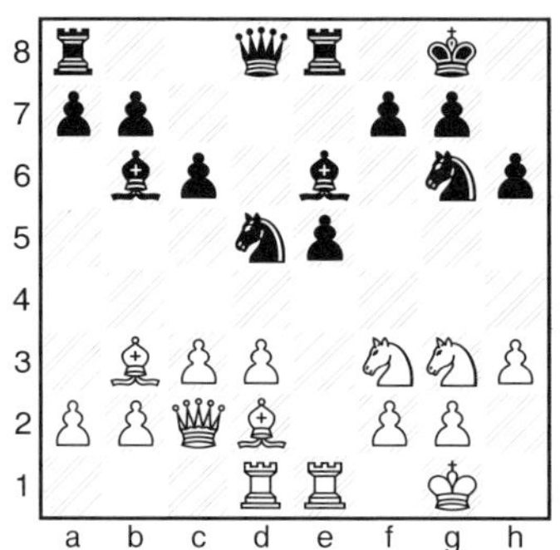

16...♗xh3!

Ganz sicher sehr überraschend für Weiß.

17.c4

17.gxh3?? würde schnell verlieren wegen 17...♕f6 18.♔g2 ♘h4+ 19.♘xh4 ♕xf2+ 20.♔h1 ♕xg3-+.

17...♘df4 18.c5

Etwas besser war 18.♗xf4 exf4 19.♖xe8+ ♕xe8 20.c5 fxg3∓.

18...♘xg2! 19.cxb6 ♕f6 20.♘h2 ♘xe1 21.♖xe1 axb6 22.♗c3 ♗e6 23.♖e3 ♘f4 24.♖f3

Oder 24.♖xe5 ♗xb3 25.♖xe8+ ♖xe8 26.axb3 ♕g5-+.

24...♕h4 25.♗d2 ♗g4 26.♕c4

Keine Hoffnung bliebe Weiß nach 26.♗xf4 ♗xf3 27.♗xe5 ♗d5 28.♗xd5 cxd5 29.♗xg7 ♕h3 30.♗f6 ♖e1+ 31.♘hf1 ♖c8 32.♕a4 d4 33.♗xd4 ♖xf1+ 34.♘xf1 ♕g4+ 35.♘g3 ♖d8-+, Karjakin.

26...♗e6

Noch besser war laut Karjakin 26...♗xf3! 27.♕xf7+ ♔h7 28.♘xf3 ♕g4 29.♗xf4 ♕xf4-+.

27.♕c2 ♗xb3 28.♕xb3 ♖e6 29.a3 ♖ae8 30.♕b4 ♖f6 31.♕e4 ♖ee6! 32.♘e2 ♘xe2+

Ein anderer Gewinnweg führte über 32...♖g6+! 33.♔h1 f5-+.

33.♕xe2 ♖xf3 34.♕xf3 ♖g6+ 35.♔h1 ♖f6 36.♕g3 ♕xg3 37.fxg3 ♖d6

Weiß kapitulierte.

Partie Nr. 10
Kobalia – Petkov
Plovdiv 2008

1.e4 e5 2.♘f3 ♘c6 3.♗c4 ♗c5 4.c3 ♘f6 5.d3 a6 6.♗b3 ♗a7 7.h3

7.♘bd2 und 7.0-0 haben wir uns im Kapitel 2, Abspiel 2 angesehen.

7...d5 8.exd5

Weiß öffnet das Spiel, um dann bald zu rochieren und Druck auf das Zentrum auszuüben. Der schwarze Bauer auf e5 wird dabei zur zentralen Angriffsmarke. Der Anziehende kann das Zentrum aber auch weiter geschlossen halten und beispielsweise 8.♕e2 ziehen. Die Partie Conquest-Parker, Großbritannien 2009, nahm daraufhin den folgenden Verlauf: 8...0-0 9.♗g5 dxe4 10.dxe4 ♗e6 11.♘bd2 ♗xb3 12.axb3 ♕d6 13.♘h4 ♕e6 14.♘f5 ♘e8 15.b4 f6 16.♗e3 ♗xe3 17.♘xe3 ♘d6 18.0-0. Das Spiel ist völlig ausgeglichen.

8...♘xd5 9.0-0 0-0 10.♖e1

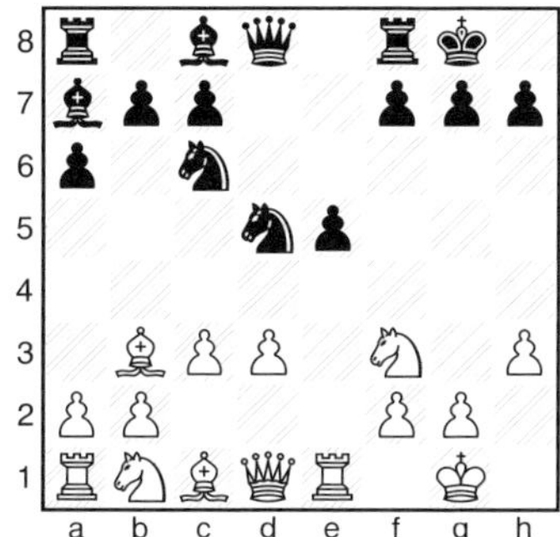

10...♖e8

Besser ist 10...♗e6!? und Schwarz hat volles Spiel. Dieser Zug fand auch Topalovs Vertrauen in seiner Partie gegen Vallejo Pons, Dos Hermanas 2008, die nach langem Kampf mit einem Remis endete. 10...f6 hat ebenfalls einen recht guten Ruf, gefällt uns aber nicht so gut wie die Alternative mit dem Läufer, da der Zug zu einer gewissen Schwächung der schwarzen Königsstellung führt. 11.d4 exd4 12.♘xd4 ♘xd4 13.cxd4 ♔h8 14.♘c3 und hier hätte Schwarz in der Partie Roy Chowdhury–Skjoldborg, Prag 2008, mit 14...c6 fortsetzen sollen, z.B. 15.♘xd5 cxd5 16.♕f3 ♗xd4 17.♗xd5. Variante nach John Emms. Das weiße Spiel ist leicht vorzuziehen, denn der Anziehende hat in der Entwicklung eine Nasenlänge Vorsprung. Zudem ist die schon erwähnte leicht geschwächte Königsstellung des Nachziehenden zu beachten.

11.d4 e4?!

Der schwarze Spielaufbau ist ziemlich misslungen. Die weißen Figuren finden jetzt fast wie von selbst die richtigen Felder. Ob der Nachziehende die weißen Möglichkeiten auf f7 unterschätzt hat? 11...♗f5!? hätte die schwarze Stellung entlasten können, z.B. mit der Folge 12.♘xe5 ♘xe5 13.dxe5 c6. Auch hier ist der weiße Vorteil offensichtlich, er hält sich aber noch in Grenzen. 11...♘a5 war ebenfalls eine Prüfung wert.

12.♘g5 ♗f5

12...♖e7 13.♕h5 ♗f5 14.♘xh7±.

13.♘xf7 ♔xf7

13...♕d7 14.♕h5 ♖f8±.

14.♕h5+

Wenn alles normal läuft, ist der Kampf weitestgehend gelaufen.

14...g6

14...♔e6 15.c4 ♘xd4 16.cxd5+ ♔d7 17.♗g5+-.

15.♕xh7+ ♔e6 16.g4 ♕f6

16...♘ce7 17.♗g5 c6 18.gxf5+ gxf5 19.c4+-.

17.♘d2

Nun verfehlt auch Weiß die beste Fortsetzung. Besser war 17.gxf5+!? und der Nachziehende hätte getrost die Hand zur Aufgabe und Gratulation reichen können. 17...♕xf5 18.♘d2 ♔f6 19.♕h4+ ♔g7 20.♗xd5 ♖h8 21.♕xe4+-.

17...♖e7 18.♕h6

18.gxf5+!?

18...♖h8?

Stärker war 18...♔d7.

19.♕f4

Die Partie ist entschieden, den Rest können wir uns „mit gebremstem Schaum" ansehen.

19...♖xh3 20.gxf5+ gxf5

◯20...♔d7.

21.♘xe4! ♕g6+ 22.♕g5 ♖g7 23.♘f6+

◯23.♘g3+.

23...♔d6 24.♘e8+ ♕xe8 25.♖xe8 ♖hh7 26.♖g8! ♘xd4 27.♖d8+

Schwarz gab auf.

Partie Nr. 11
Iordachescu – Gyimesi
Rumänien 2004

1.e4 e5 2.♘f3 ♘c6 3.♗c4 ♗c5 4.c3 ♘f6 5.d3 a6 6.♗b3 d6 7.h3 ♗a7 8.♘bd2 0-0

8...♗e6 haben wir im Kapitel 2, Abspiel 2 unter die Lupe genommen.

9.♘f1

Weiß wollte zunächst seinen Springer auf g3 oder e3 postieren. Öfter wird hier 9.0-0 gespielt. Zum Beispiel 9...♗e6 10.♖e1 h6 11.♘f1 ♖e8 (11...d5!?) 12.♘g3 ♗xb3 13.axb3 d5 und wir befinden uns in bekannten Gewässern, in die wir schon im Theorieteil eingetaucht sind.

9...d5 10.♕e2 ♖e8 11.♗g5 dxe4 12.dxe4 ♗e6 13.♖d1

Oder 13.♘g3 h6 14.♖d1 ♕e7 15.♗c1 ♖ad8 mit gleichem Spiel.

13...♕e7 14.♘e3

14.♘g3 ♗xb3 15.axb3 ♕e6=.

14...♗xe3 15.♕xe3 ♗xb3 16.axb3 ♕e6

Die Folge 16...h6 17.♗h4 (17.♗xf6 ♕xf6 18.0-0 ♖ad8 19.♖d5 ♖xd5 20.exd5 ♘e7 21.♕xe5 ♕xe5 22.♘xe5 ♘xd5=) 17...♖ad8 18.0-0 ♕e6 führt zum Ausgleich.

17.♗xf6

Auf 17.0-0 ginge 17...♘h5 (17...♘d7!?) 18.♘d2 h6 19.♗h4 ♘f4 20.♗g3 g5 mit guten Aussichten für Schwarz am Königsflügel. Deshalb hat Weiß sich entschieden, den Springer zu beseitigen.

17...♕xf6 18.0-0 ♕e6

Nach 18...♖ad8!? war noch alles in Ordnung.

19.♖d5 f6 20.♖fd1 ♘e7 21.♖d7 ♕xb3 22.♘h4

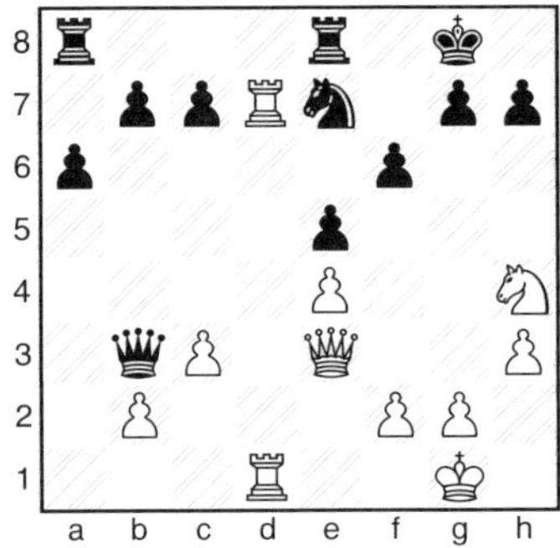

22...♖ac8?!

Aktiver war 22...♕xb2! 23.♘f5 ♘xf5 24.exf5 ♕a3! (24...♔h8? 25.♖xg7+-) 25.♕e4 b5 26.♕c6 ♕f8 27.♖xc7 ♖ec8 mit einer ausgeglichenen Situation auf dem Brett. Der Partiezug ist zu passiv.

23.♘f5

Weiß hätte nach 23.♕g3! gute Chancen auf einen Vorteil, z.B. 23...♕f7 (23...g6 24.♘f5 ♕e6 25.♘h6+ ♔g7 26.♘g4±) 24.♕g4 mit Initiative.

23...♘xf5 24.exf5 ♖f8 25.♕c5 h6 26.c4

Nach 26.♕e7 ♖f7! 27.♖d8+ ♔h7 28.♕xf7 (28.♕e8?? ♕xd1+-+) 28...♕xf7 29.♖xc8 ♕h5! 30.♖d7 ♕xf5 31.♖cxc7 ♕g5 32.g3 (32.♖xb7 ♕c1+ 33.♔h2 ♕f4+=; 32.h4 ♕c1+ 33.♔h2 ♕f4+=) 32...b5 sollte Schwarz den Ausgleich halten können.

26...♔h8

Vorsicht! Jetzt 26...♕xb2?? 27.♕e7+- und die Partie geht für Schwarz dahin wie ein Vanilleeis in der gleißenden italienischen Sonne.

27.♖1d3 ♕xb2 28.♖g3 ♖g8 29.♔h2

Oder 29.♕e7 ♕c1+ 30.♔h2 ♕f4 31.♔g1 ♕c1+ (31...♖ce8?? 32.♕f7 ♖ef8 33.♕g6+-) 32.♔h2 ♕f4 und Schwarz hält alle Schotten dicht.

29...♕b6 30.♕e7 ♕xf2 31.♖xg7 ♕f4+ 32.♔h1 ♕f1+ 33.♔h2 ♕f4+ 34.♔h1 ♕f1+

Hier einigten sich die beiden Kontrahenten auf ein – gerechtes – Remis.

Partie Nr. 12
Machado – Lilleeng
ICCF Email 2008

1.e4 e5 2.♘f3 ♘c6 3.♗c4 ♘f6 4.♘c3 ♗c5 5.d3 h6 6.0-0 d6 7.♘a4

Zu 7.♗e3 finden Sie Analysen eingangs des Kapitels 3.

7...♗b6 8.♘xb6 axb6 9.♗d2

In der Partie Becko–Danczi, Slowakei 2011, geschah 9.c3 0-0 10.♖e1 ♗g4 11.h3 ♗xf3 12.♕xf3 ♘a5 13.b4 ♘xc4 14.dxc4 ♕e7 15.♗e3 ♘d7 mit gutem Spiel für Schwarz.

9...♗g4 10.c3 0-0 11.b4 ♕d7 12.a4 ♘e7!

Der Springer wird in den Kampf am Königsflügel einbezogen.

13.b5 ♘g6 14.h3 ♗h5 15.♔h2 d5!

Schwarz übernimmt nun die Initiative.

16.exd5 ♖fe8 17.♔g1

Der Versuch, mit 17.g4 eine Figur zu gewinnen, geht schief, er führt in eine Verluststellung. 17...♘xg4+! 18.hxg4 ♕xg4 19.♖g1 ♕f5!-+.

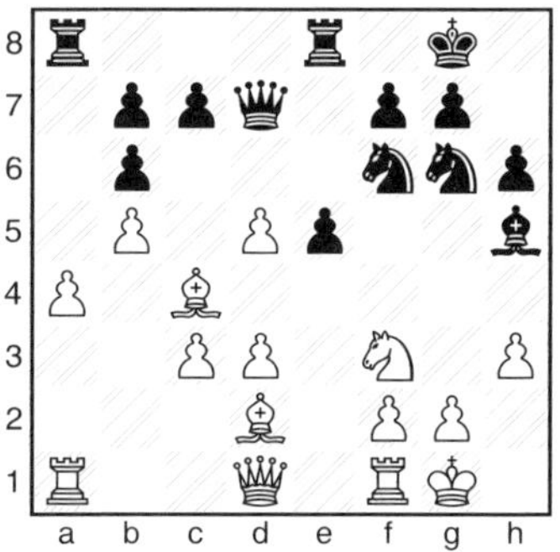

17...♘h4!

Ein mutiges Konzept, das mit einem Figurenopfer verbunden ist.

18.g4 ♗xg4! 19.♘xe5 ♖xe5 20.hxg4 ♖ae8 21.d4 ♘xg4! 22.f4

Nach 22.♗f4 gewinnt einfach 22...♖e4 23.♗g3 ♘e3 24.fxe3 ♕h3 25.♗xh4 ♖xh4-+ oder 22.dxe5 ♘xe5 23.f4 ♕h3 24.♖f2 ♘ef3+ 25.♕xf3 ♘xf3+ 26.♖xf3 ♕xf3-+.

22...♖e3!

Ein kalter Schlag!

23.♗xe3 ♖xe3 24.♕e1

Es gibt nichts Besseres. Weiß hätte die Partie eigentlich schon aufgeben können.

24...♖xe1 25.♖axe1 ♕f5 26.♖e8+ ♔h7 27.♖e2 ♕g6 28.♔h1 ♘e3! 29.f5 ♕h5 30.♖h2 ♘xf1 31.♗xf1 ♕f3+ 32.♔g1 ♕g3+ 33.♔h1 ♘f3

Weiß kapitulierte.

Partie Nr. 13
Ivanovic – Ki Georgiev
Vrsac 1987

1.e4 e5 2.♘f3 ♘c6 3.♗c4 ♗c5 4.♘c3 ♘f6 5.d3 d6 6.♗g5 h6 7.♗xf6 ♕xf6 8.♘d5 ♕d8 9.c3 ♘e7 10.d4

10.♘e3 haben wir im Kapitel 3, Abspiel 1 besprochen.

10...♘xd5!?

So geht es auch. In der Partie Timman-Nunn, Amsterdam 1986, entstand über 10...exd4 11.cxd4 ♗b6 12.♘xb6 axb6 13.0-0 d5 14.exd5 ♘xd5 15.♖e1+ ♗e6 16.♗xd5 ♕xd5 17.♖e5 ♕d6 18.d5 0-0-0 19.♕a4 ♗xd5 20.♖d1 c6 21.♖exd5 cxd5 22.♘d4 ♔b8 23.♘b5 ♕c6 24.♕f4+ ♔a8 25.♕a4+ ♔b8 eine ausgeglichene Stellung.

11.dxc5 ♘f4 12.g3

12.♗b5+ ist frech, verspricht Weiß aber auch nicht mehr als ein ausgeglichenes Spiel. 12...♗d7 13.♗xd7+ ♕xd7 14.g3 ♘e6 (14...♘h3!?) 15.cxd6 cxd6 16.♕d5 ♕c6 17.0-0-0 ♕xd5 18.♖xd5 ♔e7 19.♖hd1 ♖hd8=.

12...♘h3 13.♗b5+

Nach 13.cxd6 cxd6 und ♕d8-f6 stünde Schwarz gut.

13...♔f8! 14.♗e2 ♕f6 15.cxd6 cxd6 16.♕d3 g6 17.♖d1 ♔e7 18.♕e3 ♗e6 19.c4 b6 20.♖d2 h5!

Schwarz hat ein aktives Spiel am Königsflügel.

21.♘g1 ♘xg1 22.♖xg1 h4 23.♔d1 hxg3 24.hxg3 ♖h2 25.f3

25.f4 exf4 26.gxf4 ♖c8 ist günstig für Schwarz.

25...♖c8 26.b3 g5 27.a4 g4! 28.fxg4 ♕f2 29.♕xf2

Weg ist weg! Der Damentausch ist sicherer als 29.♕g5+ ♔d7 30.♖f1 ♕xg3 mit schwarzem Vorteil.

29...♖xf2 30.♔e1 ♖h2 31.♗f3 ♖ch8

Zu beachten war 31...♖h6!? 32.♔f2 ♖g8 33.♖gd1 ♗xg4 usw.

32.g5 ♖2h3 33.♔f2

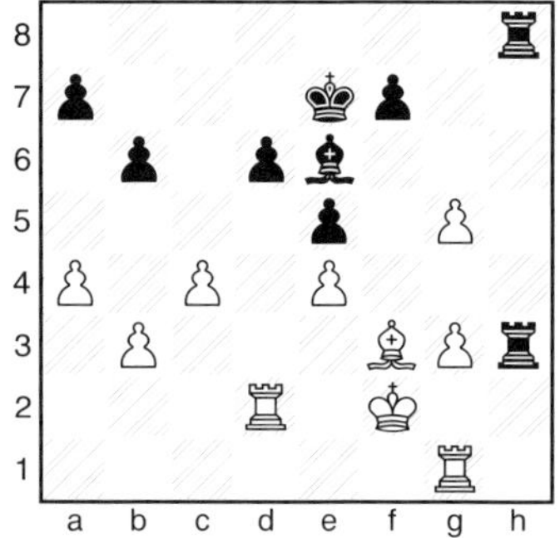

33...♖g8

Um den nächsten Zug zu verhindern, kam 33...a5! infrage.

34.a5! ♖h2+ 35.♖g2 ♖xg2+ 36.♗xg2

♔d7 37.axb6 axb6 38.♗f1 ♖xg5 39.b4 ♖h5 40.♔g1

Aber nicht 40.c5? bxc5 41.bxc5 ♖h2+ 42.♔e3 (42.♗g2 ♗h3-+) 42...♖xd2 43.♔xd2 dxc5 mit Endspielvorteil.

40...♔c7 41.♖a2 b5 42.♖c2 bxc4 43.♗xc4 ♗xc4 44.♖xc4+ ♔b6 45.♔g2 ♔b5 46.♖c7 f5 47.♔f3 ♔xb4 48.♖c6 mit Remis. Das Turmendspiel nach 48...fxe4+ 49.♔xe4 ♖h6 50.♔d5 ♔b5 51.♖c1 wäre ausgeglichen.

Partie Nr. 14
Doyle – De Baere
IECC Email 2002

1.e4 e5 2.♘f3 ♘c6 3.♗c4 ♗c5 4.♘c3 ♘f6 5.d3 d6 6.♗g5 h6 7.♗xf6 ♕xf6 8.♘d5 ♕d8 9.c3 a6 10.d4 exd4 11.cxd4 ♗a7 12.0-0

Anderen Möglichkeiten für Weiß haben wir uns im Kapitel 3, Abspiel 1 gewidmet.

12...♗g4 13.♘e3 ♗xf3 14.♕xf3 ♕d7

In Sundin-Gosme, einer Fernpartie 1997, folgte 14...0-0!? 15.d5 ♘d4 (Am besten war 15...♘e5!) 16.♕g4 ♕f6 17.♗d3 ♖fe8 18.♖ac1 ♖e7 19.♖fd1 ♖ae8 mit etwas besserem Spiel für Schwarz, was später zu seinem Gewinn führte.

15.♘f5 ♗xd4 16.♕g3 g6 17.♘xd4 ♘xd4 18.♖ad1 c5

Schwarz hat einen Bauern mehr und einen Springerriesen auf d4. Er muss aber noch das Problem mit seinem König lösen, der noch verletzlich in der Mitte steht.

19.b4 ♕e7 20.♖d2 a5 21.bxc5 dxc5 22.♗d5 ♖d8 23.♖b1 b5 24.♖xd4!?

Ein Versuch, das Spiel zu komplizieren.

24...cxd4 25.♖xb5 ♕d6

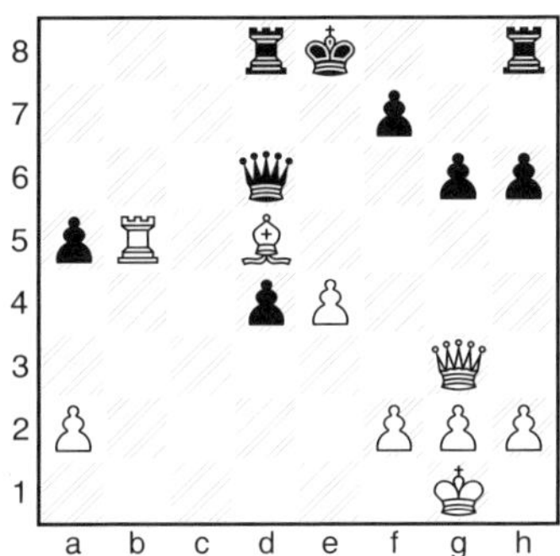

26.♕xd6?

Indem Weiß die Damen vom Brett verschwinden lässt, beraubt er sich selbst seiner Angriffschancen. Stärker war also 26.e5!? ♕d7 27.♕d3 usw.

26...♖xd6 27.♖b8+ ♖d8 28.♖xd8+ ♔xd8 29.♗xf7 ♔e7 30.♗xg6

30.♗b3 verhindert die Niederlage nicht: 30...♔d6 31.♔f1 ♔e5 32.f3 d3 -+.

30...d3 31.♔f1 ♔f6 32.♗f5 ♔e5 33.♔e1 ♖b8 34.♔d2 ♔d4 35.♔c1 ♔c3 36.e5 d2+ 37.♔d1 ♖b2

Weiß gab auf.

Partie Nr. 15
Ivanovic – Ilincic
Jugoslawien 1986

1.e4 e5 2.♘f3 ♘c6 3.♗c4 ♗c5 4.♘c3 ♘f6 5.d3 d6 6.♗g5 h6 7.♗xf6 ♕xf6 8.♘d5 ♕d8 9.c3 a6 10.d4 exd4 11.cxd4 ♗a7 12.♖c1 0-0 13.h3 ♖e8

14.0-0 ♖xe4 15.♗d3 ♖e8 16.♗b1 g6 17.♕d2 ♔g7 18.♖fe1 ♗e6 19.♘f4 ♗d7 20.♖xe8 ♕xe8 21.♘d5!

Das Beste in dieser Stellung. Schwächer ist 21.♖e1? Diese Fortsetzung haben wir im Kapitel 3, Abspiel 1 erörtert.

21...♖c8

In dieser Situation wäre es am besten gewesen, den Bauern c7 als Preis für ein Forcieren der Entwicklung herzugeben. Also – 21...♕f8!? und nun z.B. 22.♘xc7 ♖c8 23.♘d5 ♘e7 24.♖xc8 ♗xc8 25.♘f4 ♗d7 26.♕b4 ♗c6 und nun geht nicht 27.♕xd6?? wegen 27...♗b8 und Weiß verliert Material.

22.♖e1 ♕d8?

Nun gerät das schwarze Spiel auf den Weg bergab, weil alle seine Figuren abseits vom Damenflügel stehen. Diesen Umstand nutzt Weiß sofort aus, um einen gewaltigen Königsangriff zu organisieren. Deshalb hätte der Nachziehende 22...♕f8! spielen sollen. Sein Plan wäre es gewesen, mit ♖c8-e8 den starken weißen Turm zu tauschen, z.B. 23.♘f4 ♖e8 24.♖xe8 ♕xe8 und die Lage von Schwarz ist in Ordnung.

23.g4!

Vorwärts zum Angriff!

23...♗e6 24.♘f4 ♗d7

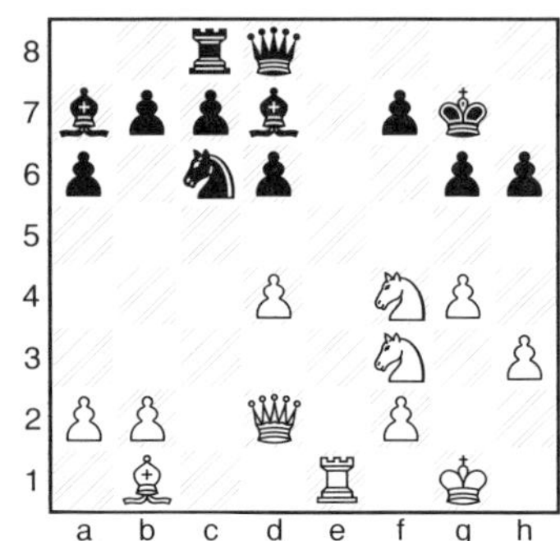

25.♗xg6!

Eine mutige und intuitive Entscheidung, weil es nicht möglich war, alle Folgen während der Partie am Brett zu berechnen.

25...fxg6 26.♖e6! ♗e8

Zum Verlust führte 26...♘e7 27.♘h5+! ♔h7 (27...♔f7 28.♖f6+ ♔g8 29.♕xh6 gxh5 30.♘g5+-) 28.♖f6! ♕g8 (28...♗e8 29.♕f4! ♘d5 30.♖f7+ ♔g8 31.♖f8+ ♔h7 32.♖h8++-) 29.♕f4 ♗e8 30.♖f8 ♘d5 31.♖xg8 ♘xf4 32.♘f6#.

27.d5

Es ist schade, dass Weiß den effektvollen Zug 27.♘h5+! und damit auch das mögliche schöne Ende der Partie nicht gesehen hat. Nun wäre der Gewinn schnell zu realisieren gewesen, z.B. 27...♔f7 (27...gxh5 28.♕xh6+ ♔f7 29.♖g6+-) 28.♖xg6 ♔xg6 29.♕d3+ ♔f7 30.♕h7+ ♔e6 31.♘f4+ ♔f6 32.♘d5+ ♔e6 33.♕f5#.

27...♘e7 28.♘h5+! ♔h7

28...gxh5 29.♕xh6+ ♔g8 30.♘g5+-.

29.♘f6+ ♔g7 30.♕c3

Ungenau. Nach dem richtigen 30.g5! hingegen wäre es bald aus gewesen mit dem Nachziehenden, z.B. 30...hxg5 (30...h5 31.♘h4 ♗f7 32.♕c3 ♗xe6 33.♘xh5+ ♔f8 34.♕g7+ ♔e8 35.♘f6#) 31.♕c3 ♔f8 32.♘h7+ ♔g8 33.♘fxg5 und Schluss ist!

30...♔f7 31.♖e4?

Damit unterläuft Weiß ein durchaus ernster Fehler. Nach 31.♕d2! bliebe noch alles in Ordnung, z.B. 31...♔g7 (31...♗d7 32.♘xd7 ♕xd7 33.♕xh6 ♖g8 34.♕h7+ ♔f8 35.♘g5+-) 32.g5! hxg5 (32...h5 33.♘h4 ♔f7 34.♕d3+-) 33.♕c3 ♔f8 34.♘xg5 mit entscheidendem Angriff.

31...c6!

Eine richtige Reaktion. Nun kommt Schwarz zu Gegenspiel.

32.♖f4 cxd5 33.♘h7+ ♘f5 34.♕d2

Nach 34.♕h8 ♗b5 35.♕xd8 ♖xd8 36.gxf5 g5 könnte Weiß sofort aufgeben.

34...♔g7 35.gxf5 ♔xh7 36.♖h4 h5 37.♘g5+ ♔h8 38.♘e6 ♕f6??

Mit diesem Fehler vergibt Schwarz seine Chancen wieder. Nach 38...♕e7! 39.♕h6+ ♔g8 (39...♕h7 40.♕f8+ ♕g8=) 40.♖f4 ♕f6 hätte er gute Gewinnchancen.

39.♕h6+ ♔g8 40.♖xh5!

Schwarz ist verloren.

40...♖c7 41.♘xc7 ♗f7 42.♕h7+ ♔f8 43.♕h8+ ♕xh8 44.♖xh8+ ♔g7 45.♖a8 ♗c5 46.♘e8+ ♔h6 47.♖d8 d4 48.♘xd6 ♗xa2 49.♘xb7 ♗a7 50.♖d6 ♗c4 51.♖xg6+ ♔h5 52.♘d6 ♗d3 53.♘f7

Schwarz gab auf.

Partie Nr. 16
Rombaldoni – Garcia Palermo
Siena 2010

1.e4 e5 2.♘f3 ♘c6 3.♗c4 ♗c5 4.c3 d6 5.0-0 ♘f6 6.d4 exd4 7.cxd4 ♗b6 8.d5 ♘e7!?

8...♘e5 haben wir uns im Theorieteil des Kapitels 5 angesehen.

9.♘c3 0-0 10.h3

Nach 10.♘d4 ♘g6 nebst ♖f8-e8 und c7-c6 bekommt Schwarz ein aktives Spiel im Zentrum.

10...♘g6 11.♖e1 ♖e8 12.♘d4 a6 13.b4

13.a4!? sieht besser aus.

13...♘h5 14.♘f5?

Diese Fortsetzung ist nicht stellungsgerecht und als grober Fehler zu bewerten. Richtig war 14.♗e3 und nach 14...♘hf4 15.♗f1 usw.

14...♗xf5 15.♕xh5

Der Läufer darf nicht angetastet werden, denn auf 15.exf5 folgt 15...♗xf2+! 16.♔xf2 und dann 16...♕h4+ 17.♔f1 ♕xc4+ 18.♘e2 ♘g3+ 19.♔f2 ♘xe2 20.♖xe2 ♖xe2+ 21.♕xe2 ♕d4+ 22.♕e3 ♕xa1-+.

15...♕f6 16.♕f3

Oder 16.♗e3 ♗xe4 17.♘xe4 ♖xe4 18.♗xb6 ♖xc4-+.

16...♗d4 17.♗b2

17.♗d2 ♘e5 18.♕g3 (18.♕xf5 ♘xc4 19.♕xf6 ♗xf6-+) 18...♘xc4 19.♗g5 (19.exf5 ♘xd2-+) 19...♗xf2+ 20.♕xf2 (20.♔xf2 ♕d4+ 21.♔f1 ♗g6 22.♖ad1

♕b6-+) 20...♕xc3 21.exf5 ♕xb4 22.f6 ♕b6 und für Weiß ist es Zeit „to say good bye"! Oder mit anderen Worten: Der Anziehende kann getrost aufgeben.

17...♘e5 18.♕e2

18.♕xf5 hilft auch nicht mehr wegen 18...♘xc4 19.♕xf6 ♗xf6-+.

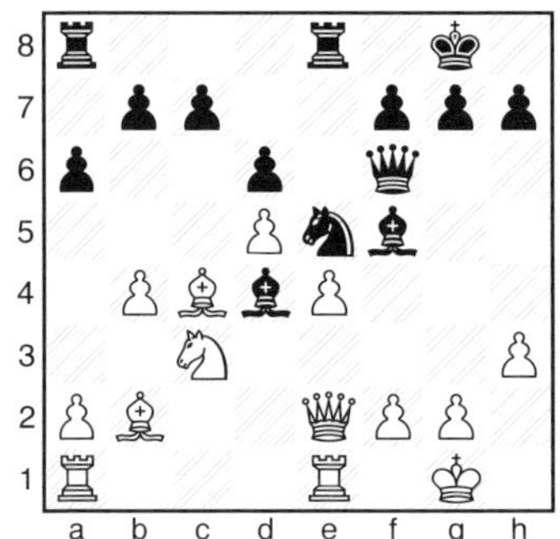

18...♗xh3!

Eine hübsche Pointe!

19.gxh3 ♘xc4 20.♕xc4 ♕xf2+ 21.♔h1 ♕f3+ 22.♔h2 ♗e5+ 23.♔g1 ♕g3+ 24.♔f1 ♕xh3+ 25.♔e2 ♕g2+

Weiß erkannte die Aussichtslosigkeit seines Strampelns und gab auf.

Partie Nr. 17
Hayakawa – Cilloniz Razzeto
Fernpartie 2008

1.e4 e5 2.♘f3 ♘c6 3.♗c4 ♗c5 4.c3 ♘f6 5.b4 ♗b6 6.d3 d6 7.a4 a6 8.0-0 0-0 9.♗g5

9.♗b3 haben wir im Theorieteil des Kapitels 6, Abspiel 1 behandelt.

9...h6 10.♗h4?!

Dieser Zug ist günstig für Schwarz, denn nach dem bald folgenden Abtausch des Läufers kann er schnell einen Angriff auf den gegnerischen König starten. Deshalb sollte Weiß besser 10.♗e3!? spielen, um die Wirkung des schwarzen Läufers auf der Diagonale a7-g1 zu neutralisieren.

10...g5! 11.♗g3 g4

Eine andere Idee ist 11...♘e7 mit Überführung des Springers zum Königsflügel.

12.♘h4 ♘h5 13.♘d2

Auf 13.♔h1 oder 13.♘a3 ist 13...♕g5 möglich.

13...♕g5 14.♗b3 ♗a7 15.♖e1 ♕f6 16.♔h1 ♘e7 17.♖f1 ♕g5 18.♘c4 ♔g7 19.d4 exd4 20.cxd4 f5!

Der Auftakt zur Attacke am Königsflügel, es ist auch Zeit dafür.

21.exf5 ♘xf5 22.♘xf5+ ♗xf5 23.♘e3 ♘xg3+ 24.hxg3 ♖ae8 25.♖c1 c6 26.b5 ♗d7 27.bxc6

Auf 27.♘c4 spielt Schwarz 27...♖f6 mit dem Plan h6-h5-h4 und Königsangriff.

27...bxc6 28.♗c2 h5

Schwarz folgt seinem einfachen, aber klaren Plan. Weiß hingegen tritt mehr oder weniger nur auf der Stelle.

29.♖b1 ♗c8 30.♔g1

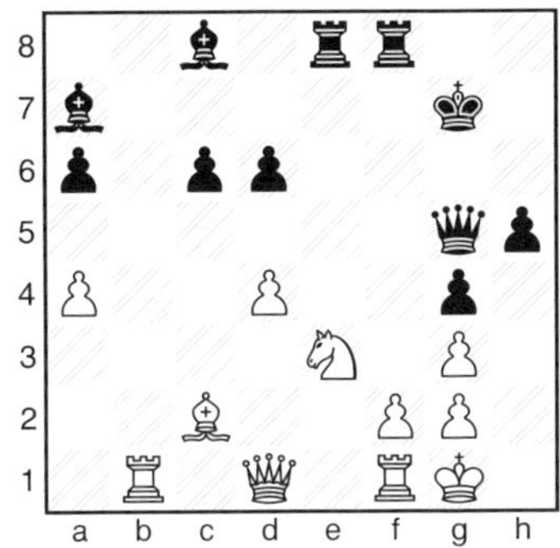

30...♖xf2!

Der entscheidende Sturm gegen das weiße monarchische Oberhaupt.

31.♘f5+

Es gibt nichts Besseres. 31.♖xf2 ♕xe3 32.♔f1 ♗xd4-+.

31...♖xf5 32.♗xf5 ♗xf5 33.♖b7+ ♔g6 34.♖xa7 ♕e3+ 35.♖f2 h4 36.♕d2

36.gxh4 g3-+.

36...hxg3 37.♕xe3 ♖xe3 38.♖f1 ♖e2 39.♔h1

39.♖xa6 ♗e4 40.♖f4 ♖e1+ 41.♖f1 ♖xf1+ 42.♔xf1 ♗d3+ mit Turmeroberung.

39...♖a2 40.d5 ♗d3 41.♖g1 cxd5 42.♖d7 ♗e4 43.♖xd6+ ♔f5 44.♖xa6 d4 45.a5

Auf 45.♖f1+ folgt 45...♗f3! 46.gxf3 (46.♖g1 d3-+) 46...g2+ mit schwarzem Gewinn.

45...d3 46.♖a7 ♔f4 47.♖f7+ ♔e3

Weiß gab auf.

Partie Nr. 18
Psachis – Schussler
Lugano 1988

1.e4 e5 2.♗c4 ♘f6 3.d3 ♘c6 4.♘f3 ♗c5 5.c3 d6 6.b4 ♗b6 7.a4 a5 8.b5 ♘e7 9.♘bd2 ♘g6 10.0-0 0-0 11.♗a2 c6 12.bxc6 bxc6 13.d4 ♖e8 14.dxe5 ♘xe5 15.♘xe5 dxe5 16.♕c2 ♕c7 17.♘c4 ♗c5 18.♗e3 ♗xe3 19.♘xe3 ♗e6 20.♗xe6 ♖xe6 21.♖ab1 h6

Andere Fortsetzungen haben wir im Kapitel 6, Abspiel 1 besprochen.

22.g3 ♖ee8

Psachis empfahl hier 22...♕e7!?.

23.♕d3 ♖ab8 24.♕c4 ♖xb1

Zu überlegen war 24...g6!? mit dem Plan ♔g8-g7 und einer Abwartetaktik.

25.♖xb1 ♖b8 26.♖d1!

Stark gespielt. Schwach wäre 26.♖xb8+? ♕xb8 27.♕xc6 ♕b1+ 28.♔g2 ♕xe4+ 29.♕xe4 ♘xe4 30.♘c4 f6! 31.♘xa5 ♘xc3 mit dem besseren Endspiel für Schwarz.

26...♕b6?

Eine falsche Entscheidung, denn der Nachziehende verkennt die Bedeutung der eigenen Dame für seinen Königsflügel, von dem sie sich abwendet. Richtig war 26...♖b2!?

27.♔g2! ♖b7 28.♘f5 ♔h7 29.♖d6 ♕b1

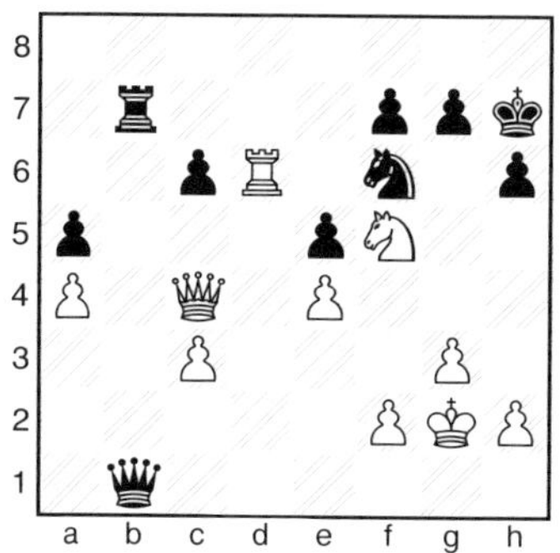

30.♖xf6!

Immer wieder etwas auch fürs Auge! Der Turm wird für die Initiative geopfert.

30...gxf6 31.♕xc6 ♔g6

Oder 31...♖b6 32.♕d5 ♖e6 33.c4+-.

32.♘d6 ♖b6 33.♕e8! und Schwarz gab auf wegen 33...♖xd6 34.♕g8+ ♔h5 35.♕xf7+ ♔g5 36.h4+ ♔g4 37.♕g6#.

Partie Nr. 19
Yankovsky – Matikozian
Los Angeles 2012

1.e4 e5 2.♘f3 ♘c6 3.♗c4 ♗c5 4.c3 ♘f6 5.b4 ♗b6 6.d3 a6 7.0-0 d6 8.h3

8.♗g5 haben wir im Kapitel 6, Abspiel 2 analysiert.

8...h6 9.♗b3 g5 10.♘h2

Logisch war der Entwicklungszug 10.♘bd2!?, z.B. 10...g4 11.hxg4 ♗xg4 12.♘c4 ♕d7 13.a4 und Weiß steht bereit, um am Damenflügel anzugreifen. Mit dem Partiezug folgt der Anziehende einem zu passiven Plan.

10...♖g8 11.♔h1 ♘e7 12.♘a3 ♘g6 13.♘c4 ♗a7 14.a4 ♗e6 15.♗e3

15.♘a5!? ♗xb3 16.♕xb3 ♕c8 17.♖a2 wäre eine interessante Folge gewesen.

15...♘f4 16.♗xa7 ♖xa7 17.d4

Mit der Idee, das Spiel im Zentrum zu öffnen. Weiß lässt sich dabei davon leiten, dass der gegnerische König unrochiert in der Mitte steckt, was gemeinhin günstig für den Angreifer ist. Hier aber ist dieser Plan zu riskant. Solider war deshalb 17.♕d2!?.

17...♕e7

Das Rätsel, warum Schwarz die folgende Variante ausgelassen hat, wird wohl nie gelöst werden: 17...♘xe4! 18.dxe5 dxe5 19.♘xe5 ♕xd1 20.♗xd1 ♘xc3∓.

18.dxe5 dxe5 19.♕e1 ♖a8 20.♕e3 h5 21.♘f3

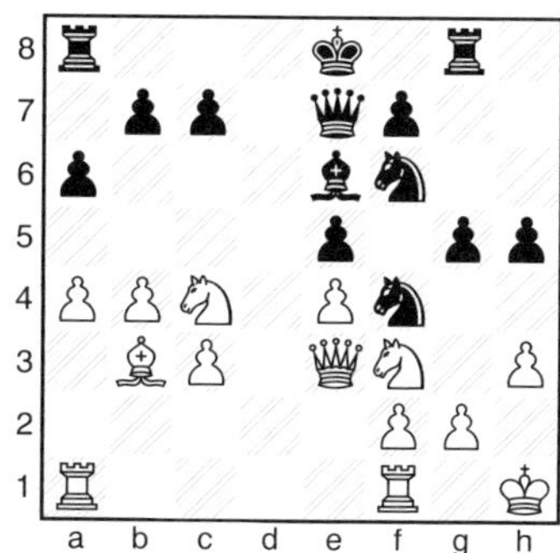

21...♘d7

Energischer war 21...g4!? mit der möglichen Folge 22.♘fxe5 gxh3 23.g3 ♘g2 24.♕h6 ♘xe4 25.♕xh5 ♖d8 und scharfem Spiel bei guten Perspektiven für Schwarz.

22.♖ad1 ♕f6 23.♖xd7?

Noch ein Rätsel – warum so und nicht einfach 23.♘h2!, woraufhin Weiß im Großen und Ganzen noch zufrieden sein kann. Ob hier die Intuition trog?

23...♗xd7 24.♘fxe5 ♗e6 25.a5 ♔f8

25...♖d8! war noch stärker.

26.♖d1 ♖d8 27.♕c5+ ♔g7 28.♖f1 g4 29.♔h2 ♔h7 30.♗c2 ♕g5 31.g3 ♘xh3

Nach 31...h4! hätte es Schwarz noch leichter gehabt. 32.hxg4 (32.gxh4 g3+ 33.♔g1 gxf2+ 34.♔xf2 ♕g3#) 32...hxg3+ 33.fxg3 ♕h6+ 34.♔g1 ♕h3 35.♕f2 ♗xc4 36.♘xc4 ♖xg4-+.

32.♕xc7 ♔g7 33.♘d6 ♕f6

33...♖xd6! 34.♕xd6 ♖d8-+.

34.f4 h4 35.♘d3 hxg3+ 36.♔xg3 ♖h8 37.♔g2 ♕h4 38.♘f5+ ♗xf5 39.♕e5+ ♔g8 40.exf5 ♘f2!

Weiß kapitulierte wegen 41.♖xf2 (41.♘xf2 ♕h2#) 41...♕h1+ 42.♔g3 ♕h3#.

Partie Nr. 20
Short - L. Portisch
Brüssels 1986

1.e4 e5 2.♘f3 ♘c6 3.♗c4 ♗c5 4.c3 ♘f6 5.b4 ♗b6 6.d3 a6 7.0-0 d6 8.♘bd2 0-0 9.♗b3 ♘e7 10.♖e1 ♘g6 11.h3 ♗e6 12.♘c4 ♗a7 13.♗e3 ♗xe3 14.♖xe3 h6

14...b5! haben wir im Kapitel 6, Abspiel 2 aufgegriffen.

15.d4 ♕e7 16.♕e1 ♘h7 17.♖d1 ♖ad8 18.♘a5 ♗c8

18...c6 19.♗xe6 fxe6 20.dxe5±.

19.♔h2

19.♗d5!? c6 20.♗xc6 bxc6 21.♘xc6 ♕c7 22.♘xd8 ♖xd8 23.dxe5 dxe5 24.♖xd8+ ♕xd8 25.c4 ♗b7∞ Short.

19...♘f4 20.dxe5 dxe5 21.♘c4 ♖xd1 22.♕xd1 ♖d8 23.♕c2 ♘g6 24.♖d3 ♖xd3 25.♕xd3 ♘f6 26.g3 ♗d7 27.♘e3 ♗b5

27...c5! 28.a3 b5= Short.

28.♗c4 ♗c6 29.♘d2

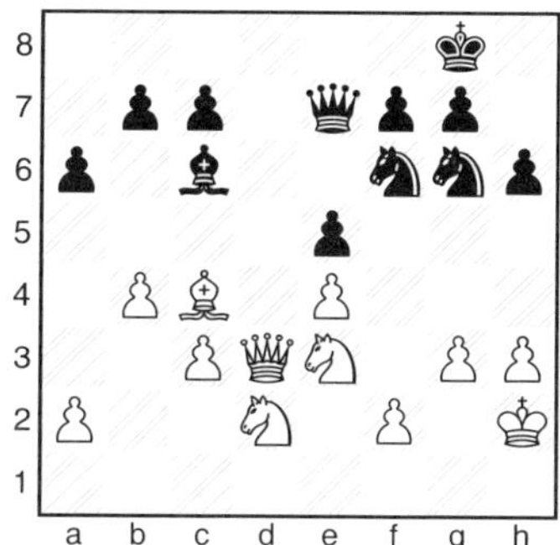

29...♘e8?

Zu passiv und auch deshalb schwach. Nach Short war 29...♔f8! richtig, in etwa mit Ausgleich. Nach dem Partiezug übernimmt Weiß systematisch die Initiative.

30.♗d5 ♗xd5 31.exd5 ♘f6 32.♘e4 ♘xe4 33.♕xe4 ♘f8 34.♘f5 ♕f6 35.c4 h5 36.♔g2 g6 37.♘e3 ♘h7 38.h4 ♕e7 39.c5 ♘f6 40.♕c4 e4 41.♕d4 ♕d8 42.♕e5 b6 43.c6 ♘e8

Es ist schwierig, für Schwarz etwas Besseres vorzuschlagen. Nach 43...♔f8 44.d6! cxd6 45.c7 würde Weiß gewinnen.

44.♕xe4 ♘d6 45.♕e5 b5 46.g4 hxg4

46...♕xh4 47.♕xd6!+-.

47.h5 ♔h7 48.♘xg4 ♕h4 49.♕f4! g5 50.♘f6+ ♔g7 51.♕xh4 gxh4 52.♘d7

Das Springerendspiel ist für Weiß einfach gewonnen.

52...♘f5 53.♘b8 ♘e7 54.♘xa6 ♘xd5 55.♔h3 ♔f6 56.♔xh4 ♔f5 57.a3 f6 58.f3 ♔e6 59.♔g4 ♘e3+ 60.♔f4 ♘d5+ 61.♔e4 f5+ 62.♔d4 ♔d6 63.h6 ♘f6 64.♘xc7

Schwarz gab auf.

Partie Nr. 21
Okhotnik – A. Kovacs
Eger 1990

1.e4 e5 2.♘f3 ♘c6 3.♗c4 ♗c5 4.c3 ♘f6 5.d4 exd4 6.0-0 ♘xe4 7.cxd4 d5 8.dxc5 dxc4 9.♕xd8+ ♔xd8 10.♘g5 ♘xg5 11.♗xg5+ f6 12.♖d1+ ♗d7 13.♗f4

Zu 13.♗e3 werfen Sie bitte einen Blick in den Theorieteil, Kapitel 7, Abspiel 1.

13...♘b4

Schwarz eröffnen sich hier zwei gute Alternativen: 13...♖c8 14.♘a3 ♖e8 15.♖d2 (15.♘xc4?? ♖e4-+) 15...♖e7 16.♘b5 a6 17.♘a3 ♔e8∓ Olsson-Greiff, Vaxjo 1992, und 13...♖e8 14.♘c3 ♘e5 15.♗xe5 ♖xe5 16.♖d4 ♔e8 17.♖ad1 ♗c6 18.f4 ♖xc5 19.♖e1+ ♔f7 20.♔f2 ♖e8 mit einem gewonnenen Endspiel für Schwarz, Pergel-Mastrovasilis, Bratislava 1993.

14.♘c3

In der Partie Ellis-George, England 1982, hätte Schwarz nach 14.♘a3 ♘d3 15.♗g3 ♘xb2 16.♖d4 ♔c8 17.♖e1 ♖e8 18.♖xe8+ ♗xe8 19.♖g4 einfach 19...g5 spielen sollen, was ihm einen Endspielvorteil gebracht hätte.

14...♘d3 15.♗g3

Oder 15.♗e3 ♘xb2 16.♖db1 ♘d3 17.♖xb7 ♗c6 18.♖bb1 ♖e8 (Infrage kam 18...♔d7!? nebst ♖a8-b8.) 19.a4 ♖e5 20.♖a2 a5 21.h3 ♔d7 mit schwarzem Vorteil, Lemieux-Curran, Fernpartie 1991.

15...♘xc5 16.♖d4 ♘e6 17.♖xc4

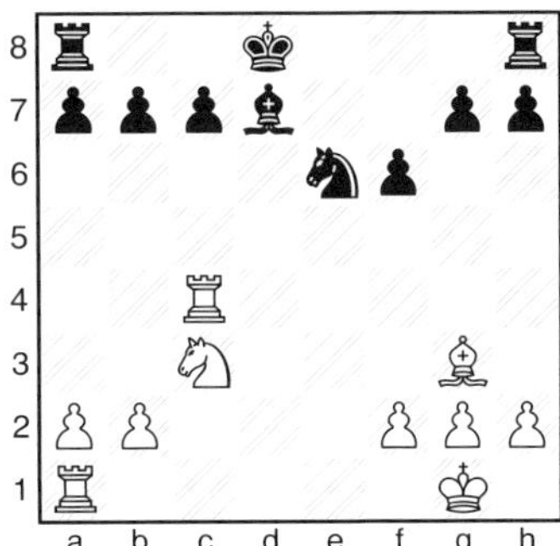

17...c5

Schwarz befreit seinen Bauern c7 vom Druck der weißen Figuren. Doch gibt es zwei bessere Wege: 17...b5!? In der Partie Blauert-von Bülow, Deutschland 1998, folgte 18.♖e4 ♖e8 19.♖d1 ♔c8 20.♖de1 ♖b8 21.f4 f5 22.♖e5 b4 23.♘d5 c6 24.♘e3 g6 25.♘c4 ♔c7. Nun hat Schwarz einen Mehrbauern auf der Habenseite, Weiß verfügt dafür über ein aktives Spiel. Oder 17...♔e8!? 18.♖d1 ♗c6 19.b4 ♖d8 20.♖e1 ♔f7 21.b5 ♗d7 ebenfalls mit einem Mehrbauern in der schwarzen Vorratsliste.

18.♖d1 b6 19.b4 ♖c8 20.♘b5 ♘d4??

Der Verlustzug. Nun wendet sich das Blatt. Notwendig war 20...♔e7!, z.B. 21.♘d6 ♖cd8 mit einer in etwa ausgeglichenen Stellung.

21.♘xd4

Schwarz gab auf.

Partie Nr. 22
Vallejo Pons – Ponomarjow
Melilla 2011

1.e4 e5 2.♘f3 ♘c6 3.♗c4 ♗c5 4.c3 ♘f6 5.d4 exd4 6.e5 d5 7.♗e2 ♘e4 8.cxd4 ♗b4+ 9.♗d2

Oder 9.♘bd2, siehe Kapitel 8.

9...♘xd2 10.♘bxd2 0-0 11.0-0 f6

Schwarz muss das weiße Bauernzentrum angreifen und versucht, bei dieser Gelegenheit die f-Linie zu öffnen.

12.a3

Im Duell Jobava-Karjakin, Loo 2013, wählte Weiß 12.Tc1 und nach 12...Kh8? (Das ist eigentlich nur ein Tempoverlust. Infrage kam 12...a6!?, um den unangenehmen Zug ♗e2-b5 zu verhindern, z.B. 13.Sb3 Te8 14.a3 Lf8 und Schwarz steht ordentlich. Es geht wohl auch 12...fxe5!? 13.dxe5 a6 14.Sb3 Te8 und für Schwarz ist alles in Ordnung.) 13.Sb3 Lg4 14.a3 Le7 15.Te1 fxe5 16.dxe5 Tf4 17.h3 Lh5 18.Sc5 Lxc5 19.Txc5 d4 20.e6 Lg6 21.Ld3 Df6 22.Sg5 Se7 23.Lxg6 hxg6 24.Se4 Dxe6 25.Sg5 Df6 26.Te6 Df8 27.Txg6 Th4 28.Se6 1-0.

12...♗a5 13.♗b5 ♘e7 14.♕c2 ♗f5 15.♗d3 ♗xd3 16.♕xd3 ♘g6 17.g3 c5!

Das weiße Bauernzentrum wird weiter attackiert.

18.b4 cxb4 19.♘b3 bxa3 20.♘xa5 ♕xa5 21.♕b3 fxe5 22.♖xa3 ♕d8 23.dxe5

Nach 23.♕xb7 ♖f7 24.♕b2 e4 25.♘e5 ♘xe5 26.dxe5 ♕e7 27.♖a5 ♖d8 28.♖fa1 ♖f5 29.♖xa7 ♕xe5 30.♕xe5 ♖xe5 31.♖b7 ♖e6 32.♖aa7 ♖g6 33.♖d7 ♖xd7 34.♖xd7 ♖g5 35.h4 ♖e5 36.♔f1 wäre das Turmendspiel remislich. Weiß versuchte mehr aus der Stellung zu holen.

23...♕d7 24.e6

Der Bauernzug vereinfacht die Stellung. Mit 24.♖e1!? hätte Weiß die Spannung erhalten können.

24...♕xe6 25.♕xb7 a5 26.♘d4 ♕e4

Schwarz steht aktiv.

27.♖d1?

Der Turm sollte erst noch auf seinem Platz bleiben. Den Springer sollte Weiß mittels 27.♕b2! verteidigen.

27...♖ab8 28.♕a6 ♖b1 29.♖ad3 ♖xd1+ 30.♖xd1 ♘e5 31.♕xa5 ♘g4

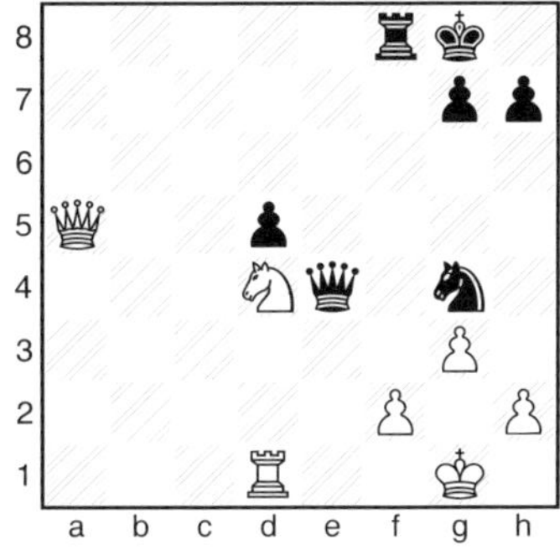

32.♘c6??

Ein fataler Fehler, der das nicht so recht gelungene weiße Pastagericht reif für die Tonne macht. Notwendig war 32.♕e1, z.B. 32...♕xe1+ 33.♖xe1 ♖xf2 34.♖e7 mit einigen Rettungsmöglichkeiten.

32...♘e3!

Nun folgt eine hübsche Kombination.

33.fxe3 ♕xe3+ 34.♔g2 ♖f2+ 35.♔h3 ♕h6+ 36.♔g4 ♕g6+ und Weiß gab auf, wegen 37.♔h4 ♖xh2#.

Partie Nr. 23
Jobava – Kamsky
Amsterdam 2012

1.e4 e5 2.♘f3 ♘c6 3.♗c4 ♗c5 4.c3 ♘f6 5.d4 exd4 6.e5 d5 7.♗e2 ♘e4 8.cxd4 ♗b6 9.0-0 ♗g4 10.♗e3 f5!?

10...0-0 haben wir im Kapitel 8 analysiert.

11.exf6

Auf dieses Schlagen sollte Weiß verzichten. Besser war es, mittels 11.♘c3!? die Entwicklung fortzusetzen.

11...♕xf6 12.♘c3 0-0-0

Die Rochaden auf unterschiedliche Seiten garantieren ein scharfes Spiel.

13.♘a4 ♔b8 14.♘xb6 axb6 15.a4 ♗xf3 16.♗xf3 ♖he8 17.b4 ♘d6 18.a5 b5 19.♕c1?

Nur Zeitverlust. Richtig war 19.♗xd5 ♘xb4 mit etwa gleichen Chancen.

19...♘c4

Es ist rätselhaft, warum Schwarz die Folge 19...♘xd4! 20.♗xd4 (20.♗g5 ♘xf3+ 21.gxf3 ♕g6-+) 20...♕xd4∓ ausgelassen hat.

20.♗g5 ♕xd4 21.♗xd8 ♖xd8 22.a6 ♘xb4 23.axb7 ♔xb7

Die schwarzen Springer sichern die Königsstellung zuverlässig.

24.♖b1 c5 25.♖d1 ♕e5 26.♖e1 ♕f6 27.♖b3 ♔b6 28.♗d1 ♖d6 29.♗c2 h6 30.♖e8 ♖e6 31.♖f3

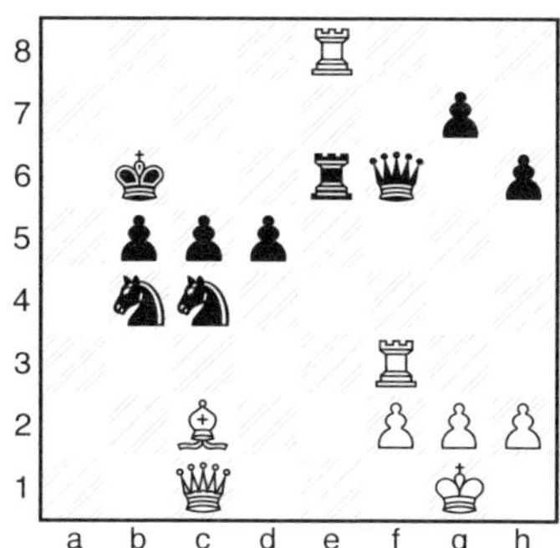

31...♖xe8

Viel stärker war 31...♕e5! 32.♖xe6+ ♕xe6 mit schwarzem Vorteil.

32.♖xf6+ gxf6 33.♗g6 ♖d8 34.♕xh6 ♘e5

Energischer und stärker war sofort 34...d4!

35.♗f5 d4 36.♕xf6+ ♘ec6 37.h4 c4 38.h5 d3 39.h6 d2 40.♗g4 d1♕+ 41.♗xd1 ♖xd1+ 42.♔h2 ♖d7 43.g4 ♘d3 44.g5 ♘de5 45.♕f4 b4

Beide Seiten haben starke Freibauern ins Rennen geschickt. Der Startschuss ist längst gefallen.

46.♕e3+ ♔b7 47.♕c5 c3 48.f4 ♖d2+

49.♔g3 c2 50.h7 ♖d3+ 51.♔g2 ♖c3 52.♕b5+ ♔c7 53.♕f1

Nach 53.h8♕ gewinnt Schwarz mit 53...c1♕ 54.♕hxe5+ ♘xe5 55.♕xe5+ ♔b6 56.♕b8+ ♔a5 57.♕a7+ ♔b5 58.♕d7+ ♔c4 59.♕f7+ ♔d3 60.♕f5+ ♔d2 61.♕e4 ♕c2 62.♕xb4 ♔d1+ mit schnellem Matt.

53...c1♕ 54.♕xc1 ♖xc1 55.h8♕ b3 56.♕h7+ ♘d7 57.g6 b2 58.g7 ♘e7 und Weiß streckte die Waffen.

Partie Nr. 24
Samulevicius – Vuckovic
Zagan 1995

1.e4 e5 2.d4 exd4 3.♘f3 ♘c6 4.♗c4 ♗c5 5.c3 ♘f6 6.e5 d5 7.♗b5 ♘e4 8.♘xd4 0-0 9.♗xc6 bxc6 10.0-0 ♗a6 11.♖e1 f6 12.♗e3 fxe5 13.♘e6

Unsere Ausführungen zu 13.♘xc6 finden Sie im Theorieteil, Kapitel 8.

13...♗xe3! 14.♘xd8

Im Duell Saez Gabikagogeaskoa–Mejias Gonzalez, Oviedo 2000, griff Weiß zu 14.fxe3 und ging dann wie folgt unter: 14...♕f6 15.♘xf8 ♕f2+ 16.♔h1 ♖xf8 17.♘a3 ♕h4 18.♕c2 ♖f2 19.♕b3 h6 20.♕b8+ ♔h7 21.♕xc7 ♕g5 22.g4 ♕xg4 23.♖g1 ♕f3+ 0-1.

14...♗xf2+ 15.♔h1 ♗xe1 16.♕xe1 ♖f1+ 17.♕xf1 ♗xf1 18.♘xc6 ♖e8

Viel einfacher war 18...♖f8! 19.♘xe5 ♖f2 20.♔g1 ♗xg2 21.♘d3 ♖c2 22.♘a3 ♖d2-+.

19.♘xa7 ♗d3

19...♖f8! hätte sofort alles klar gemacht. 20.♔g1 ♖f2-+.

20.♘c6 ♖f8

Zum Gewinn reichte 20...♗b5! 21.♘b4 d4-+.

21.♘a3 ♘f2+?

Wieder schwach. Es sollte 21...♖f2! 22.♘xe5 ♗f1 geschehen.

22.♔g1 e4 23.♘e7+ ♔h8 24.♘xd5 ♘g4 25.h3 ♘e5 26.♘e3 ♖b8 27.b3 ♘g6 28.c4 ♘f4 29.♘ac2 ♘e2+ 30.♔f2 ♖f8+ 31.♔e1 c5 32.♔d2?

Wozu? Nach dem einfachen 32.a4! würde der Bauer sehr gefährlich werden.

32...♘d4 33.♔c3

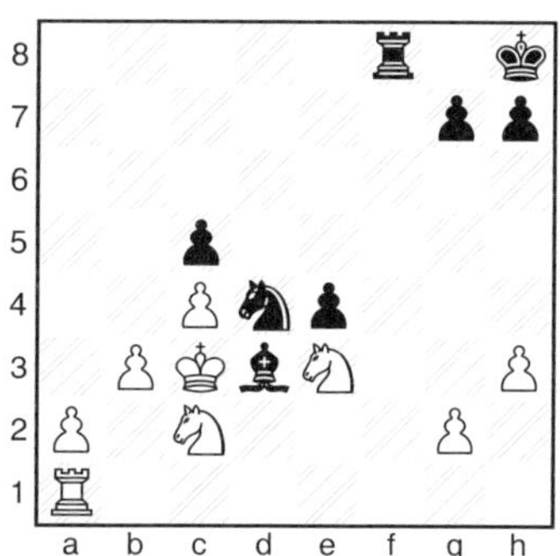

33...♘xc2??

Mama mia! Ein Verlustzug in diesem kritischen Moment. Notwendig war 33...♘e2+! 34.♔b2 ♘d4 35.♘e1 (35.♔c3 ♘e2+ 36.♔d2 ♘d4=) 35...♖f2+ 36.♔a3 ♖e2 37.♘xd3 exd3 38.♖f1 g5 39.♘d5 ♖xg2 mit sicherem Remis.

34.♘xc2 ♖f2 35.♘e1 ♗f1 36.a4!

Der Freibauer entscheidet schnell über die Partie.

36...♖f7 37.a5 e3 38.a6 ♖a7 39.b4

cxb4+ 40.♔xb4 ♖a8 41.a7 ♗e2 42.♖a5 g5 43.♔b5 und Schwarz gab sich geschlagen.

Partie Nr. 25
Hernandez – Sieiro Gonzalez
Hawanna 1986

1.e4 e5 2.d4 exd4 3.♘f3 ♘c6 4.♗c4 ♗c5 5.c3 ♘f6 6.e5 d5 7.♗b5 ♘e4 8.cxd4 ♗b6 9.h3 0-0 10.0-0 f6 11.♘c3

Der Abtausch 11.♗xc6 war Gegenstand der Erörterungen im Kapitel 8.

11...fxe5 12.♘xe4?

Der Anziehende will nun Material gewinnen, was für ihn – wie wir sehen werden – nicht gut ist. Besser war also 12.♗xc6 bxc6 13.♘xe4 dxe4 14.♘xe5 ♕xd4 15.♕xd4 ♗xd4 16.♘xc6 ♗f6 17.♖d1 ♗b7 18.♘d4 mit etwa gleichen Chancen.

12...dxe4 13.♗c4+ ♔h8 14.♘g5

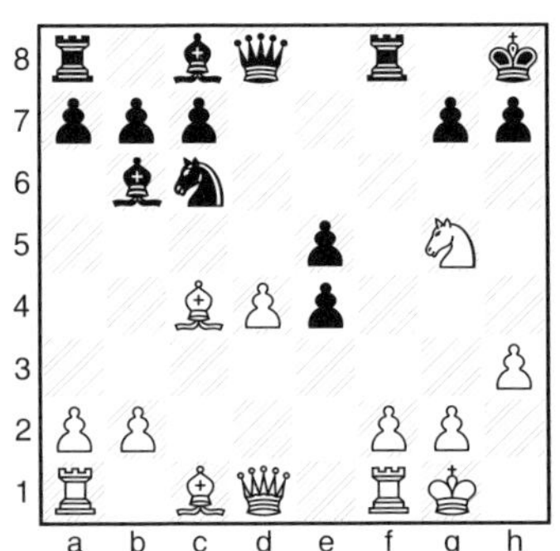

14...♗f5!?

Schwarz ist bereit, die Qualität zu opfern. In der Partie Adda-Van Hoolandt, Grenoble 2004, probierte Schwarz eine andere Idee aus: 14...♕e8. Die Partie nahm einen sehr spannenden Verlauf und deshalb zeigen wir sie vollständig: 15.d5 ♘d4 16.♘xe4 ♕g6 17.♘g5 h6 18.♗d3 ♗f5 19.♗xf5 ♕xf5 20.♕h5 ♔g8 21.g4 ♕d3 22.♘e6 ♘xe6 23.dxe6 ♕g3+ 24.♔h1 ♕f3+ 25.♔h2 ♗xf2 26.♗xh6 ♕g3+ 27.♔h1 ♕f3+ 28.♔h2 ♗g3+ 29.♔g1 ♕e2 30.♖f7 ♕h2+ 31.♔f1 ♕h1+ 32.♔e2 ♕g2+ 33.♔e3 ♗f2+ 34.♔e2 ♗g3+ 35.♔e3 ♗f2+ 36.♔e2 ♗b6+ 37.♔d3 ♖ad8+ 38.♔c3 ♕c6+ 39.♔b4 ♖d4+ 40.♔a3 ♕a4#.

15.♘f7+ ♖xf7 16.♗xf7 exd4

Für die hingegebene Qualität hat Schwarz einen ausreichenden Ersatz. Er steht besser.

17.♕h5 ♕d7 18.♗b3

Oder 18.♗g5 ♖f8 19.♗b3 ♘e5 20.♔h1 c5 21.♖ac1 ♘d3 22.♖b1 ♗c7 23.♗c4 ♕d6 24.g3 ♗g6 25.♕e2 ♕c6 26.♔h2 ♘e5 27.♗b5 d3 0-1 Tergalinski-Gawrilow, Moskau 1996.

18...♘e5 19.a4 c5 20.a5 ♗c7 21.♗f4 ♗g6 22.♕g5 ♘d3 23.♗xc7 ♕xc7 24.♗c2 ♘xb2 25.♖fb1 ♘d3 26.♗xd3 exd3 27.♖e1 c4

Die Bauernmasse entscheidet schnell. Weiß ist verloren.

28.♖e7 ♕d6 29.♖ae1 ♕f6

Weiß gab auf.

Partie Nr. 26
M.Bartel – Erdos
Warschau 2011

1.e4 e5 2.♘f3 ♘c6 3.♗c4 ♗c5 4.c3 ♘f6 5.d4 exd4 6.e5 d5 7.♗b5 ♘e4 8.cxd4 ♗b6 9.♘c3 0-0 10.♗e3 ♗g4 11.♕c2 ♗f5 12.♕b3 ♘e7!?

12...♘a5 war Thema im Kapitel 8.

13.0-0 c6 14.♗e2 ♘g6 15.♘a4 f6

Schwarz will die f-Linie für seinen Turm öffnen, um auf dem Königsflügel Aktionen zu organisieren.

16.exf6 ♖xf6 17.♘e5 ♘xe5 18.dxe5 ♖g6 19.♘xb6

Die Variante 19.♗xb6 axb6 20.♘xb6 ♘d2 ist günstig für Schwarz.

19...axb6 20.♗f3

20.♕xb6? läuft nicht wegen 20...♕xb6 21.♗xb6 ♗h3-+.

20...♕h4 21.g3 ♖f8 22.♔h1 ♕h3

Schwarz spielt mit Recht auf Angriff. Der Rückzug 22...♕e7 wäre ohne Sinn.

23.♗g2

23.♕xb6? ♘xg3+ 24.fxg3 ♖xg3-+.

23...♕h5 24.♔g1

24.♗xb6? geht nicht wegen 24...♖h6 25.h4 g5 26.♗e3 ♖g6 mit entscheidendem Angriff.

24...♔h8 25.f3?

Leider falsch. Nur 25.♕d1! war noch spielbar.

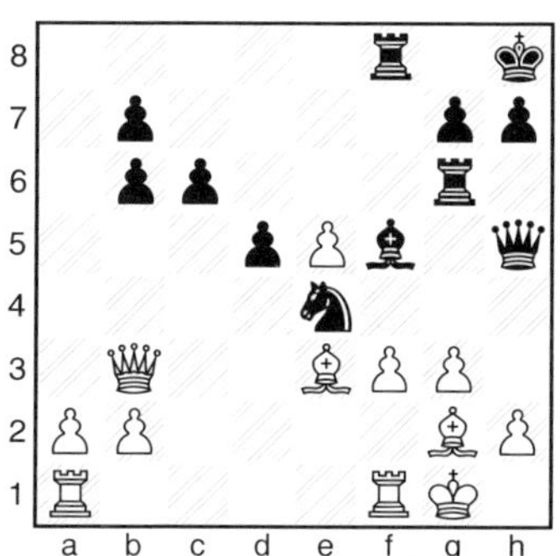

25...♘xg3!

Stark und entscheidend.

26.hxg3 ♖xg3 27.♖f2

Oder 27.♗f4 ♖xg2+! 28.♔xg2 ♗h3+ 29.♔f2 (29.♔g3 g5 30.♗xg5 ♕xg5+ 31.♔xh3 ♖g8-+) 29...♖xf4 30.♖g1 ♗g4 31.♖g3 ♕h2+ 32.♖g2 ♕h4+ 33.♔g1 ♗xf3 34.♖f1 ♗xg2 35.♖xf4 ♕xf4 36.♔xg2 ♕xe5 37.♕xb6 ♕e7 und das Damenendspiel ist für Schwarz gewonnen.

27...♗h3 28.♕c2 ♖fxf3 29.♖af1 ♗xg2 30.♖xg2 ♖xf1+ 31.♔xf1 ♖xe3 32.♕a4 ♕h1+ 33.♔f2 ♕e1#.

Partie Nr. 27
Vohl – Potrata
Fernpartie 2009

1.e4 e5 2.♘f3 ♘c6 3.d4 exd4 4.♗c4 ♗c5 5.c3 ♘f6 6.e5 d5 7.♗b5 ♘e4 8.cxd4 ♗b6 9.♘c3 0-0 10.♗e3 ♗g4 11.♗xc6 bxc6 12.♕a4 f6 13.♕xc6

Die Erwiderung 13.exf6 haben wir uns im Kapitel 8 angesehen.

13...♗xf3 14.gxf3 ♘xc3 15.bxc3

Die Variante 15.♕xc3 fxe5 16.dxe5 ♖xf3 17.0-0-0 c6 18.♖hg1 ♕f8 wäre günstig für Schwarz.

15...fxe5 16.dxe5

Oder 16.♕e6+ ♔h8 17.♕xe5 ♖xf3 mit schwarzem Vorteil.

16...♗xe3 17.fxe3 ♖xf3 18.♔e2 ♖f8

In der Partie Macieja-De la Paz, Merida 2005, folgte 18...♖f5 19.♕e6+ ♖f7 20.♖hf1 ♕d7 21.♕xd7 ♖xd7 22.♔d3 ♖e8 23.♖ab1 c6=.

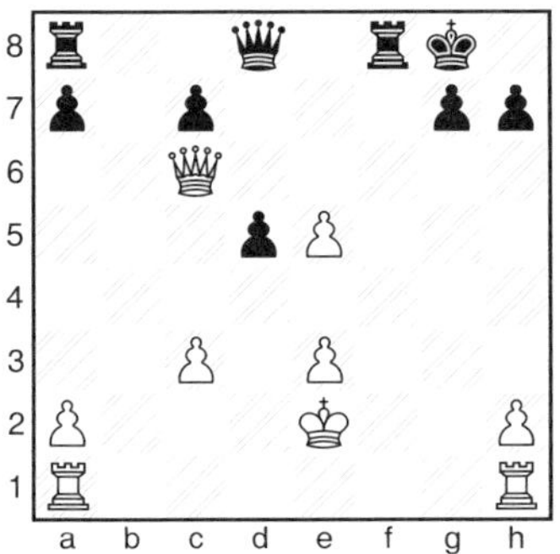

19.♖af1!

Wegen der offenen Stellung seines Königs steht Weiß überaus gefährlich. Er muss mit Obacht vorgehen und sehr genau handeln. In den Abgrund führen beispielsweise folgende Versuche: 19.♖ad1? ♕h4 20.♕xd5+ ♔h8 21.♖d4 ♕f2+ 22.♔d3 c5 23.♖f4 (23.♕xc5 ♕f5+ 24.♔d2 ♖ab8 25.♖b4 ♕f2+ 26.♔c1 ♕xa2-+) 23...c4+! 24.♔xc4 (24.♕xc4 ♖ad8+ 25.♖d4 ♕f5+ 26.♔d2 ♖b8-+) 24...♕e2+ 25.♔b3 ♖fb8+ 26.♖b4 a5 27.♖b7 a4+ 28.♔a3 ♕c2 29.♕a5 h6-+; 19.♖ab1? ♕h4 20.♕xd5+ ♔h8 21.♖bf1 ♕h5+ 22.♔e1 ♖fd8 23.♕e4 ♖ab8-+.

19...♖e8 20.e6 ♕c8 21.♖f5 ♖xe6 22.♕xd5 ♔h8 23.♖hf1 ♕a6+ 24.♔f2 ♖ae8 25.♔g1 h6 26.♖f8+ ♔h7 27.♖1f6 ♖xf6 28.♕g8+ ♔g6 29.♖xf6+ ♕xf6 30.♕xe8+ ♔h7 31.♕a4 ♕xc3 32.♕xa7 c5 33.♕e7 ♕c1+ 34.♔f2 ♕c2+ 35.♔f3 ♕f5+ 36.♔e2 c4 37.♕d6 ♕h5+ 38.♔e1 ♕a5+ 39.♕d2 c3 40.♕d3+ ♔h8 41.♔d1 ♕xa2 mit Remis.

Partie Nr. 28

Scheuermann – Morgado

Fernpartie 2004

1.e4 e5 2.♘f3 ♘c6 3.♗c4 ♗c5 4.c3 ♘f6 5.d4 exd4 6.cxd4 ♗b4+ 7.♗d2 ♗xd2+ 8.♘bxd2 d5 9.exd5 ♘xd5 10.♕b3 ♘ce7 11.0-0 0-0 12.♖fe1 b6!?

Der Läufer wird auf die Diagonale a8-h1 entwickelt. Eine andere Idee setzt auf 12...c6. Wir haben sie uns im Kapitel 9, Abspiel 1 angesehen.

13.♖ac1 ♗b7 14.♘e4 ♖b8

Logischer erscheint uns 14...a5!? zu sein, um nach a5-a4 die weiße Dame zu deplatzieren.

15.♕c2 f6

So wird oft gespielt, um den weißen Springer nicht nach e5 zu lassen.

16.♘c3 ♔h8

Schwach wäre 16...c6? 17.♘xd5 ♘xd5 18.♗d3 h6 19.♘h4 mit weißem Vorteil. Nach 16...♖f7 17.♕b3 c6 müsste sich Schwarz mit einer passiven Position arrangieren. Deshalb entfesselt er seinen Springer und lässt die Vereinfachung der Stellung zu.

17.♘xd5 ♘xd5 18.♗xd5 ♗xd5

Das Endspiel nach 18...♕xd5 19.♕xc7 ♕xa2 20.♖a1 ♕f7 21.♖e7 bzw. 21.♕xf7 wäre vorteilhaft für Weiß. Deshalb entschied sich der Nachziehende, das Endspiel ohne Dame zu spielen, sodass ihm die Verteidigung viel leichter fallen musste.

19.♕xc7 ♗xf3 20.♕xd8 ♖bxd8 21.gxf3 ♖xd4 22.♖c7 a5

Hier hätte Schwarz auch in die Variante 22...♖d2 23.♖xa7 ♖xb2 24.♖ee7 ♖g8 25.♖eb7 h5 26.♖a6 ♖e8 27.♖bxb6 ♖xb6 28.♖xb6 ♖e2 29.♖a6 ♔h7 einsteigen können, mit einem ausgeglichenen Turmendspiel im Ergebnis.

23.♖b7 ♖b4 24.b3 h6

Der schwarze Monarch braucht „Luft“. Nach 24...a4 25.♖e4! ♖xe4 26.fxe4 axb3 27.axb3 g5 28.♖xb6 ♔g7 29.b4 könnte Schwarz mit einigen Problemen zu kämpfen haben.

25.♖e6 ♖d8 26.♖exb6 ♖xb6 27.♖xb6

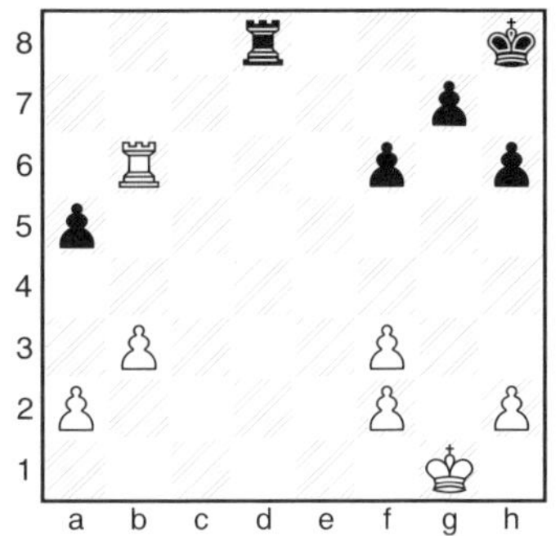

27...a4!

Das Endspiel ist leichter zu verteidigen, wenn der Bauer am Damenflügel verschwindet.

28.bxa4 ♖d2 29.♖a6 ♖xa2 30.h4 h5

Die weiße Drohung h4-h5 wäre unangenehm.

31.f4 ♔h7 32.♖a5 ♔h6 33.♔g2 ♖a3 34.f3

Nach 34.f5 g5 35.fxg6 ♔xg6 wäre die Stellung ausgeglichen, z.B. 36.f4 ♔h6 37.♔h2 ♔g6 38.f5+ ♔h6 39.♖a6 ♔g7 40.a5 ♖f3 41.♖a7+ ♔h6 42.a6 (42.♖a8 ♖xf5=) 42...♖f2+ 43.♔g3 ♖f3+! mit Dauerschach.

34...♖a2+ 35.♔g3 f5 36.♖a6+

36.♖xf5 ♖xa4 mit Ausgleich.

36...♔h7 37.a5

Remis.

Partie Nr. 29
Windheim – Markoja
Lechenicher SchachServer 2011

1.e4 e5 2.♘f3 ♘c6 3.d4 exd4 4.♗c4 ♗c5 5.c3 ♘f6 6.cxd4 ♗b4+ 7.♗d2 ♗xd2+ 8.♘bxd2 ♘xe4 9.d5 ♘xd2 10.♕xd2 ♘e7 11.d6 cxd6 12.♕xd6 b5

Andere Fortsetzungen für Schwarz haben wir im Kapitel 9, Abspiel 2 besprochen.

13.♗b3

13.♗xb5? geht natürlich nicht wegen 13...♕a5+ 14.♔d1 ♕xb5 15.♖e1 0-0 16.♖xe7 ♗b7 und Schwarz steht auf Gewinn.

13...0-0 14.0-0 a5 15.♖fe1 a4

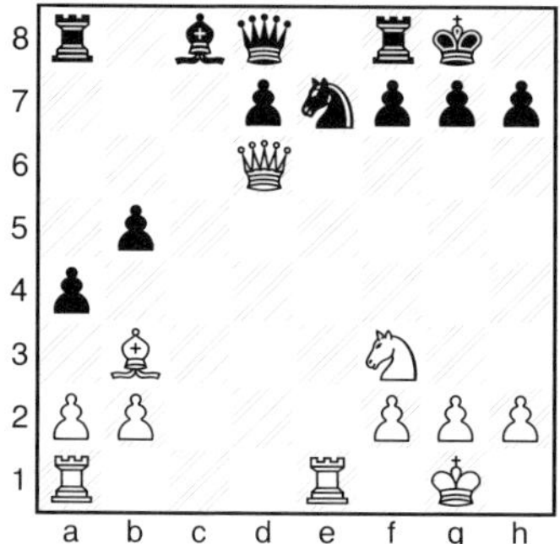

16.♗c2!?

Ein Versuch, mit weniger Risiko um Vorteil zu kämpfen. Mit 16.♗xa4 bxa4 17.♖xe7 (17.♕xe7 ♕xe7 18.♖xe7 ♖b8 19.♖e2 ♗a6 20.♖d2 ♖fe8=) 17...♖a6 18.♕a3 ♖e6 (18...♗b7 19.♘d4 ♗d5 20.♖e2 ♗e6 21.b4±) 19.♖xe6 fxe6 20.♕xa4 ♗b7 21.♘e1 (Oder 21.♘e5 ♕g5 22.♘g4 ♗xg2 23.♔xg2 ♖f4 24.♕a8+ ♖f8 25.♕e4 ♖f4 26.♕a8+ mit Remis durch Zugwiederholung.) 21...♕f6 22.♕c2 d5 23.a4 e5 24.a5 e4 würde eine sehr komplizierte Situation auf dem Brett entstehen.

16...♘g6 17.♗e4

Oder vielleicht auch 17.♗xg6 hxg6 18.♕g3 ♗b7 (18...♖a6!?) 19.♘g5 f6 20.♘e4 ♗xe4 21.♖xe4 f5 22.♖d4 ♕f6 23.♖ad1 ♖a6 24.♕d3 ♖e6 25.♕xb5 ♕xd4= Tzermiadianos–Kotronias, Ano Liosia 1998.

17...♖a6 18.♕b4

18.♕c5!? war eine starke Alternative.

18...d5 19.♖ad1 ♗e6 20.♗d3 ♕d6 21.♕xd6 ♖xd6 22.♘d4

Das Schlagen des Bauern mit 22.♗xb5 ♖b8 23.♘d4 (23.♗xa4 ♖xb2 24.♗b3 ♘f4=) 23...♖db6 24.♗xa4 ♖xb2 25.♗b3 ♘f4⇄ würde Weiß nichts bringen.

22...b4

Schwarz hat ausreichend Gegenspiel.

23.♖c1 ♘f4 24.♗f1 a3 25.b3 g6 26.g3 ♘h3+ 27.♗xh3 ♗xh3 28.f3 ♗e6 29.♔f2 ♖b6 30.g4 ♖e8 31.♖c6 ♖b7 32.♔g3 ♔f8 33.♖ec1 h6 34.h4 ♖ee7 35.♖d6 ♖ed7 36.♖a6 ♖e7 37.h5 gxh5 38.gxh5 ♔g7 39.♔f4 ♖e8 40.♖d1 ♔h7 41.♖e1 ♖f8 42.♖c6 mit Remis.

Partie Nr. 30
Gelbart – Stern
Chicago 1970

1.e4 e5 2.♘f3 ♘c6 3.♗c4 ♗c5 4.c3 ♘f6 5.d4 exd4 6.cxd4 ♗b4+ 7.♘c3 ♘xe4 8.0-0 ♘xc3 9.bxc3 d5 10.cxb4 dxc4 11.♖e1+ ♘e7 12.♗g5 f6 13.♕e2 ♗g4 14.♗f4 ♗xf3 15.gxf3 ♕d7!?

Die Alternative 15...♔f8 haben wir im Kapitel 10 thematisiert.

16.♕xc4 0-0-0

Der schwarze König findet den erforderlichen Schutz auf diesem Flügel. Aufgrund seiner schwachen Bauernstellung steht Weiß nicht sonderlich gut. Aber bei den ungleichen Rochaden ist noch alles möglich.

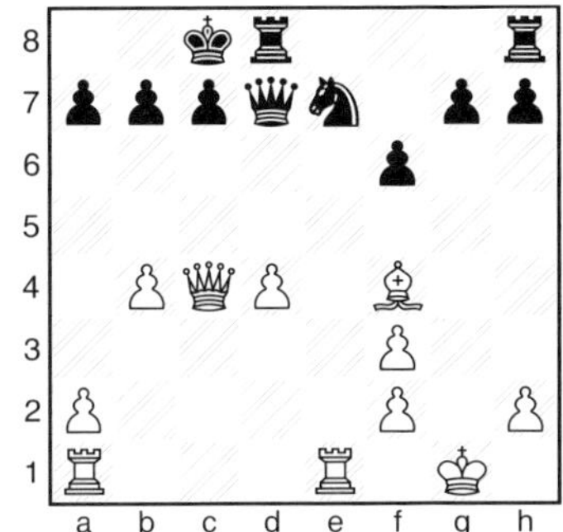

17.b5?

Der Anziehende hat sich entschieden, auch auf Angriff zu spielen, und spannt seine Flinte. Er wäre aber besser beraten gewesen, mit 17.♗xc7! auf Remis zu spielen: 17...♕xc7 18.♕xc7+ ♔xc7 19.♖xe7+ ♖d7 20.♖c1+ ♔d8 21.♖e4=.

17...♘d5

Jetzt hat Schwarz alles unter Kontrolle.

18.♗g3 h5 19.h4 g5!

Schwarz ist als Erster bei der Sache.

20.hxg5 h4 21.♗h2 fxg5

21...♖hg8!? wäre auch stark gewesen.

22.♖ac1 g4 23.♖e5 gxf3! 24.♖xd5?

Auf diese Weise vereinfacht der Anziehende seinem Kontrahenten die Aufgabe. Notwendig war 24.♔h1 ♕h3 25.♕f1 ♕xf1+ 26.♖xf1 ♖hg8 und Schwarz müsste noch heftig kämpfen, um seinen Vorteil in einen Sieg umzumünzen.

24...♕g7+ 25.♔f1 ♕g2+ 26.♔e1 ♕xh2 27.♖e5 ♕g1+ 28.♔d2 ♕xf2+ 29.♔c3 ♖d7 30.b6 a6

Spannend wäre 30...axb6!?, z.B. 31.♕a4 c5 32.♕a8+ ♔c7 33.♕xh8 ♕xd4+ 34.♔c2 (34.♔b3 ♕b4+ 35.♔c2 ♖d2#) 34...♕b4 35.♕h6 f2 und Schwarz gewinnt.

31.♖c5

Oder 31.♖c2 ♕g1 32.♖c5 ♕e3+ 33.♔b2 ♕e7-+.

31...♕e3+ 32.♔b2 ♕e2+ 33.♕xe2 fxe2 34.♖xc7+

34.♖e5 ♔d8 35.bxc7+ (35.♖xe2 cxb6 -+) 35...♖xc7 36.♖e1 h3 mit Gewinn.

34...♖xc7 35.♖xc7+ ♔d8

Weiß kapitulierte.

Partie Nr. 31
Ten Vergert – Jurjevic
Fernpartie 2012

1.e4 e5 2.♘f3 ♘c6 3.♗c4 ♗c5 4.c3 ♘f6 5.d4 exd4 6.cxd4 ♗b4+ 7.♘c3 ♘xe4 8.0-0 ♘xc3 9.bxc3 d5 10.cxb4 dxc4 11.♖e1+ ♘e7 12.♕e2 ♗e6 13.♗g5 ♕d5 14.♖ac1

Zu 14.♗xe7 siehe Kapitel 10.

14...♘c6 15.♖xc4 0-0 16.♖c5 ♘xd4 17.♘xd4 ♕xd4 18.♖xc7 ♕xb4

Nach diesem Abtauschgemetzel verbleicht Schwarz ein Mehrbauer. Bei ungleichfarbigen Läufern ist die Realisierung dieses Vorteils allerdings nicht leicht. Aber Bauer ist Bauer!

19.♗d2 ♕b2

Zu beachten war 19...♕b6!? 20.♖c2 ♖ac8 usw.

20.♕e3 ♗xa2 21.♗c3 ♕b6

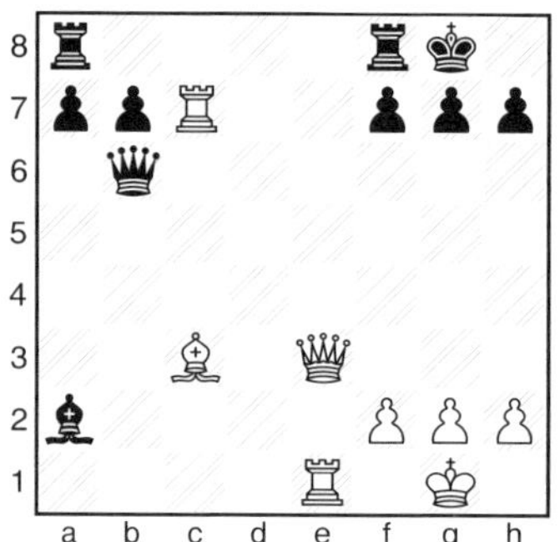

22.♕e5?

Ein schwerer Fehler, woraufhin es Schwarz gelingt, seinen materiellen Vorteil zur Geltung zu bringen. Es hätte also 22.♕e7 geschehen sollen, z.B. 22...♕g6 (22...♗d5?? 23.♕g5+-) 23.♖c5 (23.♖xb7?? ♗d5 -+) 23...h6 24.♕xb7 und das Endspiel wäre für Schwarz nicht zu gewinnen gewesen.

22...f6 23.♕g3 ♖f7 24.♖ee7 ♖xe7 25.♖xe7 ♗f7

Der Kampf ist praktisch entschieden. Schwarz wird nun seine Freibauern am Damenflügel problemlos nach vorne bringen.

26.h4

Was sonst?

26...a5 27.h5 h6 28.♔h2 a4 29.♖e4

29.♖d7 ändert nichts am Ausgang der Partie. 29...a3 30.♖d6 ♕b5 31.♖xf6 (31.♗xf6 ♕xh5+ 32.♔g1 ♕g6-+) 31...♕xh5+ 32.♔g1 ♕g5-+.

29...♔h8 30.♖g4 ♕b5 31.♖xg7 ♕xh5+ 32.♔g1 ♖d8 33.f3 ♖d1+ 34.♔f2 ♕c5+

Weiß gab auf.

Partie Nr. 32
Wang – Duda
Porto Carras 2010

1.e4 e5 2.♘f3 ♘c6 3.♗c4 ♗c5 4.c3 ♘f6 5.d4 exd4 6.cxd4 ♗b4+ 7.♘c3 ♘xe4 8.0-0 ♗xc3 9.d5 ♘e5 10.bxc3 ♘xc4 11.♕d4 0-0 12.♕xe4 ♘d6 13.♕d4

Alternativen haben wir im Kapitel 11, Abspiel 1 besprochen.

13...♖e8

Im Duell Berezjuk–Sosna, Vsetin 1997, dürfte sich Schwarz nach 13...♘f5 14.♕d3 d6 15.♗g5 f6 16.♗d2 ♕e8 17.♖fe1 ♕f7 18.c4 ♗d7 wohlgefühlt haben, er stand gut.

14.♗b2 ♖e4 15.♕d3 b6 16.♘d2 ♖e8 17.c4 ♗a6 18.♖ae1 ♕g5 19.f4?

Dieser kecke Vorstoß führt in die Katastrophe. Weiß sollte mittels 19.♗a3!? versuchen, den starken Springer (Druck auf c4) zu tauschen.

19...♕f5 20.♕d4

Die Abtauschvariante 20.♕xf5 ♘xf5 21.♔f2 ♘d6 22.♖xe8+ ♖xe8 23.♖c1 ♘e4+ kostet Weiß noch einen weiteren Bauern, z.B. 24.♘xe4 ♖xe4 25.g3 ♗xc4 26.♖c2 f6 usw.

20...f6 21.♗a3 ♘f7 22.♘e4 c5 23.dxc6 dxc6 24.♕d3

Auf 24.♘g3 folgt 24...♕a5 mit klarem schwarzen Vorteil.

24...♖ad8 25.♕c2 c5 26.♗b2 ♘d6 27.♕a4 ♘xe4 28.♕xa6 ♘d2 29.♕a4

29.♖xe8+ ♖xe8 30.♖a1 ♕xf4-+ wäre hoffnungslos für Weiß.

29...♕h5 30.♖xe8+ ♖xe8 31.♖d1

31.♕d1 hilft allerdings auch nicht wegen 31...♖e2 32.♖f2 (32.♗c3 ♕g4 -+) 32...♖xf2! 33.♕xh5 ♖f1#.

31...♕e2 32.h3 ♖e3 33.♔h1 h6

Zum raschen Gewinn führte auch 33...♘f3! 34.♗c3 (34.gxf3 ♕xf3+ mit schnellem Matt) 34...♘h4 35.♖d8+ ♔f7 36.♕d7+ ♔g6 37.♕g4+ ♕xg4 38.hxg4 ♖xc3-+.

34.♗c1

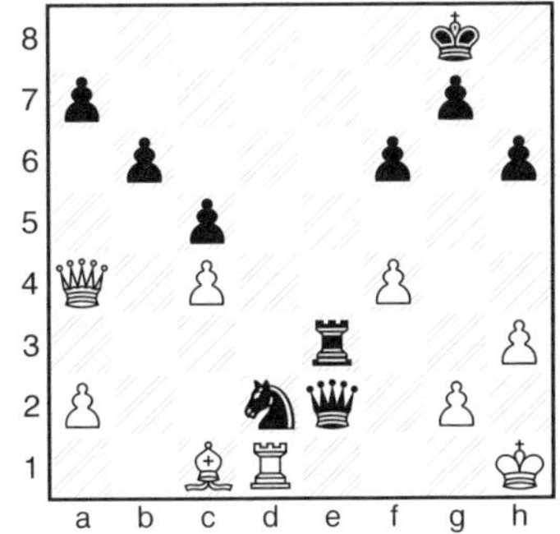

34...♖xh3+!

Ein elegantes Schlussopfer.

35.gxh3 ♘f3 36.♖d8+ ♔h7

Weiß gab sich geschlagen.

Partie Nr. 33
De Coninck – Firnhaber
Fernpartie 2001

1.e4 e5 2.♘f3 ♘c6 3.♗c4 ♗c5 4.c3 ♘f6 5.d4 exd4 6.cxd4 ♗b4+ 7.♘c3 ♘xe4 8.0-0 ♗xc3 9.d5 ♘e5 10.bxc3 ♘xc4 11.♕d4 f5 12.♕xc4 d6 13.♘d4 0-0 14.f3 ♘c5 15.♗a3 b6 16.♗xc5 bxc5 17.♘c6 ♕f6 18.♖fe1 ♗d7 19.♖e7 ♖f7 20.♖ae1

Zu 20.♖e2 siehe Kapitel 11, Abspiel 2.

20...♖xe7 21.♖xe7

Schwächer ist 21.♘xe7+ ♔f8 22.♘c6 ♗xc6 23.dxc6 ♖b8∓.

21...♖d8!

Schwarz hat eine schmucke Überraschung für den Gegner parat!

22.♖e2

22.♘xd8 ♕xe7 23.♘e6 c6 24.♘c7 ♕e1+ 25.♕f1 ♕e3+ 26.♕f2 ♕xc3-+.

22...♗xc6 23.dxc6+ ♔f8

Das Schwerfigurenendspiel mit einem Mehrbauern ist natürlich vorteilhaft für Schwarz. Aber bis zum Sieg ist es noch ein langer Weg.

24.h3 a5 25.♕b5 ♖a8 26.a4 g6 27.♕b7 ♕d8 28.♖d2 ♕b8 29.♖b2 ♕xb7 30.♖xb7

Es ist ein Turmendspiel entstanden, in dem Schwarz seinen König schnell ins Spiel bringt, was zum Gewinn ausreicht. Auf 30.cxb7 kommt es zu 30...♖b8 nebst einem Königsmarsch mit f8-e7-d7-c6 ins gewonnene Endspiel.

30...♖c8 31.♔f2 f4 32.c4 ♔e7 33.♖b5 ♖a8 34.♔e2 ♖a6 35.♔d3 ♖xc6 36.♔e4

Der König wird aktiviert. Nach 36.♖xa5 ♖b6 37.♖b5 ♖xb5 38.axb5 (38.cxb5 d5 39.a5 c4+ 40.♔d4 ♔d8 41.♔c3 ♔c8 42.♔d4 ♔b7 43.♔c3 c6 -+) 38...♔e6 39.♔e4 g5 40.h4 h6 41.h5 d5+! 42.cxd5+ ♔d6 entsteht ein gewonnenes Bauernendspiel für Schwarz.

36...g5 37.♔f5 h6 38.♖xa5 ♖b6

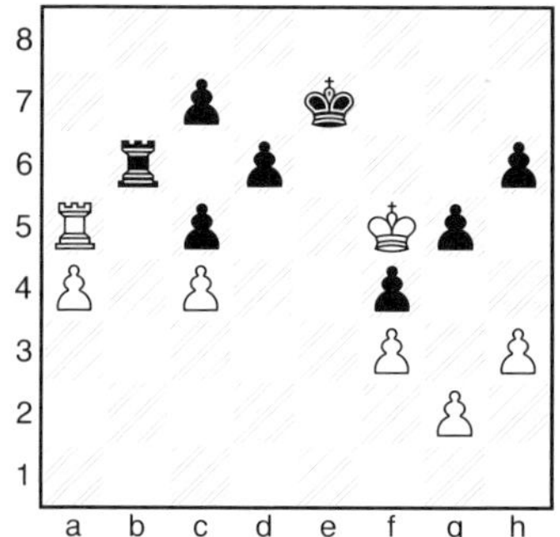

39.♔g6?

Dies erleichtert dem Nachziehenden das Gewinnen. Mehr Widerstand konnte Weiß mit 39.♖a8! leisten.

39...d5+ 40.♔h5

40.♔f5 ♔d6 41.♖a8 dxc4 42.a5 ♖b2-+.

40...♔d6 41.♖a8 dxc4 42.a5 ♖b2 43.a6

Nach 43.♖d8+ ♔c6 44.♔xh6 c3 45.♖d1 ♖xg2 gewinnt Schwarz ohne Probleme.

43...♖a2 44.a7 ♔c6 45.♔xh6 c3 46.♖e8 ♖xa7 47.♔xg5 ♖a1 48.♖e2

48.♔xf4 c2-+.

48...♔d5 49.h4

49.♔xf4 ♔d4 50.g4 ♔d3 51.♖e3+ ♔d2-+.

49...♔d4 50.♔xf4 ♔d3 51.♖e3+ ♔d2 52.♖e5 c2

Weiß kapitulierte.

Partie Nr. 34
Mikolas – Latal
Fernpartie 2006

1.e4 e5 2.♘f3 ♘c6 3.♗c4 ♗c5 4.c3 ♘f6 5.d4 exd4 6.cxd4 ♗b4+ 7.♘c3 ♘xe4 8.0-0 ♗xc3 9.d5 ♗f6 10.♖e1 ♘e7 11.♖xe4 d6 12.g4 0-0 13.g5 ♗e5 14.♘xe5 ♗f5

Die Fortsetzung 14...dxe5 haben wir im Kapitel 12 analysiert.

15.♘xf7

Dies führt zu großen Komplikationen. Einen ganz anderen Charakter bekommt das Spiel nach 15.♖e1 und dann 15...dxe5 16.♖xe5 ♕d7 17.b4 (17.♕b3 ♘g6 18.♖e1 ♖fe8 19.♗d2 und nun hätte Schwarz in Kuna-Gutsche, Fernpartie 2000, 19...♗c2! spielen sollen, z.B. 20.♕xc2 ♕g4+ 21.♔h1 ♕f3+ 22.♔g1 ♘h4 23.♗f1 ♕xd5 24.♕d3 ♘f3+ 25.♔h1 ♕xd3 26.♗xd3 ♘xd2 27.♔g2 g6 und Schwarz hat einen Mehrbauern. Oder 17.♗d3 ♗xd3 18.♕xd3 ♖ad8∓ Hava-Soutner, Plzen 2003.) 17...♘g6 18.♖e3 ♖ae8 19.♕d4 ♖xe3 20.fxe3 ♕e7 21.♗b2 ♕xg5+ 22.♔h1 ♘h4 0-1 Rüfenacht-Smit, Fernpartie 1990.

15...♖xf7 16.♖e3 ♘g6 17.♖g3 ♕f8

Die Stellung ist materiell ausgeglichen, doch Schwarz hat – wegen der Schwächung der weißen Königsstellung – die besseren Perspektiven.

18.♗e3 ♗e4 19.♗d3 ♗xd3 20.♕xd3 ♖e8 21.♕b5 b6 22.♖c1 a5 23.b3 ♖ee7 24.♕c4 ♘e5 25.♕e2 ♘f3+ 26.♔g2

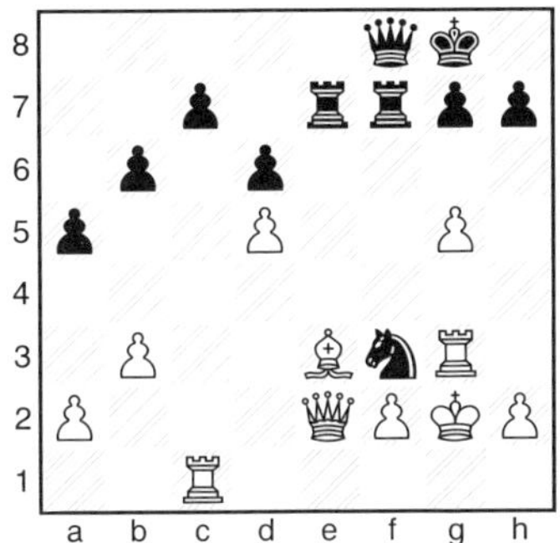

26...♕c8!

Durch die Demolierung der Bauernstruktur auf der Königsseite und mit dem Verschwinden des Läufers sind die weißen Felder im schwarzen Lager sehr schwach geworden. Diesen Zustand nutzt Schwarz konsequent aus.

27.♖c4

27.♖xf3 ♕g4+ mit Materialgewinn.

27...b5 28.♖cg4 ♘e5 29.♖d4 c5 30.♖e4

30.dxc6 ♕xc6+ ist erkennbar günstig für Schwarz.

30...♕a8 31.♕d1 c4!

Schwarz nutzt seine Bauernmehrheit am Damenflügel.

32.bxc4 bxc4 33.♖d4 ♘d3 34.♕a4 ♖c7 35.g6

35.♖xc4?? wäre ein krasser Fehler wegen 35...♕xd5+ 36.♖e4 ♖ce7 37.f3 ♘e1+ 38.♔h1 ♖xf3-+.

35...hxg6 36.♖xg6 ♕f8 37.♖xd3

Weiß liquidiert den starken Springer, um den gegnerischen Druck auf seinen Königsflügel zu mindern.

37...cxd3 38.♖e6 ♖c8 39.♕e4 d2 40.♕d3 ♖f4! 41.♖g6

Nach 41.♗xf4 ♕xf4 42.♕e2 ♕g5+ 43.♔h3 ♕xd5 44.♖e8+ ♖xe8 45.♕xe8+ ♔h7 wäre die Stellung für Weiß aufgabereif.

41...♕f5 42.♕xf5 ♖xf5 43.♗xd2 ♖c2 44.♗xa5

44.♗e3 ♖xd5 mit leichtem Gewinn.

44...♖fxf2+ 45.♔g1 ♖fe2 46.♔h1 ♖xh2+ 47.♔g1 ♔f7 48.♖xd6 ♖cg2+ 49.♔f1 ♖xa2

Weiß gab sich geschlagen.

Partie Nr. 35
Leonard – Kovacs
Lechenicher SchachServer 2007

1.e4 e5 2.♘f3 ♘c6 3.d4 exd4 4.♗c4 ♗c5 5.c3 ♘f6 6.cxd4 ♗b4+ 7.♘c3 ♘xe4 8.0-0 ♗xc3 9.d5 ♗f6 10.♖e1 ♘e7 11.♖xe4 d6 12.g4 0-0 13.g5 ♗e5 14.♘xe5 dxe5 15.♖xe5 ♘g6 16.♖e1 ♖e8 17.♖xe8+ ♕xe8 18.♕e2

Andere Züge haben wir im Kapitel 12 besprochen.

18...♕d7 19.♗d2 b6 20.♕e4 ♗b7 21.♖e1 b5

Einem anderen Plan folgte Schwarz in der Partie Cesaro-Wingo, Fernpartie 2008: 21...c5 22.♗b3 a5 23.a4 ♖d8 24.♗c3 ♗xd5 25.♗xd5 ♕xd5 26.♕xd5 ♖xd5 27.♖e8+ ♘f8 28.♗e5 ♖d1+ 29.♔g2 ♖e1 30.f4 f6 31.♔f2 ♖d1 32.gxf6 gxf6 33.♔e2 ♖d5 34.♗xf6 ♔f7 35.♖c8 ♖h5 mit baldigem Remis.

22.♗b3 c5 23.a4 a6 24.♗c3

Entstanden ist eine dynamische Position: Weiß hat eine Bauernschwäche auf d5, aber auch ein starkes Läuferpaar.

24...♖d8 25.♗a5 ♖f8 26.♗c3 b4 27.♗d2 ♖d8 28.♗c1

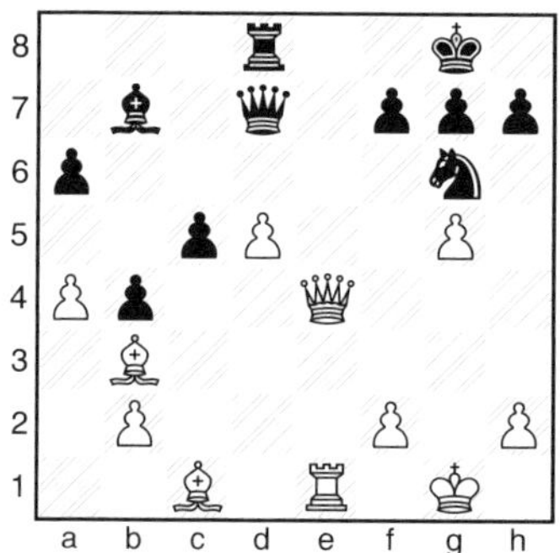

28...♘f8!

Schwarz verschmäht das Schlagen des Bauern für den Augenblick. Er behält sich dies für eine günstigere Situation vor. Nach 28...♗xd5 29.♗xd5 ♕xd5 30.♕xd5 ♖xd5 31.♖e8+ ♘f8 32.♗e3 mit der Idee ♖e8-c8 kommt Weiß zu ausreichendem Gegenspiel.

29.♖d1 ♖e8 30.♕g2 ♘g6 31.♗e3 ♕f5 32.♕g3

Auf 32.♗xc5?? würde 32...♘h4 33.♕g3 ♗xd5 34.♗xd5 ♕xd5-+ folgen.

32...♕e4 33.♕g2?

Beschleunigt nur die Niederlage. Besser war 33.h3!?, um die Möglichkeit zu haben, mit dem König nach h2 zu flüchten. Der Partiezug erlaubt Schwarz die rasche Übernahme der Initiative.

33...♕e5! 34.♕f3

Oder 34.♖d2 ♘h4 35.♕h3 ♘f5 mit schwarzem Vorteil.

34...a5 35.♕e2 ♕f5 36.♖d2 ♖e5 37.♗d1 ♖xd5

Der wichtige Bauer ist erobert und in Ketten vom Brett geführt worden.

38.♔f1 ♕d7 39.♗b3 ♖xd2 40.♕xd2 ♕c6 41.♕d8+ ♘f8 42.♔e1 c4 43.♗d1 c3 44.bxc3 bxc3 45.♗c2 ♗a6 46.♗d3 ♗xd3 47.♕xd3 c2 48.♕a3 ♕d7 49.♕c1 ♕d3 50.♕d2 ♕b3 51.♕c1 ♕c3+ 52.♗d2 ♕d3 53.♕b2 h5 54.gxh6 gxh6 55.f3

Weiß könnte das Spiel mittels 55.♕e5 etwas verlängern: 55...♘e6 (55...♕c4!?-+) 56.♕g3+ ♕xg3 57.fxg3 ♘c5 58.♗xh6 ♘d3+ 59.♔e2 c1♕ 60.♗xc1 ♘xc1+ 61.♔e3 ♘b3 62.♔d3 ♘c5+ 63.♔c4 ♘xa4 64.♔b5 ♘b2 65.♔xa5 ♘c4+ und das Endspiel ist für Schwarz gewonnen.

55...♘e6 56.♕b8+ ♔h7 57.♕b7 ♕c3!

Ein überraschender und schön anzuschauender Schlag! Weiß gab sich geschlagen.

Partie Nr. 36
Krcmarik – Cepela
Fernpartie 2001

1.e4 e5 2.♘f3 ♘c6 3.♗c4 ♗c5 4.c3 ♘f6 5.d4 exd4 6.cxd4 ♗b4+ 7.♘c3 ♘xe4 8.0-0 ♗xc3 9.d5 ♗f6 10.♖e1 ♘e7 11.♖xe4 d6 12.♗g5 ♗xg5 13.♘xg5 h6 14.♕e2 hxg5 15.♖e1 ♗e6 16.dxe6 f6 17.♖e3 c6 18.♖h3 ♖xh3 19.gxh3 g6 20.b4 ♕b6 21.♕b2

Der Damezug gilt dem Angriff auf den gegnerischen Bauern auf f6. Andere Möglichkeiten für Weiß haben wir im Kapitel 14 vorgestellt.

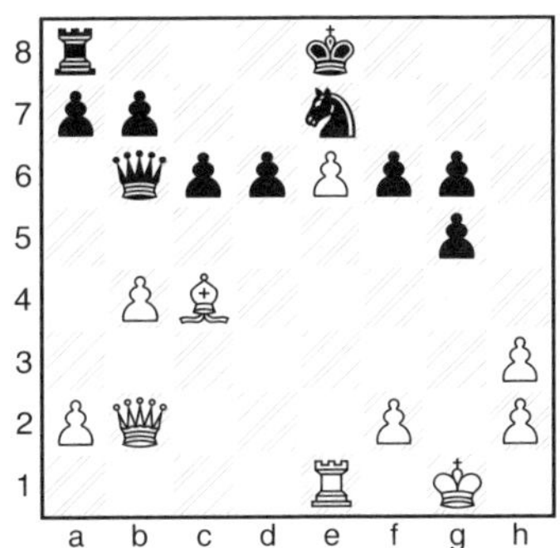

21...0-0-0!

Es ist wichtig, den eigenen König rechtzeitig in Sicherheit zu bringen. Der f-Bauer spielt im Moment keine Rolle.

22.b5

Der Anziehende will keine Zeit verlieren und selbst angreifen, denn nach 22.♕xf6 ♕xb4 23.♖c1 d5 24.♗f1 ♕f4 25.♕b2 ♖f8 wäre seine Lage sehr kritisch.

22...♖f8

Energischer war 22...d5!?, z.B. 23.♗f1 d4 24.♕a3 c5 25.♕f3 f5 26.♕g3 ♕c7 27.♕xg5 d3 und Schwarz steht auf Gewinn.

23.a4 d5 24.♕d2 ♖d8

Die Variante mit 24...c5!? 25.a5 ♕d6 ist eine Überlegung wert.

25.a5?

Dies führt schnurstracks in die sofortige Niederlage. 25.♗f1 und dann z.B. 25...c5 26.♕c3 hätte die Partie noch verlängern können.

25...dxc4! 26.axb6 ♖xd2 27.bxa7 ♖a2 28.b6 c3 29.♖e2 ♖a1+ 30.♔g2 ♔d8 31.♖e1 ♖a3 32.h4 gxh4 33.♔h3 ♘d5 und Weiß gab sich geschlagen.

Partie Nr. 37
Jewsejewa – Odejewa
Fernpartie 1991

1.e4 e5 2.♘f3 ♘c6 3.♗c4 ♗c5 4.c3 ♘f6 5.d4 exd4 6.cxd4 ♗b4+ 7.♘c3 ♘xe4 8.0-0 ♗xc3 9.d5 ♗f6 10.♖e1 ♘e7 11.♖xe4 d6 12.♗g5 ♗xg5 13.♘xg5 h6 14.♕e2 hxg5 15.♖e1 ♗e6 16.dxe6 f6 17.♖e3 c6 18.♖h3 ♖xh3 19.gxh3 g6 20.♖d1 ♕c7

20...♔f8 haben wir im Kapitel 14 besprochen.

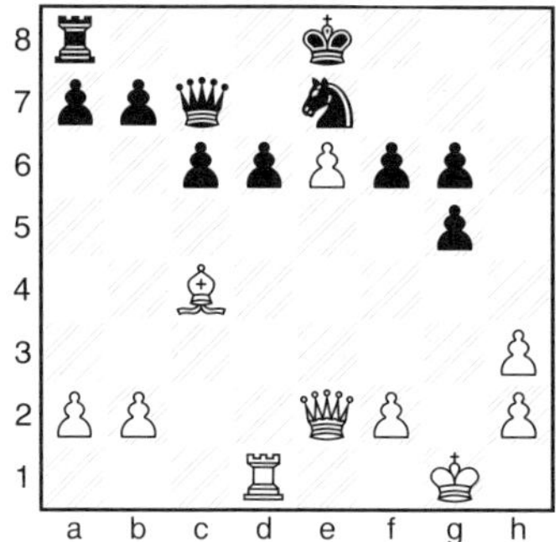

21.h4?

Nach diesem Schema wird oft gespielt, um die Stellung am Königsflügel zu öffnen. Hier aber ist dies ein schlechter Zug. Es ist gut, aus seinen Fehlern zu lernen. Noch besser aber ist es, aus den Fehlern anderer zu lernen. Deshalb ist es sehr lohnenswert, sich den kurzen weiteren Partieverlauf genau anzuschauen, um zu sehen, warum 21.h4 hier ein Fehlgriff war. Weiß hätte nur nach 21.♕f3!? praktische Gegenchancen gehabt, z.B. 21...♘f5 (21...f5 22.♕g3 0-0-0 23.♕xg5 d5 24.♗f1 ♕d6 25.♖e1 und der Kampf wäre noch offen.) 22.♗d3 0-0-0 (22...♕a5 23.♗xf5 ♕xf5 24.♕b3 0-0-0 25.e7 ♖e8 26.♖xd6⇄) 23.♗xf5 gxf5 24.♕xf5 ♕e7 25.b4 mit Gegenspiel.

21...gxh4 22.♕g4 0-0-0 23.♕d4 d5 24.♕xa7

Auch nach 24.♗d3 ♕e5 25.♕xa7 ♕xe6 26.♕a8+ ♔c7 27.♕a5+ ♔d7 (27...b6 28.♕a7+ ♔d6-+) 28.♖e1 ♕g4+ 29.♔f1 h3 (29...♕d4!? 30.♕d2 ♔d6-+) 30.♕b6 ♕g2+ 31.♔e2 ♕xh2! 32.♕xb7+ ♕c7 wäre das Endspiel für Schwarz gewonnen.

24...♕b8 25.♕a5 ♖d6 26.♕c5 ♖xe6 27.♗xd5

Wenn 27.♗d3 dann 27...♕f4 und Schwarz fährt den vollen Punkt ein.

27...♖e5 und Weiß gab folgerichtig und keinesfalls zu früh auf.

Partie Nr. 38
Tirado Parra – Cabanas Bravo
Madrid 2004

1.e4 e5 2.♘f3 ♘c6 3.♗c4 ♗c5 4.c3 ♘f6 5.d4 exd4 6.cxd4 ♗b4+ 7.♘c3 ♘xe4 8.0-0 ♗xc3 9.d5 ♗f6 10.♖e1 ♘e7 11.♖xe4 d6 12.♗g5 ♗xg5 13.♘xg5 h6 14.♕e2 hxg5 15.♖e1 ♗e6 16.dxe6 f6 17.♖e3 ♔f8 18.♕g4 g6?

Im jetzigen Moment ist die mit diesem Zug ausgelöste Schwächung der Königsstellung nicht zu empfehlen. Besser ist 18...d5, was wir im Kapitel 15 berücksichtigt haben.

19.♖f3

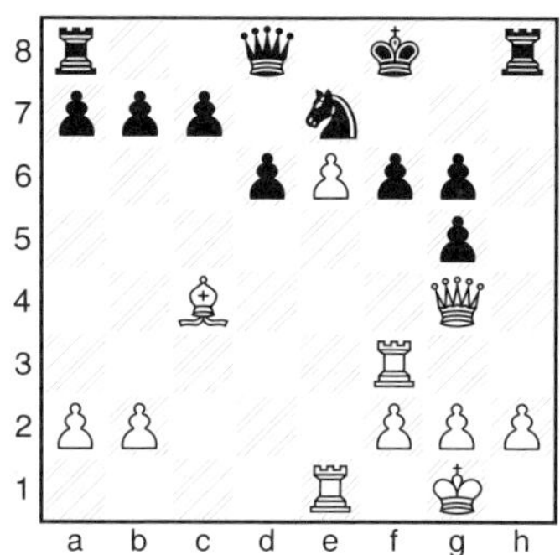

19...f5

Damit geht der Bauer auf g5 futsch. Aber es gab schon nichts Besseres mehr. Auf 19...♔g7 folgte in der Partie Mammadli–O'Toole, Budva 2003, 20.♖xf6! d5 (20...♔xf6 21.♕d4+ ♔f5 22.♗d3#) 21.♖f7+ ♔g8 22.♕xg5 ♖h7 (22...dxc4 23.♖xe7+-) 23.♗xd5! ♕d6 (23...♕xd5 24.♕xe7+-) 24.h3 ♕xd5 25.♕xe7 ♕d2 26.♖xh7 ♕xe1+ 27.♔h2 ♕e5+ 28.g3 ♖f8 29.♖f7 ♖b8 30.♕d7 ♕xb2 31.e7 ♕e2 32.♕d5 c6 33.♖f8+ ♔h7 34.♕f7+ 1-0.

20.♕xg5 ♔g7 21.g4!

Für den erfolgreichen Königssangriff braucht man offene Linien.

21...d5 22.gxf5?

Zu ungeduldig gespielt. Weiß sollte den Druck gegen den schwarzen Monarchen einfach mit 22.♗d3 verstärken, z.B. 22...♘c6 23.♕xd8 ♖hxd8 24.gxf5 gxf5 25.♖xf5+-.

22...♘xf5 23.♖xf5 ♕xg5+ 24.♖xg5 dxc4

Das Endspiel ist materiell ausgeglichen, aber Weiß verfügt mit seinem starken e-Bauern über die besseren Perspektiven.

25.♖d5 ♖ad8 26.♖ed1

Viel stärker war 26.♖c5! c6 27.e7 ♖de8 28.♖xc4 ♔f6 29.♖b4 b6 30.♖f4+ ♔g7 31.♖a4 a5 32.♖e6 ♔f7 33.♖xc6 ♖xe7 34.♖xb6 und das „Viertürmeendspiel" wäre für Weiß gewonnen.

26...♖xd5 27.♖xd5 ♔f6 28.♖d7 ♔xe6 29.♖xc7 b5 30.♖xa7 ♖b8 31.♖a6+ ♔d5!

Schwarz folgt dem richtigen Plan. Er will einen Freibauern am Damenflügel bilden, unterstützt von seinem aktiven König. Der Bauer auf g6 ist hier erst mal unwichtig.

32.♖xg6 b4 33.♖g3??

Ein typischer Fehlgriff. Weiß verkennt die Situation und vergisst dabei seinen König. Diesen sollte er genau jetzt aktivieren und zum Damenflügel schicken. Allein mit 33.♔f1! hätte er remisieren können. Jetzt aber kann der Nachziehende problemlos einen Bauern zum Umwandlungsfeld führen.

33...♔d4! 34.♔f1 ♖a8 35.a3

35.b3 c3-+.

35...bxa3 36.bxa3 ♖e8!

So ist es richtig. Der König muss vom Damenflügel abgeschnitten werden.

37.f4 c3 38.♖g2 ♔d3

Nach 38...♖b8! wäre Schwarz direkt am Ziel: 39.♖e2 ♖b2 40.♖e7 c2 41.♖c7 ♖b1+ usw.

39.♖g6 ♖e4

39...♖c8! hätte sofort alles klar gemacht. 40.♖d6+ ♔e3-+.

40.♖d6+ ♔c2?

Unlogisch, weil der König den weiteren Marsch seinen Freibauern blockiert. Richtig war 40...♔c4!, z.B. 41.♖c6+ ♔b3 42.♖b6+ ♔xa3 43.♖a6+ ♔b2 44.♖b6+ ♔c1 45.f5 c2 46.♔f2 (46.f6 ♔d2 47.♖d6+ ♔c3 48.♖c6+ ♖c4-+) 46...♔d2 47.♖d6+ ♔c3 48.♖c6+ ♖c4-+.

41.f5 ♔b2 42.♖b6+ ♔xa3 43.f6

Beide Seiten führen das Turmendspiel fehlerhaft. 43.♖c6! ♔b2 44.♖b6+ ♔c1 45.f6 c2 46.♔f2 ♔d2 47.♖d6+ ♔c3 48.♖c6+ ♖c4 49.♖xc4+. An dieser Stelle weiß der Fernschachspieler, dem die Tablebases zur Verfügung stehen, dass die Partie bei beiderseits fehlerfreiem Spiel nicht mehr zu gewinnen ist. 49...♔xc4 50.f7 c1♕ 51.f8♕. Nun ist es für jedermann „amtlich“: Es ist ein ausgeglichenes Damenendspiel entstanden, grundsätzlich nicht gewinnbar.

43...c2 44.♖c6 ♔b2

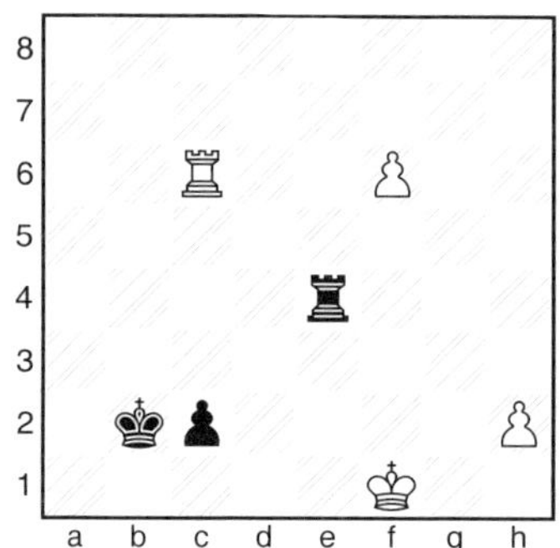

45.f7??

Unglaublich, dieser Zug verliert natürlich. Turmendspiele muss man als Spieler besser kennen und verstehen. Nach der richtigen Fortsetzung 45.♔g2! wäre Weiß ein Remis sicher, z.B. 45...c1♕ 46.♖xc1. Auch hier ruft der Fernschachspieler wieder: „Nach den Tablebases remis!“ 46...♔xc1 47.♔f3 ♖e6 48.h4 ♖xf6+ 49.♔g4 und der enfernte schwarze König hätte nicht helfen können.

45...♖f4+ 46.♔e2

Ein lehrreiches Endspiel wäre nach 46.♔g2 entstanden. Man sehe: 46...♖xf7 Nach den Tablebases für Schwarz gewinnbar in 28 Zügen. 47.♔g3 ♖g7+ 48.♔f4 ♖h7 49.♔g3 c1♕ 50.♖xc1 ♔xc1 51.h4 ♔d2 52.♔g4 ♔e3 53.h5 ♔e4 54.♔g5 ♖g7+ 55.♔f6 (55.♔h6 ♖g1 56.♔h7 ♔f5 57.h6 ♔f6 58.♔h8 ♖a1-+) 55...♖a7 56.h6 ♔f4 57.♔g6 ♖a6+ 58.♔g7 ♔g5 59.h7 ♖a7+ 60.♔g8 ♔g6 61.h8♘+ (61.h8♕ ♖a8#) 61...♔f6 und Schwarz gewinnt.

46...c1♕

Weiß gab sich geschlagen, wegen 47.♖xc1 ♔xc1 48.♔e3 ♖xf7 und der weiße König kann seinem vereinsamten Bauern nicht helfen.

Partie Nr. 39
Babaeva – Vijayalakshmi
Istanbul 2000

1.e4 e5 2.♘f3 ♘c6 3.♗c4 ♗c5 4.c3 ♘f6 5.d4 exd4 6.cxd4 ♗b4+ 7.♘c3 ♘xe4 8.0-0 ♗xc3 9.d5 ♗f6 10.♖e1 ♘e7 11.♖xe4 d6 12.♗g5 ♗xg5 13.♘xg5 h6 14.♕e2 hxg5 15.♖e1 ♗e6 16.dxe6 f6 17.♖e3 ♔f8 18.♖h3 ♖xh3 19.gxh3 ♕e8 20.♗d3

Die Fortsetzung 20.♕e4 haben wir im Kapitel 15 besprochen.

20...g6 21.♕f3 ♔g7 22.♕xb7

Weiß hat seinen Bauern zurückbekommen. Schwarz bleiben aber die besseren Aussichten. Die Bauernstellung des Anziehenden am Königsflügel ist marode und der Bauer auf e6 kann quasi jederzeit angegriffen und erobert werden. Schwarz verfügt über eine Bauernmehrheit in der Mitte. Es ist interessant zu sehen, wie er seine positionellen Vorteile ausnutzt.

22...♕b8 23.♕f3 d5 24.♖e2 c6

24...♕b6!? wäre eine gute Idee nebst ♖a8-h8.

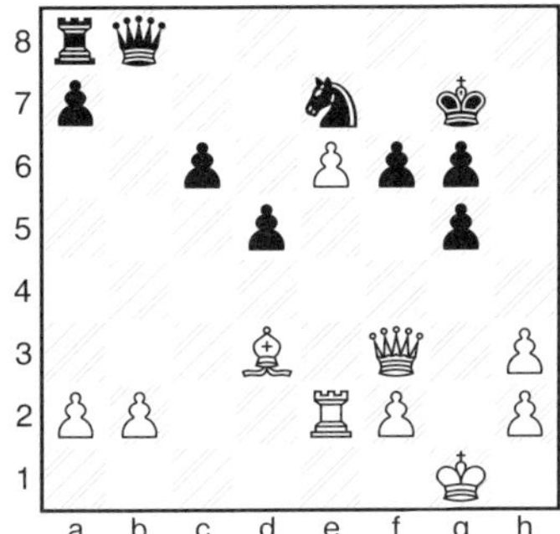

25.♕g3?

Der Damentausch ist allein für Schwarz günstig. Weiß hätte versuchen sollen, mittels 25.♕g4 eine Aktion am Königflügel zu organisieren.

25...♕xg3+ 26.hxg3 f5 27.♔g2 ♔f6 28.♗c2 ♖b8 29.♗d1 ♖b4

Der weiße Turm ist an die Verteidigung seines Bauern auf e6 gebunden, sein schwarzer Kollege hingegen erfreut sich großer Freiheit für weitere Aktionen.

30.f3 c5 31.♔f2 ♖b6 32.a3 f4 33.g4 ♖xe6

Der permanent schwache Bauer wird erobert. Die Partie ist praktisch entschieden.

34.♖xe6+ ♔xe6 35.♔e2 ♘c6 36.♔d3 ♘e5+ 37.♔c3 d4+ 38.♔d2 ♔d5 39.b3 c4 40.bxc4+

40.♔c2 hilft auch nicht mehr wegen 40...cxb3+ 41.♔xb3 ♔c5 42.a4 a5 43.♔c2 ♔c4-+.

40...♔xc4

Weiß gab auf.

Partie Nr. 40
T.Szabo – Paroczai
Fernpartie 1998

1.e4 e5 2.♘f3 ♘c6 3.♗c4 ♗c5 4.c3 ♘f6 5.d4 exd4 6.cxd4 ♗b4+ 7.♘c3 ♘xe4 8.0-0 ♗xc3 9.d5 ♗f6 10.♖e1 ♘e7 11.♖xe4 d6 12.♗g5 ♗xg5 13.♘xg5 h6 14.♕e2 hxg5 15.♖e1 ♗e6 16.dxe6 f6 17.♖e3 ♔f8 18.♖h3 ♖xh3 19.gxh3 g6 20.♕f3 ♔g7 21.♕xb7 ♕c8 22.♕g2

Diese Fortsetzung verspricht Weiß keinen Ausgleich. Seine Alternativen, die wir im Kapitel 15 analysiert haben, sind allerdings ebenfalls günstig für seinen Gegner. Diese Partie zeigt auf lehrreiche Weise, dass Schwarz einen einfachen und guten Plan hat: seine Bauernmehrheit in der Mitte zur Geltung bringen. Schauen wir uns an, wie der Nachziehende diesen Plan hier umgesetzt hat.

22...♖b8 23.b3 c6 24.♗d3 ♕c7 25.♕g3 ♕a5 26.♖e2 ♕d5 27.♕e3 ♖e8 28.b4 a5 29.♖d2 ♕e5 30.♕xe5

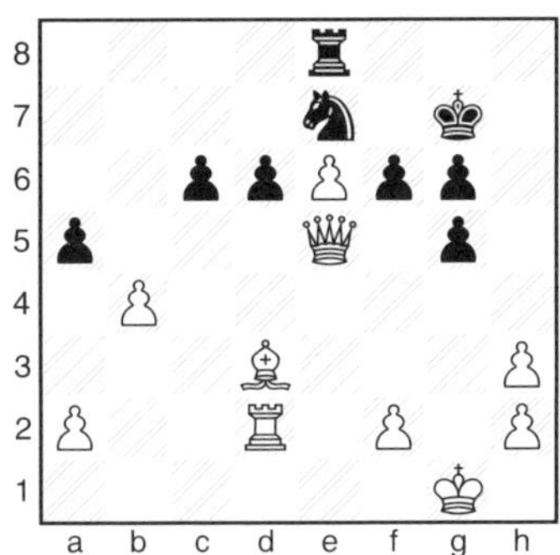

30...fxe5!

Aber nicht 30...dxe5? wegen 31.bxa5 mit besserer Stellung für Weiß.

31.bxa5 d5

Die schwarze Bauernmasse im Zentrum spielt die entscheidende Rolle. Der Nachziehende ist klar im Vorteil.

32.a6 ♔f6 33.♔g2 ♖a8 34.♖b2 c5 35.♖b6 c4 36.♗e2?

Besser war 36.♗b1!?, um den Läufer auf der Diagonale b1-h7 zu lassen.

36...c3! 37.♗d1 e4 38.♗c2 ♘f5 39.♖c6 ♘d4 40.♖xc3

Ein kampfeslustiger Bauer ist gefallen, aber es bleibt ein starker Kumpel auf d5.

40...♖xa6 41.♗b3 ♔xe6 42.♔f1 ♖b6 43.♔e1 ♖b5

43...♔e5! war sehr stark.

44.♔d2 ♔f5 45.♔d1 ♔f4 46.♔d2 ♘f3+ 47.♔c2 d4 48.♖c4 e3

48...d3+! 49.♔c3 ♘g1 hätte ebenfalls den Sieg gebracht.

49.fxe3+ ♔xe3 50.♖c6 d3+ 51.♔c3 ♘d2 52.♔b2 ♘e4 53.♖c8 d2 54.♔c2 ♖c5+ 55.♖xc5 ♘xc5 56.♗c4

Etwas mehr Arbeit gehabt hätte Schwarz nach 56.♔d1, z.B. 56...♘d3 57.♔c2 ♔e2 58.♔c3 ♘c1 59.♗a4 ♘xa2+ 60.♔d4 ♘b4 61.♔e5 ♘d3+ 62.♔f6 ♘b2 63.♗c2 ♔e3 64.♔xg5 ♔d4 65.♔xg6 ♔c3 und es wird eine neue Dame geboren!

56...♘a4 nebst ♘a4-c3 und Gewinn. Weiß gab deshalb die Partie auf.

Literaturverzeichnis

Bücher:

John Emms: beating 1 e4 e5, Everyman Chess, London 2010

Enno Heyken und Martin Fette: Theorie der Schach-Eröffnungen, Das Schach-Archiv Hamburg 1988

Jerzy Konikowski: Eröffnungen-richtig gespielt, Joachim Beyer Verlag 2010

Jerzy Konikowski: Schnellkurs der Schacheröffnungen-Theorie, Joachim Beyer Verlag 2011

József Palkövi: Italienische-Partie und Evans-Gambit, Caissa Chess Book, Kecskemet 2005

Jan Pinski: Italian game and Evans gambit, Everyman Chess, London 2005

Aleksei Suetin: Russisch bis Königsgambit, Sportverlag Berlin 1982

Elektronische Sammlungen (CD):

CorrDatabase 2012

Correspondence Chess 2013

Mega Database 2012

Periodika:

Fernschachpost

New In Chess Yearbooks

Magazyn Szachista

Panorama Szachowa

Rochade Europa

Schach

Schachmagazin 64

SOS - Secrets of Opening Surprises